The Social Neuroscience of Empathy

사회신경과학으로 보는
공감

Jean Decety, William Ickes 편
윤미선, 유현실, 윤금희, 황수영 역

박영story

서문

타인의 마음을 이해하려는 사람들의 마음과 뇌를 이해하기

공감에 대한 철학, 임상, 발달 심리학자들의 관심이 수십 년 동안 증가하면서, 어느 순간 공감 연구는 도처에서 발견되고 있다! 한밤중에도 다양한 분야에서 연구의 꽃이 생생하게 피는 것 같고, 임상과 발달 심리학의 경계를 넘어 성격 및 사회 심리, 주류 인지 심리와 인지-정서 신경과학의 토양에 뿌리가 내리고 있다. 최근 공감 연구의 폭발적 성장을 설명하기 위해 저자들은 진화생물학과 진화 심리학에서의 공감 능력에 대한 연구에 대해 덜 분명하지만 지금까지 언급한 어떤 것보다 훨씬 깊어진 뿌리의 성장을 추적하고자 하였다. Sue Carter, James Harris, Stephen Porges가 이 책의 13장에서 주장한 바와 같이, 인간과 그들의 선조 종에서의 공감 능력은 수백만 년에 걸친 진화 역사에서 이제야 분명해진 방식으로 발전했다. 이러한 발전을 과거의 시간으로 되돌려 직접 관찰할 수는 없지만, 그 증거는 계통발생적인 범위에서 관찰 가능한 신경해부학적 연속성과 차이점에서 찾아볼 수 있다. 공감 능력의 오랜 진화적 역사를 고려해 볼 때, empathy라는 단어의 역사가 백 년 정도로 상대적으로 짧다는 사실은 다소 아이러니하다(Ickes, 2003, 4장 참조). 공감은 최근에 등장한 구인일 뿐만 아니라, 이 단어의 사용 초기부터 저자들마다 매우 상이한 방식으로 사용해 왔다.

그런 의미에서 이 책과 같이 다학제적인 저술을 통해 공감의 개념과 그것이 지금까지 획득한 다양한 의미에 대한 비판적인 검토를 시작하는 것은 매우 적절하다고 할 수 있다. 이에 제1부의 1장에서 Daniel Batson은 모두 공감이라고 부르지만 개념적으로는 뚜렷이 구별되는 현상들을 검토하고 이 중요한

1

구인에 대해 보다 이론적으로 일관된 설명을 추구한다. 제2부에서는 앞서 Batson이 지적한 공감에 관한 다양한 관점을 생생하게 보여준다. 즉, 2장과 3장에서는 무의식적 모방에 근거한 정서전염에 대해, 4장에서는 타인에 대한 자신의 생각과 감정의 투사에 대해, 5장에서는 다른 사람의 생각과 감정을 정확하게 추론하는 능력에 대해, 6장에서는 종종 친사회적 행동으로 해석되는 복잡한 감정-추론 과정에 대해, 7장에서는 현대 교육자들이 시급히 육성해야 하는 사회성 발달의 토대 등과 같이 공감에 대한 다양한 관점을 제공한다. 제3부에서는 공감에 대한 다양한 임상적 관점들을 소개한다. 먼저 8장에서는 로저스의 내담자 중심 관점에서 공감의 역할을 검토하고, 9장에서는 심리치료 과정에서 공감의 획득 과정에 대한 담화적 관점을 보여 주며, 10장에서는 신경과학적 관점에서 공감적 공명의 개념을 탐색하고, 11장에서는 도덕성 및 사회 규범 연구와 공감을 연결하며, 12장에서는 고통받는 타인에 대한 사람들의 반응에서 공감의 역할을 탐구한다. 제4부에서는 진화적 역사와 신경해부학적 역사를 탐구함으로써 공감에 관한 가장 깊고 오래된 뿌리를 탐색한다. 13장에서는 공감에 대한 진화론적 관점을 소개하며, 어떻게 우리의 정서적 및 본능적 상태가 타인에 대한 느낌과 반응에 영향을 미치는지, 그리고 이로 인해 어떻게 우리의 공감적 능력에 영향을 미치는지에 초점을 둔다. 14장에서는 거울 뉴런 시스템에 보다 구체적으로 초점을 두면서 그것이 대인관계 이해를 위한 신경 및 행동적 기반을 제공한다고 주장한다. 15장에서는 인지-정서 신경과학 영역에서의 최근 업적들이 어떻게 두 현상의 기초가 되는 상이한 신경 기질과 관련되는지를 보여 줌으로써 연구자들이 공감과 개인적 고통의 차이를 명확하게 구분할 수 있게 해 준다. 마지막으로 16장은 뇌손상 이후에 관찰되는 공감 행동의 결함에 주목하면서 공감이 상호작용하면서도 동시에 분리되어 있는 두 뇌 연결망을 포함한다고 제안한다.

　　사회신경과학이라는 새로운 학문은 전통적인 접근들을 통합하고, 축적하며, 도전하기 때문에 흥미롭다. 예를 들어, 사회심리학 이론들은 공감의 기초가 되고 신경 단위의 구체화를 결정하는 정보처리 기제 연구에 중요한 지침을 제공한다. 사회신경과학 접근은 경쟁적인 사회 이론들의 모호함을 불식하는 데도 도움을 줄 수 있다. 예를 들어, 공감 분야에서 이 접근법은 개인적 고통과 공감적 관심 간의 구분을 신경학적 수준에서 입증하는 데 활용되었다. 마지막으로, 사회신경과학 접근은 뇌에 영역-특수적인 "마음이론" 모듈이 존재한다는 개념과 같이 기존의 신념에 도전하도록 일부 이론가들을 인도하였다. 대안적인 설명에 따르면(Decety & Lamm, 2007; Stone & Gerrans, 2007), (a)기본적인 연산 작업은 사회적 기능을 수행하기 위해 진화되어 왔으며, (b)진화는 비표상적 기제로부터 표상적 및 상위표상적 기제에 이르기까지 인간의 사회 인지에 대한 완전한 이해를 제공하기에 충분할 정도로 점차 다층적으로 복잡하게 이루어졌다.

이 책은 공감 연구의 완결판도 아니고 그렇게 될 수도 없다. 그러나 공감에 관해 현존하는 최첨단의 지식인 생물학, 발달심리학, 인지-정서 신경과학과 신경심리학, 사회 및 인지심리학, 그리고 응용 분야인 임상 및 건강심리학 등에서 도출한 대표적 내용들을 독자들에게 제공하고자 하였다. 새로운 분야인 사회신경과학으로서 이러한 학문들의 최신 특징은 다양한 학문과 분석 수준을 연결하고자 한다는 점이다. 우리가 사회신경과학 연구가 약속하는 학제간 통합의 가능성에 흥분했던 것처럼 독자들도 그러하기를 바란다. 또한 이 책의 각 장이 공감 연구를 적극적으로 추구하는 다른 학문 분야 간의 연구에서 아이디어와 협력의 공유를 더욱 자극하기 희망한다.

참고문헌

Decety, J., & Lamm, C. (2007). The role of the right temporoparietal junction in social interaction: How low-level computational processes contribute to meta-cognition. *Neuroscientist*, 13, 580-593.

Ickes, W. (2003). *Everyday mind reading: Understanding what other people think and feel.* Amherst, NY: Prometheus Books.

Stone, V. E., & Gerrans, P. (2007). What's domain-specific about theory of mind. *Social Neuroscience, 1* (2-4), 309-319.

역자 서문

　이 책을 읽기에 앞서 독자들은 사회신경과학이라는 다소 낯선 학문에 대한 개념적 이해가 필요할 것이다. 사회신경과학이란 인간의 사회적 과정과 행동이 생물학적 시스템에서 어떻게 발현되는지를 설명하려는 학문이다. 하지만 단일 학문 분야가 아닌, 생물학적 개념과 방법을 사용하여 인간의 사회적 과정과 행동에 대한 이론을 구체화하려는 학제간 분야라는 추가 설명이 필요하다.

　MIT 출판사는 사회신경과학 시리즈를 기획하여 *Foundation in Social Neuroscience*(2002), *Essays in Social Neuroscience*(2004), *Perspectives on Imitation*(2005), *Social Neuroscience: People Thinking about Thinking People*(2005), *The Social Neuroscience of Empathy*(2009), *Empathy: From Bench to Bedside*(2011)라는 여섯 권의 전문서를 출판하였다. 이 책은 시리즈 중 다섯 번째 기획물로 사회·인지·발달 심리학, 임상·상담심리학, 진화론 및 신경과학 등의 다양한 학문 분야에서 공감에 접근하는 관점과 방법들을 소개하고 있다. 책의 세부 내용은 편집자들의 친절한 서론으로 충분할 듯하여, 번역 과정에서의 어려움을 토로하여 독자들께 '공감'을 구하고 가독성을 높이기 위한 설명으로 남은 지면을 할애하고자 한다.

　첫째, 학문 분야마다 주된 연구 방법이 달라서 이 책의 가장 큰 장점인 학제간 접근은 번역 과정에서 가장 큰 어려움이 되었다. 예를 들어, 공감에 대한 여덟 가지 개념적 차이를 사회심리학적으로 기술한 1장은 철학적 글 읽기에 가까운 반면 최신 뇌영상기법을 사용하여 실증적 연구 결과들을 제시하고 있는 15장은 과학적 글 읽기의 눈이 필요하다.

　둘째, 동일 용어일지라도 학문 분야마다 사용 범위가 다르고, 번역상으로는 동일하거나 유사한 개념을 구분해서 사용하기도 하며, 동일한 용어를 맥락에 따라 다르게 번역하게 되는 경우가 많았다. emotion과 affection, mimicry 와 imitation에 대한 혼용이 가장 대표적인 예이다. 이러한 문제에 대해 원저 자들의 의도를 왜곡하지 않으면서 동시에 독자들의 이해를 돕기 위해 원어를 병기하려 하였으며, 더불어 아래와 같이 일러두기를 제공하고자 한다.

셋째, 이 책은 학문 분야를 대표하는 학자들이 각 분야의 주요 연구물을 집약적으로 소개하는 편집서였다. 일부 연구자들은 핵심 연구들을 자세히 설명하는 반면, 일부는 많은 연구물을 소개하는 데 의의를 두고 있다. 후자의 경우, 연구에 사용한 실험과제나 절차에 대한 이해가 선결되지 않으면 연구결과를 파악하기 어려운 문제가 생길 수 있어 역자 주를 통해 독자들의 이해를 돕고자 하였다.

넷째, 원서의 특징이 학제간 접근인 것을 감안하여 세부 전공이 다른 번역자들로 팀을 구성하였다. 4인의 초고를 모아 놓고 보니 역자마다 문장 서술 방식이 다르고 직역과 해석의 범위 또한 다른 경우가 많았다. 이러한 이유로 가독성이 떨어지는 문제를 해결하기 위해 상호 교차 검토를 하고, 대표 번역자가 번역 과정을 통괄하여 용어 통일을 비롯한 조정 과정을 반복하였다. 그럼에도 불구하고 여전히 미흡한 부분에 대해 독자들에게 양해를 구하고자 한다.

이 책을 처음 접하게 된 것은 2014년부터 3년간 수행한 '경쟁과 공감에 관한 생리학과 사회과학의 융합적 접근(미래창조과학부 지원)'이라는 프로젝트의 시작 시점이었다. 교육심리학자로서 생물학과 사회과학을 융합하기 위해 사회신경과학적 접근이 필요하던 차에, 한 권의 책으로 다양한 분야의 최신 연구들을 섭렵할 수 있었으니 이 책의 존재만으로도 감사함을 느꼈던 것으로 기억한다. 그 후, 프로젝트와 직접 관련되지 않아 탐독하지 않은 챕터들을 읽으며 상담학 분야에 유용한 참고서가 될 수 있을 것으로 보아 유현실 교수님을 섭외하고 윤금희 박사와 황수영 박사를 팀으로 구성하여 번역서 작업을 시작하게 되었다. 무슨 일이든 시작할 때의 열정보다 진행 과정에서의 투지와 노력이 성공을 좌우하듯, 번역 작업은 수업과 연구뿐 아니라 학교에서 담당하고 있는 업무들에 우선순위가 계속 밀리게 되어 한동안은 손을 놓고 지낸 시기도 짧지 않았다.

그렇게 시간이 지나다 보니 출판된 지 이미 10년이 지난 책이 되었고, 책 속에 소개된 연구물들은 그보다 오래되어 최신성을 잃은 책을 한국 독자들에게 소개하는 것이 무슨 의미가 있을지에 대한 고민으로 주춤하는 시간도 보태졌다. 하지만 이 책 이후에 발표된 최신 연구물들에 대한 공부는 독자들에게 맡기더라도, 공감에 관심을 갖는 다양한 학문 분야의 대학원생과 연구자들에게 도움이 될 수 있다는 확신을 갖고 번역서를 마무리 하게 되었다.

이미 여러 권의 저·역서 출판 경험으로 많은 도움을 주신 유현실 교수님과 대표 번역자의 미숙함에도 불평 없이 각자의 번역 작업에 충실했던 윤금희 박사와 황수영 박사에게 이 지면을 빌어 고마움을 전하고자 한다. 또한 최초 계약 시점으로부터 많은 시간이 흘러 출판사에 곤란함을 주었음에도 번역자들이 포기하지 않도록 끝까지 기다려주고 격려해 주신 박영스토리 임직원 여러분께 특별히 감사를 드린다.

2020년 3월 역자들을 대표하여
윤미선 씀

일러두기

* 인간의 정서를 표현하는 다양한 단어들의 쓰임으로 인해 emotion은 정서, feeling은 느낌, affect는 감정으로 일괄 번역하였다. 단, cognitive-affective가 대조적으로 한 단어 혹은 한 문장에서 사용될 때는 부득이하게 인지-정서라고 하였다.

** 타인을 따라하는 행동에 대해서도 두 가지 단어를 구분하여 사용하는 경우가 많아, mimicry는 흉내내기로, imitation은 모방으로 번역하였다.

차례

I

공감이란?

Chapter 01

'공감'의 다양한 용례: 서로 관련 있으나 분명히 다른 8가지 현상

C. Daniel Batson

공감을 느끼는 학생들은 괴팍한 사람처럼 보일 수 있다. 비록 그들이 공감이 중요하다는 점에 대해서는 일반적으로 동의할지라도 공감이 왜 중요한지, 공감이 어떤 영향력을 갖는지, 공감이 어떻게 발생하는지, 심지어 공감이란 무엇인지 등에 대해서는 일치된 견해를 보이지 않는 경우가 많다. **공감**(*empathy*)이라는 용어는 현재 6가지 이상의 현상에 적용되고 있다. 태도가 인지적, 정의적, 행동적 요소를 갖는다고 말할 수 있는 것과는 달리, 그 현상들은 서로 연관성이 있지만 어떤 단일한 것의 성분들이거나, 측면들이거나, 구성요소들도 아니다. 오히려 각각의 현상들은 개념적으로 차이가 있으며, 독립적인 심리 상태이다. 더 나아가, 각 상태는 공감이 아닌 다른 이름으로 불려 왔다. 즉, 불일치하는 경우가 많은 것이다.

이러한 불일치를 해소하기 위해, 이 책에서는 공감이 답을 줄 수 있다고 생각되는 두 개의 서로 다른 질문을 우선적으로 규명하고자 한다. 그 후, 공감이라 불리는 8개의 뚜렷한 현상들을 파악할 것이며, 마지막으로 그 8개의 현상과 앞의 두 질문 간의 관계를 파악하고자 한다.[1]

---

1) 공감 관련 개념들의 범위 중 처음 두 가지는 확실히 아니다(Becker, 1931; Reik, 1948; Scheler, 1913/1970 참조). 그러나 학문적 상황이 바뀌었고, 관련 개념의 차이들도 변했다.

두 가지 다른 질문에 대한 답으로서의 공감

공감이라는 용어를 매우 다양한 현상에 적용하고 있는 이유 중 일부는 다음과 같은 두 가지의 아주 다른 질문에 답을 제공하기 위해 공감을 들먹이는 학자들 때문이다. 다른 사람들이 생각하고 느끼는 것을 어떻게 알 수 있을까? 다른 사람의 고통에 대해 민감하고 주의 깊게 반응하도록 하는 요인은 무엇일까? 공감을 느끼는 일부 학생들의 경우는 이와 같은 두 질문에 대한 답이 서로 관련 있다. 하지만 더 많은 사람들은 두 번째 질문을 고려하지 않은 채 첫 번째 질문에 대한 답을 구하며, 반대의 경우도 마찬가지다.

첫 번째 질문은 마음이론(theory of mind)에 관심이 있는 철학자, 인지과학자, 신경생리학자, 영장류 동물학자, 발달심리학자들에게 특별한 관심사였다. 사람들은 타인의 내적 상태를 추론하기 위해 자신들의 일반적인 마음이론들을 이용한다고 주장하는 **이론-이론가들**(*theory theorists*)과, 타인의 상황에 처해 있는 자신을 상상하며 자신의 상태를 통해 타인의 내적 상태를 읽어 낸다고 제안하는 **시뮬레이션 이론가들**(*simulation theorists*) 양측 모두 인간인 우리가 타인의 생각과 느낌을 어떻게 알게 되는가를 설명하기 위해 공감을 거론해 왔다.

우리가 타인의 고통에 대해 세심한 주의를 기울여 반응하도록 하는 요인은 무엇인가라는 질문은 친사회적 행동에 대한 이해와 촉진을 추구하는 철학자들, 발달심리학자들, 사회심리학자들에게 특별한 관심사였다. 그 분야 연구자들의 목적은 특별한 형태의 지식을 설명하는 게 아니며, 오히려 특별한 형태의 행동을 설명하는 것이다. 즉 어떤 사람이 타인의 요구를 효과적으로 해결하는 행동을 설명하는 것이다. 이 질문에 답하기 위해 공감을 이용하는 사람들은 동정의 느낌, 연민, 다정함, 기타 등등과 같은 타인에 **대한** 공감적인 느낌이 공감의 대상이 되는 사람의 고통을 덜어 주려는 동기를 발현시킨다고 언급하는 경향이 있다.

따라서 개념 설명을 위한 이전의 시도들은 제시하지 않을 것이다.

'공감'이라는 용어의 8가지 사용

공감이라는 용어의 다양한 사용에 대한 차이를 명확하게 하려면 예를 드는 것이 좋을 수 있다. 점심을 먹기 위해 친구를 만난다고 상상해 보자. 그녀는 마음이 산란하고, 허공을 응시하며, 유난히 말도 없고, 조금 우울해 보인다. 점차 말하기 시작하더니 곧 울음을 터뜨린다. 그녀는 회사가 규모를 축소하게 되어 자신이 실직하게 되었음을 이제 막 알았다고 설명한다. 그리고 화가 나지는 않지만 마음이 아프고 조금 두렵다고 말한다. 당신은 그녀를 매우 안쓰럽게 생각하고, 애석한 일이라고 말한다. 또한 당신의 회사에서도 감원 얘기가 나오고 있다는 사실이 떠오른다. 속상해 하는 친구를 보는 것이 당신을 조금 불안하고 불편하게 만든다. 또한 짧은 찰나의 안도감이 느껴지기도 한다. "하나님 감사합니다. 저는 아니었습니다!" 이 상황에서 당신이 경험할 수 있는 최소 8가지의 심리적 상태가 공감의 각기 다른 개념에 해당한다.

개념 1: 생각과 느낌을 포함하여 타인의 내적 상태를 앎

일부 임상가와 연구자들은 타인의 내적 상태를 아는 것을 공감이라고 불렀다(예. Preston & de Waal, 2002; Wispé, 1986). 이 지식을 "인지적 공감(cognitive empathy)"(Eslinger, 1998; Zahn-Waxler, Robinson, & Emde, 1992) 또는 "공감적 정확도(empathic accuracy)"(Ickes, 1993)라고 부르는 사람들도 있다.

간혹 타인의 생각과 느낌을 확인하기가 상당히 어려운 경우가 있는데 특히 그 사람에 대해 제한된 단서만 있을 때가 그렇다. 하지만 앞의 사례에서는 친구의 내적 상태를 파악하기가 상대적으로 쉽다. 그녀가 설명을 할 때, 그녀의 마음속에 있는 것이 실직에 대한 것임을 당신이 알고 있다고 스스로 확신할 수 있을 것이다. 그녀가 말하는 내용으로부터, 그리고 심지어 그녀가 행동하는 방식을 통해, 그녀가 어떻게 느끼는지(상처받았고 두려워함)에 대해 안다고 생각할 수도 있다. 물론 적어도 일부 미세한 차이나 세부사항에 대해서는 당신이 틀렸을 수도 있다.

개념 2: 관찰 대상자의 자세를 취하거나 신경 반응을 일치시킴

관찰 대상자의 자세나 표현 따라하기는 많은 사전에서 사용하는 공감에 대한 정의이다. 철학자 Gordon(1995)은 이를 "안면 공감(facial empathy)"이라고 했다. 타인의 자세를 취하는 행위를 "동작 흉내(motor mimicry)"(Dimberg, Thunberg, & Elmehed, 2000; Hoffman, 2000) 또는 "모방(imitation)"(Lipps, 1903; Meltzoff & Moore, 1997; Titchener, 1909)이라고 부르는 심리학자들도 있다.

Preston과 de Waal(2002)은 통합 공감 이론을 제안하였으며, 이는 흉내 낸 동작 활동보다 흉내낸 신경 표상에 초점을 맞춘 이론이라고 하였다. 그들의 이론은 지각-행동 모델(perception-action model)을 기반으로 한다. 이 모델에 따르면, 특정 상황에서 타인을 지각하는 것은 무의식적으로 타인의 신경 상태와 일치시키도록 하는데, 그 이유는 지각과 행동이 부분적으로 동일한 신경회로에 의존하기 때문이다. 운동 활동이나 인식을 일치시킬 필요가 없음에도 신경 표상을 일치시킨 결과로, 사람들은 타인이 느끼는 것의 일부를 느끼게 되며 그에 따라 타인의 내적 상태를 이해하게 된다.

신경반응일치 또는 동작 흉내내기가 모든 공감적 느낌의 통합 원천이라고 주장하는 것은-특히 인간관계에 있어서-공감적 느낌의 역할을 과대 추정하는 것처럼 보인다. 일치 여부와 무관하게, 지각적 신경 표상이 항상 그리고 무의식적으로 느낌으로 이어지는 것은 아니다. 그리고 동작 수준에서는 인간이건 다른 어떤 종이건 상대의 모든 행동을 따라하지는 않는다. 누군가 외줄 위에서 균형을 잡느라 고전하는 모습을 보면서 긴장하고 몸을 비틀고 있는 자신을 발견하는 것은 익숙한 경험이며, 부인하기 힘든 사실이다. 하지만 누군가 서류 정리하는 모습을 볼 때는 그 행동을 흉내내려는 의도가 거의 없다. 무의식적으로 흉내내기 이상의 어떤 것이 행동을 흉내낼지 아닐지를 선택하는 것과 관련이 있다. 또한 흉내내기 그 자체는 가정한 바와 같이 반응적이거나 무의식적이지 않을 수 있다는 사실이 밝혀져 왔다. Meltzoff와 Moore(1997)는 흉내 또는 모방이 심지어 유아들에게도 능동적이고 목표 지향적인 과정이라는 다수의 증거를 제시했다. 그리고 성인의 경우, 흉내내기가 고차원적인 의사소통 기능을 수행하는 경우가 많다(LaFrance & Ickes, 1981). Bavelas와 동료들(1986)의 말에 따르면, "나는 '동질감'이나 지지를 전달하기 위해 '당신이 어떻게 느끼는지'를 보여 준다."

인간은 타인의 내적 상태에 대한 단서를 제공하기 위해 반응 일치 또는 흉내내기에만 의존하기보다, 다양한 상황에서 타인의 생각과 느낌을 추론하기 위하여 기억과 일반 지식도 이용할 수 있다(Singer et al., 2004; Tomasello, 1999). 실제로 의인화가 발생하는 이유는 바로 우리 인간이 심지어 다른 종에 대해서까지 그러한 추론을 할 수 있는 능력과 성향을 가지고 있기 때문이다. 마찬가지로 중요한 점은 내적 상태에 대해 알기 위하여 인간은 상호 간의 직접적인 의사소통에 의존할 수 있다는 것이다. 앞의 예에서도, 당신의 친구는 자신이 생각하고 느끼는 것을 당신에게 말했다.

개념 3: 타인이 느끼는 것과 동일하게 느끼게 됨

다른 사람이 느끼는 것과 동일한 정서를 느끼게 되는 것 역시 공감에 대한 일반 사전의 정의 중 한 가지이다. 또한 일부 철학자(예. Darwall, 1998; Sober & Wilson, 1998), 신경과학자(Damasio, 2003; Decety & Chaminade, 2003; Eslinger, 1998), 심리학자(Eisenberg & Strayer, 1987; Preston & de Waal, 2002)들이 사용하는 정의이기도 하다. 이러한 정의를 사용하는 사람들은 종종 공감자가 정확하게 동일한 정서를 느낄 필요는 없고, 유사한 정서만 느껴도 된다고 말함으로써 공감을 정의하기도 한다(예. Hoffman, 2000). 하지만 그 정서가 충분히 유사한지의 여부를 어떤 요소로 결정해야 하는지에 대해서는 명확하게 규명된 적이 없다.

공감이라는 용어를 이와 같은 뜻으로 사용하는 핵심에는 정서 일치뿐 아니라 정서 '포착(catching)'도 있다(Hatfield, Cacioppo, & Rapson, 1994). 한 사람이 다른 사람과 같이 느끼게 되었음을 알기 위해서는 두 사람이 같은 양의 생리적 반응을 대략적으로 동시에 보이는지 그 이상을 파악해야 하는데, Levenson과 Ruef(1992)는 그러한 현상을 "공유 생리(shared physiology)"라고 불렀다. 공유 생리가 일치(관찰자의 각성이 질적으로 다른 정서와 연관되었을 수 있음) 또는 포착(관찰자의 각성이 대상의 정서적 상태에 대해 반응하는 것이라기보다, 공유된 상황에 대한 유사한 반응일 수 있으며, 어쩌면 그 상황은 대상의 반응이 주의를 끄는 상황일 수도 있음)에 대해 분명한 증거를 제시한 것은 없다.

철학자들은 타인의 느낌과 동일하게 느끼게 되는 현상에 대해 공감이 아닌 "동정(sympathy)"이라 부르고(Hume, 1740/1896; Smith, 1759/1853), 심리학자들은 이를 "정서전염(emotional contagion)"(Hatfield, Cacioppo, & Rapson, 1994), "감정 공감(affective empathy)"(Zahn-Waxler, Robinson, & Emde, 1992), "자동 정서 공감(automatic emotional empathy)"(Hodges & Wegner, 1997) 등으로 부른다.

공감의 발달적 근원에 대해 가장 자주 인용되는 한 연구에서, Sagi와 Hoffman(1976)은 출생 후 1~2일 된 영아들에게 다른 영아의 울음을 녹음한 소리나 합성 인공 울음소리 중 하나를 들려주거나 또는 아무 소리도 들려주지 않았다. 다른 아기의 울음을 들은 영아들은 합성 인공 울음이나 아무 소리도 듣지 않은 아기들보다 훨씬 더 크게 울었다. 이 연구 이후, Sagi와 Hoffman(1976, p.176)을 비롯한 많은 학자들이 이러한 차이에 대해 선천적인 "기초 공감적 고통 반응(rudimentary empathic distress reaction)"의 증거로 해석했고, 이는 신생아가 타인의 감정 상태를 일치시키고 포착한다는 증거가 된다.

하지만 이러한 연구를 선천적인 기초 공감적 반응의 증거라고 해석하는 것은 시기상조인 것 같다. 다른 영아의 울음에 반응하여 우는 것에 대해, 내가 아는 한 기존 문헌에서 인정되지 않았던 대안적 설명들이 있다. 한 가지 예를 들자면, 다른 영아의 울음에 반응하여 우는 것은 음식이나 편안함을 얻는 기회를 늘리기 위한 경쟁적 반응일 수도 있다(앞의 Sagi와 Hoffman의 연구에서 영아의 식사 시간을 한 시간에서 한 시간 반 정도 남겨 놓고 실험을 진행했다). 둥지에 있는 아기 새들에게 비슷한 연구를 했다고 가정해 보자. 한 아기 새가 쩍쩍거리고 입을 벌리기 시작하면 순식간에 퍼지는 현상을 기초 공감 반응으로 해석하지는 않을 것이다.

개념 4: 타인의 상황으로 자신을 직관하거나 투영함

친구의 말을 들은 후에, 당신은 실직하게 되었다고 말하는 젊은 여성이 되는 기분이 어떨지 본인에게 물어보았을 수도 있다. 자신을 타인의 상황 속으로 상상 투영하는 것은 Lipps(1903)가 감정이입(*Einfühlung*)이라 부른 심리적 상태이며, 이에 대해 Titchener(1909)는 최초로 공감(*Empathy*)이라는 영어 단어를 만들었다. 두 사람은 모두 작가나 화가가 특정한 사람이나 어떤 무생물(예. 강한 바람이 부는 언덕에 있는 비틀린 죽은 나무)이 되는 것을 상상하는 과정에 관심을 가졌다.

심미적 투영으로서의 공감에 대한 애초의 정의는 사전에서도 간혹 볼 수 있으며, 마음에 대한 이론 이론들(theory theories)에 대한 대안인 시뮬레이션에 대한 최근의 철학적 논의들에도 등장하고 있다. 하지만 현대 심리학에서는 이러한 투영이 공감의 의미를 뜻하는 경우는 드물다. 그럼에도 Wispé(1968)는 동정과 공감에 대한 그의 분석에서 "심미적 공감(aesthetic empathy)"이라고 부른 투영을 포함했다.

개념 5: 타인이 어떻게 생각하고 느끼는지를 상상함

실직하게 되었다고 말하는 젊은 여성이 되는 느낌을 상상하기보다, 당신은 친구의 생각과 느낌을 상상했을 것이다. 당신의 상상은 그녀의 말과 행동뿐 아니라 그녀의 성격, 가치, 욕망에 대해 당신이 알고 있는 내용들에 기반을 둘 수 있다. Stotland(1969)는 이에 대해 특정한 형태의 조망수용인 "그 사람 상상(imagine him)" 관점이라고 했다. 보다 일반적으로, "타인상상(imagine other)" 관점(Batson, 1991)이라고 불렸다.

Wispé(1968)는 다른 사람이 어떻게 느끼는가를 상상하기에 대해 개념 4의 심미적 공감과 구별하기 위하여 "심리적 공감(psychological empathy)"이라고 불렀다. Adolphs(1999)는 그것을 "공감(empathy)" 또는 "투영(projection)"이라 불렀고, Ruby와 Decety(2004)는 "공감(empathy)" 또는 "조망수용(perspective taking)"이라고 불렀다.

치료적 관점으로부터의 지각 분석에서, Barrett-Lennard(1981)는 "공감적 주의집중 세트"의 채택을 언급했다. 이 세트는 "A라는 사람이 B라는 사람의 느낌과 경험에 대해 매우 강한 반응을 보이면서 한편으로는 B가 분명히 다른 자아라는 인식을 잃지 않는 방식으로 자신의 마음을 터놓는 느낌의 과정"을 포함한다(p.92). 쟁점이 되는 것은 사람들이 다른 사람의 느낌과 생각에 대해 아는 것이 아니라, 다른 사람들이 각자의 상황에 영향을 받는 방식에 대한 민감성이다.

개념 6: 타인의 입장에서 그가 어떻게 생각하고 느낄지를 상상함

Adam Smith(1759/1853)는 다른 사람의 상황에서 그가 어떻게 생각하고 느낄지를 상상하는 행위를 "환상 속 입장 바꿈(changing paces in fancy)"이라고 화려하게 언급했다. Mead(1934)는 이를 가끔은 "역할 맡기(role taking)"라고 불렀으며 가끔은 "공감(empathy)"이라 부른 반면, Povinelli(1993)는 "인지적 공감(cognitive empathy)"이라고 했다. Darwall(1998)은 "투영적 공감(projective empathy)" 또는 "시뮬레이션(simulation)"이라고 불렀다. 피아제 학파의 전통에서는, 사람들이 타인 입장에서 그들이 어떻게 생각할 것인가를 상상하는 행위를 "조망수용(perspective taking)" 또는 "탈중심화(decentering)"라고 불렀다(Piaget, 1953).

Stotland(1969)는 이를 개념 5의 타인상상 관점 형태와 구분하며 "자기상상(imagine-self)" 관점이라 불렀다. 조망수용의 타인상상 및 자기상상 형태들은 그렇지 않다는 경험적 증거에도 불구하고 간혹 서로 간에 혼동을 일으키거나 동일시되었다(Batson, Early, & Salvarani, 1997; Stotland, 1969).

자기상상 관점을 채택하는 것이 어떤 면에서는 자신을 타인의 상황에 투영하는 행위(개념 4)와 유사하지만, 이 두 개념은 매우 다른 맥락에서 독자적으로 발전했다. 즉 하나는 심미적인 배경에서, 다른 하나는 대인관계라는 맥락에서 발전했다. 그리고 자기(self)는 심미적 투영보다 대인관계적 상황에서 더 중심적인 개념이므로 둘을 별개로 간주하는 것이 가장 좋아 보인다.

개념 7: 타인의 고통을 목격하고 괴로움을 느낌

타인의 고통을 목격함으로써 유발된 고통은-친구가 얼마나 화났는지를 보고 유발된 당신의 불안과 불편함 같은 느낌들-"공감(empathy)"(Krebs, 1975), "공감적 고통(empathic distress)"(Hoffman, 1981), "개인적 고통(personal distress)"(Batson, 1991) 등 다양한 이름으로 불려 왔다.

이 상태는 타인에 대한 고통을 느끼는 감정(개념 8 참고)이나 타인으로서 고통을 느끼는 감정이 아닌, 타인의 상태에 의해 고통받는 느낌을 포함한다.

개념 8: 고통받고 있는 타인을 느낌

현대 사회심리학에서 "공감(empathy)" 또는 "공감적 관심(empathic concern)"이라는 용어는 타인에 대한 지각된 안녕에 의해 불러일으켜지고 그 상태와 일치하는 타인 지향적 정서 반응을 언급하기 위해 종종 사용되었다(예. Baston, 1991). 여기서 타인 지향적(*other-oriented*)이라 함은 정서의 초점을 의미한다. 즉, 타인에 대해서 느끼는 것이다. 일치(*congruent*)란 정서유발성을 의미하는 것으로, 지각한 타인의 안녕이 긍정적이면 긍정 정서가 유발되고 부정적이면 부정 정서가 유발된다는 것이다. 일치성을 언급한다고 하여 개념 3과 같이 정서의 내용이 동일하거나, 심지어 유사하다는 의미는 아니다. 예를 들면, 당신은 두려워하고 화가 난 친구에 대해 슬픔이나 미안함을 느꼈을 수 있다.

타인이 도움이 필요한 것으로 지각될 때 느껴지는 타인 지향 정서를 항상 공감이라고 불렀던 것은 아니다. "불쌍함(pity)" 또는 "측은함(compassion)"(Hume, 1740/1896; Smith, 1759/1853), "동정적 고통(sympathetic distress)"(Hoffman, 1981,2000), 또는 단순히 "동정(sympathy)"(Darwall, 1998; Eisenberg & Strayer, 1987; Preston & de Waal, 2002; Sober & Wilson, 1998; Wispé, 1986)으로도 불러 왔다.

시사점

　두 가지 이유로 공감이라는 용어가 적용되는 이상의 여덟 가지 현상을 언급했다. 첫째, 복잡성을 인정함으로써 혼동을 줄이고자 했다. 둘째, 각 현상이 처음에 제기한 두 가지 질문에 대한 답으로 얼마나 잘 부합하는지 고려하고자 했다.

　공감이 단일 대상을 의미하고 모든 사람이 그 대상의 정체에 대해 합의한다면 문제가 단순해질 것이다. 하지만 많은 심리학 용어가 그러하듯이, 불행히도 그런 상황이 아니다. **공감**(*empathy*)과 **동정**(*sympathy*. empathy와 가장 많이 대조되는 단어)은 모두 다양한 방식으로 사용되어 왔다. 실제로, 정확히 동일한 상태에 대해 놀라울 정도의 일관성을 가지고 일부 학자들은 공감이라고 했고 다른 학자들은 동정이라고 이름 붙여 왔다. 본 저자도 다른 명명 체계보다 특정 체계를 선호하는 이유에 대해서 역사적이거나 논리적으로 명확한 근거를 파악하지 못했다. 가장 좋은 한 가지 방법은 각기 다른 현상들을 인정하고, 채택하는 명명 체계를 분명히하며, 그 체계를 일관성 있게 사용하는 것이 될 수 있다.

　여덟 가지 공감 현상이 모두 두 개의 공감 관련 질문 각각에 연관되어 있는 것은 아니지만, 각 현상과 질문 간의 관련성을 순서대로 고려해 볼 만하다.

질문 1: 우리는 타인의 생각과 느낌을 어떻게 알 수 있을까?

　타인의 내적 상태를 안다는 것(개념 1)이 첫 번째 질문에 설명이 될 수 있는 현상이다. 다른 현상 중 다섯 가지에는 설명이 제시되어 있다. 관찰 대상의 자세를 취하거나 신경 반응을 일치시키는 것(개념 2), 타인이 느끼는 것과 동일하게 느끼는 것(개념 3), 자신을 타인의 상황에 투영하는 것(개념 4), 타인의 생각과 느낌을 상상하는 것(개념 5), 그리고 타인의 입장에서 그의 생각과 느낌을 상상하는 것(개념 6)은 모두 타인의 생각과 느낌에 대한 우리의 지식을 설명하는 데 활용되었다.

　일부 설명은 이러한 현상 중 한 가지에만 초점을 맞춘다. 예를 들면, 어떤 이론-이론(*theory-theory*) 지지자는 일반 사람들 또는 특정한 성격을 가진 사람들이 생각하고 느낄 법한 것에 대한 우리의 일반 이론들을 끌어들임으로써 타인의 내적 상태를 성공적으로 상상할 수 있다(개념 5)고 주장할지도 모른다. 다른 설명들은 여러 현상과 결합되어 있다. 어떤 **시뮬레이션 이론**(*simulation theory*) 지지자는 사람들이 타인의 상황으로 자신을 직관하고 투영함으로써(개념 4) 또는 타인의 입장에서 생각과 느낌을 상상함으로써(개념 6), 타인의 느낌과 동일한 것을 느낄 수도 있고(개념 3), 자기 자신의 느낌에 대해 알고 나서 타인의 느낌을 알 수 있게 되거나 또는 알고 있다고 믿게 된다(개념 1)고 주장할지도 모른다. 그렇지 않으면, 무의식적으로 타인의 자세를 취하거나 신경 반응을 일치시킴으로써(개념 2) 타인의 느낌과 동일한 것을 느끼게 되고(개념 3), 이를 통해 타인의 느낌을 알 수 있게 된다(개념 1)고 제안할 것이다.

규명한 현상들 중 마지막 두 가지[타인의 고통을 목격함으로써 간접적인 고통을 느끼는 것(개념 7)과 고통받고 있는 타인을 느끼는 것(개념 8)]는 타인의 상태를 아는(또는 안다고 믿는) 지식의 원천이 아니며, 그 두 가지는 이 지식에 대한 반응이다. 따라서 그 두 가지는 타인의 생각과 느낌을 어떻게 아는지를 설명하기 위해 거론되지 않을 것 같다. 그 대신, 두 번째 질문에 답함에 있어서 매우 중요하다.

질문 2: 타인의 고통에 대해 사람들로 하여금 민감하고 주의 깊게 반응하도록 하는 요인은 무엇인가?

고통받는 타인을 목격하여 괴로움을 느끼는 것(개념 7)이 그 사람을 도와주려는 동기를 발생시킬 수 있다는 증거가 상당히 많다. 하지만 이러한 동기의 궁극적인 목표는 타인의 고통 해소(예. 이타적 동기) 쪽으로 직접 향해 있지 않고, 이 동기의 궁극적 목표는 본인의 괴로움을 해소하는 것으로 보인다(이기적 동기, Batson, 1991). 결과적으로, 이 괴로움이 타인의 고통에 대해 민감하게 반응하도록 하는 것이 아니다. 특히 타인의 고통을 해소할 기회가 없어도 자신의 고통을 해소할 기회가 있다면 더욱 그렇다. 이러한 동기 차이의 중요성은 영아가 우는 모습을 볼 때 아동 학대 위험이 높은 부모들이 더 많이 괴로움(개념 7)을 보고한 반면, 학대 위험이 낮은 부모들은 고조된 고통보다는 동정과 측은함(개념 8) 같은 고조된 타인 지향적 느낌들을 보고했다는 증거에 의해 강조되었다(Milner, Halsey, & Fultz, 1995).

고통받고 있는 타인을 느끼는 것(개념 8)은 타인의 고통에 대해 사람들로 하여금 민감한 관심을 가지고 반응하도록 하는 요소가 무엇인지를 설명하기 위해 가장 자주 적용되는 공감의 형태이다. 결국, 이 느낌은 가능한 선행 사건들로서 다른 7개 개념 중 하나 또는 그 이상과 종종 관련되어 있었다.

타인에 대해 느끼기 위해서, 먼저 타인의 내적 상태를 알고 있다고 생각해야 한다(개념 1). 그 타인에 대한 느낌은 타인의 안녕에 대한 지각에 기초하기 때문이다(예. 당신의 친구가 상처를 입고 두려워하는 상태 등). 하지만 타인을 느끼기 위해서 이러한 지각이 반드시 정확할 필요는 없다. 또한 그러한 지각이 타인이 자신의 내적 상태에 대해 갖는 지각과 일치할 필요도 없으며, 이는 공감 정확도를 정의하기 위한 연구에서 종종 사용되는 표준이기도 하다(예. Ickes, 1993)(본 연구에서는 타인이 갖는 자신의 내적 상태에 대한 지각이 잘못되었을 확률은 무시하는 경향이 있다. 예를 들어, 당신의 친구가 화가 나지 않았다는 것은 사실일까?). 물론 타인의 상태에 대한 잘못된 믿음을 바탕으로 한 타인 지향적 느낌으로 인한 행위는 잘못된 방향으로 나아가기 쉬우며 민감한 관심을 기울이는 목표에 이르지 못할 수도 있다.

신경표상일치나 타인의 자세를 흉내내는 것(개념 2)은 타인의 상태에 대한 이해 또는 믿음을 촉진시킬 수 있으며(개념 1) 그에 따라 타인 지향 느낌을 유발할 수 있다(개념 8). 하지만 표상일치나 흉내내기가 그러한 느낌들을 유발시키는 데 필연적이거나 충분해 보이지 않는다. 당신 친구의 눈물은 당신까지 울게 했지만, 그녀의 신경 상태와 일치시키거나 그녀의 우는 행동을 흉내내는 것은 당신이 그녀를 안타깝게 느끼는 데 있어 필요하지 않았을 수도 있으며, 그 반대일 가능성이 더 크다. 그녀의 눈물은 본인이 얼마나 속상했는지를 당신에게 분명히 알려 주었고, 당신은 그녀에게 안타까움을 느꼈기 때문에 눈물을 흘렸을 것이다.

타인의 느낌과 동일한 것을 느끼는 것(개념 3) 역시 타인의 상태를 이해하는 데(개념 1) 있어 중요한 초석일 수 있으며 그에 따라 타인 지향적 느낌에 대한 기반도 될 수 있다(개념 8). 하지만 연구에서 필요하거나 충분한 전제조건은 아니다(Batson, Early & Salvarani, 1997). 친구에 대해 안타까움을 느끼기 위해 당신이 반드시 상처받거나 두려워할 필요는 없는 것이며, 그녀가 상처받고 두려워하고 있음을 아는 것(개념 1)만으로 충분하다.

우리가 우리 자신의 정서 상태에 집중하게 되면 실제로 그로 인해 타인이 느끼는 것과 동일한 것을 느끼게 되는 타인 지향적 느낌을 억제할 수 있다. 날씨가 안 좋은 날 비행기 안의 다른 승객들이 불안해하는 것을 느끼면 나도 불안해질 수 있다. 그들이 아니라 나 자신의 불안함에 집중하게 되면 그들에 대한 느낌이 늘어나는 게 아니라 줄어드는 듯하다.

자신을 타인의 상황으로 직관하거나 투영하는 것(개념 4)으로 타인의 생각과 기분을 생생하게 느낄 수도 있으며(개념 1) 그에 따라 타인 지향적 느낌을 촉진시킬 수도 있다(개념 8). 하지만 과거의 사건이나 발언으로 인해 타인의 상태가 너무 뻔할 때는 아마도 직관이나 투영이 필요치 않을 것이다. 타인의 상태가 분명치 않을 때 직관이나 투영을 할 경우 타인의 상태에 대한 부정확한 해석이 발생할 위험이 있으며, 특히 자신과 타인 사이에 관련된 차이점들을 정확히 이해하지 못할 때에는 더욱 그렇다.

타인의 느낌이 어떤지를 상상(개념 5)해 보라는 지시는 실험 참가자들에게 어려움에 빠진 이를 위한 타인 지향적 느낌(개념 8)을 유발하는 실험실 실험에서 종종 사용되는 경우가 있다(이 실험의 리뷰는 Batson, 1991 참고). 하지만 이러한 타인상상 관점이 타인 지향적 정서와 혼동되거나 동일시돼서는 안 된다(Coke, Batson, & McDavis, 1978).

고통받는 타인을 위로할 때, 당신이 그 상황에 있다면 어떻게 생각하고 느낄지를 상상(개념 6)하면 타인 지향적 느낌들이 자극될 수 있다(개념 8). 하지만 이러한 자기상상 관점 역시 자기 지향적 고통의 느낌들을 유발(개념 7)할 수 있다(Batson, Early & Salvarani, 1997, Stotland, 1969 참고). 타인의 상황이 익숙하지 않거나 명확하지 않을 때는 당신이 그 상황에서 어떻게 생각하고 느끼게 될지를 상상하는 것이 타인의 상태를 인식하기 위해 유용한-아마도 기본적인-기반을 제공할 수 있으며(개념 1), 이는 타인 지향적 느낌을 경험하기 위한 필요조건이다. 다시 한 번 강조해서, 만일 타인과 당신의 상황이 다르다면 당신의 생각과 느낌에 집중하는 행위는 잘못된 것일 수 있다. 그리고 타인의 상황이 익숙하거나 명확하다면, 그의 상황에서 당신의 생각과 느낌을 상상하는 행위는 타인 지향적 느낌들을 실제로 억제할 수 있다(Nickerson, 1999). 실직에 대한 친구의 이야기를 들었을 때, 당신이 실직했다면 어땠을지에 대한 느낌을 생각하느라 당신은 스스로 걱정하고, 불안하며, 불편해지고, 상대적으로 운이 좋은 것처럼 생각한다. 이러한 반응은 그녀에 대한 슬픔이라는 당신의 타인 지향적 느낌을 저하시켰을 가능성이 높다.

그 중요성과 대중성 때문에, 본 저자 역시 타인 지향적 느낌(개념 8)을 타인의 고통에 대한 민감한 반응의 근원으로 다루어 왔다. 하지만 공감이라 불리는 다른 현상들 중 일부는 고통받는 자를 위한 타인 지향적 느낌을 매개체로 여기는 것과 무관하게 민감한 반응의 근원으로 제시되어 왔다. 예를 들면, 타인의 느낌과 동일한 것을 느끼는 것(개념 3)은 아마도 타인상상 관점(개념 5)과 결합되어 우리로 하여금 우리 자신의 고통에 대해서 반응하는 것처럼 타인의 고통에 직접적으로 반응하게 만들 수 있다는 지적도 있었다(Preston & de Waal, 2002). 또한 우리가 타인의 입장에서 생각하고 느끼는 상상(개념 6)은 정형화된 외부집단에 속한 구성원의 역경에 대해 보다 민감하게 직접적으로 반응하게 할 수도 있다(Galinsky & Moskowitz, 2000).

직업적으로 어려움에 처한 타인을 도와야 하는 사람들(임상가, 상담가, 의사 등)의 경우 타인의 어려움을 알지 못하면 이를 효과적으로 해소시킬 수 없으므로 그 어려움에 대한 정확한 지각(진단)이 매우 중요하다. 게다가 타인 지향적 느낌의 각성을 포함한 강한 정서적 각성은 효과적으로 도움을 제공하기 위한 개인의 능력에 지장을 줄 수 있다(MacLean, 1967). 따라서 도움을 제공하는 직업

군 내에서는 타인 지향적 느낌(개념 8)이 아닌 공감이 고객 또는 환자의 내적 상태에 대해 정확하게 아는 것(개념 1)으로 대체되었다. 그들의 요구에 대해 효과적으로 반응할 수 있는 핵심 근원으로서 공감을 강조한 것이다.

결론

  공감이라 부르는 다양한 현상들 간의 차이는 미묘한 경우도 있지만 각각이 존재한다는 점은 의심의 여지가 없다. 대부분은 친숙한 경험이지만 그러한 친숙함으로 인해 그 중요성을 무시해서는 안 된다. 한 사람이 타인의 내적 상태를 알게 되고 세심한 관심으로 반응하도록 동기부여되는 과정은 우리가 함께 살아가는 삶에서 매우 중요하다. 철학자 David Hume과 같은 몇몇 뛰어난 사상가들은 이러한 과정이 모든 사회적 지각과 상호작용의 근원이라고 제안했다. 그것들은 우리의 사회성에 있어 확실히 핵심적인 요소이다.

  공감이라 불리는 이 8가지의 분명한 차이를 인식하는 것은 매우 복잡한 일이다. 하지만 이 현상들과 이들이 상호 간에 갖는 관계를 이해하기 위해서는 차이를 인식하는 것이 중요해 보이며, 타인의 내적 상태를 파악하고 그들의 고통에 대해 민감하게 반응하는 것이 어떻게 가능한지에 대한 이해를 향상시키기 위해서도 중요한 듯하다. 다행히, 사회신경과학 분야에서는 이미 일부 차이를 최소한 인식하기 시작했으며, 이 현상들의 신경적 기질도 규명하기 시작했다(예. Jackson et al., 2006, Lamm, Batson, & Decety, 2007; Singer et al., 2004 등 참고).

사사

  초고에 유용한 의견을 준 Nadia Ahmad, Tobias Gschwendner, Jacob Eklund, Luis Oceja, Adam Powell, Eric Stocks에게 감사를 전한다.

참고문헌

Adolphs, R. (1999). Social cognition and the human brain. *Trends in Cognitive Sciences, 3*, 469-479.

Barrett-Lennard, G. T. (1981). The empathy cycle: Refinement of a nuclear concept. Journal of Counseling Psychology, 28, 91-100.

Batson, C. D. (1991). *The altruism question: Toward a social-psychological answer.* Hillsdale, NJ: Erlbaum.

Batson, C. D., Early, S., & Salvarani, G. (1997). Perspective taking: Imagining how another feels versus imagining how you would feel. *Personality and Social Psychology Bulletin, 23*, 751-758.

Bavelas, J. B., Black, A., Lemery, C. R., & Mullett, J. (1986). "I show you how you feel": Motor mimicry as a communicative act. *Journal of Personality and Social Psychology, 50*, 322-329.

Becker, H. (1931). Some forms of sympathy: A phenomenological analysis. *Journal of Abnormal and Social Psychology, 26*, 58-68.

Coke, J. S., Batson, C. D., & McDavis, K. (1978). Empathic mediation of helping: A two-stage model. *Journal of Personality and Social Psychology, 36*, 752-766.

Damasio, A. R. (2003). *Looking for Spinoza: Joy, sorrow, and the feeling brain.* Orlando, FL: Harcourt.

Darwall, S. (1998). Empathy, sympathy, care. *Philosophical Studies, 89*, 261-282.

Decety, J., & Chaminade, T. (2003). Neural correlates of feeling sympathy. *Neuropsychologia, 41*, 127-138.

Dimberg, U., Thunberg, M., & Elmehed, K. (2000). Unconscious facial reactions to emotional facial expressions. *Psychological Science, 11*, 86-89.

Eisenberg, N., & Strayer, J. (Eds.). (1987). *Empathy and its development*. New York: Cambridge University Press.

Eslinger, P. J. (1998). Neurological and neuropsychological bases of empathy. *European Neurology*, 1998, 193‒199.

Galinsky, A. D., & Moskowitz, G. B. (2000). Perspective‒taking: Decreasing stereotype expression, stereotype accessibility, and in‒group favoritism. *Journal of Personality and Social Psychology*, 78, 708‒724.

Gordon, R. M. (1995). Sympathy, simulation, and the impartial spectator. *Ethics*, 105, 727‒742.

Hatfield, E., Cacioppo, J. T., & Rapson, R. L. (1994). *Emotional contagion*. New York: Cambridge University Press.

Hodges, S. D., & Wegner, D. M. (1997). Automatic and controlled empathy. In W. Ickes (Ed.), *Empathic accuracy* (pp. 311‒339). New York: Guilford Press.

Hoffman, M. L. (1981). The development of empathy. In J. P. Rushton & R. M. Sorrentino (Eds.), *Altruism and helping behavior: Social, personality, and developmental perspectives* (pp. 41‒63). Hillsdale, NJ: Erlbaum.

Hoffman, M. L. (2000). *Empathy and moral development: Implications for caring and justice*. New York: Cambridge University Press.

Hume, D. (1740/1896). *A treatise of human nature* (L. A. Selby‒Bigge, Ed.). Oxford: Oxford University Press.

Ickes, W. (1993). Empathic accuracy. *Journal of Personality*, 61, 587‒610.

Jackson, P. L., Brunet, E., Meltzoff, A. N., & Decety, J. (2006). Empathy examined through the neural mechanisms involved in imagining how I feel versus how you feel pain. *Neuropsychologia*, 44, 752‒761.

Krebs, D. L. (1975). Empathy and altruism. *Journal of Personality and Social Psychology*, 32, 1134‒1146.

LaFrance, M., & Ickes, W. (1981). Posture mirroring and interactional involvement: Sex and sex typing influences. *Journal of Nonverbal Behavior*, 5, 139‒154.

Lamm, C., Batson, C. D., & Decety, J. (2007). The neural substrate of human empathy: Effects of perspective-taking and cognitive appraisal. *Journal of Cognitive Neuroscience*, 19, 1-17.

Levenson, R. W., & Ruef, A. M. (1992). Empathy: A physiological substrate. *Journal of Personality and Social Psychology*, 63, 234-246.

Lipps, T. (1903). Einfühlung, inner Nachahmung, und Organ-empfindungen. *Archiv für die gesamte Psychologie*, 1, 185-204.

MacLean, P. D. (1967). The brain in relation to empathy and medical education. *Journal of Nervous and Mental Disease*, 144, 374-382.

Mead, G. H. (1934). *Mind, self, and society.* Chicago: University of Chicago Press.

Meltzoff, A. N., & Moore, M. K. (1997). Explaining facial imitation: A theoretical model. *Early Development and Parenting*, 6, 179-192.

Milner, J. S., Halsey, L. B., & Fultz, J. (1995). Empathic responsiveness and affective reactivity to infant stimuli in high- and low-risk for physical child abuse mothers. *Child Abuse and Neglect*, 19, 767-780.

Nickerson, R. S. (1999). How we know—and sometimes misjudge—what others know: Imputing one's own knowledge to others. *Psychological Bulletin*, 125, 737-759.

Piaget, J. (1953). *The origins of intelligence in the child.* New York: International Universities Press.

Povinelli, D. J. (1993). Reconstructing the evolution of mind. *American Psychologist*, 48, 493-509.

Preston, S. D., & de Waal, F. B. M. (2002). Empathy: Its ultimate and proximate bases. *Behavioral and Brain Sciences*, 25, 1-72.

Reik, T. (1948). *Listening with the third ear: The inner experience of a psychoanalyst.* New York: Farrar, Straus.

Ruby, P., & Decety, J. (2004). How would you feel versus how do you think she would feel? A neuroimaging study of perspective taking with social emotions. *Journal of Cognitive Neuroscience*, 16, 988–999.

Sagi, A., & Hoffman, M. L. (1976). Empathic distress in the newborn. *Developmental Psychology*, 12, 175–176.

Scheler, M. (1913/1970). *The nature of sympathy* (P. Heath, Trans.). Hamden, CT: Archon Books.

Singer, T., Seymour, B., O'Doherty, J., Kaube, H., Dolan, R. J., & Frith, C. D. (2004). Empathy for pain involves the affective but not sensory components of pain. *Science*, 303, 1157–1162.

Smith, A. (1759/1853). *The theory of moral sentiments.* London: Alex Murray.

Sober, E., & Wilson, D. S. (1998). *Unto others: The evolution and psychology of unselfish behavior.* Cambridge, MA: Harvard University Press.

Stotland, E. (1969). Exploratory investigations of empathy. In L. Berkowitz (Ed.), *Advances in experimental social psychology* (Vol. 4, pp. 271–313). New York: Academic Press.

Titchener, E. B. (1909). *Lectures on the experimental psychology of the thought processes.* New York: Macmillan.

Tomasello, M. (1999). *The cultural origins of human cognition.* Cambridge, MA: Harvard University Press.

Wispé, L. (1968). Sympathy and empathy. In D. L. Sills (Ed.), *International encyclopedia of the social sciences* (Vol. 15, pp. 441–447). New York: Free Press.

Wispé, L. (1986). The distinction between sympathy and empathy: To call forth a concept a word is needed. *Journal of Personality and Social Psychology*, 50, 314–321.

Zahn–Waxler, C., Robinson, J. L., & Emde, R. N. (1992). The development of empathy in twins. *Developmental Psychology*, 28, 1038–1047.

Ⅱ

공감에 대한
사회적, 인지적, 발달적 관점

Chapter 02

정서전염과 공감

Elaine Hatfield, Richard L. Rapson, Yen-Chi L. Le

"괴물과 싸우는 사람은 그 싸움 속에서 스스로도 괴물이 되지 않도록 조심해야 한다. 그리고 괴물의 심연을 오랫동안 들여다본다면, 그 심연 또한 우리를 들여다보게 될 것이다."

- Nietzsche

오늘날 공감에 대한 정의는 다양하지만 많은 임상 및 상담 심리학자들은 진정한 공감이란 타인의 느낌을 공유할 수 있는 능력, 타인의 느낌을 직관하는 인지적 능력, 타인의 고통에 연민 어린 마음으로 반응하기 위한 "사회적으로 유익한" 의도라는 세 가지 요소가 필요하다는 의견에 동의한다(Decety & Jackson, 2004). 본 장에서는 그 과정 중 두 번째인 정서전염을 통해 사람들이 타인의 정서에서 "자신을 느끼는" 능력에 초점을 맞추고 있다. 구석구석 스며 있는 이러한 현상에 대해 알려져 있는 점들을 살펴보고, 이를 설명할 수 있는 세 가지 메커니즘에 대해 논의한 후, 향후 연구 문제들을 제안하고자 한다.

신경과학, 생물학, 사회심리학, 사회학, 생애심리학 등 다양한 분야의 학자들은 인간의 인지, 정서, 행동을 이해하는 데 있어 '원초적 정서전염(*primitive emotional contagion*)'이 매우 중요하다고 제시했다. 원초적 정서전염은 인간 상호작용의 기본적인 초석이며, "마음 읽기(mind reading)"에 도움이 되고, 사람들이 타인의 느낌을 이해하고 공유할 수 있게 해 준다.

정서전염은 사회적, 심리생리적, 행동적 현상의 집합체인 다중적 결정체로 가장 잘 개념화할 수 있다. 이론가들은 정서 집합체의 구성에 의견 차이를 보이지만, 대부분의 학자들은 정서 "패키지"가 의식적 인식, 얼굴과 음성 및 자세를 통한 표현, 신경생리학적 및 자율신경계 활동, 도구적 행동 등을 포함하는 다양한 요소로 이루어진다는 의견에는 동의할 것이다. 정서의 다양한 측면은 뇌의 여러 부분에서 처리될 수 있다. 그러나 뇌는 받아들인 정서 정보를 통합시키기 때문에, 정서적 구성요소들 각각이 상호 간에 영향을 미치게 된다 (Hatfield, Cacioppo & Rapson, 1994 참고).

Hatfield, Cacioppo & Rapson(1994)은 **원초적 정서전염**이란 "타인의 얼굴 표정, 음성, 자세, 움직임 등을 무의식적으로 흉내내고 동시에 따라함으로써 정서적으로 융합되는 성향"이라고 정의한다(p.5).

정서전염 척도(Emotional Contagion Scale)는 일반적 상황에서의 정서뿐 아니라 행복과 기쁨, 사랑, 공포와 불안, 분노, 슬픔과 우울함 등을 "포착하는" 사람들의 감수성을 평가하기 위해 개발되었다(Doherty, 1997; Hatfield, Cacioppo, & Rapson, 1994 참고). 이 척도는 핀란드어, 독일어, 그리스어, 힌디어, 일본어, 포르투갈어, 스웨덴어 등 다양한 언어로 번역되었다(이 척도의 신뢰성 및 유효성에 대한 정보는 Doherty, 1997을 참고).

정서전염을 설명할 수 있는 메커니즘

이론적으로, 정서는 여러 가지 방식으로 포착될 수 있다. 초기 연구자들은 의식적 추론, 분석 및 상상이 이 현상을 설명할 수 있다고 제안하였다. 예를 들어 경제 철학자 Adam Smith(1759/1966)는 다음과 같이 말한 바 있다.

비록 우리 형제가 고문을 받고 있지만.... 우리가 그의 상황에 있다고 상상하고, 우리도 동일한 고문을 겪고 있다고 생각하며, 그의 몸으로 들어가 어느 정도 그와 동일한 인물이 되어, 그의 느낌에 대한 어떤 생각을 형성하고, 정도는 약하더라도 심지어 우리는 그들과 완전히 다르지 않음을 느낀다(p.9).

하지만 원초적 정서전염은 Smith와 같은 이론가들이 생각했던 것보다 훨씬 더 미묘하고 무의식적이며 도처에 존재하는 과정으로 보인다. 예를 들면, 다음과 같은 명제들을 뒷받침하는 증거가 상당히 많다.

명제 1: 흉내내기

대화 중에 사람들은 무의식적이고 계속적으로 타인의 얼굴 표정, 음성, 자세, 움직임, 도구적 행동을 흉내내며 동시에 같은 행동을 한다.

과학자들과 작가들은 사람들이 타인의 정서 표현을 흉내낸다는 점을 오랫동안 관찰해 왔다. 이미 1759년에 Adam Smith(1759/1966)는 사람들이 타인의 상황에 있다고 상상할 때 동작 흉내내기(motor mimicry)가 나타난다는 것을 인정했다. "표적에 일격을 가해서 타인의 팔이나 다리가 부딪히기 직전의 모습을 볼 때, 우리는 자연스럽게 몸을 움츠리고 팔과 다리를 뒤로 뺀다"(p.4).

Smith는 그러한 모방이 "거의 반사적"이라고 느꼈다. 후일 Theodor Lipps (1903)는 의식적 공감이 타인의 감정 표현에 대한 본능적인 동작 흉내내기에서 기인할 수 있음을 주장했다. 1700년대 이후, 연구자들은 사람들이 타인의 정서 표현을 모방하는 경향이 있음에 대해 상당한 증거들을 수집해 왔다.

표정 흉내   사람들의 얼굴이 종종 주변 사람들의 얼굴 표정을 거울처럼 비추고 있다는 사실이 잘 연구되어 있다(Dimberg, 1982; Vaughan & Lanzetta, 1980). 예들 들어, 신경과학자 및 사회심리생리학자들은 사람들의 인지 반응(기능성 자기 공명영상[fMRI]으로 측정)과 표정(근전도 검사[EMG]로 측정)이 관찰 대상의 정서 표현에서 매우 미묘한 시시각각의 변화를 반영하는 경향이 있음을 알아냈다

(Wild et al., 2003). 이러한 동작 흉내내기는 너무나 빠르고 미묘하게 나타나서 표정 변화를 관찰하기 어려운 경우도 많다(Lundqvist, 1995).

　　Lars-Olov Lundqvist(1995)는 스웨덴 대학생들을 대상으로 행복, 슬픔, 분노, 공포, 놀람, 혐오 등의 표정을 짓고 있는 인물 사진을 탐색하는 동안의 표정 EMG 활동을 기록했다. 그는 다양한 대상 얼굴에 따라 매우 다른 EMG 반응 패턴이 발생함을 발견했다. 실험 참여자들이 행복한 표정을 보면 광대근(*Zygomaticus major,* 볼) 부위에서 근육 활동이 늘어나는 것으로 나타났다. 한편 화난 표정을 보면 눈썹주름근(*Corrugator supercilii*; 눈썹) 부위에서 근육 활동이 증가하는 것을 보였다.

　　유아(Meltzoff & Prinz, 2002), 어린이, 청소년, 성인들이 타인의 정서 표정을 무의식적으로 흉내낸다는 사실에 대한 많은 연구들이 보고되었다(이 연구에 대한 리뷰는 Hatfield, Cacioppo, & Rapson, 1994; Hurley & Chater, 2005b를 참고, 사람들이 타인의 정서 표현을 흉내내거나 그렇지 않을 가능성을 형성하는 요소들에 대한 리뷰는 Hess & Blair, 2001; Hess & Bourgeois, 2006을 참고).

음성 흉내　　사람들이 음성적 발현 또한 흉내내고 동시 발화하는 경향이 있는 것으로 나타났다. 사람들은 각기 다른 상호작용 속도를 선호한다. 파트너들이 상호작용할 때, 진행이 잘되면 그들의 발언 주기는 반드시 상호 간에 섞여들게 된다. 통제된 인터뷰 환경을 이용한 연구를 통해 말 속도, 발언 시간, 반응 지연 시간 등에 대한 발언자 간 영향을 뒷받침하는 상당량의 증거가 있다(Capella & Planalp, 1981; Chapple, 1982 참고).

자세 흉내　　사람들이 자세 및 동작도 흉내내고 동시 행동하는 경향이 있는 것으로 나타났다(이 연구의 요약은 Bernieri et al., 1991; Hatfield, Cacioppo, & Rapson, 1994를 참고).

　　우리는 아마도 의식적인 상태에서는 타인의 행동을 매우 효과적으로 흉내낼 수는 없을 것이다. 그 과정이 정말 매우 복잡하고 너무나 빠르게 일어나기 때문이다. 예를 들어, 번개처럼 빠른 Muhammad Ali도 신호 빛을 감지하는 데 0.19초가 걸렸고 그에 반응하여 펀치를 날리는 데 0.04초가 걸렸다. 하지만 William Condon과 W. D. Ogston(1966)은 대학생들이 0.021초(영화 프레임 1개의 시간) 내에 타인과 동시 행동을 할 수 있다는 것을 발견했다. Mark Davis(1985)는 미세동조(microsynchrony)가 축삭의 여러 수준에서 뇌의 구조에 의해 조작되며, "당신이 갖고 있거나 갖지 못한 것"이라고 주장하였다. 즉 미세 동조를 고의로 '행'하는 것은 불가능하다는 것이다(p.69). 의식적으로 타인을 흉내내려 하는 사람들은 "가짜"처럼 보일 것이라고 추측했다.

   요약하면, 사람들이 주변 사람들의 얼굴 표정, 발성, 자세, 움직임을 무의식적으로 흉내내거나 동시 수행할 수 있다는 증거가 상당히 많다. 사람들은 놀라운 속도로 이러한 행동을 하며, 놀랄 만큼 많은 정서적 특징을 단 한순간에 무의식적으로 흉내내고 동시 수행한다(Condon, 1982).

명제 2: 피드백

   사람들의 정서적 경험은 매 순간 표정, 음성, 자세 및 움직임 흉내내기의 활성화 및 그에 따른 피드백에 의해 영향을 받는다.

   이론적으로 참가자들의 정서 경험은 (1)그러한 흉내내기/동시 행동하기를 지시하는 중추신경계의 명령; (2)그러한 표정, 음성, 자세 및 움직임 흉내내기/동시 행동하기로부터 발생하는 구심성신경 피드백; 또는 (3)자신의 표현 행동을 기반으로 자신의 정서 상태에 대한 추론을 가능하게 하는 의식적 자기 지각 과정에 의해 영향을 받을 수 있다. 다양한 축삭 수준에 걸쳐 존재하는 기능성 중복을 고려할 때, 이 3개의 과정은 모두 표정, 음성, 자세 및 움직임 흉내내기/동시 행동하기와 표현에 의해 형성되는 정서 경험을 보호하기 위해 작동할 수 있다.

   최근 연구들을 살펴보면, 정서는 표정적, 음성적, 자세적 피드백에 따라 어느 정도까지 조절된다는 사실에 대해 의견이 일치하는 경향이 있다.

표정 피드백　Darwin(1872/2005)은 정서 경험이 안면 근육으로부터의 피드백에 크게 영향을 받는다고 주장했다.

> 정서를 외부로 표출하는 자유로운 표현은 정서를 격화시키는 반면, 외부 표출을 최대한 억제하는 것은 우리의 정서를 누그러뜨린다. 폭력적인 몸짓을 못 이기는 사람은 폭력 사태가 증가할 것이며, 공포의 징후를 제어하지 않는 사람은 더 큰 공포를 경험하게 되고, 슬픔이 몰려올 때 수동적인 자세를 유지하는 사람은 마음의 유연성을 회복할 가장 좋은 기회를 놓치게 된다(p.365).

　　연구자들은 참가자들로 하여금 정서적인 얼굴 표정을 유발시키는 다양한 전략을 이용하여 표정 피드백 가설을 검증해 왔다. 첫째, 간혹 실험자들은 참가자들에게 발생하는 정서 반응을 과장하거나 드러나지 않도록 시도해 보라고 요구했다. 둘째, 간혹 참가자들을 "속여서" 다양한 표정을 짓도록 유도했다. 셋째, 참가자들이 무의식적으로 타인의 정서 표정을 흉내내야 하는 상황을 마련하기도 했다. 이 세 가지 유형의 모든 실험에서 사람들의 정서 경험은 자신이 짓는 표정에 의해 영향을 받는 것으로 나타났다(Adelmann & Zajonc, 1989; Matsumoto, 1987).

　　고전적인 실험을 실시한 James Laird와 Charles Bresler(1992)는 참가자들에게 자신들은 안면 근육의 움직임을 연구하는 데 흥미가 있다고 말했다. 이들의 실험실에는 누가 봐도 안면 근육의 움직임에 대한 복잡한 다채널 기록이 가능하다고 이해되는 장비들이 갖추어져 있었다. 은(silver) 전극을 참가자들의 눈썹 사이, 입가, 턱 모서리에 부착했으며, 전극은 전자기기(사실상 아무 기능이 없는 것)에 정교하게 꼬인 선들로 연결되어 있었다. 그 후 실험자는 참가자들이 정서 표현을 하도록 은근슬쩍 유도했다. 연구자들은 정서 귀인이 부분적으로는 안면 근육계의 변화로 형성된다는 점을 발견했다. "찌푸린" 상태의 참가자들은 "웃는" 상태의 참가자들보다 덜 행복하고 더 화가 난 상태임이 밝혀졌다. 참가자들의 말을 통해 이 과정이 어떻게 작동하는지에 대해 어느 정도 알

게 되었다. 한 명은 다소 난해하게 다음과 같이 말했다:

"턱에 힘이 가해지고 눈썹이 내려갔을 때, 화를 내지 않으려 노력했지만 그냥 그렇게 되어버렸죠. 화를 느끼는 상태는 아니었지만, 나를 화나게 하는 방향으로 내 생각들이 흘러간다는 걸 알았고 좀 바보같다는 생각도 했습니다. 실험 중이라는 것도 알고 있었고, 그렇게 생각할 필요가 없다는 것도 알았지만, 그냥 통제력을 잃었습니다(p.480)."

Paul Ekman과 그의 동료들은 정서 경험과 자율신경계(ANS) 활동이 표정 피드백에 의해 영향을 받는다고 주장했다(Ekman, Levenson, & Friesen, 1983). 연구자들은 사람들에게 놀라움, 혐오, 슬픔, 분노, 공포, 행복 등의 여섯 가지 정서를 만들어 낼 것을 요구했다. 그들은 그러한 정서를 경험했을 당시를 회상하거나 또는 안면 근육을 각 정서에 맞도록 조절하여 그 과정을 수행해야 했다. 연구자들은 정서 경험을 재현하거나 특정한 정서 경험에 적합하도록 안면 근육을 움직이면 그러한 정서에 정상적으로 수반되는 자율신경계(ANS)에 영향을 끼친다는 점을 발견했다. 그러므로 표정은 적절한 자율신경계의 각성을 일으킬 수 있는 것으로 보인다.

음성 피드백   주관적인 정서 경험은 매 순간 음성 흉내내기의 활성화 및 그에 따른 피드백에 의해 영향을 받는다는 주장을 뒷받침하는 일련의 증거들이 있다(Duclos et al., 1989; Hatfield, Cacioppo, & Rapson, 1994; Hatfield et al., 1995; Zajonc, Murphy, & Inglehart, 1989).

Elaine Hatfield와 동료들(1995)은 음성 피드백 가설을 검증하기 위해 설계한 일련의 실험들을 수행했다. 참가자들은 아프리카, 중국, 유럽, 필리핀, 하와이, 히스패닉계, 일본, 한국, 태평양제도 출신이거나 또는 혼혈인 남녀로 구성되었다. 연구자들은 참가자들의 정서에 관심이 있다는 사실을 숨기기 위해 모든 노력을 기울였다(그 대신 Bell 전화기 회사에서 인간의 음성을 충실히 재현할 수 있는 다양한 전화 시스템의 기능을 시험하고 있다고 말했다). 그 후 참가자들을 각자 개별 공간으로 안내하였고, 실험자는 그들에게 6개의 소리 패턴을 녹음한 음원 중 하나를 제공하였다. 그것은 정서를 중립적으로 통제한 것 하나와 기쁨, 사랑/부드러움, 슬픔, 공포, 분노에 해당하는 소리들을 각각 녹음한 것이다.

　의사소통 연구자들은 기본 정서들이 억양, 음성의 질, 리듬, 일시중지 등에 있어서 특정한 패턴과 연결되어 있다고 보고해 왔다. 예를 들어, 사람들이 행복할 때는 진폭 변화가 작고, 음높이 변화는 크며, 속도가 빠르고, 날카로운 강약, 화성이 거의 없는 소리를 낸다. 그래서 Hatfield와 동료들의 연구에서 첫 번째 5개 음원은 각 정서에 적합한 소리 패턴이 드러나도록 설계되었다. 특히 즐거운 소리는 명랑한 웃음, 슬픈 소리는 울음, 사랑의 음원에는 일련의 부드러운 "오~"와 "아~" 소리가 녹음되었고, 분노 음원에는 목에서 나는 저음의 으르렁거림이, 공포의 사운드에는 짧고 날카로운 비명과 '헉' 소리가 담겼다. 마지막으로 정서가 드러나지 않는 소리의 음원에는 하나의 긴 단조로운 "음~" 소리가 중단 없이 계속되었다. 참가자들은 들은 소리를 최대한 정확히 전화기에 대고 재현해 달라는 요청을 받았으며, 그 결과 참가자들의 정서는 본인이 내는 특정한 소리에 강력한 영향을 받았다는 점이 밝혀졌다. 그러므로 이 실험은 음성 피드백 가설에 대한 추가적인 뒷받침이 되는 셈이다.

자세 피드백　마지막으로, 정서는 자세와 움직임으로부터의 피드백을 통해 형성됨을 제안하는 증거가 있다(이 연구의 리뷰는 Bernieri, Reznick, & Rosenthal, 1988; Duclos et al., 1989; and Hatfield, Cacioppo, & Rapson, 1994를 참고). 흥미롭게도, 극 이론가인 Konstantin Stanislavski가 자세와 연기 간의 관계에 관심을 기울였다(Moore, 1984). 그는 "정서적 기억은 우리의 과거 경험을 저장하기에, 이를 재현하기 위해 연기자들은 주어진 상황에서 필수적이고 논리적인 육체적 행동을 반드시 수행해야 한다. 육체적 행동만큼이나 다양한 정서적 뉘앙스가 있다."(pp.52-53)라고 주장했다.

　Stanislavski는 우리가 특정한 정서들과 연관된 다양한 작은 행동들을 수행할 때마다 그 정서를 재현하는 것이 가능하다고 제안했다.

그 후 다양한 연구에서 사람들이 자신의 표정, 음성, 자세 표현과 일치하는 정서를 느끼는 경향이 있다는 증거를 발견한다. 이러한 표정, 음성, 자세 표현 간의 연계는 매우 구체적으로 나타난다. 즉, 사람들이 공포, 분노, 슬픔 또는 혐오를 표현할 때는 단순히 불쾌한 정서뿐만 아니라 각각의 특정한 표현과 연관된 정서까지 느낄 가능성이 높다. 예를 들어, 슬픈 표현을 하는 사람은 분노가 아닌 슬픔을 느낀다(Duclos et al., 1989 참고). 다만 그러한 피드백이 얼마나 중요한지(그것이 필수적인가, 충분한가, 또는 단순히 정서 경험의 작은 한 부분에 불과한가?)와 육체적 표현과 정서가 어떻게 정확히 연계되는가(Adelmann & Zajonc, 1989)는 아직 불분명한 상태로 남아 있다(이 문헌에 대한 평론 리뷰는 Manstead, 1988을 참고).

명제 3: 전염

흉내내기와 피드백의 결과로 사람들은 매 순간 타인의 정서를 "포착"하는 경향이 있다.

여러 분야의 학자들이 이 주장을 뒷받침하는 다양한 증거들을 제시해 왔다. 최근, 신경과학에서 나온 결과들은 사람들이 왜 타인의 정서를 그렇게 쉽게 "포착"하는지와 왜 타인의 생각, 정서, 행동을 그렇게 쉽게 공감할 수 있는지에 대한 통찰을 제공해 왔다. 다음은 그에 대한 몇 가지 예이다:

신경과학자들은 특정한 뉴런(경구 신경; canonical neuron)이 지각과 행동 간 직접적인 연결고리를 제공한다고 주장한다. 다른 유형의 뉴런들(거울뉴런)은 특정한 행동이 수행될 때, 그리고 다른 동물이 같은 행동을 수행하는 모습을 영장류가 관찰하고 있을 때 작동한다. 과학자들은 그러한 뇌 회로가 인간을 포함한 영장류의 정서전염과 공감에 대해 설명할 수 있을 것이라고 제안한다(Iacoboni, 2005; Rizzolatti, 2005; Wild, Erb, & Bartels, 2001; Wild et al., 2003).

물론 여기에서 중요한 질문은 거울뉴런이 작동하고 흉내내는 순차적 순서에 대한 것이다. Iacoboni와 동료들은 원숭이들이 "아무것도 하지 않고"–단순히 다른 동물들을 관찰할 때-거울뉴런의 작동이 일어난다고 주장한다 (Iacoboni, 2005; Rizzolatti, 2005; Wild et al., 2001, 2003 참고). 우리는 그렇지 않다는 것을 알고 있다. 매 순간마다 영장류는 자극을 주는 사람(또는 원숭이)의 표정, 음성, 자세를 흉내내고 있다. 시점에 따라 거울뉴런이 작동하여 원숭이가 흉내내어 움켜잡는 행동을 하게 되거나 또는 연구 상황에서 동물의 흉내낸 움켜잡기 행동이 거울뉴런을 작동시킬 수도 있다. 즉, 동물이 의도적으로 행동할 때와 흉내내기를 통해 동일한 행동을 수행할 때는 뇌의 같은 영역이 작동할 수 있다는 것이다. 오직 후속 연구만이 말해 줄 것이다. 물론 두 과정 모두 정서전염 연구자들에게 큰 관심사가 될 것이다.

Blakemore와 Frith(2005)는 어떤 행동을 수행하기 위해 상상하거나 관찰하거나 또는 그 어떤 준비 방법이라도 그 행동을 직접 수행할 때와 동일한 운동 프로그램을 작동시킨다고 주장했다.

그들은 인간의 경우 직접 행동을 할 때와 타인의 행동을 관찰할 때, 뇌의 몇몇 영역(구체적으로 전운동영역과 두정엽)이 두 경우에서 모두 작동함을 보여 주는 상당량의 최근 연구들을 고찰한 바 있다. 전운동영역의 공명은 목표를 가진 동기와 연관성이 없는 반면, 전두엽은 행동이 목표를 향해 수행될 때만 활성화되었다. 일부 연구에서는 거울 시스템 덕분에 우리가 행동을 계획하고 타인의 행동을 이해할 수 있다고 보고해 왔다.

1950년대에 영장류 동물학자들은 동물들이 다른 동물의 정서를 포착할 수 있음을 보여 주는 상당량의 연구를 수행했다. 예를 들어, R. E. Miller와 동료들(Miller, Banks, & Ogawa, 1963)은 원숭이들이 종종 자신의 공포감을 동료들에게 전이시킨다는 점을 발견했다. 겁먹은 원숭이의 표정, 음성, 자세는 경고의 기능을 한다. 즉, 잠재적인 문제에 대한 신호가 되는 것이다. 원숭이들은 다른 원숭이들의 공포를 포착하고, 그에 따라 적절한 회피 반응을 보일 준비를 한다. 생태학자들은 정서적 표현의 모방은 종 간 의사소통에 있어서 계통발생학적으로 아주 오래되고 기본적인 형식을 구성한다고 주장한다. 그러한 전염은 쥐를 포함한 다양한 척추동물 종에서도 나타난다(Brothers, 1989; Mogil, 2006).

다양한 분야의 학자들은 사람들이 사실상 서로 간의 정서를 포착한다는 증거를 제시하고 있다. 임상 관찰자들(Coyne, 1976), 사회심리학자 및 사회학자들(Hatfield, Cacioppo, & Rapson, 1994; Le Bon, 1896; Tseng & Hsu, 1980), 신경과학자 및 영장류 동물학자들(Hurley & Chater, 2005a; Wild et al., 2003), 생애발달학자들(Hurley & Chater, 2005a, 2005b), 역사학자들(Klawans, 1990)은 시대를 불문하고 모든 사회에서, 그리고 매우 대규모로 사람들이 실제로 타인의 정서를 포착할 것이라고 제안하고 있다(이 연구의 요약은 Hatfield, Cacioppo, & Rapson, 1994; Wild, Erb, & Bartels, 2001; Wild et al., 2003을 참고).

요약

이론상으로 정서전염 과정은 흉내내기, 피드백, 전염의 3단계로 구성된다. 사람들은 (a)무의식적으로 주변 사람들의 표정, 목소리, 자세, 도구적 행동을 흉내내며, (b)그러한 피드백의 결과로 타인의 정서를 부분적으로 느끼게 되는 경향이 있다. 그 결과 사람들은 (c)서로의 정서를 포착하는 경향이 있다. 사람들이 같이 있는 사람에게서 언뜻 나타났다 사라지는 정서의 표정, 목소리, 자세 표현을 무의식적으로 흉내낼 때, 아마도 그들은 종종 상대의 실제 정서를 일부분 느끼게 될 것이다. 사람들이 사소한 매 순간의 반응 흐름에 주의를 기울임으로써 타인의 정서적 삶 속으로 "자신들을 투영시켜 느낄" 수 있게 된다. 심지어 그러한 정보에 명시적으로 주의를 기울이지 않을 때도 사람들은 매 순간 타인의 의도와 기분을 감지할 수 있다.

기존 연구의 의미

이 장에서 우리는 역설에 직면하고 있다. 사람들은 타인의 표정, 음성, 자세 표현을 놀랄 만큼 빠른 속도로 흉내낼 수 있는 것처럼 보인다. 그 결과, 사람들은 놀라울 정도로 타인의 정서적 삶 속으로 자신들을 투영시켜 느낄 수 있게 된다. 하지만 혼란스럽게도 많은 사람들이 사회적 만남에서 흉내내기와 동시에 행동하기의 중요성은 인식하지 못하는 것처럼 보인다. 사람들은 자신들이 얼마나 빠르고 완전하게 타인의 표현적 행동과 정서를 추적할 수 있는지에 대해 알지 못하는 듯하다.

전염의 특성과 공감에 관련하여 최근의 연구 결과들이 갖는 의미는 무엇일까? 전염에 대한 연구에서는 타인의 정서 상태에 대한 정보를 취득하기 위해 우리가 다중적인 수단을 이용한다는 점을 강조한다. 즉, 의식적 분석 기술은 무엇이 사람들을 "움직이게" 하는가를 이해하는 데 확실히 도움이 된다. 하지만 우리가 타인과 함께 있는 동안 경험하는 정서에 세심한 주의를 기울인다면, 타인의 정서 상태 내에서 우리 자신을 느끼게 됨으로써 추가적인 것들을 더 잘 얻을 수도 있다. 사실, 우리의 생각과 느낌 모두 타인에 대해 가치 있지만 각기 다른 정보를 제공할 수 있다는 증거가 있다. 예를 들면, 한 연구에서 Christopher Hsee와 동료들은 타인들이 "반드시" 느끼고 있을 정서에 대한 사람들의 의식적 평가는 그 타인들의 말에 큰 영향을 받는다는 점을 발견했다. 하지만 사람들의 실제 정서는 그들이 정말로 느끼는 것에 대한 타인들의 비언어적 단서들에 의해 더 영향을 받았다(Hsee, Hatfield, & Chemtob, 1992).

향후 연구 문제

최근, 정서전염은 일반적으로는 정상인과 보다 특정하게는 자폐아(Decety & Jackson, 2004; Hurley & Chater, 2005a, 2005b), 음악애호가(Davies, 2006), 종교맹신자, 테러리스트, 자살폭탄테러범(Hatfield & Rapson, 2004), 자살 사망자 및 군중 속의 사람들(Adamatzky, 2005; Fischer, 1995) 등의 집단이 갖는 생각, 기분, 행동을 설명하기 위해 인용되었다. 하지만 과학자들은 정서전염에 민감한 (또는 그에 대한 저항성이 강한) 사람들의 유형과 정서전염이 발생하는 상황에 대해서는 아직 파악하지 못했다.

학자들이 이러한 공감, 원초적 정서전염의 중요한 요인을 이해하려면 아직 많은 중요한 질문에 대한 답을 찾아야 한다.

1. 타인의 정서를 포착하기에 가장 취약한 사람은 어떤 유형인가?

2. 전염에 가장 취약한 사람 간 관계 유형은 무엇인가?

3. 자신의 정서를 타인에게 "감염"시키는 능력을 갖게 되면 그 장점(또는 단점)은 무엇인가? 타인의 정서를 읽고 투영하는 감수성을 갖게 되면 그 장점(또는 단점)은 무엇인가?

4. 타인의 정서 표현과 행동을 흉내내는 선천적 성향을 가지게 되면 사람들은 더 많이 사랑받는가? 사람들이 타인의 정서 표현과 행동을 의식적으로 모방하려 하면 어떤 일이 벌어지는가? 그럴 경우 행동이 다소 "어색"해질 수 있으므로 그로 인해 사람들이 사랑받는 정도에 영향이 발생하는가?

5. 타인의 정서에 보다 신경을 쓰도록 교육하는 것이 가능한가? (예. 정서전염에 대한 민감성 증진)

6. 타인의 정서에 휘둘리지 않도록 교육하는 것이 가능한가? (예. 정서전염에 대한 저항력 증진)

이러한 질문들에 대한 답은 학자들의 관심이 필요하며, 정서전염에 대한 연구는 그 자체가 많은 학자들의 흥미를 끄는 주제가 되었다.

참고문헌

Adamatzky, A. (2005). *Dynamics of Crowd-Minds: Patterns of irrationality in emotions, beliefs and actions.* London: World Scientific.

Adelmann, P. K., & Zajonc, R. B. (1989). Facial efference and the experience of emotion. *Annual Review of Psychology, 40,* 249-280.

Bernieri, F. J., Davis, J. M., Knee, C. R., & Rosenthal, R. (1991). *Interactional synchrony and the social affordance of rapport: A validation study.* Unpublished manuscript, Oregon State University, Corvallis.

Bernieri, F. J., Reznick, J. S., & Rosenthal, R. (1988). Synchrony, pseudosynchrony, and dissynchrony: Measuring the entrainment process in mother-infant interactions. *Journal of Personality and Social Psychology, 54,* 243-253.

Blakemore, S. J., & Frith, C. D. (2005). The role of motor cognition in the prediction of action. *Neuropsychologia, 43 (2),* 260-267.

Brothers, L. (1989). A biological perspective on empathy. *American Journal of Psychiatry, 146,* 10-19.

Cappella, J. N., & Planalp, S. (1981). Talk and silence sequences in informal conversations: III. Interspeaker influence. *Human Communication Research, 7,* 117-132.

Chapple, E. D. (1982). Movement and sound: The musical language of body rhythms in interaction. In M. Davis (Ed.), *Interaction rhythms: Periodicity in communicative behavior* (pp. 31-52). New York: Human Sciences Press.

Condon, W. S. (1982). Cultural microrhythms. In M. Davis (Ed.), *Interaction rhythms: Periodicity in communicative behavior* (pp. 53-76). New York: Human Sciences Press.

Condon, W. S., & Ogston, W. D. (1966). Sound fi lm analysis of normal and pathological behavior patterns. *Journal of Nervous and Mental Disease, 143,* 338-347.

Coyne, J. C. (1976). Depression and the response of others. *Journal of Abnormal Psychology, 85,* 186-193.

Darwin, C. (1872/2005). *The expression of the emotions in man and animals.* Whitefish, MT: Kessinger Publishing.

Davies, S. (2006). Infectious music: Music-listener emotional contagion. Paper presented at the Conference on Empathy, California State University, Fullerton.

Davis, M. R. (1985). Perceptual and affective reverberation components. In A. B. Goldstein & G. Y. Michaels (Eds.), *Empathy: Development, training, and consequences* (pp. 62-108). Hillsdale, NJ: Erlbaum.

Decety, J., & Jackson, P. L. (2004). The functional architecture of human empathy. *Behavioral and Cognitive Neuroscience Reviews, 3,* 71-100.

Dimberg, U. (1982). Facial reactions to facial expressions. *Psychophysiology, 19,* 643-647.

Doherty, R. W. (1997). The Emotional Contagion scale: A measure of individual differences. *Journal of Nonverbal Behavior, 21,* 131-154.

Duclos, S. E., Laird, J. D., Schneider, E., Sexter, M., Stern, L., & Van Lighten, O. (1989). Emotion-specific effects of facial expressions and postures on emotional experience. *Journal of Personality and Social Psychology, 57,* 100-108.

Ekman, P., Levenson, R. W., & Friesen, W. V. (1983). Autonomic nervous system activity distinguishes among emotions. *Science, 221,* 1208-1210.

Fischer, A. H. (1995). *Emotional contagion in intergroup contexts.* Netherlands: European Science Foundation, Open MAGW Program, NWO grant 461-04-650.

Hatfield, E., Cacioppo, J., & Rapson, R. L. (1994). *Emotional contagion.* New York: Cambridge University Press.

Hatfield, E., Hsee, C. K., Costello, J., Weisman, M. S., & Denney, C. (1995). The impact of vocal feedback on emotional experience and expression. *Journal of Social Behavior and Personality, 10,* 293–312.

Hatfi eld, E., & Rapson, R. L. (2004). Emotional contagion: Religious and ethnic hatreds and global terrorism. In L. Z. Tiedens & C. W. Leach (Eds.), *The social life of emotions* (pp. 129–143). Cambridge: Cambridge University Press, pp. 129–143.

Hess, U., and Blair, S. (2001). Facial mimicry and emotional contagion to dynamic emotional facial expressions and their influence on decoding accuracy. *International Journal of Psychophysiology, 40,* 129–141.

Hess, U., & Bourgeois, P. (2006, January 27). *The social costs of mimicking: Why we should not both look angry.* Paper presented at the Society for Personality and Social Psychology, Palm Springs, FL.

Hsee, C. K., Hatfield, E., & Chemtob, C. (1992). Assessments of emotional states of others: Conscious judgments versus emotional contagion. *Journal of Social and Clinical Psychology, 2,* 119–128.

Hurley, S., & Chater, N. (2005a). *Perspectives on imitation: From neuroscience to social science: Vol. 1. Mechanisms of imitation and imitation in animals.* Cambridge, MA: MIT Press.

Hurley, S., & Chater, N. (2005b). *Perspectives on imitation: From neuroscience to social science: Vol. 2. Imitation, human development, and culture.* Cambridge, MA: MIT Press.

Iacoboni, M. (2005). Understanding others: Imitation, language, and empathy. In S. Hurley & N. Chater, *Perspectives on imitation: From neuroscience to social science: Vol. 1. Mechanisms of imitation and imitation in animals* (pp. 77–101). Cambridge, MA: MIT Press.

Klawans, H. L. (1990). *Newton's madness: Further tales of clinical neurology.* London: Headline Book Publishers.

Laird, J. D., & Bresler, C. (1992). The process of emotional feeling: A self–

perception theory. Reported in M. Clark (Ed.), *Emotion: Review of Personality and Social Psychology, 13,* 213–234.

Le Bon, G. (1896). *The crowd: A study of the popular mind.* London: Ernest Benn.

Lipps, T. (1903). Kapitel: Die einfühlung. In *Leitfaden der psychologie* [Guide to psychology] (pp. 187–201). Leipzig: Verlag von Wilhelm Engelmann.

Lundqvist, L. O. (1995). Facial EMG reactions to facial expressions: A case of facial emotional contagion? *Scandinavian Journal of Psychology, 36,* 130–141.

Manstead, A. S. R. (1988). The role of facial movement in emotion. In H. L. Wagner (Ed.), *Social psychophysiology and emotion: Theory and clinical applications* (pp. 105–130). New York: Wiley.

Matsumoto, D. (1987). The role of facial response in the experience of emotion: More methodological problems and a meta-analysis. *Journal of Personality and Social Psychology, 52,* 769–774.

Meltzoff, A. M., & Prinz, W. (Eds.). (2002). *The imitative mind: Development, evaluation, and brain bases.* Cambridge: Cambridge University Press.

Miller, R. E., Banks, J. H., & Ogawa, N. (1963). Role of facial expression in "cooperative-avoidance conditioning" in monkeys. *Journal of Abnormal and Social Psychology, 67,* 24–30.

Mogil, J. (2006, July 4). Mice show evidence of empathy. *The Scientist: Magazine of the Life Sciences* http//www.the-scientist.com/news/display/23764. Accessed July 1, 2007.

Moore, S. (1984). *The Stanislavski system.* New York: Viking.

Rizzolatti, G. (2005). The mirror neuron system and imitation. In S. Hurley & N. Chater, *Perspectives on imitation: From neuroscience to social science: Vol. 1. Mechanisms of imitation and imitation in animals* (pp. 55–76). Cambridge, MA: MIT Press.

Smith, A. (1759/1976). *The theory of moral sentiments.* Oxford: Clarendon Press.

Tseng, W-S., & Hsu, J. (1980). Minor psychological disturbances of everyday life. In H. C. Triandis & J. D. Draguns (Eds.), *Handbook of cross-cultural psychology: Vol. 6. Psychopathology* (pp. 61-97). Boston: Allyn & Bacon.

Vaughan, K. B., & Lanzetta, J. T. (1980). Vicarious instigation and conditioning of facial expressive and autonomic responses to a model's expressive display of pain. *Journal of Personality and Social Psychology, 38*, 909-923.

Wild, B., Erb, M., & Bartels, M. (2001). Are emotions contagious? Evoked emotions while viewing emotionally expressive faces: Quality, quantity, time course and gender differences. *Psychiatry Research, 102*, 109-124.

Wild, B., Erb, M., Eyb, M., Bartels, M., & Grodd, W. (2003). Why are smiles contagious? An fMRI study of the interaction between perception of facial affect and facial movements. *Psychiatry Research: Neuroimaging, 123*, 17-36.

Zajonc, R. B., Murphy, S. T., & Inglehart, M. (1989). Feeling and facial efference: Implications of the vascular theory of emotion. *Psychological Review, 96*, 395-416.

Chapter 03

모방: 무의식적인 공감 표현의 결과

Rick B. Baaren, Jean Decety, Ap Dijksterhuis, Andries van der Leij, and
Matthijs L. van Leeuwen

따라하지 않는 것이 최고의 복수다.

- Marcus Aurelius, 121-180 AD

모방과 공감은 어떤 관계가 있을까? 이는 대답하기 쉬운 질문이 아니다. 문제의 핵심은 공감의 정의에 대해 합의된 바가 없다는 점이다. 대부분의 사람들은 공감이 의미하는 바가 무엇인지 직관적으로는 "느끼고" 있지만, 공감의 정의가 충분히 합의되지 않아서 공감에 대한 연구는 매우 혼란한 시기를 겪어야만 했다(예. Jahoda, 2005).

공감 번역의 어려움

공감(empathy)의 정의에 대한 역사를 살펴보면, 공감과 모방 간의 차이를 구체화하는 것이 왜 어려운지 명확히 알 수 있다. 이 단어는 영어에서 독일어로, 그리고 다시 영어로 번역되었다. 또한 이 단어는 대중적인 화법, 미학이나 연극과 같은 예술 분야, 행동과학 분야를 넘나들면서 사용되어 왔다. 최종적으로 주관적이고 표현하기 어렵고 심지어 가설적인 구인을 단어로 번역해야 하는, 심리학 분야에서는 흔한 어려움을 겪어 왔다. 언덕의 아래로 굴러가는 눈덩이처럼 **공감**이라는 용어는 다소 이질적인 현상들이 서로 겹쳐져 사용되어 왔다(이에 관한 역사는 Jahoda, 2005 참조).

20세기 초반 **공감**이라는 용어가 도입되기 전에 이 단어의 이전 형식('동정: sympathy' 또는 '감정이입: Einfuhlung')은 종종 명시적 또는 암묵적 운동 모방(motor imitation)이라는 측면에서 정의되었다(예. Allport, 1968; Darwin, 1872/1965). 예를 들어 Theodor Lipps는 **감정이입**의 과정을 서술할 때 공감과 모방의 관계를 다룬 바 있다: "내가 어떤 몸짓을 보았을 때, 그 몸짓으로부터 자연스럽게 올라오는 감정을 내 자신이 경험하려는 경향이 나의 내부에 존재한다. 또한 어떠한 장애물도 없을 때 그 경향성은 실현된다"(1907, Jahoda, 2005 재인용).

20세기 중후반에 "고차원" 인지에 관한 연구가 크게 부상하면서 공감 연구도 뒤따라 수행되었다. 이 시기에 연구자들은 공감의 전략적이고 의식적인 형식에 보다 많은 관심을 보였다. 그러나 최근의 이론화를 통해 운동 모방(즉, 흉내내기; mimicry)이 공감 과정에서 중요한 위치를 차지하는 것으로 부각되었다(예. Preston & de Waal, 2002; Decety & Jackson, 2004). 모방은 일종의 매개 역할을 하는 것으로 여겨졌다. 즉, 관찰자는 그가 바라보고 있는 어떤 한 사람의 행동을 자동적으로 흉내내는 것으로 추정된다. 이는 자기수용적인 과정(proprioceptive process)을 통해 목표 대상이 행동하는 것과 동일한 상태의 좀 더 약한 형태로 나타난다. 한 예로 정서전염(emotional contagion)을 들 수 있는데, 이는 자동적으로 다른 사람의 얼굴 표정을 흉내낼 때 발생하는 것으로, 흉내내는 상대방의 것과 동일한 감정의 좀 더 약한 형태이다(Hatfield, Cacioppo, & Rapson, 1994).

모방의 자동성

　　지금까지 인간의 자동적인 모방 능력에 관한 증거들은 매우 풍부하다. 사회심리학, 발달심리학, 사회신경과학, 인지심리학 등의 성과들이 축적됨에 따라, 수많은 연구들은 우리 인간에게 모방의 경향이 얼마나 보편적인지를 보여주었다. 모방은 어린아이가 말할 수 있기 이전부터 관찰된다(Meltzoff & Moore, 1977, 1997; 연구 결과에 대한 반론이 후에 제기되었다). 사람들은 그들이 관계하는 상대방의 행동과 태도(예. 얼굴 비비기, 머리카락 만지기, 발 떨기, 펜으로 장난하기 등)를 자동적으로 그리고 의식하지 않고 흉내낸다. 게다가 웃음, 하품하기, 기분, 다양한 발화 관련 변인들도 자동적으로 모방된다고 한다(Chartrand & Bargh, 1999; Van Baaren, Maddux, et al., 2003; Van Baaren, Hargan, et al., 2004).

　　우리가 자동적으로 흉내를 내는 이유는 어떤 행동을 지각하는 순간 그 행동에 대한 우리 자신의 운동 표상이 자동적으로 활성화되기 때문이다(Decety & Chaminade, 2005; Iacoboni et al., 1999; Rizzolatti, Fogassi, & Gallese, 2001; Sommerville & Decety, 2006). 아프리카 원숭이인 마카크의 경우, 움켜쥐는 손동작을 관찰할 때와 원숭이 스스로가 움켜쥐는 동작 자체를 수행할 때 모두의 경우에 전운동(premotor) 및 후두정엽(posterior parietal cortices) 내의 단일 신경세포들이 발화하는 것으로 확인되었으며, 이는 인지와 행동 간에 매우 긴밀한 관련이 있음을 보여 주는 것이라고 할 수 있다(Gallese et al., 1996). 현재 이러한 신경세포들은 거울뉴런이라고 널리 알려져 있다.

　　비록 아직까지 단일 신경세포의 수준은 못되지만, 인간에게도 기능적으로는 유사한 효과가 발견되고 있다. 예를 들어, 손동작을 지각하면, 손동작을 직접 수행할 때와 똑같은 복측 전운동피질(ventral premotor cortex) 내의 피질 영역이 활성화된다(Iacoboni et al., 1999). 흥미롭게도 최근의 기능성 신경영상 연구(functional neoroimaging study)에 따르면, 음식을 손으로 움켜쥐기와 같은 단순한 동작을 쳐다보는 것이 촉발하는 거울체계 내의 활동은 지각하는 사람의 동기(배고픔 vs. 포만감)와 목표에 의해 조절된다. 어떤 연구자들은 바로 이 "거울뉴런체계"가 모방의 원인이라고 주장한다. 그렇다고 모방이 이러한 추정적인 거울체계에 의해 매개되었다는 증거는 아직 보고된 바 없다. 요컨대, 인간은 모방을 하도록 만들어진 것으로 보이고, 모방은 우리의 수많은 사회적 상호작용 중에서 컴퓨터의 디폴트와 같은 기본 설정값이라고 할 수 있다. 그렇다면 모방은 공감에서 어떤 역할을 하는 것일까?

모방과 공감

Preston과 de Waal(2002)은 공감과 관련된 몇 가지 견해와 현상들(공감적 전염, 동정, 인지적 공감 등 포함)에 대한 통합적인 틀을 개발하기 위하여, 공감에 관한 지각-행동 모형(perception-action model)을 제안하였다. 이 모형의 핵심 아이디어는 공감이 과정으로 가장 잘 기술될 수 있다는 점이다. 즉 개인의 상태를 지각하게 되면 그 상태와 상황에 대한 지각하는 사람(perceiver)의 표상이 활성화되고, 뒤이어서 대응하는 결과와 반응이 활성화된다는 것이다. 이러한 결과는 인지적, 정의적, 행동적, 정서적 또는 이들의 혼합이 될 수 있다는 것이다. 이 견해에 따르면, 모방과 공감은 긴밀하게 연결되어 있다. 본질적으로 모방은 공감으로 이어지는 다리라고 할 수 있다. 특히, 발달 연구자들은 우리가 우리의 동종들과 모방을 하도록 설계되었으며 이러한 메커니즘이 상호주관성(intersubjectivity)의 디딤돌이라고 지적한다(Meltzoff & Decety, 2003). 또한 최근 연구도 개인의 공감과 모방 경향성 간에 상관관계가 있음을 보여 주고 있다(Chartrand & Bargh, 1999; Dapretto et al., 2006).

모방의 기제는 관찰된 행동을 우리 자신의 행동 표상에 직접 그려 넣는다. 즉, 본질적으로 모방이란 상호작용 상대방이 적어도 어떤 동일한 구인이나 행동 표상을 뇌에 활성화시키는 것을 의미하기 때문에 공감의 가장 기본적인 형태를 구성한다. 모방은 공감과 마찬가지로 인지, 정서, 행동 간의 중첩을 요구한다. 운동 모방과 공감을 비교하는 것은 전혀 새로운 아이디어가 아니다. 또한 모방 경향성은 라포의 수단(예. Bavelas et al., 1987)이나 공감(Chartrand & Bargh, 1999),

사회적 또는 상호의존적 자기구념(Van Baaren, Maddux et al., 2003; Van Baaren, Horgan et al., 2004), 친애목표(Lakin & Chartrand, 2003)와 같은 많은 친사회성 지표와도 관련된다. 한편, 실험 연구에 따르면 비간섭적인(unobtrusive) 모방은 긍정적인 상호작용으로 귀결되는 것으로 나타났다. 예를 들어, Maurer와 Tindall(1983)은 상담자와 내담자 간 양자관계에서 모방이 지각된 공감에 미치는 효과에 주목하였다. 이들의 연구 결과에 따르면, 상담자가 내담자의 비언어적 행동을 따라하지 않을 때보다 그러한 행동을 따라할 때 내담자는 상담자가 공감을 더 많이 표현하는 것으로 인식하였다. 마찬가지로 다른 연구자들은 이러한 운동 모방의 형태는 유사성과 이해의 느낌을 나타낸다고 기술한 바 있다(예. Bavelas et al., 1987; Bernieri, 1988; LaFrance & Ickes, 1981; LaFrance, 1982).

이 시점에서 매우 중요하게 주목해야 할 점은 본 장에서 기술한 모든 연구에서 흉내내기는 **비간섭적인** 모방이라는 점이다. 만약 당신이 의식적으로 어떤 사람의 행동을 흉내내고 있다는 것을 그 사람이 알아차리게 된다면, 그는 이러한 흉내를 불편하게 느끼거나 심지어는 조롱으로 느낄 수도 있다(남들이 자기를 따라하는 것을 실제로도 매우 좋아하는 아주 어린 아동의 경우는 예외이다; Nadel, 2002). 그러나 보통 우리는 일상의 상호작용에서 발생하는 흉내내기를 일일이 알아차리지는 않는다(Chartrand & Bargh, 1999).

우리들은 무의식적으로 그리고 자동적으로 타인을 모방하고 있으며 이러한 인지, 정서, 행동상에서의 유사성은 공감의 형태라는 것을 알고 있기 때문에 다음과 같은 질문이 제기된다. 즉 모방되어진다는 것(being imitated)은 실제로 우리들에게 어떤 작용을 하는가? 이번 장에서 우리들은 공감 표현의 **결과**에 대하여 상세하게 설명하고자 한다. 구체적으로 우리들은 운동 모방에 초점을 맞출 것이다. 왜냐하면 공감에 대한 최근 연구들에 따르면 어떤 사람이 당신과 똑같은 행동을 하는 것은 공감의 무의식적, 하위 수준 또는 기본 형태로 개념화할 수 있다는 것을 의미하기 때문이다(예. Preston & de Waal, 2002). 우리 자신의 행동을 우리의 상호작용 상대방이 흉내내고 있다는 것을 인식하게 되면 어떠한 결과가 발생할까? 대부분의 연구들은 사회적 상호작용 중 발생하는 모방의 양을 조작하고 그것이 자기보고식이나 행동 관찰에 미치는 효과를 측정하는 방식으로 이러한 문제를 다루어 왔다(개괄은 Lakin & Chartrand, 2003 참조).

모방의 친사회적 효과

어떤 실험에서 한 명의 참가자와 또 다른 실험 보조자는 방 안에서 함께 자리를 잡고 있다. 두 사람은 어떤 과제를 작업할 것이라고 믿고 있는데, 그 과제는 실제와는 무관한 것이다. 이 거짓 과제를 작업하던 중 실험 보조자는 상대방 참가자의 행동을 흉내낸다. 이러한 흉내내기는 보통 3~4초 정도의 짧은 시간 후에 발생하는데, 이는 마치 거울상처럼 동작을 상대방에게 비추는 것이다. 전형적인 모방행동들은 얼굴 비비기, 팔다리 움직이기, 머리 만지기 등이다. 이러한 "흉내내기 조건"은 참가자의 행동을 흉내내지 않는 조건이나 참가자의 행동과 반대되는 행동을 하는 조건과 비교하였다.

이러한 일반적인 접근법을 사용하는 연구에 따르면, 모방의 대상이 되었던 사람은 상대방이 모방하지 않을 때보다 모방할 때 그 상대에게 보다 긍정적 태도를 취하는 것으로 나타났다. 예를 들어, 앞서 언급한 Maurer와 Tindall (1983)의 연구에 따르면, 상담자가 내담자의 비언어적 행동을 흉내낼 때 내담자는 상담자가 자신을 더 많이 공감한다고 느꼈다. Chartrand와 Bargh(1999)에 따르면, 사람들은 자신을 따라하는 사람을 따라하지 않는 사람보다 좋아하며 그들은 또한 상호작용이 좀 더 부드럽게 진행된다고 평정한 것으로 나타났다. Bailenson과 Yee(2005)는 가상현실공간에서 디지털 아바타가 참가자의 머리 동작을 따라하도록 설정하였다. 이러한 설정은 행동에 대한 완벽한 실험적 통제라는 장점을 가지고 있으며, 아바타가 컴퓨터에 의해 생성되는 것이라는 점을 고려해 볼 때, 그 효과는 다른 어떠한 형태의 실험자 기대나 편견의 영향을 배제한다. Bailenson과 Yee는 Chartrand와 Bargh의 연구를 재연하였는데, 실제로 흉내내는 사람에 대한 보다 긍정적인 평가의 원인은 바로 비간섭적인 흉내내기 행동이라는 점을 밝혀냈다.

공감은 또한 행위자와 관찰자 간의 유사성을 내포하고 있기 때문에, 우리는 흉내의 대상이 된다는 것이 실제로 자기 자신이 흉내내는 사람과 보다 유사하다고 느끼게 하는지 검증하는 실험을 수행하였다(Van Baaren et al., 2007). 실험 참가자들은 상호작용 중에 모방의 대상이 되는 경험을 하고 나서 몇 가지 질문에 대하여 응답하도록 요청받았다(예. TV에서 알몸 노출이 너무 과도한가). 또한 참가자들은 실험자가 동일한 이슈에 대해 어떻게 느낄 것이라고 생각하는지 응답하도록 요청받았다. 이 실험은 일종의 투사(즉 당신은 자신의 사고나 감정을 다른 사람에게 얼마나 투사하는가)를 측정하고자 하는 것이다(이에 관한 검토는 Krueger & Robbins, 2005 참조). 연구 결과는 흉내의 대상이 된 후에 투사가 더욱 많아지는 것으로 나타났다. 즉, 이는 흉내내기가 사람들로 하여금 서로 유사하다고 느끼게 만드는 것을 의미한다. 흉내내기는 우리가 상호작용 상대방을 어떻게 판단하는가에 영향을 미친다. 그렇다면 흉내내기는 우리가 상대방에 대해 어떻게 행동하는지에 대해서도 영향을 미칠까?

최근 몇 년 동안에 일부 연구자들은 모방의 행동적 결과에 대해 탐구하였다. 만약 모방이 진실로 상호작용을 부드럽게 만들고 사람들 간의 연대를 촉진하는 "사회적 접착제(social glue)"(Dijksterhuis, 2005; Lakin et al., 2003)라면, 이러한 영향은 행동적 차원에서도 관찰되어야 한다: 즉, 모방은 "효과가 있어야 한다." 이러한 전제에 대한 문자 그대로의 검증을 위해, Van Baaren과 Holland 등 (2003)은 네덜란드의 한 식당 종업원들에게 고객이 주문을 할 때 음성적으로 고객을 흉내내거나 주문을 단순히 따라 말하라고 가르쳤다. 사람들은 모든 종류의 발화변인들을 흉내내는데, 이런 종류의 흉내내기는 독립변인인 모방으로 사용하기에는 안성맞춤이다. 이후에 흉내내기가 팁 주기 행동을 증가시키는지 여부를 확인하기 위해 종업원이 받은 팁 액수를 측정하였다. 연구 결과는 흉내내는 조건과 흉내내지 않는 조건 간에 종업원이 받은 팁 액수에서 유의미한 차이 (50% 이상)가 있는 것으로 나타났다; 흉내내기는 문자 그대로 효과가 있었다.

생태학적 타당성에도 불구하고, 비예측적이며 상대적으로 비통제된 식당 상황은 흉내내기의 행동 효과를 실험적으로 검증하기에는 이상적이지 않다. 따라서, 우리는 식당 연구에서 발견된 바를 보다 통제된 실험 환경에서 개념적으로 재현하였다. 실험(Van Baaren, Holland, et al., 2004, 연구 1)에서 참가자들은 가짜 "마케팅 실험"에 참여하였는데, 한 조건에서는 실험자가 참가자의 행동을 흉내내고, 다른 조건에서는 흉내내기가 없었다. 과제가 종료되었을 때, 실험자는 실험이 끝났으며 자신은 잠시 방을 떠나, 이번 실험과 무관한 실험 자료들을 가지고 올 것이라고 말했다. 약 10분 후에 그는 상단에 펜 10개가 올려진 종이를 들고 다시 방에 들어왔다. 방으로 막 들어왔을 때 그는 종종걸음하다가 "우연히" 바닥에 펜을 떨어뜨렸다. 이러한 절차는 Macrae와 Johnson(1998)의 실험에서 차용한 것이다. 종속변인은 참가자의 도움추구였다. 즉 참가자는 실험자를 돕기 시작할까? 연구 결과는 모방이 강력한 영향을 끼치는 것으로 나타났다. 즉 흉내의 대상이 된 참가자는 실험자를 보다 기꺼이 도우려 했다. 따라서 식당 연구의 결과는 통제된 환경에서도 재현되었다.

모방에 관한 이러한 모든 연구에는 오염변인이 있으며, 이는 종속변인이 항상 흉내내는 사람과 관련된다는 사실에 기초한다: 즉 당신은 흉내내는 사람을 더 좋아하는가? 당신은 그를 더 자주 돕는가? 이러한 연구 방법으로는 흉내내기의 효과가 직접적으로 흉내낸 사람에 대해서만 적용되는지 또는 흉내내기의 효과가 보다 일반적인지 여부를 대답할 수 없다. 흉내내기는 두 상호작용 상대방 간의 특별한 연대를 생성하는가? 또는 흉내내기는 흉내 낸 상대에게 보다 중요한 영향을 끼치는가? 모방은 단지 우리가 흉내내는 사람을 향해 어떻게 판단하고 행동하는가 뿐만 아니라 타인, 심지어는 우리와 무관한 타인에 대한 판단과 행동도 바꾸는가?

최근의 일부 연구들은 이러한 질문에 접근하였다. van Baaren과 동료들은 앞서 논의한 도움추구에 관한 연구(즉, 실험 참가자가 펜을 집어 주는지에 관한 연구)들을 재현하였다. 그러나 이번 연구에서 연구자들은 모방 연구와 무관한 다른 사람이 펜을 떨어뜨리도록 실험 조작을 하였다(van Baaren, Holland, et al., 2004). 흉내내기가 첫 번째(여성) 실험자에 의해 조작되고 난 후에, 그녀는 이 방을 떠날 것이고 새로운 실험자가 이번 실험과는 무관한 실험에 대하여 지시를 할 것이라고 말하였다. 새로운 실험자가 방에 들어왔을 때 그녀는 "우연히" 펜을 바닥에 떨어뜨렸다. 또다시, 이전에 흉내내기의 대상이었던 참가자는 그렇지 않은 참가자보다 도움을 주려 했다. 이러한 결과는 모방이 보다 확장된 친사회적 효과가 있음을 시사한다. 이 효과가 모방하는 사람과 새로운 사람 간의 유사성에 의해 영향을 받는 것이 아님을 입증하기 위해, 세 번째 연구에서는 추상적 실체인 자선 단체에 대한 도움추구 정도를 측정하였다. 흉내내기 조작 후에, 참가자들은 연구 참여 수당을 받았고 동일한 또는 새로운 실험자는 참가자들에게 대학이 CliniClowns(네덜란드의 유명한 자선단체)를 위한 연구를 수행한다고 말했다. 참가자들은 익명의 설문지를 마치도록 요청받았으며, 돈을 기부할 수 있는 기회가 있다는 얘기도 들었다. 뒤이어서, 실험자가 설문지 한 부와 봉인된 모금함이 있는 방에 참가자를 홀로 두고 방을 떠났다. 참가자에게 기부 행위는 완전히 익명이었다.

흉내내기는 기부 행위를 증가시켰나? 실제로 그러했다. 이 결과는 실험자가 흉내내기 실험에서의 사람과 동일하거나 또는 새로운 실험에서의 실험자인지 여부와는 무관하였다. 이러한 결과는 흉내내기가 흉내내는 사람과의 특별한 연대를 결성하는 것을 뛰어넘는 방식으로 우리에게 영향을 미친다는 것을 시사한다. 이러한 친사회성 증가에 관한 보다 많은 증거들은 Ashton-James와 동료들(2007)의 최근 연구물에서 나타났다. 일부 연구에서 이들은 모방 대상이 되는 경험이 어떻게 사람들을 보다 친밀하게 느끼게 하고 타인과 결속하게 만드는지를 보여 주었다. 더불어, 흉내내기의 대상이 된 참가자들은 또한 모르는 타인과도 실제로 더 가까이 앉았는데, 즉 그들이 선호하는 대인 간 거리는 감소되었다.

인지양식

앞 절에서 논한 연구들에 따르면, 모방의 대상이 되는 경험은 중요한 사회적 결과가 있는 것으로 나타났다. 우리들은 남을 도우려는 경향이 증가하였고, 일반적으로 흉내내기의 대상이 된다는 것은 우리를 좀 더 사회적이게 만든다. 모방 대상 경험은 우리가 우리의 환경과 어떻게 상호작용하는지에 깊은 영향을 미치기 때문에 우리들은 또한 그 효과를 기초적인 지각 수준에서 살펴볼 수 있다. 즉, 우리들은 서로 다르게 행동만 하는가? 또는 모방되어진 결과로서 세상을 다른 방식으로 지각하는가?

일부 연구자들은 모방과 "인지양식"의 관련성을 탐구하였다. 인지양식은 개인이 자극에 대하여 인식하고 조직하고 반응하는 방식, 즉 다른 말로 표현하면, 인지의 "내용"이나 "수준"보다는 "형식"이나 "과정"을 의미한다(Witkin & Goodenough, 1977). 인지양식의 개인차에 대하여 가장 광범위하게 탐구한 연구 중 하나는 장의존성 대 장독립성에 관한 것이다. Witkin, Goodenough, Oltman(1979)은 지각에서 대인관계 행동에 이르기까지 다양한 영역을 아울러 장의존적 인지양식을 가지고 있는 사람들이 장독립적인 사람들보다 맥락적 단서와 같은 "외부의 참조자"에 보다 의존하는 경향이 있다고 주장하였다.

시지각에 적용하였을 때, 장의존성은 사물과 그들 각각의 맥락을 통합하는 것과 관련되며, 장독립성은 초점 사물과 장 사이를 분리하는 것과 관련된다. 장의존성은 몇 가지 다른 방식으로 측정될 수 있다(예. Hidden Figures Test (Witkin et al., 1971)).[1] 이 검사에서 참가자들은 몇 가지 복잡한 기하학적인 사물을 본다. 이렇게 복잡한 모양 안에는 사각형 또는 삼각형과 같이 단순한 기하학적 모양이 "숨겨져 있다." 참가자들의 과제는 이 단순한 모양을 찾는 것이다. 장독립적 경향은 이러한 과제의 수행을 향상시킨다. 왜냐하면, 이는 참가자가 세밀한 것에 초점을 맞추고 맥락에 의한 방해를 무시할 수 있도록 돕는다. 만약 당신이 장독립적이라면 당신은 복잡한 모양에 의해 덜 혼란스러울 것이며, 이를 통해 당신이 숨겨진 모양을 찾는 것은 훨씬 쉬울 것이다. 반대로 장의존적 유형은 복잡한 모양에서 단순한 모양을 분리하고 발견하는 데에는 좀 더 어려움을 겪을 것이다.

---

1) 역자 주: 본래 Witkin, Oltman, Raskin, Karp가 1971년에 출판한 검사명은 'The Embedded Figures Test'이다.

인지양식과 대인관계 행동 간에는 강력한 관련성이 있다. 장독립적인 사람에 비해 장의존적인 사람은 사회적 단서에 더 많이 신경을 쓰고(Fitzgibbons, Goldberger, & Eagle, 1965; Rajecki, Ickes, & Tanford, 1981), 타인에게 영향을 받기가 쉽다(예. Gul, Huang, & Subramaniam, 1992; Rajecki, Ickes, & Tanford, 1981).

한편으로는 인지양식과 대인관계 행동의 사회적 측면 간 관계를, 다른 한편으로는 모방의 사회적 결과를 토대로 모방되어지는 경험이 우리를 더욱 장의존적이게 하는지 여부를 검증하였다(Van baaren, Horgan, et al., 2004). 첫째, 참가자들은 모방 조건 또는 비모방 조건에서 각각 처리된 후, Kuhnen과 Oyserman(2002; Chalfonte & Johnson, 1996 참조)이 고안한, 정보처리 과정 중 맥락의존성을 측정하는 기억과제를 받았다. 이 과제에서, 참가자들은 28개의 무선적으로 배치된 단순한 사물(예. 집, 장미, 피아노 등)이 그려진 한 장의 종이를 주의 깊게 살펴보도록 교육받았다. 90초 후에, 실험자는 이 종이와 빈 격자판이 그려진 다른 한 장의 종이를 맞바꾸며, 다음과 같이 말하였다. "방금 전에 보았던 것이 무엇인지를 기억하시기 바랍니다. 당신이 무엇을 보았는지, 그리고 어디서 보았는지를 잘 기억하시기 바랍니다. 이 격자 판의 해당하는 칸에 당신이 보았던 사물의 이름을 적으세요. 만약 당신이 어느 한 물건을 기억할 수 있지만 그것이 어디에 있었는지를 기억할 수 없다면, 당신은 격자 밖에 그 사물 이름을 적으시면 됩니다. 되도록 많은 사물들과 그것이 위치했던 장소를 기억하시기 바랍니다." 이 과제에서 높은 점수를 받으면, 즉 제시된 사물의 정확한 위치에 대한 기억을 잘한 경우에는 맥락의존적인 정보처리 양식을 갖고 있다고 추론할 수 있다.

연구 결과들은 모방 경험 후에 장의존성이 증가하는 것으로 나타났다. 양쪽의 실험 조건에서 참가자들이 기억해 내는 사물의 개수는 평균적으로는 비슷했다. 그러나 모방 경험 조건에서 참가자들은 올바른 위치를 50% 정도 더 잘 기억해 냈다. 즉, 모방은 장의존적 처리 양식을 이끄는 것으로 보인다. 친사회적 행동과 대인 간 친밀성에 관한 자료와 더불어 이러한 결과는 모방이 단순히 흉내내는 사람과 흉내의 대상이 되는 사람 간의 특별한 유대감을 이끄는 것만이 아니라는 강력한 증거를 제공한다. 오히려 모방은 인간이 환경을 어떻게 이해하고 어떻게 상호작용하는지에 중대한 영향을 미친다.

모방의 사회신경과학

끝으로, 한 가지 흥미로운 질문은 이러한 형태의 비간섭적인 흉내내기에 관한 신경과학적 토대와 관련된다. 즉 우리의 뇌는 이를 감지할 수 있는가? 우리가 모방되고 있다는 것을 알아차리지 않더라도 그것이 여전히 우리들에게 영향을 끼친다는 것에는 주목할 필요가 있다. 이러한 무의식적인 모방 인식은 무엇과 닮았는가? 모방되어짐의 신경적 연관성은 무엇인가? 현재까지 모방을 뒷받침하는 신경 메커니즘에 관한 모든 신경과학 연구는 의도적인 과제에 관하여 탐구하였다(최신 리뷰로는 Decety, 2006 참조).

지금까지 우리가 모방의 결과에 관하여 기술한 연구를 토대로, 몇 가지 가설을 제기할 수 있다. 흥미롭게도 흉내내기의 효과와 결과는 흉내내기가 없는 조건과의 비교 속에서 보고되었지만, 실제로 가장 큰 효과 크기는 흉내내기가 없는 조건에서 나타났으며(예. Van Baaren, Maddux, et al., 2003), 종종 흉내내기 조건은 통제 조건에 가까웠다는 점이다. 즉 모방되어짐은 디폴트와 같이 기본 설정인 것 같다.

그렇다면, 모방되어짐보다는 모방되지 않음이 예상치 못한 경험이라는 가설을 세워 볼 수 있다. 즉 이는 부정적인 정서를 불러일으킬 것이고 따라서 부정적인 감정을 처리하는 전전두엽피질(anterior insula)(예. Phan et al., 2002)과 갈등 탐지를 다루는 전대상피질(anterior cingulate cortex)(예. Kerns et al., 2004)을 포함한 신경체계와 관련될 수 있다. 본질적으로 이는 20세기 초반 독일 철학자들이 감정이입이라고 개념화한 방식이다. Lipps(1907; Jahoda, 2005 재인용)는 감정이입을 중력의 법칙과 비교하면서, 감정이입의 발생이 아니라 부재를 이론화한 바 있다. 이에 대해서는 추가적인 검증과 설명이 필요하다.

고급 신경영상 기술들은 모방의 결과를 연구할 수 있는 기회를 확장했지만, 여전히 실제적인 문제들 또한 존재한다. fMRI 작업에 관한 두 가지 주요한 애로 사항은 스캐너 안에 있는 동안에는 매우 제한적인 움직임만이 가능하다는 점과 모방되고 있다는 것을 알아차리지 않게 하기가 어렵다는 점이다. 최근의 예비 연구에서 우리들은 이러한 문제점들을 피할 수 있는 패러다임을 검증하였다. fMRI 스캐너 안에서 참가자들은 그들의 삶에서 매우 슬픈 사건이나 또는 중립적인 사건이나 매우 행복한 사건을 회상하도록 하고 상응하는 얼굴 표정을 취하도록 요청받았다. 그리고 나서 연구자들은 행복하거나 슬프거나, 중립적인 얼굴 표정을 역치 이하로 비추었는데, 이는 일치적 또는 비일치적인 지각-행동 짝(즉 모방 얼굴 표정 vs. 반대 얼굴 표정)을 만들기 위함이었다. 연구 결과는 고무적이었다. 즉 참가자의 얼굴 표정과 일치하지 않는 얼굴 표정 사진이 비춰지는 비일치 조건에서 활성된 영역은 전대상피질(anterior cingulate cortex)과 측두-두정연합부(temporal parietal junction)와 같이 기대 위반, 갈등, 자기-타인 구분과 관련된 것으로 나타났다. 이는 모방의 부재가 예상 밖의 경험이며, 부정적인 것으로 인식됨을 보여 주는 사례라고 할 수 있다. 이러한 자료들은 아직 예비 단계에 불과하지만 이들은 매우 유망한 연구 방향임을 시사한다.

결론

모방은 공감의 중요한 측면이다. 이는 행동, 인지, 느낌의 유사성을 촉진한다. 이러한 공감의 기본적인 형태의 결과에 관한 연구들을 검토함으로써 우리가 우리의 사회적 환경을 지각하고 상호작용하는 방식에, 우리가 이를 인식하지 못할지라도, 모방이 중대한 영향을 끼친다는 것을 분명히 확인하였다. 공감은 우리를 보다 친사회적이게 하고, "사회적 접착제"로 기능하는 것 같다(Dijksterhuis, 2005; Lakin et al., 2003). 실제로는 모방되지 **않는** 조건이 행동에 더 많은 영향을 미치는 것으로 보인다. 사람들은 다른 사람들이 자신과 같이 생각하고, 자신과 같이 행동하고, 자신과 같이 느낄 것으로 기대한다. 로마의 황제 마르쿠스 아우렐리우스가 인지한 바와 같이 공감은 기본 설정이며, 공감의 부재는 고통스럽다.

참고문헌

Allport, G. (1968). The historical background of modern social psychology. In G. Lindzey & E. Aronson (Eds.), *Handbook of social psychology*. Reading, MA: Addison-Wesley.

Ashton-James, C., Van Baaren, R. B., Chartrand, T. L., & Decety, J. (2007). Mimicry and me: The impact of mimicry on self-construal. *Social Cognition, 25,* 518-535.

Bailenson, J., & Yee, N. (2005). Digital Chameleons: Automatic assimilation of nonverbal gestures in immersive virtual environments. *Psychological Science, 16,* 814-819.

Bavelas, J. B., Black, A., Lemery, C. R., & Mullett, J. (1987). Motor mimicry as primitive empathy. In N. Eisenberg & J. Strayer (Eds.), *Empathy and its development* (pp. 317-338). Cambridge: Cambridge University Press.

Bernieri, F. J. (1988). Coordinated movement and rapport in teacher-student interactions. *Journal of Nonverbal Behavior, 12,* 120-138.

Chalfonte, B. L., & Johnson, M. K. (1996). Feature memory and binding in young and older adults. *Memory and Cognition, 24,* 403-416.

Chartrand, T. L., & Bargh, J. A. (1999). The chameleon effect: The perception-behavior link and social interaction. *Journal of Personality and Social Psychology, 76,* 893-910.

Cheng, Y., Meltzoff, A. N., & Decety, J. (2007). Motivation modulates the activity of the human mirror system: An fMRI study. *Cerebral Cortex, 17,* 1979-1986.

Dapretto, M., Davies, M., Pfeifer, J., Scott, A., Sigman, M., Bookheimer., S., & Iacoboni, M. (2006). Understanding emotions in others: Mirror neuron dysfunction in children with autism spectrum disorder. *Nature Neuroscience, 6,*

28-30.

Darwin, C. (1872/1965). *The expression of the emotions in man and animals.* Chicago: University of Chicago Press.

Decety, J. (2006). A cognitive neuroscience view of imitation. In S. Rogers & J. Williams (Eds.), *Imitation and the social mind: Autism and typical development* (pp. 251-274). New York: Guilford Press.

Decety, J., & Chaminade, T. (2005). The neurophysiology of imitation and intersubjectivity. In S. Hurley & N. Chater (Eds.), *Perspectives on imitation: From neuroscience to social science: Vol. 1. Mechanisms of imitation and imitation in animals* (pp. 119-140). Cambridge, MA: MIT press.

Decety, J., & Jackson, P. L. (2004). The functional architecture of human empathy. *Behavioral and Cognitive Neuroscience Reviews, 3,* 71-100.

Dijksterhuis, A. (2005). Why we are social animals: The high road to imitation as social glue. In S. Hurley & N. Chater (Eds.), *Perspectives on imitation: From cognitive neuroscience to social science: Vol. 2. Imitation, human development, and culture* (pp. 207-220). Cambridge, MA: MIT Press.

Fitzgibbons, D., Goldberger, L., & Eagle, M. (1965). Field dependence and memory for incidental material. *Perceptual and Motor Skills, 21,* 743-749.

Gallese, V., Fadiga, L., Fogassi, L., & Rizzolatti, G. (1996). Action recognition in the premotor cortex. *Brain, 119,* 593-609.

Giles, H., & Coupland, N. (1991). *Language: Context and consequences.* Milton Keynes, UK: Open University Press.

Gregory, S. W., Dagan, K., & Webster, S. (1997). Evaluating the relation of vocal accommodation in conversation partners' fundamental frequencies to perceptions of communication quality. *Journal of Nonverbal Behavior, 21,* 23-43.

Gul, F., Huang, A., & Subramaniam, N. (1992). Cognitive style as a factor in accounting students' perceptions of career-choice factors. *Psychological Reports, 71,* 1275-1281.

Hatfi eld, E., Cacioppo, J., & Rapson, R. (1994). *Emotional contagion.* Cambridge: Cambridge University Press.

Iacoboni, M. (2005). Understanding others: Imitation, language, and empathy. In S. Hurley & N. Chater (Eds.), *Perspectives on imitation: From neuroscience to social science: Vol. 1. Mechanisms of imitation and imitation in animals* (pp. 77-99). Cambridge: MIT Press.

Iacoboni, M., Woods, R., Brass, M., Bekkering, H., Mazziotta, J. C., & Rizzolatti, G. (1999). Cortical mechanisms of human imitation. *Science, 286*, 2526-2528.

Jahoda, G. (2005). Theodor Lipps and the shift from "sympathy" to "empathy." *Journal of the History of the Behavioral Sciences, 41*, 151-163.

Kerns, J. G., Cohen, J. D., MacDonall, A. W., Cho, R. Y., Stenger, V. A., & Carter, C. S. (2004). Anterior cingulate confl ict monitoring and adjustments in control. *Science, 303*, 1023-1026.

Krueger, J., & Robbins, J. M. (2005). Social Projection to Ingroups and Outgroups: A review and meta-analysis. *Personality and Social Psychology Review, 9* (1), 32-47.

Kuhnen, U., & Oyserman, D. (2002). Thinking about the self influences thinking in general: Cognitive consequences of salient self-concept. *Journal of Experimental Psychology, 38*, 492-499.

LaFrance, M. (1982). Posture mirroring and rapport. In M. Davis (Ed.), *Interaction rhythms: Periodicity in communicative behavior* (pp. 279-298). New York: Human Sciences Press.

LaFrance, M., & Ickes, W. (1981). Posture mirroring and interactional involvement: Sex and sex typing effects. *Journal of Nonverbal Behavior, 5, 139-154.*

Lakin, J., & Chartrand, T. L. (2003). Increasing nonconscious mimicry to achieve rapport. *Psychological Science, 27*, 145-162.

Lakin, J. L., Jefferis, V., Cheng, C. M., & Chartrand, T. L. (2003). The chameleon effect as social glue: Evidence for the evolutionary significance of nonconscious mimicry. *Journal of Nonverbal Behavior, 27*, 145-157.

Macrae, C. N., & Johnston, L. (1998). Help, I need somebody: Automatic action and inaction. *Social Cognition, 16*, 400-417.

Maurer, R., & Tindall, J. (1983). Effect of postural congruence on client's perception of counselor empathy. *Journal of Counseling Psychology, 30,* 158-163.

Meltzoff, A. (1990). Foundations for developing a concept of self: The role of imitation in relating self to other and the value of social mirroring, social modeling, and self-practice in infancy. In D. Cicchetti & M. Beeghly (Eds.), *The self in transition* (pp. 139-164). Chicago: University of Chicago Press.

Meltzoff, A. N., & Decety, J. (2003). What imitation tells us about social cognition: A rapprochement between developmental psychology and cognitive neuroscience. *Philosophical Transactions of the Royal Society, London, B, 358,* 491-500.

Meltzoff, A. N., & Moore, M. K. (1977). Imitation of facial and manual gestures by human neonates. *Science, 198,* 75-78.

Meltzoff, A. N., & Moore, M. K. (1997). Explaining facial imitation: A theoretical model. *Early development and parenting, 6,* 179-192.

Nadel, J. (2002). Imitation and imitation recognition: Functional use in preverbal infants and nonverbal children with autism. In A. Meltzoff & W. Prinz (Eds.), *The imitative mind* (pp. 42-62). Cambridge: Cambridge University Press.

Phan, K. L., Wager, T., Taylor, S. F., & Liberzon, I. (2002). Functional neuroanatomy of emotion: A meta-analysis of emotion activations studies in PET and fMRI. *NeuroImage, 16,* 331-348.

Preston, S., & de Waal, F. (2002). Empathy: Its ultimate and proximate bases. *Behavioral and Brain Sciences, 25,* 1-72.

Rajecki, D., Ickes, W., & Tanford, S. (1981). Locus of control and reactions to a stranger. *Personality and Social Psychology Bulletin, 7,* 139-154.

Rizzolatti, G., Fogassi, L., & Gallese, V. (2001). Neurophysiological mechanisms underlying action understanding and imitation. *Nature Reviews Neuroscience, 2,* 661-670.

Schall, J. D. (2001). Neural basis of deciding, choosing and acting. *Nature Reviews Neuroscience, 2,* 33-42.

Shipman, S., & Shipman, V. C. (1985). Cognitive styles: Some conceptual, methodological, and applied issues. In E. Gordon (Ed.), *Review of research in education* (pp. 229–291). Washington, DC: American Educational Research Association.

Sommerville, J. A., & Decety, J. (2006). Weaving the fabric of social interaction: Articulating developmental psychology and cognitive neuroscience in the domain of motor cognition. *Psychonomic Bulletin and Review, 13* (2), 179–200.

Tiedens, L., & Fragale, A. (2003). Power moves: Complementarity in dominant and submissive nonverbal behavior. *Journal of Personality and Social Psychology, 84,* 558–568.

Van Baaren, R. B., Ames, D., Vossen, R., Jones, P., & Dijksterhuis, A. (2008). *Projection and imitation.* Manuscript submitted for publication.

Van Baaren, R. B., Holland, R. W., Kawakami, K., & van Knippenberg, A. (2004). Mimicry and pro-social behavior. *Psychological Science, 15,* 71–74.

Van Baaren, R. B., Holland, R. W., Steenaert, B., & van Knippenberg, A. (2003). Mimicry for money: Behavioral consequences of imitation. *Journal of Experimental Social Psychology, 39,* 393–398.

Van Baaren, R. B., Horgan, T. G., Chartrand, T. L., & Dijkmans, M. (2004). The forest, the trees and the chameleon: Context-dependency and mimicry. *Journal of Personality and Social Psychology, 86,* 453–459.

Van Baaren, R. B., Maddux, W. W., Chartrand, T. L., de Bouter, C., & van Knippenberg, A. (2003). It takes two to mimic: Behavioral consequences of self-construals. *Journal of Personality and Social Psychology, 84,* 1093–1102.

Witkin, H. A., & Goodenough, D. R. (1977). Field dependence and interpersonal behavior. *Psychological Bulletin, 84,* 661–689.

Witkin, H. A., Goodenough, D. R., & Oltman, P. K. (1979). Psychological differentiation: Current status. *Journal of Personality and Social Psychology, 37,* 1127–1145.

Witkin, H. A., Oltman, P. K., Raskin, E., & Karp, S. A. (1971). *A manual for the embedded figures tests.* Palo Alto, CA: Consulting Psychologists Press.

Chapter 04

공감과 지식 투영

Raymond S. Nickerson, Susan F. Butler, and Michael Carlin

공감이라는 단어는 '공유되거나 간접적으로 느끼는 감정'의 개념이다. 즉, 타인과 공감한다는 것은 자신이 타인의 상황에 처해 있다고 상상하는 것이고, 타인이 경험하는 정서를 어느 정도까지 경험하는 것이다. 본 장의 목적은 공감 개념에 인지적인 양상도 많이 포함되어 있음에 주목하는 것이며, 그러한 특성은 공감에 대한 웹스터 사전의 다음과 같은 정의를 통해 더욱 분명해진다.

> 공감: (우리를 강조하는) 타인의 느낌이나 아이디어를 함께할 수 있는 능력
> - Webster's New Collegiate Dictionary

우리의 관심은 "다른 사람들이 느끼고 아는 것에 대해 우리는 어떻게 신념을 형성할 것인가?"라는 질문과 "우리가 느끼고 아는 범위 내에서 그 질문에 대한 답을 찾을 수 있는가?"라는 물음에 있다. 우리의 가설은 타인의 느낌과 아이디어를 함께할 수 있는 인간 공감 능력의 최소한 일부분은 타인에게 자신의 느낌과 지식을 전가하는 경향에 기반을 둔다는 것이다. 많은 학자들이 이러한 견해나 이와 유사한 견해를 제안하고 있다(Fussell & Krauss, 1991; Hodges & Wegner, 1997; Karniol, 1990; Krueger, 1998; Nickerson, 1999; O'Mahony, 1984; Royzman,

Cassidy, & Baron, 2003).

타인이 아는 것에 대한 판단 필요성

우리가 다른 사람들은 무엇을 알고 있는지, 어떻게 느끼는지, 특정 상황에서 어떻게 행동할 것인지에 대해 판단하지 않는다면 의사소통은 불가능할 것이다. 작가는 자신이 목표로 하는 독자들에게 기대할 수 있는 관련 배경지식의 수준을 맞추어야 한다. 일상 대화에서 화자는 대화 상대방이 아는 것과 모르는 것이 있다는 것을 가정해야 자신의 말을 이해시킬 수 있다.

업무팀의 실적을 연구하는 학자들은 팀원들이 조직적으로 처리해야 하는 프로세스 및 상황에 대해 유사한 심성 모형을 갖는 것이 중요하다고 강조하며 (Rouse, Cannon-Bowers, & Salas, 1992), 특히 스트레스가 심한 상황에서 일할 때는 더욱 그렇다고 한다(Cannon-Bowers, Salas, & Converse, 1993). 사람들이 실시간으로 원격 협업을 할 때, 예를 들어 그런 협업이 가능하도록 개발된 소프트웨어 ("그룹웨어")를 사용하는 경우에는 각 협업자가 타인이 하는 일과 생각을 합당한 수준으로 정확하게 이해하는 것이 중요하다(Gutwin & Greenberg, 2002). 개인이 상호작용하는 팀의 조직원으로 업무를 수행할 때, 개인이 처한 상황에 대한 적절한 인식이란 팀원들의 상황을 지각하는 것 외에 수행 업무와 관련된 팀원들의 지식을 알아채는 것까지 포함한다(Andersen, Pedersen, & Andersen, 2001).

그러한 판단과 가정의 주요 기반은 자신이 알고 있는 것이며, 우리의 판단은 흥미로운 상황에서 사람들이 어떻게 느끼고 행동할 것인지에 대한 신념에 기반을 둔다. Collingwood(1946)는 과거사 속 사람들의 행동과 기분에 대해 글을 쓰는 역사학자나 역사를 이해하려는 독자들 모두 묘사된 상황에서 사람들이 어떻게 행동했을지에 대한 상상을 통해서만 모든 내용을 이해할 수 있다고 지적했다. Steedman과 Johnson-Laird(1980)는 대화에서 "반증이 없는 한, 화자는 자신이 세상과 대화에 대해 알고 있는 모든 것을 청자도 알고 있다고 가정한다"라고 제안했다(p.129). O'Mahony(1984)는 투영이란 타인에 대한 앎의 기본 방식이며, 자신의 특성을 투영하는 대상인 타인에 대해 잘 모를수록 투영 효과가 더욱 드러나게 된다고 주장했다.

　　특정 상황에서의 행동이나 반응에 대한 지식 또는 믿음이 그러한 상황에서의 행동이나 반응을 예측하는 데 있어 유용한 토대이자 최상의 토대가 될 수 있다는 주장도 있었다(Dawes, 1989; Hoch, 1987; Krueger & Zeiger, 1993; Nickerson, 1999). 이러한 견해는 타인의 말을 이해하려 시도할 때-특히 그 말이 애매할 때-화자의 믿음과 욕망이 본인과 유사하다고 생각해야 한다는 '인류의 원리(principle of humanity)'에 잘 나타나 있다(Gordon, 1986; Grandy, 1973). 그리고 특정 상황에서 자신의 의견을 타인에게 투영하는 사람들은 그렇지 않은 이들보다 타인의 의견을 보다 정확하게 예측할 수 있음을 증명하는 자료도 있다(Stanovich & West, 1998).

반추(reflection): 역투영

　　타인이 자신과 유사하다는 가정이나 자신이 타인과 유사하다는 가정은 나로부터 다른 사람 또는 그 반대로의 추론에 대한 기반을 제공한다. 우리의 관심 대부분은 나로부터 타인으로 향하는 투영에 있으며, 본 장에서는 대부분 그와 관련된 내용을 다룰 예정이지만 그 역방향에서도 추론이 발생한다는 증거가 있다는 점도 주지해야 한다. 우리는 이러한 현상을 반추(역투영)로 간주할 것이다.

　　사람들이 타인의 지식이나 능력에 대해 알거나 믿는 내용은 자기 자신에 대한 인식에 영향을 미칠 수 있다(Valins & Nisbett, 1972; Weiner et al., 1972). 예를 들어, 일부 학자들은 사람들이 특정 업무 수행에 있어서 자신의 능력에 대해 직접적인 경험적 증거가 없을 때 동등한 그룹 또는 참조 그룹에 속한 이들의 능력에 대한 지식 또는 믿음을 기반으로 자신의 능력을 판단하기도 함을 보여 주었다(Bandura, 1982; Gist & Mitchell, 1992).

　　Nelson과 동료들(1986)은 사람들이 직접 대답할 수 없는 일반지식 질문인 경우, 답하지 못한 것을 "알고 있는 느낌" 점수보다 규준 문항 난이도(정확도 기반 비율)[1]가 답을 인식하는 능력을 더 잘 예측한다는 점을 발견했다. Calogero와 Nelson(1992)은 일부 참가자들에게 그들이 답하지 못한 각 질문에 대한 기본비율 정보(정답을 알고 있는 이들의 데이터베이스상 비율)를 알려 주었다. 기본비율 정보를 받지 못한 참가자들에 비해 정보를 받은 참가자들은 상대적으로 어려운 질문보다 상대적으로 쉬운 질문에 대해서 "알고 있는 느낌" 점수를 더 높게 주었다. 이러한 결과에 대한 한 가지 해석은 참가자들 자신의 알고 있는 느낌은 타인이 알고 있는 것에 대해 자신들이 학습한 것의 방향 쪽으로 바뀌었다는 것이다. 또 다른 해석으로는 이들이 규준 데이터와의 일관성을 위해서 알고 있는 느낌에 대한 점수를 단순히 바꾸었다는 것이다. 어느 쪽이든, 참가자들이 더 정확하게 답을 파악할 가능성이 높은 질문에 대한 답을 인식할 수 있다는 자신감을 갖게 되었다는 점에서 규준 정보는 "유용"하였다.

투영의 증거

사람들이 자신의 느낌, 의견, 태도, 판단, 행동, 욕망 등을 타인에게 투영한다는 가설은 수십여 년 전 일부 심리학자들에 의해 받아들여진 것이며(Cattell, 1944; Katz & Allport, 1931; Wallen, 1943) 많은 경험적 증거를 통해 지지되었다(Krueger, 1998). 시험에서 부정행위를 하지 않은 학생들보다 부정행위를 했다고 인정한 학생들이 다른 학생들도 부정행위를 할 것이라고 예상할 가능성이 높다는 Katz와 Allport의 발견 이후, 많은 연구에서는 특정한 행동을 하는 사람들은 그 행동을 하지 않는 이들보다 그 행동이 더 널리 퍼져 있을 것이라 예측할 가능성이 높다는 점이 입증되었다(Marks & Miller, 1987; Mullen, 1983; Ross, Greene, & House, 1977).

다른 실험 결과들은 사람들이 다음과 같은 특정 측면에서 다른 사람들의

---

1) 역자 주: 상대적 문항 난이도.

대표자로 자신을 보는 경향이 있음을 보여 주고 있다:

* 타인이 행복하다고 보는 관점은 자신이 행복하다고 생각하는 정도에
  따라 부분적으로 달라진다(Goldings, 1954).
* 범죄의 희생자는 그러한 경험이 없는 사람들보다 범죄의 발생률이 높
  다고 보는 경향이 있다(Bennett & Hibberd, 1986).
* 타인이 느끼는 애너그램 문제[2] 난이도에 대한 사람들의 판단은 자신이
  답을 찾는 데 걸리는 시간과 상당히 관련이 있다(Jacoby & Kelley, 1987).
* 한 논쟁거리에 대해 배우 50명에게 견해를 들은 후, 배우들의 의견 분
  포가 실제로 찬반이 동일하게 나뉘어졌음에도 대학생들은 자신들의 이
  전 입장과 분포가 부합하는 것으로 추정했다(Kassin, 1981).

우리 연구실 실험에서 얻은 최근의 자료도 이러한 발견을 뒷받침해 준다.
Nickerson, Baddeley, Freeman(1987)의 실험 결과가 재현된 실험에서, 대학생
들이 예측한 일반-지식 질문에 대한 답을 알고 있는 또래의 비율은 답에 대한
자신들의 자신감에 비례하여 높아졌으며 이러한 현상은 참가자들의 정답 맞춤
여부와 관계없이 양쪽 질문 모두에서 같은 것으로 나타났다.

두 번째 실험에서, 학생들에게 미국의 주와 여러 외국의 수도 이름을 맞
히도록 하였다. 이들은 각 응답에 대한 자신감 점수를 매기고 정답을 맞힐 학
생들의 비율을 예측했다(다른 조건들도 있지만 여기서는 언급하지 않는다). 다시 한
번, 정답을 맞힐 학생들에 대한 예측 비율은 참가자 자신들이 정답을 말했다
는 자신감과 정적 상관관계를 보였으며 이러한 효과는 답을 맞혔을 때뿐만 아
니라 틀렸을 때도 분명하게 나타났다.

세 번째 실험에서는 학생들에게 여러 가지 문제를 제시하였다. 예를 들어,
"10개의 점을 4개의 점으로 이루어진 5개의 줄이 되도록 배열하시오(한 줄은 일

---

2) 역자 주: 철자의 순서를 바꾸어 다른 단어 만들기 문제(예. dog-god).

련의 점으로 이루어지며 이 점들은 직선이 됨)"와 같은 문제였다. 한 점은 2개의 줄에 들어갈 수 있지만 2개 이상은 안 된다는 규칙이 적용되었다. 참가자들은 이 문제를 직접 풀어야 하며 이를 풀 수 있을 학생들의 비율을 예측했다. 결과의 양상은 문제를 풀 수 없는 사람보다 풀 수 있는 사람들이 다른 사람들도 문제를 풀 수 있다고 가정할 가능성이 높다는 가설과 일반적인 일관성을 보였다.

마지막 실험에서 학생들은 화학 원소, 셰익스피어의 극작품, NBA 팀 등 자신들이 15분 내에 말할 수 있는 여러 범주에 대해 각각에 포함된 항목의 수를 예측하고 동일 범주에 대해 다른 학생들이 같은 시간 동안 평균적으로 말할 수 있는 항목의 수를 예측하였다. 여기서 중요한 점은 각 범주에 대해 참가자 자신의 예측값과 타인에 대한 예측값 간에 정적인 상관관계가 있는지였다. 사람들이 타인들도 자신이 아는 것을 알 가능성이 높다고 가정하는 경향이 있다면 그러한 관계가 나타날 수 있다. 우리는 평균적으로 자신이 상대적으로 많은 수의 화학 원소명을 댈 수 있다고 생각하는 사람들이 적은 수의 원소명을 댈 수 있다고 생각한 사람들보다 예측값이 높을 것이라는 가설을 세웠다. 결과는 이러한 기대를 뒷받침했는데, 18개 범주에 대한 자신과 타인 간 예측치의 Pearson r 상관계수는 화학 원소에 대한 최저 .41에서 포유동물에 대한 최대 .94 사이로 나타났으며 중간관계는 .77이었다.

투영에 대한 통계적 사례

투영이 통계적 이치를 정확하게 추론하는 데 있어 장점이 있다는 주장도 있을 수 있다. 특정한 그룹의 사람들 중 80%는 Grover Cleveland가 미국 대통령직을 비연속적으로 2번 수행했음을 알고 있으며 20%는 그 사실을 모른다고 가정해 보자. 여기서 그 사실을 알고 있는 80%는 이 그룹 내의 모든 이들이 이 사실을 알고 있으며, 모르는 20%는 그룹 내에서 아무도 이 사실을 모른다고 생각한다는 점도 추가로 가정한다. 이 경우 전체 그룹 중 80%(이 사실을 알고 있는 80%)는 이 지식을 타인에게 전할 때도 80퍼센트의 확률로 옳게 되며,

모르고 있는 20%는 이 지식을 타인들도 모른다고 가정할 때 20%가 옳게 된다. 그러므로 전체 그룹 중에서 무작위의 한 사람이 이 사실의 지식 또는 무지식을 정확하게 무작위의 다른 사람에게 전할 확률은 $(0.8 \times 0.8) + (0.2 \times 0.2) = 0.68$이 된다. 한 사람이 그룹 내에서 단 20%만이 사실을 알고 있으며 80%는 모른다는 가정으로 시작할 때 같은 결과가 나올 확률도 똑같이 $(0.2 \times 0.2) + (0.8 \times 0.8) = 0.68$이 된다. 표 4.1은 그룹 내 무작위 소속원이 Cleveland와 관련된 자신의 지식(또는 무지식)을 다른 무작위 소속원에게 정확하게 전달할 확률을 나타내며, 표에서 볼 수 있듯이 투영은 추측자가 이분법적 상황에서 오류를 범할 확률이 50% 이상이 되지 않을 것임을 확신한다.

표 4.1 특정 그룹 내 지식의 확산에 따른 지식(또는 무지식)이 정확하게 전달될 확률

사실을 알고 있는 이들의 비율	정확하게 전달될 확률
0 또는 100	1.00
10 또는 90	.82
20 또는 80	.68
30 또는 70	.58
40 또는 60	.52
50	.50

의사소통에 있어 공통점 가정(common-ground assumption)

유능한 언어 사용자가 되는 한 가지 특징은 참조적 의사소통 중에 공통점-공유된 맥락-을 사용하는 능력을 갖는 것이다(Clark & Haviland, 1977; Clark & Marshall, 1981). 하지만 대화의 성공 여부는 단지 공통점이 있는가의 여부뿐만 아니라, 공통점에 대한 대화 참가자들의 지식과 공유 여부에 대한 지식 및 상대방의 인지 여부에 대한 지식에 따라서도 영향을 받는다(Clark & Carlson, 1981). 공통점을 효과적으로 사용하는 능력은 유년기에 점진적으로 습득하게 된다(Ackerman, Szymanski, & Silver, 1990; Deutsch & Pechmann, 1982).

청중 설계 가설(*audience design hypothesis*)에 따르면, 화자들은 수신자들이 보유하고 있을 것으로 가정하는 지식 수준에 적합하도록 메시지를 설계한다 (Clark & Murphy, 1982; Clark, Schreuder, & Buttrick, 1983; Fussell & Krauss, 1992). 반대되는 관점은 언어 이해에 대한 **모니터링 및 조절**(*monitoring and adjustment*) 모델 또는 **관점 조절**(*perspective adjustment*) 모델이 대표적이며, 그 모델에 따르면 언어 사용자는 수신자의 지식 상태를 염두에 두고 가정한 발언을 계획하지 않지만 그 대신 오해를 수정하기 위해 공통점에 의존한다(Horton & Keysar, 1996; Keysar et al., 1998). 예를 들어, 이 모델에 따르면 청자가 명확한 참조문에서 지시 대상을 찾아야 할 때(a boy와는 다른 the boy와 같이) 공통점에 제한을 두지 않은 검색이 시작된다. 이렇게 검색하는 동안, 그리고 다소 동시적으로, 공통점에 민감한 더 느린 이해모니터링 절차가 시작되고, 이해를 확실히 하기 위해 필요에 따라 조절도 한다. 청중 설계 모델과 조절 모델은 중요한 관점에서 차이가 있지만 두 모델 모두 타인의 지식에 대한 지식을 효과적인 의사소통의 중요한 요소로 인식한다.

짐작건대, 우리 모두는 '공통 지식(common knowledge)'이라는 문구로 망라되는 어떤 개념을 가지고 있지만 이는 경계가 모호하며 정확하지 않은 개념이다. 무엇인가를 공통 지식이라고 말할 때, 우리가 말하려는 것은 무엇인가? 모든 사람들이 지닌 지식인가? (거의) 모든 사람들이(구체적이지만 반드시 구체화할 필요가 없는 집단) 가진 지식을 말하는가?

분명한 점은 우리가 공통성의 정도를 각기 다르게 인식한다는 것이다. 즉, 우리는 어떤 것들은 다른 것에 비해 보다 많은 사람들에게 알려져 있을 것으로 기대한다. 사람이라면 모두 알고 있는 사실(예. "우리는 모두 잠을 자야 한다" 등)도 있다. 어떤 것들은 동일한 문화권 내의 사람들, 동일한 지리적 지역에 거주하는 사람들, 같은 학교를 졸업한 사람들, 한 가족의 구성원들 등이 모두 또는 대부분 알고 있다고 가정되기도 한다. 다른 사람은 무엇을 알고 있는가를 판단하는 것의 문제는 양 극단 중간의 어딘가에 있는 가장 흥미로운 것으로, 그 지점은 모두가 아닌 일부가 "알고 있는" 것으로 가정할 수 있는 지점이다.

일반적으로 다음과 같은 가정을 할 수 있다.

* 한 마을의 주민은 주민이 아닌 사람보다 그 마을에 대해 더 많이 알고 있다.
* 자동차 정비공은 일반 운전자보다 차에 대해 더 많이 알고 있다.
* 암을 극복한 사람은 항상 건강했던 사람보다 생명을 위협하는 질병에 맞서는 경험에 대해 더 잘 알고 있다.

즉, 많은 부분에서 부정확성을 피해야 한다면 오직 본인의 지식에 기초한 타인의 지식 모델에 대해 개별화된 정보를 바탕으로 어느 정도 조절할 필요가 있음을 의미한다. 이러한 지식은 여러 방식으로 습득되지만, 아마도 특히 직접적인 대인 간 상호작용을 통해 습득될 것이다. 언어 이해에 대한 '모니터링 및 조절 모델'이 그렇듯이, 사람들은 공유된 지식에 대한 특정한 가정이 유효하지 않으며 그러므로 반드시 수정해야 한다는 점을 대화 중에 발견할 수 있다. 다른 사람이 어떤 상호작용과 관련이 있다고 알고 있는 것이 의심스러울 때는 "…에 대해 알고 계신가요?", "이 지역 출신이세요?"와 같은 직접적인 탐색을 통해 타인이 알고 있는 것에 대한 개인의 모델을 변화시키기에 충분할 것이다.

투영도 실패할 수 있다

우리는 자신의 지식, 느낌, 타인에 대한 행동 등에 투영이 필요하며 유용하다고 주장했고, 실제로 투영이 일어나고 있다는 증거를 살펴보았다. 또한 우리는 투영이 실패할 수도 있으며 종종 실패한다는 점을 인식해야 한다. 임의의 어떤 사람이 자신과 공통된 점이 많다고 가정하는 데 있어서, 둘 중 한 가지 방식에서는 틀릴 수 있다. 즉, 가정한 공통성의 정도가 실제보다 강하거나 약할 수 있다는 것이다. 사람들은 자신이 익숙한 주제에 대해 타인이 아는 정도를 과소평가하기보다 과대평가할 가능성이 높다는 증거가 있으며, 그러한 이유 중 일부는 타인보다 자신의 지식을 무비판적으로 탓하기 때문인 것으로 볼 수 있다. 간단히 말해서, 우리는 과잉투영하는 경향이 있는데 이는 특정 측면에서 우리 자신을 실제 우리의 모습보다 타인에 대한 대표성이 더 강한 것으로 보는 것이다.

* 대통령 선거에서 투표자들은 좋아하는 후보의 인기를 과대평가하는 경향이 있다(Granberg & Brent, 1974, 1983).
* 사람들은 자신의 의견에 동의하는 정도는 과대평가하고 자신과 다른 의견에 동의하는 정도는 과소평가할 가능성이 높다(Kassin, 1979; Ross, Green, & House, 1977).
* 경험이 없는 작가들은 독자들이 자신의 가치와 관점을 공유하는 정도를 특질적으로 과대평가한다(Hayes et al., 1987).
* 학술지 원고 심사자들은 다른 심사자의 의견이 자신의 심사 내용과 일치하는 정도를 과대평가하는 경향이 있다(Mahoney, 1977).
* 어린이들은 타인이 전혀 다른 각도나 위치에서 보고 있음에도 자신과 동일한 관점에서 장면을 바라본다고 가정하는 경우가 종종 있다(cf. Pufall & Shaw, 1973).

앞서 간단히 언급한 실험에서, 사람들은 자신이 아는 것을 투영할 뿐 아니라 자신이 안다고 잘못 생각하는 것도 투영할 가능성이 있음을 발견했다. 자신의 지식에 대한 자신감은 일관성 있게 투영의 확률을 강하게 나타내는 지표가 되고, 그러한 현상은 지식에 대한 정당화 여부와 무관하다.

Jacoby, Bjork, Kelley(1994)는 과대투영 경향성을 자기중심성의 한 형태로 언급하며 다음과 같이 묘사했다: "사람들은 어떤 문제의 어려움, 텍스트의 이해 가능성, 어떤 과업의 학습 용이성 등에 대한 주관적인 경험이 타인의 문제, 텍스트 또는 과업에 대한 경험으로 일반화되지 않을 수도 있음을 인식하지 못할 때, 일종의 자기중심성에 빠지게 된다. …사람들은 특정 상황에 대한 자신의 이해가 남들과 다를 수 있음에 대해 놀라울 정도로 인지하지 못한다(p.59)."

청중에 대한 지식을 적절히 판단하는 것은 강연자나 작가에게 상당히 어려운 일이 될 수 있다. 동일한 분야에서 한 전문가가 다른 전문가에게 의견을 전하는 일은 상대적으로 쉽다. 해당 주제의 전문가가 아닌 독자나 청자에게 자신의 지식을 지나치게 과시하지 않는 방식으로 정보를 전달하는 글쓰기나 말하기가 더 어려운 것이다. Piaget(1962)는 교사, 특히 초보 교사가 학생의 관점에서 사물을 바라보는 것이 얼마나 어려운지를 인정했다. "초보 강사는 모두 오래지 않아 본인의 첫 강의가 이해하기 어려웠음을 알게 된다. 그 이유는 그가 본인 자신에게 말을 하고 있었고 자신의 관점에만 신경을 쓰고 있었기 때문이다. 그는 자신이 가르치는 분야에서 자신이 알고 있는 것을 모르는 학생들의 관점으로 생각하기가 쉽지 않음에 대해 시행착오를 겪으며 점차 인식해 간다"(Jacoby, Bjork, & Kelley, 1994, p.63에서 인용).

Flavell(1977)은 학생의 관점에서 동일한 주장을 한다. "당신이 미적분을 완전히 이해한다는 사실은 내게 미적분을 설명하는 동안 나의 무지를 인지하는 데 있어 지속적으로 장애 요인이 되며, 미적분이 나에게 얼마나 어려운지 잠깐 동안은 인식할 수 있지만 당신이 설명에 몰입하는 순간 그러한 인식은 점차 조용히 사라져갈 수 있다"(p.124).

전문가가 자신의 전문지식에 대한 타인의 접근성을 과대평가하기 쉽다는 점은 박학다식하기로 유명한 Henry Poincaré의 발언에서도 제안되었다(Henle, 1962, p.35). "수학을 이해하지 못하는 사람들이 존재할 수 있을까…? 누구나 발견을 할 수 있는 게 아니라는 사실에는 미스터리한 점이 없다. …하지만 가장 놀랍게 생각되는 점은 누구나 수학적 논증이 자신에게 제시되는 순간에는 이를 이해하지 못할 것이라는 사실이다." 우리 모두는 우리에게 오랜 시간 동안 익숙한 개념들을 타인들이 이해하는 것이 얼마나 어려운지에 대해서 과소평가하는 경향이 있다.

과잉투영에 대한 설득력 있는 사례는 Newton(1990)의 실험에서 나타났다. 실험 참가자 중 일부는 잘 알려진 노래의 리듬을 두드리고, 다른 참가자들은 이 리듬이 들어 있는 노래를 맞히는 것이다. 리듬을 두드리는 이들은 듣고 있는 사람들이 적어도 노래의 절반 정도를 파악할 것으로 기대했는데, 실제로 듣고 있던 사람들은 1/40 정도만 노래를 맞혔다. 특수한 지식을 가진 사람들은(이 실험에서 리듬을 두드린 이들) 그러한 지식이 없는 사람들(이 실험에서 듣는 이들)에게 그 지식을 투영하는 것은 놀라울 정도로 쉽다. 독자들은 이 실험을 비공식적으로 시도해 볼 수 있을 것이다. 한 사람이 리듬에 맞춰 손을 두드릴 때 그는 원곡이 청자에게 즉각적으로 분명하게 떠오르지 않는다는 사실을 믿기 어려울 수 있다. 물론 이 실험에서는 리듬 외에 노래에 대한 다른 힌트를 제시하지 않도록 주의해야 한다.

한 사람이 X라는 일이 쉽다고 생각한다면 그는 타인들도 X가 쉽다고 생각할 가능성이 높으며, 마찬가지로 X가 어려운 일이라면 그는 타인들에게도 어려운 일이라고 가정할 가능성이 높다. A라는 사람이 B에게 무언가를 설명할 때, A는 자신이 그렇게 하고 있다는 점을 인식하지도 못한 채 B가 설명에 따라 마음속 눈으로 A 자신이 보는 것을 바라본다고 생각하기가 매우 쉽다. 처음 찾아간 마을의 주민에게서 "절대로 못 찾을 수 없는" 안내를 받았지만 이해는 고사하고 그 안내를 따라가기조차 불가능하게 느껴진 경험은 누구나 겪어 본 적이 있을 것이다. 안내를 하는 사람은 이 지역의 구조에 대한 지식(심상 지도)을 가지고 있으며, 그는 사실상 안내를 받는 이방인이 이 지식을 공유하지 않는다는 사실을 간과한 것으로 추측할 수 있다. 한편으로 안내자는 이방인이 마을에 대해 잘 모르며 잘 안다면 길을 묻지 않을 것임을 알고 있지만, 자신이 설명하는 경로에 있는 주요 지점을 시각화하는 동시에 안내를 받는 이방인도 자신이 마음속에 그리는 이미지와 같은 생각을 하는 것으로 가정하며 안내를 계속하는 경향을 보인다.

사람들이 일반적으로 자신의 지식을 타인에게 과잉투영한다면, 작가들은 자신보다 전문 지식이 부족한 독자들을 대상으로 글을 쓸 때 독자들에게 필요하지 않은 정보를 포함하는 경우보다 독자들이 이해하는 데 필요한 정보를 누락하는 경우가 더욱 일반적일 것이다. 사람들이 가지고 있지 않은 지식을 가지고 있다고 잘못 가정하는 행위는 경우에 따라 위험할 수 있다. 이를테면 등 뒤에 해가 지고 있을 때 길을 따라 걷고 있는 한 사람이, 자신이 앞에서 오는 차를 볼 수 있으므로 차의 운전자도 자신을 볼 수 있을 것이라 가정하는 경우 가 있다.

타인의 지식에 대한 과대평가 또는 과소평가 중 어느 것이 더 오류를 범 하기 쉬운 방향인지의 여부는 논란의 여지가 있으며, 어느 방향으로든 한쪽으 로 치우치지 않는 것이 중요할 것이다. 타인의 지식을 과대평가할 시에는 비 현실적 기대로 인해 너무 어렵게 말하는 상황이 발생할 수 있으며, 과소평가 할 시에는 상대를 무시하는 태도로 가르치려 들거나 얕보는 것으로 인식될 수 있다.

투영의 한계

타인의 관점에서 본다는 것은 어떤 의미일까? 철학자들이 수 세기 동안 지적해 온 바와 같이 A라는 사람이 빨간색을 볼 때의 경험이 B가 빨간색을 볼 때의 경험과 같음을 입증하기는 불가능하다. 그들은 같은 색상을 바라보고 같은 이름으로 부를 수는 있지만 그들이 '보는 것'이 정말로 같은지 누가 알 수 있을까? 그럼에도 불구하고, 우리는 각자 타인이 행복하다, 슬프다, 아프다, 만족스럽다, 혼란스럽다, 기쁘다, 걱정스럽다 등의 말을 할 때 타인의 마음 상 태를 이해할 수 있다고 생각하며, 그 이유는 우리가 인간답다는 것, 행복한 것, 슬픈 것, 아픈 것 등의 의미를 알고 있기 때문이다. 우리는 개, 고양이, 금 붕어 등의 행복, 슬픔, 아픔, 만족 등을 이해하지 못하며, 그 단어들이 동물들 의 정신 상태를 제대로 묘사하는지의 여부 또는 그 동물들이 우리가 이해하는 정신 상태를 갖는지조차 의심스럽다.

조지 워싱턴 대통령, 테레사 수녀, 베이브 루스, 조셉 스탈린처럼 된다는 건 어떤 것일까? 우리는 그들의 삶에 대한 묘사에서 다양한 힌트를 얻을 수 있 지만, 우리 자신이 되려고 하는 인물에 대한 1차적인 지식이 주요 자원이다.

우리는 그들의 시대와 상황에서 상상하고, 우리가 느꼈다고 생각하는 방식으로 그들도 느꼈을 것이라고 가정한다.

Franz Kafka는 작품 "Metamorphosis"에서 어느 날 눈을 떠 보니 기생충이 된 자신을 발견하는 Gregor Samsa의 반응에 대해 이야기한다. 우리는 Kafka가 벌레가 되는 기분을 알지 못했음은 확신할 수 있지만, 아마도 벌레의 몸속에 있는 인간의 기분만 알았을 것이라고 (어쩌면 그것도 몰랐을 것이라고) 확신할 수도 있다. 벌레가 되는 경험은 벌레만이 알 수 있는 것이다.

* 남자는 출산의 경험이 심오하고 극심한 고통과 표현할 수 없을 정도의 기쁨이 섞여 있다는 것을 이해할 수 있지만, 남자이기 때문에 아이를 낳는다는 것이 무엇인지 진정으로 알 수는 없다.
* 볼 수 있고 들을 수 있는 사람은 시각장애인 또는 청각장애인으로 태어나는 것이 어떤 것인지 알 수 없으며, 상상하려는 시도는 할 수는 있지만 상상이 현실과 일치하지 않다고 가정하는 것이 안전할 듯하다.
* 우리 중 대부분은 미국 대통령이 되는 것이 어떤 경험인지 알 수 없다. 상상은 할 수 있으며, 미국 대통령의 삶은 뉴스에 많이 소개되므로 다양한 자원을 통해 상상에 도움을 얻을 수도 있다. 그러므로 우리는 우리가 처한 상황과 그 상황에 대한 반응을 인식할 수는 있지만, 실제로 대통령직을 맡아 본 이를 제외하고는 대통령이 되는 기분을 진정으로 알 수는 없다.
* 학교 교육을 받지 않은 원시 문화의 사람은 핵물리학자가 실제 세계를 바라보는 방식을 이해할 수 없지만, 마찬가지로 물리학자가 원시적 관점을 통해 세상을 바라볼 수 있을 가능성 또한 낮다.
* 사람들 앞에서 발언한다는 생각에 몸을 꼼짝할 수 없을 정도의 공포를 경험한 적이 없는 사람은 무대 공포증이 극심한 공포감을 줄 수 있음을 이해할 수 있지만, 공공장소에서 발언하는 것을 두려워하는 사람이 경험할 수 있는 공포감을 제대로 이해할 수는 없다. 극심한 향수병에 걸

려 본 경험이 있는 사람은 역시 향수병을 앓고 있는 타인과 공감하는 데 아무 문제가 없지만, 향수병에 걸려 본 적이 없다면 진정으로 향수병을 앓는 이가 얼마나 비참한 기분인지 상상하기가 어려울 수 있다.

요약하자면, 우리가 특정한 타인이 되는 것을 상상하려 할 때 실제로 우리가 하는 일은 그 타인의 상황에서 내 자신의 느낌이나 행동을 상상하는 행위이다. 타인의 고통이나 기쁨을 느끼는 것은 그러한 고통이나 기쁨을 유발한 상황에 직면했을 때 우리의 느낌을 상상하는 것이다. 우리가 상상한 상황 속에서 자신이 상상한 경험이 사실상 그 상황에 실제로 처한 타인의 경험과 동일하다고는 절대로 확신할 수 없다. 가깝게 일치한다는 가정은 공감에 필수적이지만 그러한 가정은 많은 특정한 상황에서 틀릴 수 있음을 인식하는 것 역시 중요하다.

공감의 자연스러움

정서적으로 또는 정신적으로 타인의 입장이 되려고 시도하거나, 타인의 느낌이나 생각을 상상하려고 시도하는 것은 세상에서 가장 자연스러운 행위처럼 보인다. 우리는 종종 타인의 마음속에 있는 것을 상상하려고 의도적으로 시도할 뿐 아니라, 무의식적으로 지식과 느낌을 타인에게 전가하기도 한다. 의사소통에서 중요한 역할을 수행하는 공통점 기반의 대부분은 '청중 설계 가설'에서 말하는 것처럼 발언을 형성하거나 '모니터링 및 조절 가설'의 주장처럼 이해의 오류를 수정함으로써 암묵적이게 되고 아마도 억지로 주의를 기울이지 않는 한 그것이 중요한 것임을 의식적으로 깨닫지 못할 수 있다.

위에서 언급한 실험 및 다른 유사 실험 결과들은 사람들이 자신만의 지식이나 본인의 지식에 대한 각자의 모델인 자신만의 가정된 지식을 다른 사람들이 알법한 것들의 기본 지표로 이용하는 경향이 있다는 일반적인 생각을 뒷받침해 준다.

어떤 관점으로 보면 그것이 매우 합리적인 행위임이 분명한 듯하다. 대부분의 사람들이 알고 있는 대부분이 "공통 지식"이라면, 평균적으로 임의의 타인이 아마도 우리와 공통적인 특정한 지식을 가지고 있을 것이라고 가정할 때, 그 가정이 틀리기보다 옳을 가능성이 높다. 그리고 옳을 가능성은 타인이 일부 비공식적인 의미에서 누군가의 동료(동일 문화권, 하위 문화권, 사회적 그룹, 동종업 등의 구성원)가 될 정도까지 분명히 증가하게 된다.

반면에 자신의 지식 모델을 기반으로 타인이 알거나 모를 것이라고 가정한다면 오류가 발생할 수 있음도 역시 명백하다. 여기서 언급한 일부 실험의 결과는 사람들이 자신이 알고 있는 것, 자신이 알고 있다는 생각 또는 타인에게도 알려졌다고 생각하는 것의 범위를 과대평가할 가능성이 높다는 결론을 도출한다. 이는 사람들이 자신의 지식이 실제보다 더 타인의 지식을 대표한다고 생각하기 쉽다는 말이다. 이 결론이 유효하다면 우리는 특정한 주제나 일반적 주제에 대해 상대적으로 많이 아는 사람이 타인의 지식을 과대평가하기 쉽고, 상대적으로 지식이 적은 이들은 타인의 지식을 과소평가하기 쉽다고 기대해야 한다. 이는 향후 연구에서 파악해야 할 문제일 것이다.

사사

이 장에서 언급한 연구들은 국립과학재단(National Science Foundation) 0241739 과제에 의해 일부 지원되었다.

참고문헌

Ackerman, B. P., Szymanski, J., & Silver, D. (1990). Children's use of common ground in interpreting ambiguous referential utterances. *Developmental Psychology, 26*, 234-245.

Andersen, H. B., Pedersen, C. R., & Andersen, H. H. K. (2001). Using eye tracking data to indicate team situation awareness. In M. J. Smith, G. Salvendy, D. Harris, & R. J. Koubek (Eds.), *Usability evaluation and interface design: Cognitive engineering, intelligent agents and virtual reality* (pp. 1318-1322). Mahwah, NJ: Erlbaum.

Bandura, A. (1982). Self-efficacy mechanisms in human agency. *American Psychologist, 37*, 122-147.

Bennett, M., & Hibberd, M. (1986). Availability and the false consensus effect. *Journal of Social Psychology, 126*, 403-405.

Calogero, M., & Nelson, T. O. (1992). Utilization of base-rate information during feeling-of-knowing judgments. *American Journal of Psychology, 105*, 565-573.

Cannon-Bowers, J. A., Salas, E., & Converse, S. (1993). Shared mental models in expert team decision making. In N. J. Castellan, Jr. (Ed.), *Individual and group decision making: Current issues* (pp. 221-246). Hillsdale, NJ: Erlbaum.

Cattell, R. B. (1944). Projection and the design of projective tests of personality. *Character and Personality, 12*, 177-194.

Clark, H. H., & Carlson, T. B. (1981). Context for comprehension. In J. Long & A. Baddeley (Eds.), *Attention and performance IX* (pp. 313-330). Hillsdale, NJ: Erlbaum.

Clark, H. H., & Haviland, S. E. (1977). Comprehension and the given-new contract. In R. O. Freedle (Ed.), *Discourse production and comprehension.* Norwood, NJ: Ablex.

Clark, H. H., & Marshall, C. E. (1981). Definite reference and mutual knowledge. In A. K. Joshi, I. Sag, & B. Webber (Eds.), *Elements of discourse understanding* (pp. 10–63). Cambridge: Cambridge University Press.

Clark, H. H., & Murphy, G. L. (1982). Audience design in meaning and reference. In J.–F. L. Ny & W. Kintsch (Eds.), *Language and comprehension* (pp. 287–299). Amsterdam: North Holland.

Clark, H. H., Schreuder, R., & Buttrick, S. (1983). Common ground and the understanding of demonstrative reference. *Journal of Verbal Learning and Verbal Behavior, 22,* 245–258.

Collingwood, R. G. (1946). *The idea of history.* London: Oxford University Press.

Dawes, R. M. (1989). Statistical criteria for establishing a truly false consensus effect. *Journal of Experimental Social Psychology, 25,* 1–17.

Deutsch, W., & Pechmann, T. (1982). Social interaction and the development of definite descriptions. *Cognition, 11,* 159–184.

Flavell, J. H. (1977). *Cognitive development.* Englewood Cliffs, NJ: Prentice Hall.

Fussell, S. R., & Krauss, R. M. (1991). Accuracy and bias in estimates of others' knowledge. *European Journal of Social Psychology, 21,* 445–454.

Fussell, S. R., & Krauss, R. M. (1992). Coordination of knowledge in communication: Effects of speakers' assumptions about what others know. *Journal of Personality and Social Psychology, 62,* 378–391.

Gist, M. E., & Mitchell, T. E. (1992). Self–efficacy: A theoretical analysis of its determinants and malleability. *Academy of Management Review, 17,* 183–211.

Goldings, H. J. (1954). On the avowal and projection of happiness. *Journal of Personality, 23,* 30–47.

Gordon, R. (1986). Folk psychology as simulation. *Mind and Language, 1,* 158–171.

Granberg, D., & Brent, E. (1974). Dove–hawk placements in the 1968 election:

Application of social judgment and balance theories. *Journal of Personality and Social Psychology, 29,* 687–695.

Granberg, D., & Brent, E. (1983). When prophecy bends: The preference–expectation link in U. S. presidential elections, 1952–1980. *Journal of Personality and Social Psychology, 45,* 477–491.

Grandy, R. (1973). Reference, meaning, and belief. *Journal of Philosophy, 70,* 439–452.

Gutwin, C., & Greenberg, S. (2002). A descriptive framework of workspace awareness for realtime groupware. *Computer Supported Cooperative Work, 11,* 411–446.

Hayes, J. R., Flower, L., Schriver, K. A., Stratman, J. F., & Carey, L. (1987). Cognitive processes in revision. In S. Rosenberg (Ed.), *Advances in applied psycholinguistics: Vol. 2. Reading, writing and language learning* (pp. 176–240). New York: Cambridge University Press.

Henle, M. (1962). The birth and death of ideas. In H. Gruber, G. Terrell, & M. Wertheimer (Eds.), *Contemporary approaches to creative thinking* (pp. 31–62). New York: Atherton.

Hoch, S. J. (1987). Perceived consensus and predictive accuracy: The pros and cons of projection. *Journal of Personality and Social Psychology, 53,* 221–234.

Hodges, S. D., & Wegner, D. M. (1997). Automatic and controlled empathy. In W. Ickes (Ed.), *Empathic accuracy* (pp. 311–339). New York: Guilford Press.

Horton, W. S., & Keysar, B. (1996). When do speakers take into account common ground? *Cognition, 59,* 91–117.

Jacoby, L. L., Bjork, R. A., & Kelley, C. M. (1994). Illusions of comprehension, competence, and remembering. In D. Druckman & R. A. Bjork (Eds.), *Learning, remembering, believing: Enhancing human performance* (pp. 57–80). Washington, DC: National Academy Press.

Jacoby, L. L., & Kelley, C. M. (1987). Unconscious influences of memory for a prior event. *Personality and Social Psychology Bulletin, 13*, 314-336.

Karniol, R. (1990). Reading people's minds: A transformation rule model for predicting others' thoughts and feelings. In L. Berkowitz (Ed.), *Advances in experimental social psychology* (Vol. 23, pp. 211-247). New York: Academic Press.

Kassin, S. M. (1979). Consensus information, prediction, and causal attribution: A review of the literature and issues. *Journal of Personality and Social Psychology, 37*, 1966-1981.

Kassin, S. M. (1981). Distortions of the process of estimating consensus from sequential events: Expectancy and order effects. *Personality and Social Psychology Bulletin, 7*, 542-546.

Katz, D., & Allport, F. (1931). *Students' attitudes.* Syracuse, NY: Craftsman Press.

Keysar, B., Barr, D. J., Balin, J. A., & Paek, T. S. (1998). Definite reference and mutual knowledge: Process models of common ground in comprehension. *Journal of Memory and Language, 39*, 1-20.

Krueger, J. (1998). On the social perception of social consensus. In M. P. Zanna (Ed.), *Advances in experimental social psychology* (Vol. 30, pp. 163-240). New York: Academic Press.

Krueger, J., & Zeiger, J. (1993). Social categorization and the truly false consensus effect. *Journal of Personality and Social Psychology, 65*, 670-680.

Mahoney, M. J. (1977). Publication prejudices: An experimental study of confirmatory bias in the peer review system. *Cognitive Therapy and Research, 1*, 161-175.

Marks, G., & Miller, N. (1987). Ten years of research on the false-consensus effect: An empirical and theoretical review. *Psychological Review, 102*, 72-90.

Mullen, B. (1983). Egocentric bias in estimates of consensus. *Journal of Social Psychology, 121*, 31-38.

Nelson, T. O., Leonesio, R. J., Landwehr, R. S., & Narens, L. (1986). A comparison of three predictors of an individual's memory performance: The individual's feeling of knowing versus the normative feeling of knowing versus base-rate item difficulty. *Journal of Experimental Psychology: Learning, Memory, and Cognition, 12,* 279-287.

Newton, L. (1990). *Overconfidence in the communication of intent: Heard and unheard melodies.* Unpublished doctoral dissertation, Department of Psychology, Stanford University, Stanford, CA.

Nickerson, R. S. (1999). How we know-and sometimes misjudge-what others know: Imputing one's own knowledge to others. *Psychological Bulletin, 125,* 737-759.

Nickerson, R. S. (2001). The projective way of knowing: A useful heuristic that sometimes misleads. *Current Directions in Psychological Research, 10,* 168-172.

Nickerson, R. S, Baddeley, A., & Freeman, B. (1987). Are people's estimates of what other people know influenced by what they themselves know? *Acta Psychologica, 64,* 245-259.

O'Mahony, J. F. (1984). Knowing others through the self: Influence of self-perception on perception of others; A review. *Current Psychological Research and Reviews, 3* (4), 48-62.

Piaget, J. (1962). Comments. Addendum to L. S. Vygotsky, *Thought and language* (E. Haufmann & G. Vakar, Eds. & Trans.). Cambridge, MA: MIT Press.

Pufall, P. B., & Shaw, R. E. (1973). Analysis of the development of children's spatial reference systems. *Cognitive Psychology, 5,* 151-175.

Ross, L., Green, D., & House, P. (1977). The "false consensus" effect: An egocentric bias in social perception and attribution processes. *Journal of Experimental Social Psychology, 13,* 279-301.

Rouse, W. B., Cannon-Bowers, J. A., & Salas, E. (1992). The role of mental models in team performance in complex systems. *IEEE Transactions on Systems, Man, and Cybernetics, 22,* 1296-1308.

Royzman, E. B., Cassidy, K. W., & Baron, J. (2003). I know you know: Epistemic egocentrism in children and adults. *Review of General Psychology, 7,* 38-65.

Stanovich, K. E., & West, R. F. (1998). Individual differences in framing and conjunction effects. *Thinking and Reasoning, 4,* 289-317.

Steedman, M. J., & Johnson-Laird, P. N. (1980). The production of sentences, utterances and speech acts: Have computers anything to say? In B. Butterworth (Ed.), *Language production: Vol. 1. Speech and talk.* London: Academic Press.

Valins, S., & Nisbett, R. E. (1972). Attribution processes in the development and treatment of emotional disorders. In E. E. Jones, D. E. Kanouse, H. H. Kelley, R. E. Nisbett, S. Valins, & B. Weiner (Eds.), *Attribution: Perceiving the causes of behavior.* Morristown, NJ.: General Learning Press.

Wallen, R. (1943). Individuals' estimates of group opinion. *Journal of Social Psychology, 17,* 269-274.

Weiner, B., Frieze, I., Kukla, A., Reed, L., Rest, S., & Rosenbaum, R. M. (1972). Perceiving the causes of success and failure. In E. E. Jones et al. (Eds.), *Attribution: Perceiving the causes of behavior.* Morristown, NJ: General Learning Press.

Chapter 05

공감 정확도: 임상, 인지, 발달, 사회, 생리 심리학과의 관련성

William Ickes

지난 20년 동안 공감 정확도에 관한 연구는 최근 공감 연구가 집중되고 있는 임상, 인지, 발달, 사회, 생리 등 심리학의 주요 분야를 연결할 수 있는 잠재력을 보여 주었다. 이번 장에서 나는 공감 정확도의 구인을 정의하고 세 가지 대안적인 연구 패러다임 내에서 공감 정확도가 어떻게 측정되고 적용되는지에 대하여 서술하고, 임상, 인지, 발달, 사회, 생리 등 심리학의 주요 분야와 관련된 대표적인 연구 성과들을 검토할 것이다. 또한 필자는 각 분야에서 공감 정확도 연구의 잠재력에 관한 몇 가지 이유들을 제안하면서 이번 장의 결론을 마무리하고자 한다.

정의

공감적 추론(*empathic inference*)은 우리가 다른 사람의 생각과 느낌을 추론하고자 할 때면 언제나 행하는 일상에서의 마음 읽기다. 이는 다른 연구자들이 "정신화(mentalizing)" 또는 "마음이론(theory of mind)"과 같은 제목으로 다루고 있는 개념이기도 하다(Stone, 2006; Stone & Gerans, 2006). **공감 정확도**(*empathic accuracy*)는 이러한 일상에서의 마음 읽기 시도가 얼마나 성공적인가하는 정도를 의미한다(Ickes, 1997, 2003). 간단히 말해서 공감적으로 정확하게 인식하는 사람은 타인의 생각과 감정 "읽기"를 잘하는 사람이라고 할 수 있다.

공감 정확도 개념은 Carl Rogers로 거슬러 올라갈 수 있는데, 그는 환자의 특정한 생각과 감정을 순간순간마다 정확하게 추론할 수 있는 치료자의 능력을 기술하기 위해 "정확한 공감"이라는 용어를 사용하였다(Rogers, 1957). 나와 동료의 연구에서 공감 정확도라는 용어는 본질적으로 Rogers와 동일한 의미이며, 좀 더 일반적으로는 인식자(perceiver)가 다른 사람의 연속적인 생각과 감정의 특정한 내용을 정확하게 추론할 수 있는 정도를 의미한다(Ickes, 1993, 2001, 2003). 이 연구에서는 인식자의 공감 정확도의 토대가 되는 과정에 대해서 어떠한 추론도 하지 않는다. 실제로, 이 연구에서는 공감 정확도를 직접 측정하는 영상신호 절차를 사용하고, 공감 정확도 측정 도구와 다양한 과정 및 성과 관련 변인들을 경험적으로 연결함으로써 일상 마음 읽기의 속성에 관한 귀납적인 통찰을 얻고자 하였다(Ickes, 2003).

측정 및 대안적 연구 방법

공감 정확도 연구 방법에서 인식자는 한 명 이상의 목표 대상자(target person)가 참여하는 사회적 상호작용을 녹화한 영상 기록에서 목표 대상자들이 무엇을 생각하거나 느끼는지 추론한다. 사회적 상호작용 직후에, 목표 대상자들은 영상의 특정 시점에서 발생했다고 기억하는 실제 생각과 감정을 기록한다. 그리고 나서 인식자들은 이전에 "영상 정지"라고 표시된 각 지점의 영상을 보면서 목표 대상자들이 그 지점에서 어떠한 생각을 하거나 느꼈는지 추론한다. 주어진 연구를 위한 모든 자료들이 수집되면, 훈련된 평정자들은 각각의 실제 생각이나 감정의 내용에 대응되는 추론 내용을 비교하고, 공감 정확도의 전체 지표를 만들기 위해 누적된 정확도 점수를 부여한다[이 과정에 관한 보다 자세한 사항은 Ickes(2001)를 참조할 것].

이러한 절차는 다음 세 가지 유형의 연구에서 변형되어 활용되었다. **비구**

조화된 양자 상호작용 방법(*unstructured dyadic interaction paradigm*)을 사용한 연구에서는 두 명의 참가자들을 대기실의 방해받지 않은 상태에서 녹화한다. 그리고 나서 참가자들은 녹화에 대한 설명과 이후 자료 사용에 대한 동의 후에 서로 다른 방에서 자신의 녹화본을 검토하면서 특정한 생각이나 감정이 있었다고 명확히 기억하는 각 지점에서 중지한다. 각 참가자들은 주어진 생각/감정 기록 양식에서 각각의 생각이나 감정의 특정한 내용을 기록한다. 각 참가자들은 그리고 나서 다시 영상을 검토하는데, 이번에는 상호작용 상대방이 기록한 특정한 생각이나 감정의 내용을 추론할 목적으로 본다. 실험자는 상호작용 각 참가자들을 위해 적절한 횟수만큼 영상을 중지하고, 참가자는 주어진 생각/감정 추론 양식에 상호작용 상대방의 각 생각과 감정에 관한 추론을 기록한다. 이 방법은 연구의 목적에 따라 서로 모르는 사람, 친구, 연인, 기혼 또는 동거 배우자 등과 같이 서로 간에 아는 정도가 다양한 수준에서 자연적으로 발생하는 대인 간 상호작용에서의 공감 정확도를 연구하는 데 유용하다(예. Stinson & Ickes, 1992, Simpson, Oriña, & Ickes, 2003 참조).

　　표준 자극 방법(*standard stimulus paradigm*)을 사용하는 연구에서 각 참가자들은 자신이 참가하지 않은 하나 이상의 상호작용 영상을 검토한다. 이러한 연구에서 참가자들은 내담자와 상담자, 부모와 자녀, 또는 처음 만난 서로 모르는 사람들 간의 관계와 같이 다른 사람들의 상호작용에 대한 외부 관찰자이다. 또다시, 참가자들의 과제는 이러한 목적으로 제작된 표준 생각/감정 추론 양식을 사용하여, 이전 영상에 등장한 목표 대상자가 기록한 각 생각이나 감정의 특정한 내용을 추론하는 것이다. 이러한 연구에서 참가자들은 항상 동일한 목표 대상자의 생각과 감정을 추론하기 때문에(과제는 모든 참가자에게 동일하다) 각 참가자들 간의 공감 정확도 점수를 비교하는 것이 가능하다. 이는 비구조화된 양자 상호작용 패러다임에서는 종종 불가능하다. 표준 자극 방법은 연구의 초점이 인식자 공감 정확도의 개인차인 경우에 특히 유용하다(Marangoni et al., 1995). 이는 또한 인식자가 한 명 이상의 목표 대상자의 생각과 감정을 추론하도록 요청받을 때 이러한 개인차의 교차 목표 일관성(cross-target consistency)을 연구하는 데

에도 사용될 수 있다(Ickes, Buysse, et al., 2000).

마지막으로, **표준 면담 방법**(*standard interview paradigm*)을 사용하는 연구에서 각 참가자들은, 사전에 훈련된 면담자가 제시하는 표준 질문 목록에 목표 대상자가 응답하도록 요청받는 영상을 검토한다(예. Dugosh, 2001). 이 영상은 각 질문이 주어진 직후에 중지되며, 각 영상 중지 시점에서 참가자들의 과제는 (사전에 주어진 공감 추론 기록 양식에 기입함으로써) 목표 대상자의 특정 응답 내용이 무엇일까를 추측하는 것이다. 이러한 유형의 연구는 특히 인식자 쌍이 목표 대상자를 잘 알고 있는 인식자와 목표 대상자를 모르는 인식자로 구성된 멍에 피험자 설계(yoked-subjects design)[1]에 적합하기 때문에 사전에 서로 알고 있는 정도의 아는 사람 효과를 연구하는 데 특히 유용하다.

이러한 모든 연구 방법에서 서로 상이한 평정자들은 인식자의 공감적 추론과 이에 대응하여 목표 대상자가 실제로 보고하는 생각이나 감정 간의 유사도를 평가한다. 이에 따라 공감 정확도의 누적된 수치에 대한 평정자 간 신뢰도를 측정할 수 있는데, 이는 일반적으로 매우 높게 나타났다. 예를 들어, 나와 동료들이 수행한 연구에서는 평정자 간 신뢰도는 최소 .85(네 명의 평정자가 투입되었던 연구)에서 최대 .98(7~8명의 평정자가 투입되었던 2개의 연구)에 이르렀다. 현재까지 내가 수행한 모든 연구에서 평정자 간 신뢰도의 평균은 대략 .90이었다(Ickes, 2001).

지난 이십여 년 동안, 수십 편의 공감 정확도 연구가 발표되었다. 비록 대부분의 초기 연구들은 알링턴에 위치한 텍사스대학교의 내 연구실에서 수행되었으나, 공감 정확도 연구는 현재 미국 전역과 벨기에, 영국, 뉴질랜드, 스위스 등 여러 나라의 수많은 연구실에서 구축되었다. 더욱이, 연구자들은 우리의 공감 정확도 연구 방법을 그들 자신의 전문 영역에 적용함으로써, 공감 연구에

---

1) 역자 주: 실험 연구에서 yoked design(yoked pair design 또는 yoked control design)은 실험집단과 통제집단이 하나의 짝(pair)과 같이 '멍에'처럼 연결되어 있어서 실험집단의 피험자들이 어떠한 자극을 받을 때 통제집단의 피험자들도 동시에 동일한 자극을 받게 하여 실험집단과 통제집단 모두 전체 자극 수가 동일하도록 처치하는 실험통제의 한 방법을 말한다.

대한 관심이 부상하고 있는 임상, 인지, 발달, 사회, 생리 심리학 등 주요한 심리학 분야에서 공감 정확도 연구의 잠재력을 입증하였다. 이하의 장에서는 이들 각 분야에서의 주목할 만한 연구 성과들을 간략하게 살펴볼 것이다.

임상심리학

임상심리학 분야에서 연구자들은 심리치료 중에 공감 정확도가 어떻게 향상될 수 있을지에 대해서 탐색하면서 수많은 심리장애에서 공감의 역할에 대하여 연구해 왔다.

심리치료

Marangoni와 그의 동료들(1995)은 동일한 남성 치료자와 상호작용한 각 세 명의 여성 내담자를 녹화한 표준 자극 영상을 80명의 대학 학부생 인식자들에게 제시하고 이들 네 사람이 각기 기록한 특정한 생각과 감정을 추론해 보도록 요청하였다. 피드백 조건의 인식자들은 각 영상의 중간 부분에서 공감 추론 직후에 내담자의 실제 생각과 감정에 관한 피드백을 제공받았다. 반대로 무피드백 조건의 인식자들은 이러한 형태의 피드백을 중간에 전혀 받지 않았다. 연구자들은 인식자들에 대한 피드백 훈련 이후에 이들의 공감적 추론에 유의미한 촉진적 효과가 뚜렷하게 나타난다는 것을 발견하였다(Marangoni et al., 1995).

Barone과 그의 동료들(2005)은 Marangoni의 연구를 출발 지점으로 삼아, 임상심리학 교육과정에서 서로 다른 수업에 등록한 대학원생의 절반에게는 피드백 훈련과 유사한 형태를 제공하였다. 피드백 조건의 학생들은 학기 전체 중에서 서로 상이한 지점에서 피드백 훈련을 받았으며, 반면에 통제(비피드백) 집단의 학생들에게는 이러한 피드백 훈련이 제공되지 않았다. 초기 연구와 마찬가지로 피드백 조건의 학생들은 통제집단 학생들보다 뚜렷하게 높은 공감 정확도를 보였다. 다만, 이러한 효과는 사고보다는 감정에 대한 추론에서만 나타났다는 한계가 있었다.

이와 같은 두 연구의 결과를 요약해 보자면, 표준 자극 방법에서의 피드백 훈련은 치료자들의 공감을 증진하는 데 효과적인 방법이 될 수 있음을 시사한다. 그러나 치료자의 공감이 향상된다는 것이 치료적 성과가 나아진다는 것을 의미하는지는 검증해 봐야 할 문제이다.

자폐증

마음이론의 틀에서, Baron-Cohen과 그의 동료들(예. Baron-Cohen, 1995, 2003; Baron-Cohen et al., 2001)은 공감 정확도와 자폐 간의 강력한 관련성을 설정해 왔다. 이들은 심각한 자폐는 다른 사람의 생각과 감정을 정확하게 추론하거나 심지어는 인식하는 능력의 결핍을 의미하는 **마음맹**의 특징이 있다고 주장한다. 최근의 연구에서 Baron-Cohen(2003)은 남성은 평균적으로 여성보다 자폐적인 성향이 있으며 공감 정확도가 떨어진다고 주장하였다.

자폐와 공감 능력의 관계에 대한 Baron-Cohen의 주장과 관련하여, Roeyers와 그의 동료들(2001)은 표준 자극 방법을 사용한 연구를 수행하면서 아스퍼거 증후군을 보이는 19명의 성인 표본에서 공감 정확도가 손상되었다는 증거를 발견하였다. 이 연구 결과는 멍에-피험자 설계에서 아스퍼거 증후군 성인 피험자들과 동일한 IQ점수를 대응한 19명의 정상 성인으로 통제집단을 구성하였기 때문에 특히 주목할 만하다.

성별과 공감 능력 간의 관련성에 관한 Baron-Cohen의 주장은 진지한 검증 작업이 필요한 것으로 보인다. 흥미롭게도 이러한 주장은 공감 정확도 관련 연구와는 무관하게 이루어진 것으로 보인다. 특히 이 연구에 참여한 대부분의 정상적인 대학생 표본 참가자들에서는 공감 **능력**의 성차에 관한 신뢰할 만한 명확한 증거가 밝혀지지 않았다(Ickes, Gesn, & Graham, 2000). 그러나 눈에 띌 정도로 자폐 경향이 뚜렷하거나 자폐로 진단이 내려질 정도로 충분히 심각한 상황에서 자폐환자들은 여성보다는 남성일 가능성이 훨씬 높으며, 특히 자폐의 성비는 여성 1인당 4~5명의 남성으로 성별 차이는 의심의 여지가 없다(Baron-Cohen, 1995).

경계선 성격장애

경계선 성격장애(borderline personality disorder: BPD) 환자 치료와 관련하여, Flury, Ickes, Schweinle(2008)의 연구 결과는 임상 현장가들이 오랫동안 의문을 가졌던 문제, 즉 언뜻 보기에 BPD 환자들은 다른 사람의 생각과 감정을 추론하는 능력들이 평균 이상이라는 점을 확증하는 것처럼 보인다. 이 연구에서는 한 명의 BPD 증상 수치가 높고, 다른 한 명은 낮은 동성 쌍을 고안하였다. 비록 BPD 점수가 높은 집단원이 낮은 점수를 받은 집단원의 사고와 감정을 읽는 정확도가 높지만, 이러한 효과는 연구자들이 쌍 내 집단원이 보고한 사고와 감정 추론의 난이도 편차를 통제할 때는 더 이상 유의하지 않았다.

연구자들은 이러한 유형의 연구 결과를 통해 경계선 성격장애의 증상을 보이는 사람들은 증상이 없는 사람들보다 평균적으로 공감 정확도가 더 높은 것은 아니라고 결론지었다. 즉 BPD가 없는 상호작용 상대방에 비해 BPD 증상 환자들이 보고하는 사고와 감정은 보편적이지 않고 "읽어 내기"가 매우 어렵기 때문에 BPD 환자는 대화 상대인 정상인보다 공감에서는 우위를 차지한다는 것이다.

이 연구 결과가 치료자들에게 시사하는 바는 치료자들이 BPD 환자의 생각과 감정을 정확하게 추론할 수 있다고 추정하지 않도록 유의해야 한다는 점이다. 대신에, 치료자들은 경계선 성격장애 환자들에게 이들의 사고와 감정의 내용에 대하여 설득적으로 그리고 부단히 질문해야 하며, 이러한 것들은 놀람의 반복과 예상 밖의 통찰을 제공할 것으로 보인다. 진실로 DSM 미래판에 비전형적이며 추론하기 어려운 사고와 감정을 BPD의 주요 특징으로 포함하는 것이 BPD의 새로이 확인된 내용들을 확산하는 데 도움이 될 것으로 보인다.

학대 남편의 공감 정확도

최근에 연구자들은 공감 정확도 연구 방법을 학대 남편의 심리를 연구하는 데 활용하고 있다. 이러한 연구 가운데 첫 번째로, Schweinle, Ickes, Bernstein(2002)은 아내를 학대하는 남성들은 비학대 남성들보다 여성들이 남편에 대해 비판적이고 거부적인 사고와 감정을 품고 있다고 추정하는 경향이 높다는 점을 밝혀냈다. 표준 자극 영상에 나타난 세 명의 여성 내담자의 사고와 감정을 추론하는 과제가 주어졌을 때, 학대 남성들은 실제로 발생한 것보다 유의미하게 훨씬 자주 비난과 거부를 "보았다."

후속 연구에서도, Schweinle과 Ickes(2007)는 반복 연구를 통해 학대 남편들은 여성이 실제로 반감이나 거부감을 품고 있지 않을 때에도 여성들은 상대방 남성 배우자에 대하여 비판적이고 거부적인 생각과 감정을 가지고 있다고 추론하는 편향이 있음을 밝혀냈다. 더불어, 이들은 학대 남편들이 다음의 두 가지 독립적인 기제를 통해서 여성에 대한 편향된 인식 방식을 유지할 수 있다고 밝혀냈다: (1)여성에 대하여 경멸하는 반응 방식으로서의 정서적 역감염(countercontagion), (2)여성이 자신의 실제 생각과 감정을 표현하고자 하는 시도를 "무시"하는 방식으로서의 주의 분리(attentional disengagement). 본질적으로, 학대 남편들은 이미 여성의 생각과 감정은 비판적이고 거부적이라는 선입견을 가지고 있고, 따라서 학대 남편들은 경멸감을 통해서나, 여성이 실제로 생각하거나 느끼는 것을 드러낼 수 있는 단서를 무시함으로써 이러한 편향된 선입견을 유지할 수 있을 정도로 공격적으로 행동한다.

이러한 일련의 연구의 최신판에서, Clements와 그의 동료들(2007)은 폭력적인 남편들은 비공격적이거나 또는 심리적인 문제가 덜한 남편들보다 아내에 대한 공감 정확도가 유의미하게 낮다는 점을 밝혀냈다. 또한 다른 대상과의 비교 자료에서도 폭력적인 남편들의 공감 정확도 수준은 유례없이 낮은 것으로 나타났다. 첫째, 이들의 아내에 대한 공감 정확도는 낯선 여성에 대한 공감 수준보다 상대적으로 낮았다. 둘째, 폭력 남편의 자기 아내에 대한 공감 정확도는 객관적인 남성 관찰자들이 폭력 남편의 아내를 관찰할 때 보이는 공감 정확도보다도 낮은 것으로 나타났다. 셋째, 폭력 남편의 아내에 대한 공감 정확도는 폭력 남편의 아내가 남편의 생각과 감정을 추론할 때 보이는 공감 정확도에 비해서도 낮은 것으로 나타났다. 이러한 자료 패턴은 폭력 남편들은 자기 아내의 생각과 감정에 특정하여 공감적 결핍이 있음을 드러낸다. 이전의 두 연구와 마찬가지로 이러한 결과는 학대 남편들이 관계 내에서의 통제를 유지하는 방식으로 자기 아내의 사고와 감정의 이해를 **회피**하고자 동기화되었음을 시사한다.

인지심리학

　　개념적으로 유사한 두 개의 연구를 통해, Gesn과 Ickes(1999)와 Hall과 Schmid Mast(2007)는 서로 다른 정보 경로가 인식자들의 공감 정확도에 미치는 상대적인 기여도를 탐색하였다. 두 연구에서 인식자들은 표준 자극 영상에 나타난 목표 대상자의 사고와 감정에 대하여 추론하였다. 그러나 영상은 특정 정보 경로(예. 언어, 유사언어 단서, 시각 정보)를 제거하기 위하여 상황마다 변형되었으며, 이를 통하여 연구자들은 특정 정보 경로의 손실이 인식자의 공감 정확도를 얼마나 손상시키는지 밝혀내고자 하였다.

　　두 연구 모두에서 참가자들이 첫 번째 영상을 검토했을 때와 비교하여, (1)언어 정보(단어 그 자체)의 손실은 공감 정확도를 심각하게 손상시켰고, (2)유사언어 단서의 손실은 보다 완만한 정도의 영향을 미쳤고, (3)시각 정보의 손실은 놀랄 정도로 미미한 영향을 미쳤다. 이러한 연구 결과는 후속 연구에 다음과 같은 시사점을 제시한다. 즉, 다른 사람들이 사용하는 특정한 단어들을 통해 그리고 말할 때 이러한 단어들을 결합하고 배열하는 방식을 통해 인식자들이 어떻게 다른 사람의 감정과 사고의 내용을 추론하는지를 밝혀야 할 필요가 있다.

발달심리학

공감 정확도는 아동과 청소년 발달의 맥락에서도 연구되어 왔지만 현재 까지는 다음의 단지 두 개의 선구적인 연구만이 수행되었다.

어머니의 공감 정확도와 아동의 자존감

Crosby(2002)는 어머니-자녀의 대화를 녹화하였는데, 대화 과정에서 어머 니와 자녀(9~11세)는 여행 계획, 구매하기, 반려동물 고르기 등과 같은 의사결 정에 대하여 토의하였다. 대화하는 중 자녀들의 실제 생각과 감정에 관한 자 료를 얻은 후에, Crosby는 어머니에게 대화 녹화 영상을 검토하면서 자녀의 생각과 감정을 유추하도록 요청하였다. 연구자는 가장 정확하게 공감하는 어 머니의 자녀가 가장 긍정적인 자기개념을 가지고 있다는 점을 발견하였다. 또 한 Crossby는 이혼 부부간 공동 보호 처분으로 인해 자녀와 별거를 경험한 어 머니의 공감적 정확도가 그렇지 않은 어머니보다 유의미하게 낮았다는 흥미로 운 결과를 추가적으로 발견하였다.

Crosby의 발견은 상관 연구로서 인과관계를 제시하지는 않는다. 그럼에 도 불구하고, 이들의 연구 결과는 공감 정확도가 모자관계에서 중요한 역할을 한다는 점을 시사하는 첫 번째 연구이다. 공감 정확도가 높은 어머니가 그렇 지 않은 어머니에 비해 자녀의 자존감에 기여하는 바가 크다고 주장하는 것은 너무 이른 감이 있지만, 이러한 결과들은 그러한 가능성을 암시하고 있다. 이 러한 선구적인 연구는 다른 연구자들이 Crosby 연구를 재수행하여 이 연구의 의미를 보다 명확하게 밝힐 수 있도록 촉진할 것이다.

또래관계에서의 공감 정확도와 청소년의 적응

Gleason, Jensen-Campbell, Ickes(2007)는 청소년의 공감 정확도가 이들 의 또래관계 질과 개인 적응과 관련 있는지에 관한 연구를 수행하였다. 참가 자들은 116명의 청소년(15~18학년)들이었다. 학교에서는 이들에게 또래관계의 질과 개인 적응을 측정하는 검사를 실시하였다. 연구실에서는 이들의 전반적인 공감 정확도를 다른 아동들과 성인 교사 간의 상호작용에서 발췌한 표준 자극 영상을 활용하여 측정하였다. 또한 이 자료들에 추가하여 청소년 참여자들의 부모와 교사들은 아동의 적응에 대한 독립적인 평가 자료를 제공하였다. 이를 통해 아동들의 자기보고 설문지에서 나타날 수 있는 편향을 반박할 수 있도록 하였다.

이 연구의 결과는 몇 가지 흥미로운 점들을 밝혀냈다. 첫째, 공감 정확도가 낮은 아동들은 급우들에게 따돌림 희생양의 표적이 될 가능성이 높았다. 둘째, 공감 정확도가 낮은 아동들은 불행감과 우울과 같은 내면화 문제의 어려움을 겪을 가능성이 높았다. 셋째, 낮은 공감 정확도가 이러한 내면화 문제에 대해 미치는 부정적인 영향은 또래관계의 질이 좋은 아동에 대해서는 완화되었다. 넷째, 이와 유사하게, 부실한 또래관계가 개인 적응에 미치는 부정적인 영향은 공감 정확도가 높은 아동에 대해서는 완화되었다. 요컨대, 이러한 발견은 공감 정확도가 아동 및 청소년의 개인적 및 사회적 적응에 직접적 효과뿐만 아니라 조절 역할을 한다는 점을 밝혀냈다.

사회심리학

사회심리학자들은 배우자 간 공감 정확도가 어떻게 발달하는지, 여성의 직감에 관한 고정관념의 타당성, 공감 정확도가 친밀한 관계의 기능에 어떻게 영향을 미치는지에 대한 연구를 수행하였다.

아는 사람 효과(acquaintanceship effect)

비구조화된 양자 상호작용 방법을 활용한 두 개의 연구에서, Stinson과 Ickes(1992)와 Graham(1994)은 동성 친구의 공감 정확도가 동성 낯선 사람보다 50% 정도 높았으며, 이는 두 연구 모두에서 유의미한 차이가 있는 것으로 나타났다. 두 연구의 자료는 친구 간에 공감이 더 잘되는 이유는 친구 서로 간에 성격이 더 유사하거나 또는 서로 간에 상호작용 교류가 많기 때문이라기보다는 서로에 대해 이전에 공유하는 지식이 이미 많이 축적되었기 때문이라는 것을 말해 주고 있다.

이러한 연구를 보완하면서 Marangoni 등(1995)은 목표 대상자가 기꺼이 노출하고자 하는 상황에서는 유의미한 "아는 사람 효과"가 매우 빠르게 발달할 수 있다는 점을 발견하였다. 이 연구에서 참가자들은 심리치료 회기의 영상 자료를 검토하였는데, 상담 회기에서 세 명의 서로 다른 여성 내담자들은 동일한 남성 치료자와 상호작용하고 있었다. 참가자가 각 치료 회기의 초반에 수행한 공감적 추론의 정확도는 각 회기 말의 추론 정확도와 비교되었으며, 전반적으로 강력한 아는 사람 효과가 나타났다.

이 효과는 어느 정도는 타당한 것 같다. 세 명의 여자 내담자 중 한 사람은 치료자와 토의했던 문제에 대하여 매우 양가적인 감정을 가지고 있었기 때문에 그녀의 생각과 감정을 "해독"하기가 매우 어려웠다. 아는 사람 효과가 나머지 두 내담자에게 매우 뚜렷했지만, 이 양가적이고 해독하기 쉽지 않은 내담자에게는 아는 사람 효과가 미약하고 무의미하였다.

이 효과의 다른 타당성은 Gesn(1995)과 Thomas, Fletcher, Lange(1997)에 의해 보고되었다. Gesn(1995)은 아는 사람 효과가 두 사람 간에 알고 지내는 기간보다는 그 기간 동안 서로 간의 친밀도에 달려 있다는 점을 밝혀냈다. 또한 Thomas, Fletcher, Lange(1997)는 더욱 놀라운 결과를 보고하였는데, 결혼한 지 1~2년 후에 부부간의 공감 정확도는 지속해서 증가하지 않고 오히려 유의미하게 **감소**한다는 것이다. 이러한 감소 현상은 남편과 아내 각자가 자기 자신의 관심사에 몰두할 정도로 각자의 관심사가 분산되고 상대방과 "동시에 함께하기"가 더 어렵다는 것을 깨닫게 될 때 발생한다고 연구자들은 제안하였다.

공감 정확도의 성차: 진실 또는 신화

널리 유지되고 있는 사회적 고정관념은 "여성의 직관"이 그들을 남성보다 타인의 마음 읽기를 더 잘하게 한다고 추정하지만, 이 고정관념은 진실을 반영하는 것일까? 아니면 이는 단순히 신화를 널리 유포하는 것일까? Ickes, Gesn, Graham(2000)이 수행한 메타분석 연구의 결과는 이러한 쟁점을 해결하는 데 도움이 된다. 연구 결과에 따르면, 정상적으로 발달한 사람들 중에서는 평균적으로 여성이 남성들보다 공감 능력이 더 많은 것은 아닌 것 같다. 그러나 여성이 남성보다 공감적인 것 같다는 상황 단서를 여성에게 상기시켰을 때, 여성은 종종 (공감 능력 자체 때문이 아니라) 더 잘 공감해야 한다는 **동기** 때문에 공감 정확도 과제가 주어졌을 때 남성들보다 더 잘 수행하게 될 것이다. 더나아가, Klein과 Hodges(2001)는 실험자가 남성 피험자에게 더 정확하게 공감하라고 대가를 지불하여 남성들의 동기를 충분히 진작시켰을 때는 이러한 동기에 기반한 성차는 제거될 수 있다고 시사하였다.

물론 공감 반응의 다른 측면에서는 신뢰할 만한 성차가 존재한다. 그러나 공감 정확도와 관련하여 성차는 법칙이라기보다는 예외 사항인 것 같다. 또한 성차는 능력보다는 동기에 기반하는 것 같다.

친밀한 관계에서의 공감 정확도

친밀한 관계에서 공감의 역할은 연구자들의 주요한 관심 주제이며, 이 주제에 대한 급성장하는 많은 문헌들을 검토하는 것이 지면상의 제한점 때문에 어려울 정도로 수많은 연구들이 생산되고 있다. 공감 정확도 모형에 관해서는 Jeffry Simpson과 나의 연구(Ickes & Simpson, 1997, 2001)를 검토하는 것부터 시작해도 좋겠다. 이 모형과 가장 관련된 연구들로는 Ickes, Dugosh, Simpson, Wilson(2003), Simpson, Ickes, Blackston(1995), Simpson, Ickes, Grich(1999), Simpson, Oriña, Ickes(2003) 등이 있다.

생리심리학

Levenson과 Ruef(1992)는 31명의 인식자들에게 두 개의 서로 다른 토론 영상 장면에 등장하는 남편과 아내의 감정 상태 변화를 추론하라고 요청하였다. 이 토론 영상을 보기 전에, 각 인식자들은 영상 자료상의 부부들에게 설치한 것과 동일한 생리 기록 장치가 연결되어 있었다(이러한 장치의 결과를 통해 연구자들은 인식자들이 두 토론 영상 장면 각각에서 지정된 배우자의 연속적인 감정 상태를 추론하려고 할 때 발생하는 생리 변화를 추적하는 것이 가능하다). 부부가 했던 것과 똑같이 인식자들은 각 토론 과정 내내 조이스틱 조종기를 사용하여 목표 배우자의 감정 상태의 긍정성 또는 부정성 추론을 연속적으로 기록하였다.

복잡한 통계분석을 사용하여, Levenson과 Ruef는 인식자와 목표 배우자 간의 생리적 동일성 수준과 목표 배우자의 변화하는 감정 상태 추론에 대한 인식자의 정확도 수준 간 상관관계를 분석할 수 있었다. 연구 결과, 생리적 관련성 정도는 목표 대상자의 **부정적** 정서 추론의 정확도와는 상관관계가 매우 높았으나, 목표 대상자의 **긍정적** 정서 추론의 정확도와는 단지 경미한 수준의 상관관계가 있는 것으로 나타났다. 이러한 결과는 생리 측정과 공감 측정을 연결하고자 하는 최근의 관심 증가를 위한 발판을 마련하였다.

공감 정확도 연구의 매력과 통합적 잠재력

임상, 인지, 발달, 사회, 생리 심리학과 같이 다양한 영역에 걸쳐 나타나는 공감 정확도 연구의 매력과 통합적 잠재력을 무엇으로 설명할 수 있는가? 나는 적어도 네 가지 이유가 있다고 생각한다: (1)자기보고 변인보다는 수행변인으로서의 공감 정확도 측정, (2)공감 정확도 연구에서 개발된 세 가지 연구 방법이 제공하는 연구 설계의 유연성, (3)공감 정확도의 신뢰도와 타당성을 지지하는 많은 증거, (4)공감 정확도 구인 자체의 "이론적 중립성"이 그것이다.

수행 대 자기보고

공감 연구에 적용해 왔던 대부분의 개인차 척도와는 달리, 공감 정확도 척도는 수행기반 척도이다. 사람들이 자신의 공감 능력에 대해 자기보고한 신념을 측정하는 대신에, 우리의 측정 도구는 실제로 어떻게 사람들이 타인의 생각과 감정의 특정한 내용을 잘 추론할 수 있는지를 평가한다. 이러한 차이점은 매우 중요한데, 입수 가능한 연구 자료에 따르면, 공감과 관련된 성향의 자기 보고 수치는 (1)공감 정확도의 수행 측정치와는 일반적으로 관련되지 않으며 (Davis & Kraus, 1997; Ickes, 2003, 7장), (2)공감 정확도 측정만큼이나 중요한 삶의 성과 측정을 더 잘 예언하지도 않는 것 같다(Gleason, Jensen-Campbell, & Ickes, 2007). 공감 정확도 연구는 타인의 마음을 해독하는 능력에 관한 자기 자신의 인식보다는 실제 능력을 더 잘 포착해 내는 장점이 있다.

유연성

앞서 살펴본 바와 같이, 공감 정확도에 관한 연구 자료들은 나와 동료들이 개발한 비구조화 양자 상호작용 방법, 표준 자극 방법, 표준 면담 방법 등 세 가지 연구 방법 중 하나를 사용하여 수집할 수 있다. 이 세 가지 방법 중 첫 번째는 특히 자연적으로 발생하는 상호작용에 대한 관찰 연구에서 사용하기에 유용하며, 두 번째는 서로 다른 영상 자극을 서로 다른 실험 상황에서 사용하는 실험 연구에서 유용하고, 세 번째는 서로 다른 인식자가 목표 대상자의 면담 반응을 얼마나 추측할 수 있는지를 비교하는 연구에서 유용하다. 비록 이들 세 가지 방법은 다른 연구자들에 의해 보완되어야 한다는 것은 의미할 여지가 없지만, 이들은 심리학 분야에서 종사하는 연구자들에게 연구 설계상의 풍부한 유연성을 제공한다.

신뢰도와 타당도

현재 수많은 연구 증거들은 공감 정확도 측정의 신뢰도와 타당도를 검증하고 있다(이에 대한 리뷰 연구는 Ickes(2003)을 참조). 표준 자극 방법에서의 측정은 평정자 간, 문항 간, 그리고 목표 대상자 간 신뢰도가 검증되었다(Ickes, 2001; Marangoni et al., 1995; Gesn & Ickes, 1999; Schmid Mast & Ickes, 2007). 그리고 앞서 논의한 다양한 연구 분야로 확장된 일련의 연구물에서 공감 정확도 측정의 타당도에 관한 축적된 증거들은 인상적이다. 따라서 측정의 학제 간 매력의 또 다른 이유는 신뢰도와 구성 타당도에 관한 강력한 증거이다.

이론 중립성

공감 정확도의 폭넓은 매력과 통합적 잠재력은 공감 정확도 구인의 "이론 중립성"에서도 파생된다. 조망수용이나 정서지능 측정은 공감이 어떻게 "작동하는지"에 관한 이론적 가정을 필요로 하지만(예. 타인의 관점을 수용함으로써 공감이 작동하는지; 정서지능과 같이 사전 특정 형식의 적용을 통해 공감이 작동하는지), 이와는 달리 공감 정확도 측정은 인식자의 공감 정확도의 토대를 이루는 과정에 대한 어떠한 사전 전제를 하지 않는다. 대신에 우리는 다소 변형된 영상 신호 과정을 사용하여 공감 정확도를 직접 측정하고 이 측정치를 다양한 과정 및 성과 변인과 경험적으로 연결한다. 이러한 연구 전략은 우리로 하여금 일상의 마음 읽기에 대한 귀납적 통찰을 얻을 수 있도록 한다(Ickes, 2003).

명백히 연구자들은 공감에 대한 특정한 과정 관점에 대하여 그들이 의혹을 품을 법한 암묵적인, 연역적 투입이 필요치 않다. 그들이 연구하는 현상이 예를 들어 조망수용이든 정서지능이든 마음이론이든 어떤 것에 근거한다는 특정한 이론에 내기를 거는 대신에, 연구자들은 단지 공감 정확도를 측정하고 그 결과 자료가 공감이라는 이 특별한 능력에 근거하는 과정에 대해 그들에게 알려 주도록 허용하기만 하면 된다.

결론

공감 정확도 연구가 처음 소개된 이후로 대략 이십 년 동안 이 분야에서 연구자들이 개발한 세 가지 연구 방법은 현재 공감 연구에 관심이 집중되고 있는 임상, 인지, 발달, 사회, 생리 심리학 등 모든 주요 분야에서의 연구자들에 의해 채택 및 적용되어 성공적으로 응용되고 있다. 전체적으로 이러한 작업의 결과는 인상적이다. 무엇이 공감 정확도 연구의 폭넓은 매력과 통합적 잠재력을 설명하는가? 나는 이에 관하여 다음의 네 가지 이유를 제시하였다.

(1)자기보고식 변인이 아닌 수행변인으로서 공감 정확도 측정, (2)공감 정확도 연구를 위해 개발되어 온 세 가지 연구 방법에 의해 제공된 설계의 유연성, (3)공감 정확도 측정의 신뢰도와 타당도를 지지하는 풍부한 증거, (4)공감 정확도 구인의 이론 중립적 속성이 그것이다.

참고문헌

Baron-Cohen, S. (1995). *Mindblindness: An essay on autism and theory of mind.* Cambridge, MA: MIT Press.

Baron-Cohen, S. (2003). *The essential difference: The truth about the male and female brain.* New York: Basic Books.

Baron-Cohen, S., Wheelwright, S., Skinner, R., Martin, J., & Clubley, E. (2001). The Autism-Spectrum Quotient (AQ): Evidence from Asperger syndrome/high-functioning autism, males and females, scientists and mathematicians. *Journal of Autism and Communication Disorders, 31,* 5-17.

Barone, D. F., Hutchings, P. S., Kimmel, H. J., Traub, H. L., Cooper, J. T., & Marshall, C. M. (2005). Increasing empathic accuracy through practice and feedback in a clinical interviewing course. *Journal of Social and Clinical Psychology, 24,* 156-171.

Clements, K., Holtzworth-Munroe, A., Schweinle, W., & Ickes, W. (2007). Empathic accuracy of intimate partners in violent versus nonviolent relationships. *Personal Relationships, 14,* 369-388.

Crosby, L. (2002). *The relation of maternal empathic accuracy to the development of self concept.* Unpublished doctoral thesis, Fielding Institute, Santa Barbara, CA.

Davis, M. H., & Kraus, L. (1997). Personality and empathic accuracy. In W. Ickes (Ed.), *Empathic accuracy* (pp. 144-168). New York: Guilford Press.

Dugosh, J. W. (2001). *Effects of relationship threat and ambiguity on empathic accuracy in dating couples.* Unpublished doctoral thesis, University of Texas at Arlington.

Flury, J. M., Ickes, W., & Schweinle, W. (2008). The borderline empathy effect: Do high BPD individuals have greater empathic ability? Or are they just more diffi cult to "read"? *Journal of Research in Personality, 42*, 312‒322.

Gesn, P. R. (1995). *Shared knowledge between same‒sex friends: Measurement and validation.* Unpublished master's thesis, University of Texas at Arlington.

Gesn, P. R., & Ickes, W. (1999). The development of meaning contexts for empathic accuracy: Channel and sequence effects. *Journal of Personality and Social Psychology, 77*, 746‒761.

Gleason, K. A., Jensen‒Campbell, L., & Ickes, W. (2007). *The role of empathic accuracy in adolescents' peer relations and adjustment.* Manuscript under editorial review.

Graham, T. (1994). *Gender, relationship, and target differences in empathic accuracy.* Unpublished master's thesis, University of Texas at Arlington.

Hall, J. A., & Schmid Mast, M. (2007). *Sources of accuracy in the empathic accuracy paradigm.* Manuscript under editorial review.

Ickes, W. (1993). Empathic accuracy. *Journal of Personality, 61*, 587‒610.

Ickes, W. (2001). Measuring empathic accuracy. In J. A. Hall & F. J. Bernieri (Eds.), *Interpersonal sensitivity: Theory and measurement* (pp. 219‒241). Mahwah, NJ: Erlbaum.

Ickes, W. (2003). *Everyday mind reading: Understanding what other people think and feel.* Amherst, NY: Prometheus Books.

Ickes, W. (Ed.). (1997). *Empathic accuracy.* New York: Guilford Press.

Ickes, W., Buysse, A., Pham, H., Rivers, K., Erickson, J. R., Hancock, M., Kelleher, J., & Gesn, P. R. (2000). On the difficulty of distinguishing "good" and "poor" perceivers: A social relations analysis of empathic accuracy data.

Personal Relationships, 7, 219-234.

Ickes, W., Dugosh, J. W., Simpson, J. A., & Wilson, C. L. (2003). Suspicious minds: The motive to acquire relationship-threatening information. *Personal Relationships*, *10*, 131-148.

Ickes, W., Gesn, P. R., & Graham, T. (2000). Gender differences in empathic accuracy: Differential ability or differential motivation? *Personal Relationships*, 7, 95-109.

Ickes, W., & Simpson, J. A. (1997). Managing empathic accuracy in close relationships. In W. Ickes (Ed.), *Empathic accuracy* (pp. 218-250). New York: Guilford Press.

Ickes, W., & Simpson, J. A. (2001). Motivational aspects of empathic accuracy. In G. J. O. Fletcher & M. S. Clark (Eds.), *Interpersonal processes: Blackwell handbook in social psychology* (pp. 229-249). Oxford: Blackwell.

Klein, K. J. K., & Hodges, S. (2001). Gender differences, motivation, and empathic accuracy: When it pays to understand. *Personality and Social Psychology Bulletin*, *27*, 720-730.

Levenson, R. W., & Ruef, A. M. (1992). Empathy: A physiological substrate. *Journal of Personality and Social Psychology*, *63*, 234-246.

Marangoni, C., Garcia, S., Ickes, W., & Teng, G. (1995). Empathic accuracy in a clinically relevant setting. *Journal of Personality and Social Psychology*, *68*, 854-869.

Roeyers, H., Buysse, A., Ponnet, K., & Pichal, B. (2001). Advancing advanced mind-reading tests: Empathic accuracy in adults with a pervasive developmental disorder. *Journal of Child Psychology and Psychiatry*, *42*, 271-278.

Rogers, C. R. (1957). The necessary and suffi cient conditions of therapeutic personality change. *Journal of Consulting Psychology*, *21*, 95-103.

Schmid Mast, M. S., & Ickes, W. (2007). Empathic accuracy: Measurement and potential clinical applications. In T. F. D. Farrow and P. W. R. Woodruff (Eds.), *Empathy and mental illness and health* (pp. 408-427). Cambridge: Cambridge University Press.

Schweinle, W. E., & Ickes, W. (2007). The role of men's critical/rejecting overattribution bias, affect, and attentional disengagement in marital aggression. *Journal of Social and Clinical Psychology, 26,* 173-198.

Schweinle, W. E., Ickes, W., & Bernstein, I. H. (2002). Empathic inaccuracy in husband to wife aggression: The overattribution bias. *Personal Relationships, 9,* 141-158.

Simpson, J., Ickes, W., & Blackstone, T. (1995). When the head protects the heart: Empathic accuracy in dating relationships. *Journal of Personality and Social Psychology, 69,* 629-641.

Simpson, J. A., Ickes, W., & Grich, J. (1999). When accuracy hurts: Reactions of anxious-uncertain individuals to a relationship-threatening situation. *Journal of Personality and Social Psychology, 76,* 754-769.

Simpson, J. A., Oriña, M. M., & Ickes, W. (2003). When accuracy hurts, and when it helps: A test of the empathic accuracy model in marital interactions. *Journal of Personality and Social Psychology, 85,* 881-893.

Stinson, L., & Ickes, W. (1992). Empathic accuracy in the interactions of male friends versus male strangers. *Journal of Personality and Social Psychology, 62,* 787-797.

Stone, V. E. (2006). Theory of mind and the evolution of social intelligence. In J. T. Cacioppo, P. S. Visser, & C. L. Pickett (Eds.), *Social neuroscience: People thinking about thinking people* (pp. 103-129). Cambridge, MA: MIT Press.

Stone, V. E., & Gerans, P. (2006). What's domain-specific about theory of mind? *Social Neuroscience, 1* (3-4), 309-319.

Thomas, G., Fletcher, G. J. O., & Lange, C. (1997). Online empathic accuracy in marital interaction. *Journal of Personality and Social Psychology, 72*, 839–850.

Chapter 06

공감에 반응하기: 동정과 개인적 고통

Nancy Eisenberg & Natalie D. Eggum

공감은 인간이 아닌 일부 종에도 존재하는 것 같다(Preston & de Waal, 2002). 또한 괴로움에 처한 타인에게 도움을 주거나 위로하는 등 공감(empathy)이나 동정(sympathy) 반응의 증거는 빠른 경우 생후 2세의 아동에서도 발견된다(예. Zahn-Waxler, Radke-Yarrorw, & King, 1979; Eisenberg, Fabes, & Spinrad, 2006 참조). 학자들은 인지적 또는 귀인적으로 도출된 상향식 공감(예. Hauser, 2000)과 지각적 또는 감각적으로 도출된 하향식 공감(예. de Waal, 2004) 틀 내에서 다양한 수준의 인간과 동물의 공감 반응을 상정하였다. 연구에서 다뤄진 공감의 수준은 정서적 전염이나 감정적 공명과 같은 매우 기본적인 형태에서부터 인지적 조망수용과 같은 높은 수준의 형태(Preston & de Waal, 2002)에까지 이른다.

이번 장에서 우리는 공감 관련 반응에서 자기조절, 특히 의도적 통제에 반영된 자기조절의 역할에 관한 이론과 연구에 대하여 논할 것이다. 의도적 통제는 신경학적 기능과 연결되고, 따라서 공감 관련 반응에서 뇌의 역할에 대한 논의와 관련된다. 또한 고통과 그것의 조절은 공감의 신경학적 토대와 이론적으로 관련되기 때문에 이에 대한 연구도 논의할 것이다. 이러한 주제로 들어가기에 앞서, 몇 가지 정의와 개념적 쟁점들을 간략하게 논의할 것이다.

공감 관련 반응

공감의 정의는 완전히 인지적인 정의에서부터 정서적인 것에 이르기까지 수십 년에 걸쳐 상당히 변해 왔다. Eisenberg와 그의 동료들은 **공감**(*empathy*)을 다른 사람의 정서 상태나 조건 또는 다른 사람이 느끼고 있거나 느낄 것이라고 기대되는 것에 대한 파악이나 이해에서 발생하는 감정적 반응이라고 정의하였다(Eisenberg et al., 1991). Eisenberg의 관점에서 공감은 그 자신의 정서 상태와 다른 사람의 정서 상태의 차이에 대한 일정 수준의 알아차림뿐만 아니라 이 두 가지 상태에 대한 일정한 구별 능력을 요구한다(Eisenberg & Strayer, 1987).

Eisenberg는 공감이 어떤 최소 수준 이상이 되면 동정, 개인적 고통 또는 두 가지 모두로(아마도 교대하면서) 발달할 수 있다고 가정하였다. **동정**(*sympathy*)은 다른 사람의 정서적 상태 또는 조건에 대한 염려에서 비롯되는 정서 반응으로 타인의 상태나 조건 그 자체와 동일한 것은 아니지만, 타인에 대한 슬픔의 느낌이나 염려로 구성된다(Eisenberg et al., 1991). 다른 학자들은 종종 동정을 공감이라고 명명하기도 하고, 그러한 반응을 공감 정의에 포함하기도 했다(예. Batson, 1991; Hoffman, 2000). 반면에, **개인적 고통**(*personal distress*)은 자기중심적이며, 타인의 감정을 파악함으로써 나타나는 혐오적인 감정 반응으로, 타인의 고통이 아닌 자기 자신의 감정을 경감하려는 욕구와 관련된다(예. 불쾌감, 불안; Batson, 1991). Eisenberg 등(1991)은 동정과 개인적 고통은 모두 감정적 공감에서 직접적으로 발생할 뿐만 아니라 처음부터 조망수용이나 기억인출과 같이 순수히 인지적 과정으로부터 발생하고, 개인적 고통의 경우에는 아마도 죄책감으로부터 발생한다고 제안하였다. 동정과 개인적 고통은 친사회적 행동에서 서로 차별적으로 관련되며 이러한 반응은 서로 상이한 동기에 기인한다고 가정되었고, 이러한 것들은 또한 연구를 통해 밝혀졌다(Batson, 1991 참조; Eisenberg & Fabes, 1990; Eisenberg et al., 2006).

Eisenberg와 Fabes(1992)는 동정 경험과 개인적 고통에 대한 결정요인을 탐구하면서 타인의 부정적인 감정을 관찰함으로써 야기된 공감적 과잉각성은 자기초점(즉 개인적 고통)과 타인이 아닌 자기 자신의 부정적 각성을 경감하려는 욕구를 촉진한다고 제안하였다. 일반적으로 행위자가 고통을 야기한 사람과의 접촉을 피할 수 있을 때에 개인적 고통은 친사회적 행동과 부적 상관 또는 무상관을 보이지만 동정은 정적인 상관을 보인다(Batson, 1991; Eisenberg et al., 2006). 반면에, 최적 수준의 각성은 타인초점을 촉진하며 따라서 동정 및 친사회적 행동과 연관된다고 볼 수 있다. 공감을 잘 경험하지 못하는 사람들은 타인을 동정을 하는 데 어려움을 겪는 것 같다(실제로 사이코패스적 경향이 있다; 예. Blair, 1999). 반면에 공감을 잘 경험하는 사람은 적어도 완만한 수준의 대리적 정서를 잘 느끼고, 특히 이러한 사람들 중에서 자기조절이 잘 되는 사람들은 매우 동정적일 것이다(Eisenberg et al., 1996). 만약 한 개인의 정서적 반응이 매우 강렬한데 이것이 잘 조절되지 않는다면, 과잉각성을 경험하고 개인적 고통에 빠지기 쉬울 것이다. Eisenberg 등의 연구는 이러한 이론적 주장을 지지했다(Eisenberg et al., 2006; 리뷰 연구는 Eisenberg, Valiente, & Champion, 2004).

　　Eisenberg의 견해는 Decety 및 Jackson(2004)과 매우 유사한데, 이들은 공감에는 자기와 타인과의 감정적 공유, 자기-타인 알아차림, 정신적 유연성과 자기조절이라는 세 가지 기능적 구성요소가 있다고 주장하였다. 첫 번째 구성요소는 자기와 타인 간 공유 표상을 포함하며 자동적 인식과 행동 결합이나 정서 활성화에 의존한다. Decety와 Jackson은 감정적 공유의 신경 기초가 널리 분포되어 있다고 제안하였다. 두 번째 구성요소는 자기-타인 알아차림으로 자기와 타인은 비슷하되 분리되어 있음을 아는 것이며, 이는 우측 하위 두정피질(right inferior parietal cortex)과 전전두 영역과 관련된 것 같다. 세 번째 구성요소는 정신적 유연성과 자기조절로서, 조망수용에 의식적으로 관여하고, 조망수용을 하는 동시에 자기와 타인 간 뚜렷한 분리를 의식적으로 유지하도록 조력한다. 자기조절은 개인이 자기 자신의 관점을 억제하고 타인의 관점을 평가할 수 있도록 한다. 정신적 유연성과 자기조절은 관리 기능 및 감정 조절과 관련된 전전두엽 및 여타 영역과 관련되는 것으로 알려져 있다. Decety와 Jackson의 관점은 Eisenberg 등의 관점과 마찬가지로, 타인의 상태에 대한 이해와 같이 인지적 구성요소, 일정 정도 자기와 타인을 구별하는 준거, 공감의 정서적 구성요소, 그리고 공감 관련 반응에서 조절 과정의 중요성을 강조하였다.

그러나 Eisenberg 등의 관점과 Decety 등의 관점은 다음과 같은 차이점이 있다. 즉, Eisengerg와 그의 동료들은 공감에서 정서조절의 역할을 강조하지 않고 대신에 동정에서 정서조절이 매우 중요하다고 강조했다. 왜냐하면 정서 경험의 조절이 동정 반응에는 핵심적으로 중요하기 때문이다. 그러나 우리는 "다른 사람의 관점을 채택하는 정신적 유연성은 의도적이고 조절된 과정"이라는 측면에서 인지적 과정의 조절은 (동정에서와 마찬가지로) 공감에서도 필수적이라는 Decety와 Jackson(2004)의 견해에 진심으로 동의한다. 더욱이 Decety와 Jackson은 다음과 같이 주장하면서 대리적 정서의 조절이 필수적이라는 우리의 견해에도 명백히 동의하고 있다:

공감은 … 자기와 타인 간의 상호주관적인 교류를 관리하고 최적화하는 일정 수준의 정서적 조절을 필요로 한다. 진실로, 타인의 상태나 조건을 인식함으로써 발생하는 정서적 상태는 공감 경험의 조절과 통제를 필요로 한다. 이러한 통제가 없을 경우, 공유된 표상의 단순한 활성화는 관련된 자동적 신체적 반응을 포함하며, 정서 전염이나 정서적 고통으로 귀결될 수 있다(2004, p.87).

이러한 진술은 높은 수준의 대리적 정서 각성이 개인적 고통으로 변질되지 않도록 하는 데 조절이 필수적이라는 Eisenberg의 주장과 일치한다.

Decety와 Jackson(2004)은 Eisenberg와 마찬가지로, 단순한 정서전염과 공감을 구분하는 것 같다. 다른 연구자들은 종종 공감에 정서전염을 포함하지만 공감의 다양한 형태에서는 구분하는 것 같다. Pretson과 de Waal(2002)은 공감 구인에 정서전염을 포함하면서 공감 반응은 두 가지 경로로 처리되는 것 같다고 가정하였다. 피질하(subcortical) 경로는 빠르고 반사적이며 공감의 정서전염 형태를 아우르는 것으로 간주되며, 반면에 피질 경로는 보다 느리며 공감의 인지적 형태에 대응하는 것으로 보인다. 우리의 견해로는 첫 번째 경로는 정서전엽이나 아마도 자기-타인 구별의 최소 수준과 관련된 공감의 원시적인 형태로 귀결되는 것 같다. 반면에 두 번째 경로는 감정공유와는 반드시 관련이 있지는 않은 인지적 조망수용을 반영하는 것으로 보인다. 우리는 공감이란 정서적 요소와 일정 수준의 인지를 모두 포괄한다고 믿는다(Eisenberg, 2002; Gallese, Ferrari, & Umiltà, 2002 참조).

Decety와 Jackson(2004)은 공유 표상과 자기-타인 구분이 공감에서 의미 있는 역할을 수행한다는 견해에 관한 선행 문헌들을 매우 훌륭하게 검토한 바 있다. 이들은 또한 거울뉴런(Grèzes & Decety, 2001; Rizzolatti, Fogassi, & Gallese, 2001 참조), 자기 알아차림(예. Keenan, Gallup, & Falk, 2003), 주체성 감각(즉, 자기가 스스로 만들어 낸 행동과 타인이 만들어 낸 행동 간의 구분; Decety & Jackson, 2004) 등에 대한 연구를 포함하여 관련된 회로에 관한 신경과학 연구를 검토하였다. 또한 유아와 아동이 타인의 감정을 공유한다는 것을 보여 주는 문헌 연구도 있다(Decety & Jackson, 2004; Eisenberg et al., 2006). Decety와 Jackson(2004)은 또한 대리적으로 도출된 정서의 경험에 관한 신경학적 상관변인에 관한 연구들도 검토하였으며, 이들은 공유 표상에 관한 특정한 피질 영역은 없으며, 활성화의 형태는 특정 감정, 처리 영역, 축적된 정보 등에 따라 달라진다고 결론지었다. 우리는 이러한 연구물들을 검토하지는 않는다. 다만, 이하에서 우리는 공감 관련 반응과 관련된 조절 과정에 대해 초점을 둘 것이다.

의도적 자기조절 과정

심리학자들은 일반적으로 공감 관련 반응과 정서조절과의 관련성을 행동 수준이나 자기보고 수준에서 연구해 왔다. 초기의 연구 결과들은 조절 과정에 일부 실행통제(executive control) 기술이 포함되며 따라서 조절 과정은 공감 그리고/또는 동정(이들은 종종 구별되지 않는다)과 관련된다는 주장을 지지하였다.

발달심리학자들이 논의한 자기조절 과정에는 전형적으로 주의 할당의 자발적 통제, 행동 억제, 행동 활성화, 계획, 개인이 실수를 추적할 수 있는 정보의 통합 등이 포함된다. 이러한 능력에는 개인차가 존재하며, 아동기에 이러한 개인차는 체질에 근거한 기질 체계에 부분적으로 기인하는 것으로 보이며, 기질 체계는 유전적 기반을 가지고 있고 환경 요소의 영향을 받을 수도 있다 (Rothbart & Bates, 2006). 좀 더 나이 든 아동과 성인에게 나타나는 유사한 조절 과정은 절제나 성실성과 같은 일부 성격 구인이다. 아동의 기질에 관한 Rothbart의 모형에서 자기조절은 행동적 및 정서적 반응성을 조절하는 주요한 차원이다. 의도적 통제로 명명되는 기질의 자기조절적 측면은 실행주의 (executive attention)를 포함하며 Posner와 같은 신경과학자에 의해 연구되었다 (Posner & Rothbart, 2007 참조).

의도적 통제는 "실행주의의 효율성으로서 이는 지배적 반응을 억제하거나 하위 지배적인 반응을 활성화하고 계획하고 실수를 추적하는 능력 등을 포함한다"고 정의된다(Rothbart & Bates, 2006). Posner와 Rothbart(2007)에 따르면 의도적 통제는 전방주의체계(anterior attention system)를 포함하며 이는 전전두엽 중앙(mid-prefronatal cortex)과 연결되어, 전방대상회(anterior cingulate gyrus)를 포함한다(Posner & Rothbart 2000; Rothbart & Bates, 2006 참조). 이러한 관점과 일관되게, 성인들이 주의연계체계를 활성화하기 위해 지정된 행동과제를 수행할 때, 좌우 전두 영역과 같은 타 영역이 활성화되듯이, 전방대상회도 활성화된다(예. Fan et al., 2005). 더욱이 전전두 영역의 측면과 중앙의 활성화 증가는 성인의 부정적 감정 조절과 관련이 있다(Ochsner et al., 2002). 실행주의는 또한 도파민이 실행과정에 매우 깊이 관여되는 측배 및 기저핵(lateral ventral and basal ganglia) 구조의 영향을 받는다고 Posner와 Rothbart(2007)는 주장하였다. 실행주의와 관련된 과제 수행은 특히 도파민 관련 유전자와 같은 다양한 유전자와 연관되어 있다(예. DRD4; Fan et al., 2003 참조).

아동 관련 연구는 드물지만 Davis, Bruce, Gunnar(2002)는 전방 주의 체계를 탐구하기 위한 fMRI 연구에서 과제 수행이 충동성, 억제통제, 주의 초점 등 다른 행동 및 부모 보고 측정치와 관련이 있는지를 연구하였다. 연구 결과는 부분적으로 Posner와 Rothbart의 주장을 지지하였다. 즉, 6세 아동의 과제 수행은 부모가 보고하는 억제통제와 정적인 관계가 있었고, 부모 보고 충동성과는 부적인 관계가 있었다. 더불어, 신경심리학적 과제에 대한 반응시간 지수는 만족지연 행동과제 수행과 정적인 관계가 있었다. 반면, 정확성 지수는 외현화 행동문제와 부적인 관계가 있었다. 과제 수행은 또한 부모가 보고하는 긍정반응성(surgency)[1] 또는 외향성(충동성, 접근 경향 등을 반영하는 기질 요소)과 부적인 관계가 있었다.

　　많은 다른 연구에서, 아동의 의도적 통제 행동과 부모나 교사가 보고하는 아동의 기질적인 의도적 통제 간에는 상관관계가 있었다(예. Eisenberg, Smith, et al., 2004; Kochanska, Murray, & Harlan, 2000). 행동 측정과 설문 조사에서 의도적 통제가 높은 아동은 부정적 정서성과 문제 행동이 낮으며, 사회적 유능감은 높은 경향이 있는 것으로 나타났다(Eisenberg et al., 2000; Eisenberg, Hofer, & Vaughan, 2007). 예를 들어, 취학 전 아동의 의도적 주의 통제에 대한 성인의 평정은 기질적인 부정적 정서성 및 실제 생활 상황에서 부정적 정서에 대한 비건설적인 대응 반응과 부적인 관계가 있었다(예. Eisenberg et al., 1993; Eisenberg, Fabes, Nyman, et al., 1994). 이러한 평정은 또한 사회적으로 유능한 행동 및 수년 후 낮은 수준의 문제행동을 예언했다(예. Eisenberg, Fabes, et al., 1997). 즉 의도적 통제는 정서조절과 관련된 자기조절 과정을 자극하는 것으로 보이며 아동의 사회정서적 기능성의 다른 측면과 관련되었다.

의도적 통제, 자기조절, 공감 관련 반응

　　이미 앞서 논의한 바와 같이, Eisenberg와 동료들(예. Eisenberg, Fabes, Murphy, et al., 1994; Eisenberg et al., 1996)은 동정 대 개인적 고통을 경험하는 개인의 경향성은 개인의 행동 조절 능력에서의 기질 차이에 따라 달라진다고 주장하였다. 주의를 모으고 전환하는 능력을 통제할 수 있는 잘 조절된 사람들

---

1) 역자 주: 높은 수준의 긍정적인 감정 경향의 성격 특질(Blandon, Calkins, Leane, O'Brien, 2010).

은 정서적 각성의 최적 수준(정서적 힘을 가지고 있고 주의를 향상시키지만 혐오적이
지도 생리적으로 자극적이지 않을 정도로 자기초점을 촉진하는 수준)을 유지하기 위해
그들의 부정적 대리 정서를 조절할 수 있기 때문에 자신의 정서적 반응성에
관계없이 동정을 잘한다고 가정되었다. 반면에, 정서를 잘 조절하지 못하는 사
람들은 특히 기질적으로 강렬한 부정적 정서에 빠지기 쉬운 경우에는 기질적
으로 동정심이 낮고 따라서 개인적 고통에 빠지기 쉬울 것이라고 가정되었다.

    Eisenberg의 아이디어를 지지하자면, 개인적 고통은 동정보다 더 높은 수
준의 생리적 각성과 관련되는 것 같다(Eisenberg, Valiente, & Champion, 2004;
Eisenberg, Fabes, & Spinrad, 2006 리뷰 논문 참조, Eisenberg et al., 1996 참조). 또한 성
인들이 보고하는 아동의 의도적 통제에서의 개인차는 높은 동정이나 공감과는
관련성이 높으나 개인적 고통과는 관련성이 낮으며(예. Eisenberg et al., 1996;
Rothbart, Ahadi, & Hershey, 1994; Valiente et al., 2004), 이러한 연구 결과는 인도네
시아 연구에서 재확인되었다(Eisenberg, Liew, & Pidada, 2001). 초기 청소년의 경
우, 동정은 성실한 성격(자기조절을 촉진함; Del Barrio, Aluja, & García, 2004), 건설
적 대처방식(McWhirter et al., 2002), 자기보고된 자기조절 효능감(예. 고위험 행동,
술과 마약 사용, 절도, 기타 위반 행동에 참여하라는 또래 압력 견디기), 부정적 정서 관
리(Bandura et al., 2003)와 관련된다고 보고되었다.

    성인의 경우, 기질적인 개인적 고통(자기보고)은 낮은 수준의 조절(자기보고)
및 대처기술(친구보고)과 관련이 있는 것으로 나타났다. 비록 자기보고된 동정은
영차상관(zero-order correlation)에서 자기조절과는 관련성이 없지만, 일단 부정적
정서의 강렬함에서의 개인차 효과가 통제되면 동정은 자기조절과 유의미하게
정적인 관련성이 있었다(노인 연구에서의 유사 결과로는 Eisenberg, Fabes, Murphy, et
al., 1994; Okun, Shepard, & Eisenberg, 2000 참조). 노인 피험자 연구에서 자기보고된
의도적 통제는 동정과 정적인 관련성이 있고, 개인적 고통과는 부적으로 관련이
있었다(Eisenberg & Okun, 1996). 유사하게, 성인 지역사회 표본 연구에서
Spinella(2005)는 전전두엽 및 관련 피질하부구조와 관련된 자기보고된 행동적
기능장애(즉, 수행 기능의 손상)는 자기보고된 조망수용 및 동정과 부적인 상관이

있었으며, 수행 부적응과 개인적 고통은 정적인 상관이 있는 것으로 나타났다.

따라서 의도적 통제의 다양한 측정치와 (공감에 근거하는 것으로 보이는) 동정의 개인차에는 비교적 믿을 만한 연관성이 있는 것 같다. 반대로, 공감적 과잉각성은 높은 각성 및 낮은 의도적 통제와 관련이 있는 것으로 보인다. 의도적 통제와 다양한 신경심리학적 측정 간의 관련성을 고려해 보면, 자기조절과 관련된 신경학적 과정이 공감 관련 반응에 중요한 역할을 수행하는 것으로 보인다.

발달적 쟁점

유아들은 매우 제한된 의도적 통제(또는 실행주의) 능력을 가지고 있지만, 이 능력은 2세경에 약간 증가하다가 3세에 이르게 되면 현저하게 증가하고 (Kochanska, Murray, & Harlan, 2000; Rueda, Posner, & Rothbart, 2004) 이후에는 꾸준히 발달한다고 밝혀졌다(예. Brocki & Bohlin, 2004). 연구자들은 미성숙한 전전두엽 영역이 유아에게 흔히 발견되는 억제적 통제의 부족에 영향을 미치거나 또는 이의 원인이 될 수 있다는 가설을 세웠다(Kinsbourne, 2002). 억제모방과 다른 행동에 중요한 역할을 하는 전전두엽의 수초화는 청소년기까지 지속된다 (Fuster, 1997). 또한 아동이 자신의 정서뿐만 아니라 다른 사람의 내적 생각과 감정을 이해하는 능력은 아동기를 거치면서 극적으로 변화한다(Eisenberg, Murphy, & Shepard, 1997; Harris, 2006). 아동기와 청소년기 전반에 걸친 이러한 능력의 변화를 고려해 보면, 심상화할 수 있는 공감의 일부 신경 관련 요인들은 연령과 함께 변하는 것 같다. 예를 들어, 뇌의 서로 상이한 부분은 서로 다른 연령에서 차별적으로 공감과 관련되는 것으로 보인다. 이와 관련하여 억제적 통제 과제 수행에 관한 신경 관련 인자는 6세 아동과 성인에서 서로 다르다는 증거가 있다(Davis et al., 2003). 따라서 어린 피험자에게는 인지와 행동 조절과 관련된 신경 활동이 더 적을 뿐만 아니라, 신경 패턴 자체도 아예 다를지도 모른다. 추후에, 공감의 인지적 구성요소(정서와 그것에 발생하는 상황에 대한 이해, 조망수용)와 정서적 요소가 모두 다른 개인들에게 공감 관련 과제에서의 신경 기능을 탐색하는 것이 유용할 것이다.

고통, 공감, 조절, 애착

고통에 대한 공감은 지각-행동 틀 내에서 인기 있는 연구 주제인데, 이는 한 개인의 신경기질이 다른 사람의 움직임에 대한 지각이나 관찰된 경험에 의해 활성화된다고 전제하고, 공감 발달 연구에 대한 시사점을 제공할 수 있다. 예를 들어, Botvinick과 동료들(2005)은 MRI 여성 표본에서 고통 어린 얼굴 표정을 볼 때와 고통 경험을 할 때 활성화되는 뇌의 영역을 연구하였다. 이들은 고통을 직접적으로 경험하는 것과 관련된 뇌의 일부 영역이 고통스러운 얼굴 표정을 관찰할 때와 관련된 뇌의 영역(구체적으로는 등쪽 전방대상피질(dorsal anterior cingulate cortex)과 양측성 섬(bilateral insulae))과 겹친다는 점을 밝혀냈고, 이 영역들이 또한 다른 신체 및 감정 상태의 처리와도 관련되는 것으로 보았다. Botvinick과 동료들은 편도체와 안와전두피질(orbitofrotal cortex)은 고통스러운 얼굴 표정을 관찰할 때와 관련되지만 고통을 직접 경험하는 것과는 무관하다는 점에 주목하였다. 이들은 고통과 고통 표현 관찰은 뇌의 교차 영역을 활성화시키지만 완전히 똑같은 영역을 활성화하는 것은 아니라고 결론지었다(Botvinick et al., 2005). 다른 연구자들은 느껴지고 관찰된 고통에 대한 반응으로 전방대상피질과 전방섬의 활성화를 발견했으며, 이 활성화는 고통 자극의 감각적 속성보다는 동기적인 속성을 반영하는 것으로 해석하였다(예. Jackson, Meltzoff, & Decety, 2005; Singer & Frith, 2005 참조).

그러나 Avenanti와 동료들(2005)은 관찰 대상의 특정 근육에서의 고통 관찰에 대한 반응으로 관찰자의 동일 근육에서의 운동 흥분성이 감소된다는 점, 즉 타인이 경험하는 고통의 시각 표상과 같은 것을 느끼는 신체운동 표상 간의 "거울맞춤(mirror-matching)" 연결을 발견하였다. 이들은 고통 공감은 감정적 요소와 신체운동적 요소 모두와 관련되며, 공감은 두 가지 형태일 것이라고 제안하였다. 단순한 형태는 신체적 공명(즉, 외부 자극을 자신의 몸에 연결하기)으로 구성되는 반면, 보다 복잡한 형태는 정서적 공명으로 구성될 수 있다. 연구자들은 더 나아가 이들 두 가지 형태는 신경망의 서로 다른 교점에서 발생하는 것으로 보인다고 제안하였다(Avenanti et al., 2005).

Tucker, Luu, Derryberry(2005)는 공감 발달에서 고통 조절의 역할에 관한 흥미로운 제안을 하였다. 이들은 고통 경로가 전방대상피질과 안와전두피질을 포함하는 피질로 확장된다는 것에 주목하면서, "많은 복잡한 형태의 자기조절에 개입되는 평가적 기제는 고통의 평가와 반응을 위해 진화된 확장된 기제"라고 주장하였다(p.702). 이들은 더 나아가 동물들은 좌절에 대한 인내심(좌절에 반응하는 신경계에 의해 매개되는 반응)을 발달시키며, 관련된 기초적인 동기와 자기조절적 과정은 사건에 대한 정서적 평가, 갈등의 점검, 의도적 통제의 사용 등에 대한 전방대상피질과 전방섬의 개입을 설명할 수 있다고 제안하였다. 구체적으로, 대뇌화(encephalization,[2] 보다 최근에 진화된 것이 보다 오래된 구조의 기능을 수정함에 따라 원시신경구조가 어떻게 정교해지는가를 설명하는 구인)를 통해서, 고통 체계는 학습 및 맥락에서의 행동 조절을 위한 기반을 형성한다.

Tucker, Luu, Derryberry(2005)는 음성화와 고통은 대뇌표상에서 긴밀하게 중첩되어 있다는 데 주목하면서, 고통 평가와 음성화에 대한 전방대상피질의 역할은 "어떻게 고통 체계의 대뇌화가 애착, 동정, 공감의 발달과 관련이 있는지"(p.704)를 설명한다고 제안하였다. Tucker와 그의 동료들은 그들이 동정적 공명(sympathic resonance)이라고 명명한 것, 즉 정서전염에서부터 상호주관적인 인지적 추론이 역할을 할 때의 보다 복잡한 형태에 이르는 타인의 정서 표현에 대한 정서적 반응에 대하여 논하였다. 이들에 따르면 고통 체계와 신경 기질을 공유하는 정서적 전염은 타인의 고통 관련 음성화와 고통 및 위험 개념 간의 연관성을 학습할 수 있는 기반을 제공한다. 또한 양육 행동과 관련된 뇌의 기제는 보다 심화된 대뇌화와 함께 타인의 고통 표현과 같은 고통 음성화의 인식을 허용하면서 발달한다. 또한, 이들은 다른 사람의 안녕을 위한 돌봄(동정)은

---

2) 역자 주: 피질 중추로부터 피질로의 기능 이동.

정서전염에 기인하는 것으로 보인다고 제안하였다. 저자들은 더 나아가 공감은 지능의 섬세한 작용과 관련된다고 제안하였는데, 이때 지능은 본능적인 정서전염과 신체 감각운동을 통합하고, 동정적 공명의 보다 복잡한 형태를 경험하는 보다 의도적인 추론 과정을 포함한다. 그들의 견해에 따르면 상호주관적인 추론(한 사람이 다른 사람의 관점, 의도, 주관적인 상태를 추론할 수 있는 인지적 과정)은 사람들에게 보다 복잡한 형태의 대리 반응(공감) 경험을 요구한다.

Tucker와 동료들이 제안한 모형은 애착과정과 조절을 서로 연결하고 공감과도 연결하는 방법을 제공한다. 애착인물은 유아가 부정적 감정과 좌절을 관리할 수 있도록 도우며, 결과적으로 공감과 동정에 기여할 수 있는 자기조절 과정의 발달을 촉진한다:

> 안정적인 애착관계를 통해 아동은 재결합과 애정 과정에서의 아편 방출과 연관될 뿐만 아니라 애정관계가 좌절될 때에는 심리적 고통의 간격을 연장하는 자기조절 작용을 발달시킨다. …초기관계가 강력한 유착 경험을 제공하지 않는 아동들은 이후 관계에서 동정적 고통의 좌절을 견딜 수 있는 자기조절 경험을 갖지 못하는 것 같다(Tucker, Luu, & Derryberry, 2005, p.211).

저자들은 세심한 양육이 아동들의 공유된 정신적 표상과 그에 따른 타인의 내적 상태에 대한 이해의 발달도 촉진한다고 제안하였다.

실제로, 안정된 애착과 섬세하고 지지적인 양육은 아동들의 보다 높은 수준의 자기조절(예. Eisenberg, Smith, et al., 2004), 타인의 감정과 내적 상태에 대한 이해(예. Thompson, 2006), 공감/동정(Eisenberg et al., 2006) 등과 관련된다. 또한, 의도적 통제 능력에서의 개인차는 양육의 질과 아동들의 동정적 경향 간의 관련성을 매개한다는 예비 증거가 있다(Eisenbberg, Liew, & Pidada, 2001). 따라서, 고통 체계로부터 진화했고 자기조절에 관여하는 뇌의 부분과 연결된 신경 과정은 공감과 그것의 발달을 이해하는 데 중요한 것 같다.

결론

신경학적 기반의 자기조절 과정은 공감 관련 반응하기에 중요한 역할을 수행하는 것으로 보인다. 더욱이, 뇌의 진화는 공감과 애착체계 간의 연관성을 설명하는 것 같다. 향후 연구자들은 동정 및 개인적 고통 경험의 신경학적 상관인자 연구로부터 이득을 얻게 될 것이다. 또한, 의도적 통제의 발달적 변화를 공감 관련 반응하기의 변화와 연결하는 것은 유용할 것이다. 끝으로 의도적 통제와 그것의 신경학적 기반이 어떻게 사회화 변인(예. 애착)과 공감 관련 반응하기 간 관계를 매개하는지에 대한 연구는 양육, 교육과 같은 환경 요인이 사람들의 공감 반응 능력에 미치는 영향에 대한 가설을 검증하는 데 사용될 수 있을 것이다.

참고문헌

Avenanti, A., Bueti, D., Galati, G., & Aglioti, S. M. (2005). Transcranial magnetic stimulation highlights the sensorimotor side of empathy for pain. *Nature Neuroscience, 8,* 955-960.

Bandura, A., Caprara, G. V., Barbaranelli, C., Gerbino, M., & Pastorelli, C. (2003). Role of affective selfregulatory efficacy in diverse spheres of psychosocial functioning. *Child Development, 74,* 769-782.

Batson, C. D. (1991). *The altruism question: Toward a social psychological answer.* Hillsdale, NJ: Erlbaum.

Blair, R. J. R. (1999). Responsiveness to distress cues in the child with psychopathic tendencies. *Personality and Individual Differences, 27,* 135-145.

Botvinick, M., Jha, A. P., Bylsma, L. M., Fabian, S. A., Solomon, P. E., & Prkachin, K. M. (2005). Viewing facial expressions of pain engages cortical areas involved in the direct experience of pain. *NeuroImage, 25,* 312-319.

Brocki, K. C., & Bohlin, G. (2004). Executive functions in children aged 6 to 12: A dimensional and developmental study. *Developmental Neuropsychology, 26,* 571-593.

Davis, E. P., Bruce, J., & Gunnar, M. R. (2002). The anterior attention network: Associations with temperament and neuroendocrine activity in 6-year-old children. *Developmental Psychobiology, 40,* 43-56.

Davis, E. P., Bruce, J., Snyder, K., & Nelson, C. A. (2003). The X-trials: Neural correlates of an inhibitory control task in children and adults. *Journal of Cognitive Neuroscience, 15,* 432-443.

Decety, J., & Jackson, P. L. (2004). The functional architecture of human empathy. *Behavioral and Cognitive Neuroscience Reviews, 3,* 71-100.

Del Barrio, V., Aluja, A., & García, L. F. (2004). Relationship between empathy and the Big Five personality traits in a sample of Spanish adolescents. *Social Behavior and Personality, 32,* 677–682.

De Waal, F. B. M. (2004). On the possibility of animal empathy. In A. S. R. Manstead, N. Frijda, & A. Fischer (Eds.), *Feelings and emotions: The Amsterdam symposium* (pp. 381–401). Cambridge: Cambridge University Press.

Eisenberg, N. (2002). Distinctions among various modes of empathy–related reactions: A matter of importance to human relations. *Behavioral and Brain Sciences, 25,* 33–34.

Eisenberg, N., & Fabes, R. A. (1990). Empathy: Conceptualization, measurement, and relation to prosocial behavior. *Motivation and Emotion, 14,* 131–149.

Eisenberg, N., & Fabes, R. A. (1992). Emotion regulation and the development of social competence. In M. S. Clark (Ed.), *Review of personality and social psychology: Vol. 14. Emotion and social behavior* (pp. 119–150). Newbury Park, CA: Sage.

Eisenberg, N., Fabes, R. A., Bernzweig, J., Karbon, M., Poulin, R., & Hanish, L. (1993). The relations of emotionality and regulation to preschoolers' social skills and sociometric status. *Child Development, 64,* 1418–1438.

Eisenberg, N., Fabes, R. A., Guthrie, I. K., & Reiser, M. (2000). Dispositional emotionality and regulation: Their role in predicting quality of social functioning. *Journal of Personality and Social Psychology, 78,* 136–157.

Eisenberg, N., Fabes, R. A., Murphy, B., Karbon, M., Maszk, P., Smith, M., O'Boyle, C., & Suh, K. (1994). The relations of emotionality and regulation to dispositional and situational empathy–related responding. *Journal of Personality and Social Psychology, 66,* 776–797.

Eisenberg, N., Fabes, R. A., Murphy, B., Karbon, M., Smith, M., & Maszk, P. (1996). The relations of children's dispositional empathy–related responding to their emotionality, regulation, and social functioning. *Developmental Psychology, 32,* 195–209.

Eisenberg, N., Fabes, R. A., Nyman, M., Bernzweig, J., & Pinulas, A. (1994). The relations of emotionality and regulation to children's anger-related reactions. *Child Development, 65*, 109-128.

Eisenberg, N., Fabes, R. A., Shepard, S. A., Murphy, B. C., Guthrie, I. K., Jones, S., Friedman, J., Poulin, R., & Maszk, P. (1997). Contemporaneous and longitudinal prediction of children's social functioning from regulation and emotionality. *Child Development, 68*, 642-664.

Eisenberg, N., Fabes, R. A., & Spinrad, T. L. (2006). Prosocial development. In N. Eisenberg (Vol. Ed.) and W. Damon & R. M. Lerner (Series Eds.), *Handbook of child psychology: Vol. 3. Social, emotional, personality development* (6th ed., pp. 646-718). Hoboken, NJ: Wiley.

Eisenberg, N., Hofer, C., & Vaughan, J. (2007). Effortful control and its socioemotional consequences. In J. J. Gross (Ed.), *Handbook of emotion regulation*. New York: Guilford Press.

Eisenberg, N., Liew, J., & Pidada, S. (2001). The relations of parental emotional expressivity with the quality of Indonesian children's social functioning. *Emotion, 1*, 107-115.

Eisenberg, N., Murphy, B., & Shepard, S. (1997). The development of empathic accuracy. In W. Ickes (Ed.), *Empathic accuracy* (pp. 73-116). New York: Guilford Press.

Eisenberg, N., & Okun, M. (1996). The relations of dispositional regulation and emotionality to elders' empathy-related responding and affect while volunteering. *Journal of Personality, 64*, 157-183.

Eisenberg, N., Shea, C. L., Carlo, G., & Knight, G. P. (1991). Empathy-related responding and cognition: A "chicken and the egg" dilemma. In W. M. Kurtines (Ed.), *Handbook of moral behavior and development: Vol. 2. Research* (pp. 63-88). Hillsdale, NJ: Erlbaum.

Eisenberg, N., Smith, C. L., Sadovsky, A., & Spinrad, T. L. (2004). Effortful control: Relations with emotion regulation, adjustment, and socialization in childhood. In R. F. Baumeister & K. D. Vohs (Eds.), *Handbook of self-regulation: Research, theory, and applications* (pp. 259-282). New York:

Guilford Press.

Eisenberg, N., & Strayer, J. (1987). Critical issues in the study of empathy. In N. Eisenberg & J. Strayer (Eds.), *Empathy and its development* (pp. 3-31). Cambridge: Cambridge University Press.

Eisenberg, N., Valiente, C., & Champion, C. (2004). Empathy-related responding: Moral, social, and socialization correlates. In A. G. Miller (Ed.), *The social psychology of good and evil: Understanding our capacity for kindness and cruelty* (pp. 386-415). New York: Guilford Press.

Fan, J., Fossella, J., Sommer, T., Wu, Y., & Posner, M. I. (2003). Mapping the genetic variation of executive attention onto brain activity. *Proceedings of the National Academy of Science, 100*, 7406-7411.

Fan, J., McCandliss, B. D., Fossella, J., Flombaum, J. I., & Posner, M. I. (2005). The activation of attentional networks. *NeuroImage, 26*, 471-479.

Fuster, J. M. (1997). *The prefrontal cortex.* Philadelphia: Lippincott, Raven.

Gallese, V., Ferrari, P. F., & Umiltà, M. A. (2002). The mirror matching system: A shared manifold for intersubjectivity. *Behavioral and Brain Sciences, 25*, 35-36.

Grèzes, J., & Decety, J. (2001). Functional anatomy of execution, mental simulation, observation, and verb generation of actions: A meta-analysis. *Human Brain Mapping, 12*, 1-19.

Harris, P. L. (2006). Social cognition. In D. Kuhn & R. S. Siegler (Vol. Eds.) and W. Damon & R. M. Lerner (Series Eds.), *Handbook of child psychology: Vol. 2. Cognition, perception, and language* (6th ed., pp. 811-858). Hoboken, NJ: Wiley.

Hauser, M. D. (2000). *Wild minds: What animals really think.* New York: Holt.

Hoffman, M. L. (2000). *Empathy and moral development: Implications for caring and justice.* New York: Cambridge University Press.

Jackson, P. L., & Decety, J. (2004). Motor cognition: A new paradigm to study self-other interactions. *Current Opinion in Neurobiology, 14*, 259-263.

Jackson, P. L., Meltzoff, A. N., & Decety, J. (2005). How do we perceive the pain of others? A window into the neural processes involved in empathy.

NeuroImage, 24, 771‒779.

Keenan, J. P., Gallup, G. C., & Falk, D. (2003). *The face in the mirror: The search for the origins of consciousness.* New York: HarperCollins.

Kinsbourne, M. (2002). The role of imitation in body ownership and mental growth. In A. N. Meltzoff & W. Prinz (Eds.), *The imitative mind: Development, evolution, and brain bases* (pp. 311‒330). New York: Cambridge University Press.

Kochanska, G., Murray, K. T., & Harlan, E. T. (2000). Effortful control in early childhood: Continuity and change, antecedents, and implications for social development. *Developmental Psychology, 36*, 220‒232.

McWhirter, B. T., Besett‒Alesch, T. M., Horibata, J., & Gat, I. (2002). Loneliness in high risk adolescents: The role of coping, self‒esteem, and empathy. *Journal of Youth Studies, 5*, 69‒84.

Ochsner, K. N., Bunge, S. A., Gross, J. J., & Gabrieli, J. D. E. (2002). Rethinking feelings: An fMRI study of the cognitive regulation of emotion. *Journal of Cognitive Neuroscience, 14*, 1215‒1229.

Okun, M. A., Shepard, S. A., & Eisenberg, N. (2000). The relations of emotionality and regulation to dispositional empathy‒related responding among volunteers‒in‒training. *Personality and Individual Differences, 28*, 367‒382.

Posner, M. I., & Rothbart, M. K. (2000). Developing mechanisms of self‒regulation. *Development and Psychopathology, 12*, 427‒441.

Posner, M. I., & Rothbart, M. K. (2007). *Educating the human brain.* Washington, DC: American Psychological Association.

Preston, S. D., & de Waal, F. B. M. (2002). The communication of emotions and the possibility of empathy in animals. In S. G. Post, L. G. Underwood, J. P. Schloss, & W. B. Hurlbut (Eds.), *Altruism and altruistic love: Science, philosophy, and religion in dialogue* (pp. 284‒308). New York: Oxford University Press.

Rizzolatti, G., Fogassi, L., & Gallese, V. (2001). Neurophysiological mechanisms underlying the understanding and imitation of action. *Nature Reviews Neuroscience, 2*, 661–670.

Rothbart, M. K., Ahadi, S. A., & Hershey, K. L. (1994). Temperament and social behavior in childhood. *Merrill-Palmer Quarterly, 40*, 21–39.

Rothbart, M. K., & Bates, J. E. (2006). Temperament. In W. Damon & R. M. Lerner (Eds.), *Handbook of child psychology: Vol. 3. Social, emotional, and personality development* (6th ed., pp. 99–166). Hoboken, NJ: Wiley.

Rueda, M. R., Posner, M. I., & Rothbart, M. K. (2004). Attentional control and self-regulation. In R. F. Baumeister & K. D. Vohs (Eds.), *Handbook of self-regulation: Research, theory, and applications* (pp. 283–300). New York: Guilford Press.

Singer, T., & Frith, C. (2005). The painful side of empathy: Comment. *Nature Neuroscience, 8*, 845–846.

Spinella, M. (2005). Prefrontal substrates of empathy: Psychometric evidence in a community sample. *Biological Psychology, 70*, 175–181.

Thompson, R. A. (2006). The development of the person: Social understanding, relationships, conscience, self. In W. Damon & R. M. Lerner (Eds.), *Handbook of child psychology: Vol. 3. Social, emotional, and personality development* (6th ed., pp. 24–98). Hoboken, NJ: Wiley.

Tucker, D. M., Luu, P., & Derryberry, D. (2005). Love hurts: The evolution of empathic concern through the encephalization of nociceptive capacity. *Development and Psychopathology, 17*, 699–713.

Valiente, C., Eisenberg, N., Fabes, R. A., Shepard, S. A., Cumberland, A., & Losoya, S. H. (2004). Prediction of children's empathy-related responding from their effortful control and parents' expressivity. *Developmental Psychology, 40*, 911–926.

Zahn-Waxler, C., Radke-Yarrow, M., & King, R. A. (1979). Child-rearing and children's prosocial initiations toward victims of distress. *Child Development, 50*, 319–330.

Chapter 07
공감과 교육

Norma Deitch Feshbach and Seymour Feshbach

공감은 교육의 과정과 결과에 상당한 연관성이 있는 것으로 입증된 아동 특성이다. 역사적으로, 공감에 대한 교육자들의 관심은 교사의 공감에 집중되어 있었다. 우리 연구는 학생의 공감에 관련된 것으로, 본 장의 중점이기도 하다. 물론, 교사의 공감에 대해서도 언급하고 있다.

교사 공감에 대한 연구는 Carl Rogers의 치료 과정 접근법에 대한 영향을 반영하고 있다(Carkhuff & Berenson, 1967). 교육 분야에서 교사는 상담가 또는 치료 전문가와 유사하며 학생은 내담자와 유사하다고 할 수 있다. 교사의 공감에 바탕이 되는 가정은 교사의 공감적 의사소통이 학생의 이해 및 수용을 더 높이는 것으로 귀결되며 그럼으로써 교사 자신과 교육에 대해 보다 긍정적인 태도를 발전시키게 된다는 것이다.

이에 반해, 교육과 공감의 연관성에 대한 최근의 관심은 학생 학습자 및 교육의 과정으로 변화해 왔다. 본 연구에서는 학생의 측면에서 사회적 행동 및 학업 성취와 공감 특성의 관계를 살펴보고자 한다. 공감 접근법으로부터 도출된 원칙을 기반으로 하는 교수적 수정(instructional modification)의 잠재적 기여 역시 최근 연구에서 다루어진 바 있다.

현대적 접근에서는 공감을 '한 개인이 다른 사람의 느낌을 경험하는 두 개인 간의 사회적 상호작용'으로 간주한다. 이러한 공유된 감정은 관찰자와 피 관찰자의 감정이 어느 정도의 일치하긴 하지만 동일한 것은 아니다. 공감 과 정에 대한 최근의 관점은 인지적 요인과 정서적 요인 모두가 영향을 주는 것 으로 인정되어, 개인의 연령 및 기타 특성과 상황적 배경에 따라 특정 영향이 달라질 수 있다는 것이다. Feshbach(1975, 1978)가 제시한 모델은 타인들의 감 정 상태를 구별하는 인지적 능력, 타인의 관점과 역할을 가정할 수 있는 더 성 숙한 인지적 능력, 적절한 방식으로 정서를 경험할 수 있는 감정적 능력을 강 조한다. Hoffman의 발달모형도 3요인(인지, 감정, 동기)으로 구성되어 있으며, 이타적 행동에 대한 동기로서 타인의 고통에 대한 공감적 반응성에 초점을 맞 추고 있다(Hoffman, 1982, 1983).

공감의 기능

공감의 기능에 대한 연구는 개념 정의의 중요성, 방법론적 문제, 이론적 논쟁에 휩싸여 왔다. 그럼에도 불구하고 많은 학문 분야와 특히 교육 분야에 서 고려할 사항들과 실증적 연구를 이끌어 내는 중요한 변인으로서 공감의 기 능이 수립되었으며, 다양한 기능이 공감 과정에 기인한다.

아동이 중재할 수 있는 공감 기능의 범위에는 사회적 이해, 정서적 능력, 친사회적 및 도덕적 행동, 측은함과 배려, 공격성 및 기타 반사회적 행동 조절 등이 포함된다. 공감은 이러한 개인적이고 대인관계적인 역량과 동등한 것이 아니며, 사회적 역량과 친사회적 행동을 자동으로 유발시키는 마법의 묘약도 아니라는 점이 강조되어야 한다. 단, 공감은 학교 교육에 중요한 인지 및 정의 적 행동을 중재하는 발달변인 모체에서 매우 중요한 요인이 된다.

친사회적 행동

공감이 친사회적 행동을 중재하는 데 있어 수행하는 역할은 공감의 기능 에 주의를 기울이는 연구자들에게 주요한 관심사가 되어 왔다. 협동, 공유, 기부 및 기타 이타적 행위와 같은 친사회적 행동에 대한 공감 관련 연구에서는 특히 성인에게 있어서 긍정적인 결과가 도출되었다(Batson, 1991). 비록 학자들이 공감과 친사회적 행동 간의 연결고리가 긍정적일 수 있음을 발견했지만(Findlay, Girardi, & Coplan, 2006; Warden & Mackinnon, 2003; Zahn-Waxler et al., 1992), 아동의 공감과 친사회적 행동 간 연관성은 공감 측정, 특정한 친사회적 행동 연구, 표본의 연령, 상황 자체 등에 따라 달라질 수 있다(Eisenberg & Miller, 1987; Feshbach, 1998). 아동의 공감과 협력 간의 관계를 다룬 연구와 공감 훈련이 수반된 연구에서는 보다 일관성 있는 긍정적 결과가 도출되었다(Feshbach et al., 1984).

공격성

공감과 공격성 간의 역관계는 여러 연구 결과(특히 남성을 대상으로 한 연구)를 통해 뒷받침되고 있다(S. Feshbach & N. D. Feshbach, 1969; N. D. Feshbach & S. Feshbach, 1982, 1998; Björkqvist, Österman, & Kaukiainen, 2000; Miller & Eisenberg, 1988). 어린 아동에 대한 연구 결과는 일관적이지 않지만, 좀 더 나이 든 초등학생 및 청소년에 대한 결과들은 보다 일관적이다(Lovett & Sheffield, 2007).

공감의 3요소 인지-감정 모델에서는 공감력이 낮은 아동에 비해 공감력이 높은 아동의 공격성이 낮고 친사회적 행동을 많이 하는 결과를 낳는 여러 기제를 제시하고 있다. 타인의 느낌을 구별하고 그 느낌을 명명할 수 있는 능력은 사회적 갈등에 반응할 때 타인의 요구를 고려하기 위한 전제조건이다. 타인의 관점에서 갈등 상황을 살펴볼 때 인지 기술이 뛰어날수록 갈등이 약화되는 결과가 나타난다.

공감의 세 번째 구성요소인 감정적 민감도는 공격성 조절과 특별한 관계가 있다. 공격성은 고통과 괴로움을 유발시킬 수 있는 부상을 가하는 것을 의미한다. 고통과 괴로움에 대한 관찰은 심지어 관찰자가 공격성의 원인일 때에도 공감하는 관찰자 내에서 괴로움을 유발할 것이다. 공감의 억제적 효과는 분노가 매개된 공격적 행동뿐 아니라 도구적으로도 적용된다. 공감과 친사회적 행동 간의 관계와 공격성과의 관계 간의 차이가 나타나는 원인은 중재 과정의 특성 때문이다. 공감은 억제를 통해 공격성에 영향을 미칠 수 있으며 다른 반응은 필요하지 않다. 하지만 아동이 공감을 느낄 때 친사회적 행동이 발생하려면 그러한 친사회적 반응이 아동의 행동 목록에 존재해야 하며, 그 상황 내에서 발생해야 한다. 그러므로 공감 교육을 통해 친사회적 반응을 키우려면 특정한 친사회적 행동 훈련이 수반되어야 한다.

사회적 편견

교육 목표에 악영향을 미치는 인종 및 민족 관련 편견은 공감에 의해 영향을 받는 것으로 예상할 수 있다. 공감하는 개인은 다양한 민족 집단의 구성원들이 갖는 관점과 느낌을 이해할 가능성이 높다. "타인"의 느낌에 대한 이해 및 공유는 편견과 갈등을 줄이고 긍정적인 사회적 접근을 높이게 할 것이다. Doyle과 Aboud(1995)의 연구에서, 공감의 구성요소인 역할수행(role-taking)에서 가장 많이 향상한 아동이 사회적 편견 감소를 가장 많이 보였다. Stephan과 Finley(1999)는 공감은 "지그소형 협동학습 교실(jigsaw Classroom: 각기 다른 관련 정보를 가진 학생들이 협력하여 문제를 해결하는 협동학습 방식)"과 갈등해소 워크숍처럼 다채로운 접근법을 통해 사회적 갈등이나 관련된 사회적 편견 감소에 있어 직·간접적인 역할을 수행한다고 언급했다.

학업 성취와 정서지능

친사회적 행동, 공격성, 사회적 관용 등에서 공감의 기능은 학교에서 강조해야 하는 사회적 행동들과 관련이 있다. 이러한 성격 관련 행동들은 그 자체만으로도 교육자에게 중요한 목표인 동시에, 교실 학습에 간접적인 영향을 미치는 요소이기도 하다. 하지만 공감이 학업 성취에 미치는 보다 직접적인 영향을 다루는 문헌들도 늘어나고 있다. 공감적인 아동은 가상적이거나 역사적인 학습 자료에 그려진 주인공 역할에 자신을 더 잘 투영시킬 수 있기 때문에 특히 읽기, 문학, 사회과학 교육과정 영역에서의 학습은 공감을 통해 이루어져야 한다. 이러한 가상 및 역사적 인물의 역할과 관점을 보다 잘 이해하는 것 외에도, 공감적인 아동은 어느 정도까지 그들의 느낌을 더 잘 공유하고 경험할 수 있게 된다. 공유된 느낌은 아동들이 읽고 교육받은 내용을 강조하고 강화하는 데 도움이 될 수 있으며, 더 잘 회상하는 결과로 이어진다. 또한 많은 교육자들은 읽기와 공감 과정 사이에 상호적인 관계가 있으며, 읽기가 공감의 정도를 높이고 강화하는 데 도움이 된다는 식으로 제안했다(Budin, 2001; Cress & Holm, 2000).

감정 처리 과정과 학업 성취 간의 관계를 다룬 단기 종단 연구에서 여아들의 8~9세 때 공감과 10~11세 때 읽기 및 철자법 간에 정적인 관계가 나타났다. 심지어 읽기 및 철자법 성취 시험 측정치의 초기 수행 점수를 통제했을 때에도 이러한 결과가 나타났다(Feshbach & Feshbach, 1987). 중등학교 학생에 대한 한 연구에서는 공감 지수와 성적 간에 정적 관계가 관찰되었다(Bonner & Aspy, 1984). 또한 공감을 강화하고 "배려 커뮤니티(caring community)"를 만들기 위한 프로그램에 학생들을 참가시킨 학교들은 고차원적 읽기 이해의 측정에서 비교 대상 학교들보다 높은 점수를 얻었다(Kohn, 1991). 공감과 학업 성취 간의 정적 관계를 반영하는 이러한 상관관계는 공감 훈련 결과로 성취도가 높아진 2건의 실험 연구가 뒷받침해 준다(Feshbach et al., 1984; Feshbach & Konrad, 2001).

공감은 정서지능이나 사회적 지능의 주요 구성요인 중 하나로 개념화되어 왔다(Salovey & Gruel, 2005). 정서지능과 사회적 지능은 일반적으로 개인의 인지적 성취보다는 사회적 상황과 직장 상황에서 개인의 효과성에 기여하는 것으로 간주되어졌다(Zeidner, Roberts, & Mathews, 2002). 공감과 정서 및 사회적 지능의 구인 간에 중첩되는 부분이 있기는 하지만, 후자는 정서적 지식의 효과적인 사용과 사회적 기술 및 사회적 역량에 초점을 맞추고 있으며 공감과는 구분되어야 한다.

교사 공감 훈련

앞서 언급한 대로 교사 공감에 대한 연구 대부분은 주로 내담자 중심 치료법과 인간 발달 및 성장에 기반한 Rogerian 모델이 지배적이었다. 이 모델의 핵심은 (1)타인의 기분과 관점을 이해하고 파악할 수 있는 능력, (2)공감하고 있는 그 사람에 대한 이해를 공감 대상자와 소통할 수 있는 능력이라는 2개 요소이다. 교사 공감에 대한 접근이 아동이나 학생 공감에 대한 연구와 다른 점은 의사소통의 중요한 역할을 강조한다는 것이다. 학생에 대한 이해는 필수적이지만 그것으로 충분하지 않다. 교사 공감의 핵심은 교사-학생 간 상호작용에 있다. 학생의 느낌이 어떤지에 대해 이해한 바를 가지고 의사소통하는 교사를 통해 학생들은 자신이 더 많이 수용되고 있는 경험을 하는 것으로 간주한다. 내담자들이 상담가 및 치료 상황에 대한 애착이 생기는 것과 같이 교사로부터 공감적 의사소통을 경험하는 학생들은 교사와 학교 교육에 대해 애착이 생기는 것으로 알려졌다(Carkhuff & Berenson, 1967). 내담자들이 치료 경험에 대한 반응에서 더 큰 자기수용이 발달하는 것처럼 공감적 교사에 대한 반응에서 학생들의 자존감도 증가할 것이다.

다양한 상관관계 연구를 통해 나타난 결과는 이러한 이론적 기대치와 일치한다. 3학년 학생 표본(Aspy, 1971) 및 대학생 표본(Chang, Berger, & Chang, 1981)에서 교사 공감과 학업 성취 지표 간의 정적 관계가 나타났다. 또한 교사 공감이 학생의 태도에 긍정적인 영향을 미칠 수 있다는 증거도 발견되었는데, 예를 들어 교우관계가 좋지 않은 학생들에 대한 교사의 공감은 그 학생에 대한 학급 내 중학교 또래들의 수용과 상관관계가 있는 것으로 나타났다(Chang, 2003).

교사 공감에 대한 연구 대부분은 교사 공감을 강화시키는 방법에 대한 탐색에 중점을 둔다. 인간관계 훈련(Higgins, Moracco, & Danford, 1981)과 대인관계 의사소통 기술 발달(Warner, 1984) 범위에서부터 역할놀이(Kelly, Reavis, & Latham, 1977), 도덕적 딜레마에 대한 토론(Black & Phillips, 1982), 적극적 청취와 느낌 파악 관련 강의 및 프로그램 자료(Kremer & Dietzen, 1991)에 이르기까지, 다양한 기법들이 교사 및 교사 교육생의 공감을 강화시키는 데 효과가 있는 것으로 나타났다. 교사 교육 연구들에서는 인종적으로 다양한 학생 집단의 수업에 대한 교사 공감의 중요성을 다루기도 했다(Redman, 1977).

많은 수업 프로그램들은 다양한 효과를 가진 복잡하고 다면적인 방법이 수반되어 특정한 교육 요소를 공감향상과 연결시키기가 어렵다. 교실에서 교사 공감의 실험적 향상과 학생 행동 및 성취 간의 연결 고리에 대한 연구가 필요하다. 이와 관련한 예로, Harbach과 Asbury(1976)는 인간관계와 사회적 이해에 대한 교사 훈련 결과로 학생들의 교실 행동이 덜 부정적이게 되었음을 발견하였다. 또한 밀접한 관련이 있는 연구로, Sinclair와 Fraser(2002)는 공감 향상을 목표로 한 훈련에 참가한 교사들의 교실 환경이 개선됨을 발견했다. 공감에 직접적으로 중점을 두는 실험적 연구를 통해 교사 공감과 학생 성적 간의 관계에 대한 상관관계를 뒷받침할 필요가 있다.

학생 간 공감 조성

공감 발달의 개체발생적 패턴은 아직 해결되지 않았지만, 오늘날에는 공감이 학습될 수 있으며 그에 따라 교육과 훈련이 가능하다는 사실이 일반적으로 수용되고 있다. 특정 형태로 공감 훈련을 다루는 프로그램과 연구들은 성, 인종, 민족, 문화적 배경 등에 있어서 다채로운 집단을 포함하고 있다. 또한 유치원생에서 초등학생, 고등학생, 대학생에 이르기까지 다양한 연령 범위를 다루고 있다.

접근법

연구는 2가지 주요 범주로 군집화될 수 있다. 연구나 프로그램의 한 그룹은 공감을 증진시키는 방법 또는 기법에 초점을 두며, 일단 공감이 향상되면 성장과 학습에 긍정적인 영향을 미치게 된다는 암시를 하고 있다. 두 번째 그룹도 공감을 직접적으로 훈련하지만 인지적, 정의적, 행동적 또는 학업적 범위에서 교육적 결과를 지향한다.

　　이러한 보다 체계적인 접근법 외에, 다양한 사회경제적 배경을 가진 또래들과 함께하기, 가난에 대해 학습하기, 유대인 학살에 대해 학습하기, 병원 방문하기, 노숙자 보호소에서 시간 보내기, 불우한 집단을 돕는 활동에 참여하기 등과 같은 공감자극 경험을 교실에서 활용하기 위한 비공식적인 참고 자료들을 잡지 기사와 신문에서 찾아볼 수 있다. 불행히도, 공감향상 활동인 것처럼 보이는 그러한 프로그램들에 대한 구체적인 결과나 참여 학생 집단에 대해 정밀한 결과를 확인하기 어렵다. 또한 많은 연구들이 (어떠한 평가도 제시하지 않으면서) 공감을 자극하기 위한 도구로 문학(Budin, 2001), 예술(Stout, 1999), 역사(Davis, Yeager, & Foster, 2001)를 사용하라고 권장하고 있음을 발견할 수 있다.

　　공감을 조성하기 위해 다양한 절차를 이용하는 첫 번째 그룹의 연구들과 관련하여, 어리거나 나이가 많은 학생들이 공감에 대해 배우고 자신과 타인의 정서 상태를 인지하도록 훈련받으면 공감 기술이 증가한다는 증거들이 누적되고 있다(Kremer & Dietzen, 1991). 더욱이, 다수의 연구에서 자신과 타인 간의 유사성이 강조되면 공감이 증가된다는 결과들이 제시되었다(Brehm, Fletcher, & West, 1981). 한 사람이 실제 인물이나 가상적 또는 역사적 인물의 역할을 맡는 역할수행이나 역할극은 오래된 교육 전략이며 정서 공감과 인지 공감 모두를 증진시키기에 매우 효과적인 것으로 보인다(Barak, Engle, Katzir, & Fisher., 1987; Feshbach, Feshbach, Fauvre, & Ballard-Campbell., 1984; Underwood & Moore, 1982). 또한, 또 다른 전통적 교육 전략으로서 타인의 관점을 수용할 수 있는 능력인 조망수용 훈련도 공감 수준을 높여 준다(Feshbach et al., 1984; Feshbach & Konrad, 2001; Pecukonis, 1990). 훈련에 사용하는 자료의 내용 역시 한 요인이며, 아동과 성인 모두 특히 불쾌감을 유발하는 내용에 반응을 보이며 공감한다. 분명히, 불행을 관찰하면 공감이 발현된다(Barnett et al., 1982; Perry, Bussey, & Freiberg, 1981). 학습에 있어 중요한 기제인 타인 행동에 대한 모델링도 공감 발달에 영향을 미치는 또 다른 요인이다(Kohn, 1991; Kremer, & Dietzen, 1991).

　　흥미롭게도, 음악 교육 훈련 역시 공감적 반응을 일으킨다. 노래, 악기 연주, 음악 감상, 공감과 친사회적 행동에 대한 내용의 가사 감상 등 다양한 음악 활동을 포함한 12시간 프로그램에 참가한 핀란드의 탁아소 유아들에게 공감과 친사회적 행동이 증가하는 현상이 나타났다(Hietolahti-Ansten & Kalliopuska, 1991; Kalliopuska & Ruokonen, 1993). 협동학습의 많은 변형과 마찬가지로, 연령 간 튜터링(cross-age tutoring) 역시 공감 발달을 자극하는 교육 전략이다(Aronson & Patnoe, 1997; Yogev & Ronen, 1982). 협동학습 교육과정은 집단 학습과 상호의존을 포함하며, Aronson과 Patnoe는 문제해결의 집단 과정에서 생기는 공감자극이 부분적으로 학생의 성취를 향상시킨다고 생각했다. "지금 바로 갈등 해결(Settle Conflicts Right Now)"(Osier & Fox, 2001)이라고 하는 또 다른 프로그램에서는 쓰기와 그리기를 이용하여 공감을 자극한다. 상호 간에 불쾌한 기분을 알리고 문제를 해결하면서 아동들은 타인의 느낌에 능동적으로 관여하게 되고 따라서 더욱 공감하게 된다.

효과

공감을 가르칠 수 있다고 증명하는 연구는 많지만, 교육적으로 관련이 있는 사회적 행동과 인지적 행동에 대해 공감 교육이 효과적인가에 대한 간단하지 않은 질문은 완전하게 연구되지 않았다. 단, 여러 연구 및 프로그램에서 다른 학생 행동에 대한 공감 훈련의 영향을 직접적으로 평가한 바 있다.

여기서 언급하는 연구는 교육적 상황에서의 공감 훈련과 그 훈련의 사회적 효과와 인지적 효과를 다루고 있다. Lizarraga와 동료들(2003)은 공감이 교육에 미치는 영향을 연구할 때 통상적으로 포함되지 않는 특질인 자기조절과 자기통제에 대한 공감 훈련의 효과를 연구했다. 공감 훈련 집단에서 자기조절, 자기통제, 주장, 공감의 유의미한 증가가 나타났다. 중재가 복잡하고 효과의 원인이 공감 하나에만 있다고 볼 수는 없지만, 공감과 정서 및 행동에 대한 자기조절 간에 제안된 이론적 관계는 흥미로운 것이다. 미국과 캐나다에서는 1986년부터 "두 번째 걸음(Second Step)"이라 불리는 프로그램을 널리 시행하고 있는데, 여기에는 공감이 폭력 예방 교육과정의 일부로 포함되어 있다(Frey et al., 2005). 공감의 3대 구성요소인 자신과 타인의 느낌 인지, 타인의 관점 고려, 타인에 대한 정서적 반응은 이 프로그램의 1부에서 중심을 차지하고 있다.

초등학생 연령대 아동을 위해 설계된 "배려 학습 교육과정(Learning to Care Curriculum)"(Feshbach et al., 1984)은 앞서 언급한 공감의 3개 구성요인 중 하나 또는 그 이상과 체계적으로 연관된 활동들로 구성되어 있다(Feshbach, 1975, 1978). 예를 들어 문제해결 게임, 스토리텔링, 녹화테이프 만들기와 영상 녹화, 그룹 토의 등의 활동이 포함되어 있다. "배려 학습 교육과정"에 참가한 아동은 덜 공격적이게 되었고, 보다 긍정적인 사회적 행동을 보였으며, 보다 긍정적인 자기개념을 나타냈고, 학업 성취도에서도 유의미한 향상을 보였다. 후속 연구에서는 공감 중재에 대한 사회적 대상의 폭을 넓혔으며(Feshbach & Konrad, 2001) 실험실이 아닌 교실에서 진행되었다(Feshbach & Rose, 1990). 접근법도 학교 아이들의 공격적 행동뿐 아니라 사회적 편견 문제로까지 확대되었다(Feshbach & Feshbach, 1998).

9~14세 중학생을 대상으로 개발된 "시민 교육과정(Citizen Curriculum)"은 활동기반 교사용 지침서로, 긍정적인 관계 형성을 지향하는 프로그램이다. 이 프로그램의 주요 초점은 관용, 공감, 협동을 촉진시키는 것이다. 학생들은 일련의 상호작용을 하는 워크숍에서 역할극을 하며 제시된 문제에 대해 토론, 논쟁, 문제해결을 수행한다(Hammond, 2006).

관용을 강화하고 편견을 낮추는 것을 목표로 하는 공감 촉진 및 훈련은 논리적인 노력으로 보일 수 있다. 여기서 잠재적인 장애물은 다른 프로그램들은 이미 시행하고 있어서 부하가 심한 학교 일정에 부담을 더 줄 수 있다는 것이다. 가능한 해결책은 공감향상 과정을 교실의 정규 교육과정에 포함시키는 것이다. 다음 연구에서는 공감을 학교 상황에 통합시키는 폭넓고 실행 가능한 방법을 제시한다.

교육과정 변환 프로젝트

"교육과정 변환 프로젝트(Curriculum Transformation Project)"는 공감 훈련을 공격성뿐만 아니라 사회적 편견의 문제에 적용시키기 위한 노력의 일환이었다. 초기 단계에서는 다양한 인종 및 문화적 배경을 가진 아동들에 대해 학생들의 이해를 높이고 그들에 대한 긍정적 태도를 발달시키는 것을 목표로 표준교육과정을 가르치는 방식을 변환시키는 원칙 개발이 수반된다. 동시에, 이 교육과정 변환 접근은 교육과정 내용에 대한 학생들의 숙달 조성을 목표로 하였다. 7개의 일반적인 변환 원칙 세트를 개발하여 사회탐구, 문학, 작곡, 예술 영역에서 정규 교실 교육과정의 내용에 적용하였다. 그 원칙들을 본 장의 부록에 제시하였다.

이러한 원칙들을 바탕으로 어떤 교육과정 변환 프로그램은 주로 흑인 및 라틴 계열 학생들로 구성된 7~8학년급 사회탐구 수업에서 8주 동안 구현되었다(Feshbach & Konrad, 2001). 8주 후에, 교육과정 변환 학급의 학생들은 학업성취도와 친사회적 행동이 높아졌고 공격성은 낮아졌으나 공감 및 사회적 편견에서의 변화는 모든 집단에서 아주 적게 나타났다. 사회적 편견의 경우 연구 결과가 매우 상이하였다. 인종적 고정관념과 편견에 대한 교실 토의는 일시적으로 일부 학생들에게 더 강한 인종적 편견을 발생시킬 가능성이 있다.

결론 및 향후 방향

공감에 대한 연구에서는 공감 과정이 학습 및 사회적 행동을 개선할 수 있는 잠재력의 관점에서 공감에 대한 이해가 아동 교육에 중요한 기여를 할 수 있음을 제시하고 있다. 공감은 유치원에서 성인 교사에 이르는 다양한 연령대의 대상에 대한 체계적 훈련을 통해 키울 수 있다. 하지만 공감의 교육적 잠재력을 완전히 구현하기에 앞서 여러 연구의 차이와 문제들이 남아 있다.

교사 및 학생의 공감을 향상시키기 위해 다양한 방법을 사용해 왔으며,

어떤 중재와 중재 요소들이 가장 효과적인지 판단하기 위해서는 체계적인 연구와 분석이 필요하다. 거울뉴런에 대한 연구와 같은 인지신경과학의 발전은 공감의 특성에 대해 보다 명확한 이해를 제공할 수 있다. 교사 공감 연구에서 공감을 정의하고 측정하는 방식은 학생 공감을 다룬 대부분 연구에서 공감을 평가한 방식과는 다르다. 공감의 수많은 측면과 다양한 정의로 인해 그 평가는 다중 측정이 필요할 수 있다.

교사의 공감 훈련과 학생의 행동 및 성취도에 미치는 영향과 관련하여 추가적인 연구가 필요하다. 학생 대상의 공감 훈련 프로그램을 오랫동안 성공적으로 실행하기 위한 핵심 요소는 교사가 될 수 있다. 교사들이 학생 공감 훈련에 직접적으로 참여한다면 프로그램의 성공 가능성도 높아진다.

교육 상황에서 공감 훈련 프로그램의 장기적 효과를 나타내기 위해 더 많은 연구가 필요함은 분명하다. 이 시점에서, 교사 훈련 프로그램이 공감과 공감 훈련에 대한 지식을 전해 준다면 그러한 지식은 교사와 그 학생들에게 긍정적인 영향을 미칠 가능성이 높을 것이다.

부록: 교육과정 변환 프로젝트의 일반적 변환 원칙

1. 가능하고 적절하다면, 특히 인종과 민족이 다른 개인과 집단을 향한 공감을 조성할 수 있는 활동을 실천해야 한다. 공감은 학생들이 다른 사람과 자신의 느낌을 인식하는 능력과 다른 사람들의 관점을 수용하는 능력을 증진시키는 활동들을 통해 향상될 수 있다.

2. 교육과정 속 자료에 논쟁, 의견 차이, 싸움 또는 전쟁과 같은 갈등 상황, 노예제도, 도제 형태의 노역 및 착취와 같은 지배의 상황, 특정 집단을 열등하거나 무가치하다고 부르는 부정적 고정관념화가 포함될 때 학생들은 그와 연관된 다양한 개인 또는 집단의 관점과 기분을 이해할 수 있는 그룹 토의 및 기타 활동에 참여해야 한다.

3. 가능하고 적절하다면, 문화 및 기타 특성에서 다른 개인과 집단 간의 유사성을 강조해야 한다. 개인과 집단이 중요한 측면에서 차이가 있을 수 있지만 동시에 중요한 유사성도 존재하는 것이 일반적인 경우이다.

4. 가능하고 적절하다면, 교육과정 속 교육 자료에 외모, 풍습, 가치 등이 다른 개인과 집단이 포함될 때는 그룹 토의 및 기타 활동을 통해 학생들이 그러한 차이의 중요성을 이해하도록 도움을 제공해야 한다. 어떤 차이들은 피상적(예. 음식 선호도)인 반면, 관점의 차이가 포함된 것들도 있다(예. Caesar의 암살에 대한 Marc Antony 대 Brutus의 관점 차이).

5. 가능하고 적절하다면, 학생들에게 토론 및 기타 활동을 통해 교육과정의 내용을 자신의 개인적 경험과 연관 짓도록 장려해야 한다.

6. 가능하고 적절하다면, 학생들은 다양한 배경과 민족성을 가진 개인들의 특성뿐만 아니라 자신의 배경 및 민족성의 특징을 이해할 수 있는 기회를 제공받아야 한다.

7. 가능하고 적절하다면, 교육과정 교육 자료에서나 학급 내 아동이 특정 민족집단의 부정적인 행동을 언급할 때 교사는 다음의 원칙을 활용할 수 있다.

   a. 모든 민족은 부정적인 행동을 한 적이 있다.
   b. 모든 민족 내에는 개인 간 차이가 존재한다.
   c. 역사적 상황으로 인해 우리 안에 최고와 최악의 모습이 모두 나타날 수 있다.
   d. 새로운 세대가 기존과는 다르고 옳고 그른 것에 대한 더 좋은 감각을 개발할 수 있도록 문화적 기준과 가치가 변한다.

참고문헌

Aronson, E., & Patnoe, S. (1997). *The jigsaw classroom.* New York: Longman.

Aspy, D. N. (1971). Helping and intellectual functioning. In R. R. Carkhuff (Ed.), *The development of human resources, education, psychology, and social change.* New York: Holt, Rinehart & Winston.

Barak, A., Engle, C., Katzir, L., & Fisher, W. A. (1987). Increasing the level of empathic understanding by means of a game. *Simulation and Games, 18,* 458-470.

Barnett, M. A., Howard, J. A., Melton, E. M., & Dino, G. A. (1982). Effects of inducing sadness about self or other on helping behavior in high and low empathic children. *Child Development, 53,* 920-923.

Barnett, M. A., Matthews, K. A., & Howard, J. A. (1979). Relationship between competitiveness and empathy in 6- and 7-year-olds. *Developmental Psychology 15,* 221-222.

Batson, C. D. (1991). *The altruism question: Toward a social psychological answer.* Hillsdale, NJ: Erlbaum.

Björkqvist, K., Österman, K., & Kaukiainen, A. (2000). Social intelligence-empathy-aggression? *Aggression and Violent Behavior, 5,* 191-200.

Black, H., & Phillips, S. (1982). An intervention program for the development of empathy in student teachers. *Journal of Psychology, 112,* 159-168.

Bonner, D., and Aspy, D. (1984). A study of the relationship between student empathy and GPA. *Humanistic Education and Development,* 149-153.

Brehm, S. S., Fletcher, B. I., & West, V. (1981). Effects of empathy instructions on first graders' liking of other people. *Child Study Journal, 11,* 1-15.

Budin, M. L. (2001). Tea and empathy. *School Library Journal 47,* 45-46.

Carkhuff, R., & Berenson, B. G. (1967). *Beyond counseling and psychotherapy.* New York: Holt, Rinehart & Winston.

Chang, A. F., Berger, S. E., & Chang, B. (1981). The relationship of student self-esteem and teacher empathy to classroom learning. *Psychology: A Quarterly Journal of Human Behavior, 18,* 21-25.

Chang, L. (2003). Variable effects of children's aggression, social withdrawal, and prosocial leadership as functions of teacher beliefs and behaviors. *Child Development, 70,* 535-538.

Cress, S., & Holm, D. T. (2000). Developing empathy through children's literature. *Education, 120,* 593-596.

Davis, O. L. Jr., Yeager, E. A., & Foster, S. J. (Eds.) (2001). *Historical empathy and perspective taking in the social studies.* Lanham, MD: Rowman & Littlefield.

Doyle, A. B., & Aboud, F. E. (1995). A longitudinal study of White children's racial prejudice as a social cognitive development. *Merrill-Palmer Quarterly, 1* (2), 209-228.

Eisenberg, N., & Miller, P. (1987). The relation of empathy to prosocial and related behaviors. *Psychological Bulletin, 101,* 91-119.

Feshbach, N. D. (1975). Empathy in children: Some theoretical and empirical considerations. *Counseling Psychologist, 5,* 25-30.

Feshbach, N. D. (1978). Studies on empathic behavior in children. In B. A. Maher (Ed.), *Progress in experimental personality research* (Vol. 8, pp. 1-47). New York: Academic Press.

Feshbach, N. D. (1998). Empathy: The formative years; Implications for clinical practice. In A. Bohart and L. S. Greenberg (Eds.), *Empathy and psychotherapy: New directions in theory, research and practice.* Washington, DC: American Psychological Association.

Feshbach, N. D., & Feshbach, S. (1982). Empathy training and the regulation of aggression: Potentialities and limitations. *Academic Psychology Bulletin, 4,* 399-413.

Feshbach, N. D., & Feshbach, S. (1987). Affective processes and academic achievement. *Child Development, 58,* 1335-1347.

Feshbach, N. D., & Feshbach, S. (1998). Aggression in the schools: Toward reducing ethnic conflict and enhancing ethnic understanding. In P. K. Trickett & C. J. Schellenbach (Eds.), *Violence against children in the family and the community* (pp. 269-286). Washington, DC: American Psychological Association.

Feshbach, N. D., Feshbach, S., Fauvre, M., & Ballard-Campbell, M. (1984). *Learning to care: A curriculum for affective and social development.* Glenview, IL: Scott, Foresman.

Feshbach, N. D., & Konrad, R. (2001). Modifying aggression and social prejudice: Findings and challenges. In H. Martinez (Ed.), *Prevention and control of aggression and the impact on its victims* 355-360. New York: Kluwer Academic.

Feshbach, N. D., & Rose, A. (1990). *Empathy and aggression revisited: The effects of classroom context.* Paper presented at the biennial meeting of the International Society for Research on Aggression, Banff, Alberta, Canada.

Feshbach, S., & Feshbach, N. D. (1969). The relationship between empathy and aggression in two age groups. *Developmental Psychology, 1,* 102-107.

Findlay, L., Girardi, A., & Coplan, R. J. (2006). Links between empathy, social behavior and social understanding in early childhood. *Early Childhood Research Quarterly, 21,* 347-359.

Frey, K. S; Nolen, S. B., VonSchoiack Edsrom, L. & Hirshstein, M. K. (2005). Effects of school-based social-emotional competence program: Linking children's goals, attributions and behaviors. *Journal of Applied Developmental Psychology, 26,* 171-200.

Hammond, A. (2006). *Tolerance and empathy in today's classroom: Building positive relationships within the citizenship curriculum for 9 to 14 year olds.* London: Paul Chapman Publishing.

Harbach, R. L., & Asbury, F. R. (1976). Some effects of empathic understanding on negative student behaviors. *Humanist Educator, 15,* 19-24.

Higgins, E., Moracco, J., & Danford, D. (1981). Effects of human relations training on education students. *Journal of Educational Research*, *75*, 22-25.

Hietolahti-Ansten, M., & Kalliopuska, M. (1991). Self esteem and empathy among children actively involved in music. *Perceptual and Motor Skills*, *72*, 1364-1366.

Hoffman, M. L. (1982). Developmental prosocial motivation: Empathy and guilt. In N. Eisenberg (Ed.), *The Development of Prosocial Behavior*, (pp. 218-231). New York: Academic Press.

Hoffman, M. L. (1983). Affective and cognitive processes in moral internalization. In E. T. Higgins, D. N. Ruble, & W. W. Hartup (Eds.), *Social Cognition and Social Development: A Socio-Cultural Perspective* (pp. 236-274). Cambridge: Cambridge University Press.

Kalliopuska, M., & Ruokonen, I. (1993). A study with a follow-up of the effects of music education on holistic development of empathy. *Perceptual and Motor Skills*, *76*, 131-137.

Kelly, E., Reavis, C., & Latham, W. (1977). A study of two empathy training models in elementary education. *Journal of Instructional Psychology*, *4*, 40-46.

Kohn, A. (1991). Caring kids: The role of schools. Phi Delta Kappan, 72-7, 496-506.

Kremer, J. F., & Dietzen, L. L. (1991). Two approaches to teaching accurate empathy in undergraduates: Teacher intensive and self-directed. *Journal of College Student Development*, *32*, 69-75.

Lizarraga, L. S., Ugarte, M. D., Cardella-Elawar, M., Iriarte, M. D., & Baquedano, M. T. S. (2003). Enhancement of self-regulation, assertiveness, and empathy. *Learning and Instruction*, *13* (4), 423-439.

Lovett, B., & Sheffield, R. (2007). Affective empathy deficits in aggressive children and adolescents: A critical review. *Clinical Psychology Review*, *27*, 1-13.

Miller, P. A., & Eisenberg, N. (1988). The relation of empathy to aggressive and externalizing/antisocial behavior. *Psychological Bulletin*, *103* (3), 324-344.

Osier, J. L., & Fox, H. P. (2001). Settle Conflicts Right Now! A Step-by-Step Guide for K-6 Classrooms. Thousand Oaks: Corwin Press Inc.

Pecukonis, E. V. (1990). A cognitive/affective empathy training program as a function of ego development in aggressive adolescent females. *Adolescence, 25*, 59-76.

Perry, D. G., Bussey, K., & Freiberg, K. (1981). Impact of adults' appeals for sharing on the development of altruistic dispositions in children. *Journal of Experimental Child Psychology, 32*, 127-138.

Redman, G. L. (1977). Study of the relationship of teacher empathy for minority persons and in service human relations training. *Journal of Educational Research, 70*, 205-210.

Salovey, P., & Gruel, D., 2005. The science of emotional intelligence. *Current Directions in Psychological Science, 14*, 281-285.

Sinclair, B. B., & Fraser, B. J. (2002). Changing classroom environments in urban middle schools. *Learning Environments Research, 5*, 301-328.

Stephan, W. G., & Finley, K. (1999). The role of empathy in improving intergroup relations. *Journal of Social Issues, 55*, 729-743.

Stout, C. (1999). The art of empathy: Teaching students to care. *Art Education, 52*, 21-24, 33-34. Underwood, B., & Moore, B. (1982). Perspective-taking and altruism. *Psychological Bulletin, 91*, 143-173.

Warden, D., & Mackinnon, S. (2003). Prosocial children, bullies and victims: An investigation of their sociometric status, empathy and problem solving strategies. *British Journal of Developmental Psychology, 21*, 367-385.

Warner, R. E. (1984). Enhancing teacher affective sensitivity by a videotape program. *Journal of Educational Research, 77*, 366-368.

Yogev, A., & Ronen, R. (1982). Cross-age tutoring: Effects on tutors' attributes. *Journal of Educational Research, 75*, 261-268.

Zahn-Waxler, C., Radke-Yarrow, M., Wagner, E., & Chapman, M. (1992). Development of concern for others. *Developmental Psychology, 28*, 126-136.

Zeidner, M., Roberts, R. D., & Mathews, G. (2002). Can emotional intelligence be schooled? A critical review. *Educational Psychologist, 37* (4), 215-231.

III

공감에 대한 임상적 관점

Chapter 08

유기체 이론에서의 로저스적 공감: 존재의 방식

Jerold D. Bozarth

심리상담에서 공감은 전통적인 정신분석 내의 지엽적 영향요인으로서 출현하였다. 프로이드 이론에서의 공감은 대부분 표면적으로 효과적인 해석을 촉진했다(Bohart & Greenberg, 1997, p.9). 그러나 프로이드는 다른 사람의 정신적 삶에 관한 입장을 취하는 데 공감이 필수 불가결하다는 점을 잘 알고 있었다(1921; Decety & Jackson, 2004, p.74 인용). Reik에 의해 공감 과정이 상세히 서술되고 최근에는 공감이 사회인지 신경과학의 신흥 분야와 관련되는 것으로 알려지면서 공감은 심리상담에서 더욱 핵심적인 구인이 되었다(Decety & Jackson, 2004, p.74). 상담의 핵심요인으로 공감과 무조건적 존중에 초점을 두었던 로저스(1958)의 생각은 심리상담에서 공감의 역할을 한층 드높였으며 이는 또한 사회인지 신경과학 분야의 최근 개념화와 일치하는 것으로 판명되고 있다.

내담자 중심 이론

칼 로저스에 의해 개발된 내담자 중심 상담은 1950년대의 유기체 치료로 발전하였다(Rogers, 1959). 이는 처음에는 1940년대 후반과 1950년대 초반에 심리상담 이론의 하나로 개발되었다(Rogers, 1942, 1951). 이는 당시에 종종 **자기이**

론(self theory)이라고 불렸는데 이론에서 자기개념과 자기경험, 이상적 자기 등이 중심이었기 때문이다. "온정적 수용"을 동반한 공감은 치료적 관계에 매우 중요한 복합 태도로 간주되었다. 이론 개발 과정에서 로저스는 내담자의 자기개발을 촉진하는 공감적 의사소통 방법으로 상담자가 행하는 '반영(reflection)' 또는 '감정반영(reflection of feeling)' 방법에 집중하였다(Rogers, 1942). 또한 상담자의 반응은 주로 상담 회기 중에 탐색 질문, 상담자 훈련 노력 등에 초점이 맞춰졌다. 인적자원 훈련과 대인관계 훈련은 여러 공감 수준을 위한 조작적 정의에 집중되어 있다(Carkhuff, 1969; Gordon, 1970). 널리 이용되고 있는 가장 최근의 의사소통 절차는 '공감적 이해 반응(Empathic Understanding Responses)'이라고 알려졌는데, 상담자의 태도를 이해할 수 있는 음성반응체계를 제공한다(Brodley, 1997).

1951년에 로저스는 의사소통 형식에서 상담자의 태도로 강조점을 전환하면서 다음과 같이 언급하였다: "단어는 그것이 내담자의 것이건 상담자의 것이건 이 두 사람 사이에 존재하는 현재의 정서적 관계와 비교해 보면 매우 미미한 중요성만을 가지는 것으로 보인다"(Rogers, 1951, p.172).

상담자의 기능은 "내담자가 세상을 보는 방식대로 인식하고, 내담자가 자기 스스로 자신을 바라보는 것처럼 내담자를 인식하고, 외적 참조 틀에서 생기는 모든 생각들을 옆으로 제쳐 놓고, 이와 같은 공감적 이해로 내담자와 소통하기 위하여 내담자의 내적 참조 틀을 취하는 것"이다(Rogers, 1951, p.29). 이러한 생각은 로저스가 1955년에 시카고대학 카운슬링센터 토론자료(Vol. 1, No. 5)에서 제시한 공식적인 이론 진술문으로 발전하였다. 이 문건은 4년 후에 출판되었으며, 마침내 로저스는 "지금까지 소개된 인성 및 행동의 **변화** 과정에 관한 이론 중에서 가장 엄격하게 진술된 이론"이라고 선언하였다(Rogers, 1980, p.59). "치료적 과정의 조건"은 다음의 간결한 형태로 제시되었다:

1. 두 사람은 접촉하고 있다.
2. 내담자라고 불리는 첫 번째 사람은 불일치의 상태로 취약하거나 불안해한다.

3. 상담자라고 불리는 두 번째 사람은 관계 속에서 일치적이다.

4. 상담자는 내담자에 대해 무조건적인 긍정적 존중을 경험하고 있다.

5. 상담자는 내담자의 내적 참조 틀에 대한 공감적 이해를 경험하고 있다.

6. 내담자는 적어도 미미한 수준에라도 조건 4와 5, 즉 그 자신에 대한 상
   담자의 무조건적인 긍정적 존중과 상담자의 공감적 이해를 인식한다
   (Rogers, 1959, p.213).

이러한 조건들은 치료적 성공에 필요 충분한 것으로 간주되었으며, 내담
자 중심 심리상담 이론에서는 치료적 조건이라고 확인되었다. 이러한 조건들
은 혼합된 형태로 심리상담과 조력관계를 위한 보편적인 조건으로 상정되었다
(Rogers, 1957)(후에 이 이론은 교육, 행정, 참만남 집단, 갈등해결, 관리, 지역사회집단, 개
인적 삶 등의 맥락에서 "인간 중심 접근"으로 불리게 되었다 [Rogers, 1977]).

실현경향성의 유기체적 영향

내담자 중심 심리상담에 관한 로저스의 이론은 "내담자 중심이라는 체제
내에서 발전한 심리상담, 인성, 대인관계 등의 이론"을 공식화하면서 진정한
유기체 이론이 되는 엄청난 도약을 이루었다(Rogers, 1959). 여기서 내담자 중심
접근은 하나의 동기적 전제, 즉 **실현경향성**(*actualizing tendency*)에 근거를 둔다
(Rogers, 1959, 1963). 이후에 로저스는 **형식적 경향성**(*formative tendency*)을 포함
하였다. 이는 "전체로서 우주에서의(in the universe as a whole)" 건설적 방향을
의미한다(Rogers, 1980, p.114). 형식적 경향성은 인간 중심 접근의 영역에서 일
종의 실용성과 관련된다(예. 지역사회 집단, 교육, 참만남 집단). 그러나 그 용어는
이론적 논의에는 거의 포함되지 않는다.

실현경향성은 "유기체를 유지하거나 향상하는 데 기여하는 방식으로 모든
능력을 계발하려는 유기체의 내적인 경향성"이다(Rogers, 1959, p.196). 좀 더 실
용적인 용어로 표현하자면, 내담자의 변화 과정은 "그들의 잠재 가능성의 실현

방향으로 움직이며, 엄격함에서는 멀어지고 유연함으로 향해 가며, 보다 살아 있는 과정을 향하여 움직이며, 자율성을 향하여 움직이는 등등"으로 기술할 수 있다(Rogers, 1963, p.8). 로저스에게 유기체는 "항상 동기화되어 있고, 항상 뭔가를 꾸미려고 하고, 항상 추구하고 있는 것으로" 간주되었다(1963, p.7). 그러나 이는 단지 건설적인 방향이 촉진되는 유기체의 경험과 자기개념이 일치할 때, 즉 유기체적 실현과 자기실현이 일치될 때만 그러하다. 이는 기술적으로는 **단일 실현경향성**(*unitary actualizing tendency*)이라고 불린다(1963).

1951년에, **자기실현 경향성**(*self-actualizing tendency*)은 실현경향성과 동일한 의미를 갖는 긍정적인 지향력으로 간주되었다. 로저스가 언급한 바와 같이 "유기체의 자기실현 경향성은 널리 정의된 사회화의 방향 내에서 존재하는 것으로 보인다"(Rogers, 1951, p.488). 자기실현화와 실현경향성 간의 관계는 로저스의 공식적인 이론 진술문에서 보다 간결한 의미로 발전되었다(Rogers, 1959). 치료적 분위기는 상담자 일치성의 일부로서 내담자의 무조건적인 긍정적 존중과 공감적 이해 경험으로 정의될 수 있을 것이다.

내담자 중심 상담에서의 공감

공감은 상담자의 일치성에 깊이 내장되어 있다. 심리상담 중 기능적 개념으로서의 실현경향성은 한 인간이 "엄격함에서 멀어지고 유연함을 향하여 가고, 보다 살아 있는 과정을 향하여 움직이고, 자율성 등을 향하여 움직인다"라고 기술하고 있다(Rogers, 1963, p.8). 일치성은 또한 이러한 특징들로 서술된 보다 위대한 통합과 발전을 향하여 움직이는 과정이라고 표현된다. 이러한 과정의 이론적 마침표는 "충분히 기능하는 인간(Fully Functioning Person)"이다(Rogers, 1959, pp.234-235). 요약하면, 공감이란 상담자를 위한 결정적인 조건으로서 일치성의 전체 조건 중 한 부분이라고 할 수 있다. 부수적으로, 내담자의 일치성 증가는 내담자를 위한 성공적인 심리상담의 기본적인 준거이다.

로저스적 공감은 공감에 관한 모든 다른 개념과는 다르다. 내가 다른 곳에서 언급한 바와 같이, "로저스의 공감 개념이 다른 개념과 다른 가장 두드러지는 이유는 로저스에게 공감이란 무조건적인 긍정적 존중과 밀접하게 관련되어 있기 때문이다"(Bozarth, 1997, p.8). 또한 로저스에게 공감은 (1)다른 처치 형식의 사전 조건이라기보다는 핵심적인 치료적 구인이며, (2)어떠한 특정한 상담자 행동이라기보다는 내담자의 체험하기이며, (3)상담자의 태도이고, (4)비지시적 태도에 근거한 대인관계적 과정이라고 볼 수 있다. 로저스는 공감을 다음과 같이 정의하였는데, "공감의 상태 또는 공감적이라는 것은 정확하게 그리고 그것에 속해 있는 정서적 구성요소와 의미를 포함하여 마치 자신이 그 사람이 된 것처럼, 그러나 마치라는 조건을 절대로 잃어버리지 않고 다른 사람의 내적 참조 틀을 인식하는" 것이다(1959, p.210). 로저스는 이론에서 "공감"을 정의하였지만, 공식적인 진술문에서는 "공감적 이해"라는 문구를 사용하였다. 이는 다음의 다섯 번째 조건으로 명시되었다: "상담자는 내담자의 **내적 참조 틀**에 대한 **공감적** 이해를 **경험**하고 있다(Rogers, 1959, p.213; 고딕체는 원본이며 이론에서 정의된 단어를 의미한다). 마지막 여섯 번째 필요 충분조건으로서 공감과 무조건적인 긍정적 존중을 결정하는 궁극적인 준거는 내담자가 이러한 태도를 인식하느냐에 있다.

내담자와 상담자의 유기체적 경험과 로저스적 공감

로저스는 내담자 중심 상담을 유기체 이론과 의사소통 · 대인관계 · 자기 이론으로서 옹호하였다. 이러한 특징화는 서로 보완적일 수 있으며, 따라서 공감은 관찰, 기억, 지식, 추론 등을 결합하는 복잡한 형태의 심리적 추론이라고 간주된다(Ickes, 1997). 그러나 상담자의 의사소통을 지나치게 강조하면 유기체 이론의 확장과 탐색을 방해할 수 있다. Hoffman(1981)은 공감을 주로 감정 신호에 대한 비자발적인 대리적 반응으로 간주하는데, 그의 관점은 신경과학적 틀을 사용하여 보다 잘 설명될 수 있는 차원을 강조한다. 예를 들어, 로저스(1959)는 상담 과정의 여섯 번째 조건에서 "상담자는 그의 공감적 이해와 내담자에 대한 무조건적인 긍정적 존중을 **소통한다**"라는 요건을 생략하였다(p.213). 그는 "상당한 숙고를 한 후에" 이것을 생략하였음을 분명히 언급하였다(p.213). 그는 다음과 같이 설명하였다: "의사소통은 효과적인 것으로 수용되어야 하기 때문에 상담자의 의사소통은 아무리 강조해도 충분하지 않다"(p.213). 그의 갈 등은 아래의 설명에서도 엿볼 수 있다:

> 상담자가 의사소통이 실제로 이루어졌다는 그러한 의사소통을 **의도적으로 하는 것**은 본질적이지 않다. 왜냐하면 이는 유연한 언급이나 비자발적인 표정에 의해서도 가능하기 때문이다. 그러나 만약 어떤 이가 살아 있는 경험의 명백히 중요한 부분에 해당하는 소통의 측면을 강조하기를 바란다면, 여섯 번째 조건은 다음과 같이 진술될 수 있다: 6. 내담자에 대한 상담자의 공감적 이해와 무조건적 긍정적 존중은 미미한 수준일지라도 획득된다(Rogers, 1959, p.213).

이 이론은 공감에 관한 최근의 연구에서 핵심이라고 할 수 있는 주요 구성요소(다른 사람의 관점을 취할 수 있는 인지적 능력을 담보하면서, 자신에 대한 조절 기제를 가지고 있으면서, 다른 사람에게 정서적으로 반응하기)와 일치한다(Decety & Jackson, 2004).

개정된 이론서에서 로저스(1975)는 다음과 같은 논문 제목으로 공감의 정의를 정련하였다: "공감하기: 존재의 인정받지 못한 방식(Empathic: An Unappreciated Way of Being)." 개정판의 주요한 요지는 공감을 "상태"라기보다는 "과정"으로서 틀을 잡았다는 점이다. 이러한 변화는 명료화라기보다는 개정이라고 부를 수 있는데, 1951년의 이론 진술문에서는 "공감 상태(state of empathy)"와 함께 "공감적이게 되기(being empathic)"라고 표현(Rogers, 1959, p.110)했기 때문이다. 그럼에도 불구하고, 로저스는 공감 과정의 질을 보다 정련된 서술문으로 이해하고자 하였다. 이러한 정련화는 상담자의 일반적인 활동에 관한 서술을 제외하고는 공감에 관한 정의에 실제로는 추가한 바가 거의 없다. 이들 활동은 다음을 포함한다.

1. 상담자는 타인의 사적인 인식 세계에 들어간다.
2. 상담자는 순간순간에 타인 안에 흐르는 의미의 변화에 민감하다.
3. 상담자는 가치판단을 하지 않고 조심스럽게 그의 삶에 들어가서 잠시 그/그녀의 삶을 산다.
4. 상담자는 내담자의 세계에 대한 그의 감각을 소통한다.
5. 상담자는 자신의 이러한 감각들의 정확도에 관하여 내담자와 수시로 확인하고, 내담자의 반응에 따라 이끌어진다(Rogers, 1975, p.4).

특히 내담자의 참조 틀을 상담자가 정확히 "감지"하고 있는지에 대한 주기적인 검토를 포함하는 등 내담자와 상담자의 소통을 다시 강조한다. 공감은 또한 "진가를 인정받지 못했던, 존재의 방식(unappreciated way of being)"과 "소외의 융해(dissolving alienation)"라고도 불린다. 이는 또한 공감의 수혜자가 "있는 그대로의 존재로서 가치 있게 여겨지고, 돌보아지고, 수용된다"고 느낄 수 있도록 돕는다. 이러한 현상이 발생할 때, "진정한 공감은 어떠한 평가적 또는 진단적 성질에서 자유롭게 된다"(Rogers, 1975, pp.6-7; Bozarth, 1999, p.59). 로저스가 공감의 결과로 간주한 비평가적이며 수용적 성질은 무조건적인 긍정적 존중의 정의와 개념적으로 동일한데, 즉 상담자는 그 지점에서 "내담자의 일부로서 내담자 경험의 각 측면에 대한 온정적인 수용을 경험한다"(Rogers, 1957, p.93; Bozarth, 1999, p.59).

로저스는 더 나아가 1987년 사망하기 몇 년 전에 치료적 관계에 대하여 언급하였다. 그는 내담자도 또한 의식적인 공감 과정에 참여한다고 주장하였다. 그에 따르면, "나는 상담의 가장 좋은 순간에 의식의 상호교환적인 상태가 존재한다고 느낀다. 즉 [내담자와 상담자] 우리 둘은 모두 진실로 일상적인 우리 자신의 존재를 약간 뛰어넘게 되며 우리 중 어느 누구도 자신이 매우 성찰적이라는 것을 깨닫지 못한 가운데 의사소통이 지속되는 순간이 있다"(Heppner, Rogers, & Lee, 1984, p.16).

매우 중요한 실용적인 질문이 다음과 제기될 수 있다: 내담자들은 언제 공감적 이해를 경험하는가? 그리고 이러한 공감적 이해는 측정될 수 있는가? 몇 가지 예시가 이러한 질문을 탐색하는 데 도움이 될 수 있다.

임상 사례

내담자가 공감을 언제 경험하는지를 고려하는 한 가지 방법은 공감 의도를 구성하는 내담자-상담자 간 상이한 상호작용을 분석하는 것이다. 내담자 중심 상담에서 상담자의 공감 경험 정도를 결정하는 것은 (제6번째 상담 과정에서 진술한 바와 같이) 전적으로 내담자의 지각에 달려 있다. 측정 도구에는 전통적으로 상담자의 지각과 내담자의 지각뿐만 아니라 객관적인 평정자의 지각을 고려하는 검사목록과 평정척도를 포함한다. Barrett-Lennard, Truax, Carkhuff 척도 등은 이러한 측정 도구들 중에서 가장 많이 활용되는 것들이다(Bohart & Greenberg, 1997, p.16).

상담 회기에서 추출한 몇 가지 상호작용 사례는 다음과 같다.

파멜라 이야기

다음의 삽화는 이십여 년 전에 발표된 것이다(Bozarth, 1984).

대학원생 내담자인 파멜라는 자주 긴장된 자세를 취하거나 사무실 안 가구 주변을 끊임없이 돌아다닌다. 이번 회기에서 상담자는 그녀가 시무룩하고 거리감을 두는 얼굴로 상담실에 들어올 때 어떻게 지내고 있냐고 물었다. 그녀는 한 시간 반 동안 침묵한 채 앉아 있다. 회기 중에 상담자는 아무 말도 하지 않고 일련의 생각만을 했다. 그 생각 중에는 다음과 같은 내용이 있다: '나는 당신이 어려움을 해결해 낼 탄력성이 있다는 데 대해 완전히 신뢰합니다.' 상담자는 더 나아가 파멜라가 어떻게 느끼고 있을지에 대해서 스스로 생각해 봤다: '나는 상처받고 거절당했다. 해롤드가 당신을 거절했나? 그것은 다른 사람일 수도 있다. 그런데 당신은 해롤드가 당신을 거절했다고 느끼고 있는 것 같다. 그러나 또한 당신은 그것에 대해 얘기하고 싶지

않은 것 같다.' 그녀는 일어나서 구석에서 서 있었다. 상담자는 생각했다: '나는 정말 나쁜 여자구나.'

그녀는 탁자 뒤로 움직이더니 마룻바닥에 얼굴을 대고 누웠다. 얼마 지나지 않아 상담자는 탁자 램프를 켜고 부드러운 음악 테이프를 틀고 파멜라 옆의 의자에 앉았다. 이십 분 후에 파멜라가 말했다, "지금 가야겠어요." 그리고는 문 쪽으로 갔다. 상담자는 다음과 같이 물으면서 그녀를 따라갔다. "당신이 나에게 전화할래요?" 그녀는 고통스런 표정으로 "아니오"라고 대답했다.

오 분 후에, 상담자가 명상 자세를 취하면서 파멜라와의 경험을 정리하려고 하는 동안, 문 두드리는 소리가 들렸다. 그것은 파멜라였고, 그녀는 다음과 같이 말했다. "나는 이렇게 당신을 떠날 수 없어요." 그녀는 말하기 시작했다. 자살하려는 생각을 했었다고, 그러나 4층 창문 밖으로 사람들이 아래에서 걸어다니는 것을 보면서 생각을 바꾸었다고. "나는 비비탄총을 가지고 모든 사람들을 쏴 죽이고 싶어요"라고 말했다. "그게 소총이었으면 좋겠어요." 그녀는 계속해서 말을 이어 갔다. "그래서 모든 사람들을 죽여 버리고 싶어요. 흰색 블라우스를 입은 한 사람을 빼놓고는요. 그녀에게는 도끼를 사용하고 싶어요." 상담자가 물었다. "그녀에게 쓸 도끼는 없네요?" 답변은 이러했다. "그게 더 피투성일 거예요." 파멜라는 계속 모든 사람을 파괴하는 피투성이 방식을 찾으면서 아래층 위층을 돌아다니는 식의 살인 대본을 계속해서 묘사했다. 상담자는 몇 차례 그녀의 이야기에 다음과 같이 말하면서 동참했다. "아마 산탄총이 더 나을지도 모르지요. 저는 흰 셔츠는 입지 말아야겠네요." 상담 회기는 갑자기 끝났다.

다음 날, 상담자는 문 밑으로 파멜라의 편지를 받았다. "(오늘) 제가 너무 유치했던 것 같아요. 정말로 해롤드에 대해서 말할 때 침착하고 이성적이고 싶어요─빌어먹을 도대체 뭐가 그를 나에게 그리도 중요하게 만든 거죠?" 그녀는 계속 얘기를 이어 갔다. 자신이 자살을 생각할 수 있다는 점이 매우 놀랍고, 내가 파멜라를 병원에 보낼지도 모른다고 친구가 걱정했던 얘기를 서술하였다. 파멜라는 다음과 같은 이야기로 편지를 끝마쳤다: "삶에 뭔가 더 많은 것이 존재하고 빌어먹게도 나는 그것을 원한다는 것을 알아차렸어요. 당신이 그렇게 자주 그토록 부적절한 그러한 "적절한" 반응들을 하지 않아서 너무 기뻐요. 당신은 진실로 나를 이해해 줬어요." (Bozarth, 1984, pp.72-73).

이십 년 후에 파멜라는 상담자를 만났다. 그녀는 성공한 사업가가 되었고, 대학원으로 돌아와 박사과정 공부를 할 계획을 가지고 있었다. 그녀는 이 상담 회기들을 기억하고, 여전히 치료적 관계에 대하여 긍정적인 느낌을 가지고 있다고 말했다. 그녀에 따르면, 관계와 공감적 수용은 그녀의 성공적인 삶의 노력에서 중요한 부분이었다.

위 사건은 이해받음에 대한 파멜라의 확인에 덧붙여서 두 가지 특정한 공감적 교류의 예를 포함하고 있다. 첫 번째는 그녀가 "해롤드"에 의해 상처를 받았다는 상담자의 "감각(sensing)"으로 구성되며, 상담자는 이 생각을 [의도적으로] 그녀와 소통하지도 않았다. 이는 그녀가 상담 회기로 돌아와서 얘기함으로써 확인되었다. 두 번째 비전통적인 공감적 경험은 살인 환상을 하던 중의 상호교환이었다. 그녀는 확실히 자신의 세계에서 나와의 교제를 즐겼다: 어떠한 확인의 말도 필요하지 않았다.

다음 날 나에게 보낸 편지에서 그녀는 내가 그녀를 이해하고 수용했다는 점을 알아차렸다고 표현하였다. 이십 년이 지난 후에도 그녀는 여전히 공감적 수용이 그녀를 도운 관계의 한 부분이라고 보았다.

톰 이야기

다음의 사례는 맥락이 약간 다른 예로서, "명상 치료"에서 말이 아닌 다른 방법으로 임상 전공 학생들이 내담자에게 초점을 맞추는 실험이 포함되었다. 처음 지시는 내담자가 눕고, 상담자는 내담자 옆에 앉는 것이다. 내담자는 긴장을 풀고 원한다면 상담자에게 매 특정 시간에 그들에게 무슨 일이 일어나는지 상담자에게 말을 할 수 있다. 상담자는 처음에는 내담자에게 주기적으로 그들이 무엇을 느끼고 있는지 묻되 억지로 응답하도록 느끼지는 않게 하라고 지시받았다. 나는 임상 슈퍼바이저로 나 또한 일부 내담자와 작업한 상담자이기도 했다.

이 시나리오는 나 자신과 한 내담자에 관해서이다. 내담자는 상담심리 박사과정 대학원생이다. 그는 정기적으로 혼자서 명상수련을 하였지만, 결혼과 직업 목표에 관한 특정한 도움을 받기 위해 상담자를 만나고 싶어 했다. 그는 명상 치료가 이러한 목표를 탐색하는 데 방법이 될 수 있다고 생각했다. 실험에 관한 나의 경험은 단지 내담자가 마루의 매트에 누워 있을 때 나는 내담자 옆의 바닥에 앉아 있는 것으로 발전했다. 톰과 나는 학기 마지막까지 진행할 수 있도록 사전에 계획된 대로 약 12회기를 만났다. 톰은 처음부터 자신은 누군가와 함께 명상하기 원했다고 설명했다. 그는 "뭐가 일어나는지 보고" 싶어 했다. 그는 박사과정을 끝마치지 못할 것이라는 불안뿐만 아니라 결혼과 직업에 관한 주요한 결정을 할 수 있게 되었다.

12회기 동안에 톰은 상담 회기에 들어올 때 "안녕"이라고 말하고는 한 시간 동안 매트에 앉아 있다가 "고맙습니다"라고 말하며 일어났다. 상담자로서 나는 톰에게 초점을 맞추었고, 나에게 전해 오는 무엇이든 경험하려고 나 자신을 허용하였다. 나는 일반적으로 아무것도 생각하지 않았다. 나의 초점은 톰에게 있었고, 이는 사람들이 만트라에 초점을 맞추는 그런 방식이다. 어떠한 일이 일어나건 간에 내 자신이 경험하도록 허용하면서 나의 온 관심을 톰에게로 향했다.

톰은 다음 회기에서 그의 결혼이 매우 순조로워졌고, 진로 방향이 결정되었고, 학교 수행능력이 개선되었고, 박사과정을 끝내기 위해 학교에 머무르기로 결정했다고 말했다. 대부분의 톰의 인식은 다른 자료에서도 확인되었다.

이 사례에서 상담자의 공감적 자세에 관한 유일하게 뚜렷한 증거는 톰에게 자신의 관심을 집중하고자 하는 상담자의 의도였다. 상담자로서 상담 회기에 대한 나의 느낌은 회기가 진행되면서 활동적이고 극도로 흥분된 것에서 고요와 평화로움으로 이동하였다. 불행히도, 톰의 공감 인식에 관한 측정치는 얻지 못했다. 회기 사후 면담에서 그는 덜 "흥분"되고 그의 특정한 관심을 다루는 데 필요하다고 생각했던 침착함에 도달했다고 표현했다.

짐 이야기

다음의 사례는 칼 로저스가 짐 브라운과 수행한 상담 회기 중 한 부분이다(Bozarth, 1996). 브라운 씨는 정신병원에 세 차례 입원했으며, 마지막에는 19개월 동안 입원하였다. 로저스(1967)는 연구 프로젝트 보고서에 상담 회기에 대해 자세히 기술하였다. 그는 짐을 2년 반이 넘도록 1시간 이상의 상담 회기를 165회 만났다. 로저스는 브라운 씨에게 담배를 건넸고, 그에게 돈을 빌려줬고, 대부분의 상담 회기 동안 그와 조용히 앉아 있었다. 로저스가 상담 회기에 대해 요약할 때, "그의 진보는 주로 관계의 질을 뛰어넘어 성장한 것 같다. 이는 신선한 통찰이나 새롭고 의식적인 자기지각과는 거의 관련이 없는 것 같아 보였다. 그는 다양한 방식으로 새로운 사람이 되었지만, 그는 그것에 대해 거의 얘기하지 않았다"(Rogers, 1967, p.403).

나는 이전의 문헌 연구에서 위의 상담 회기 중 두 회기를 분석하였다(Bozarth, 1996, pp.240-250). 나는 첫 번째 회기에 50분 동안의 침묵, 로저스의 한두 가지 개인적인 진술, 그리고 짐의 진술의 의미를 확인하려는 의도를 반영하는 11개의 반응이 포함되었다는 점에 주목하였다. 두 가지 반응은 "공감적 추측"으로 로저스는 자신이 많은 회기에서 주기적으로 시도하려는 것을 알아차렸다고 진술한 바 있다. 이 공감적 추측은 다음과 같은 말들을 포함한다: "오늘 아침에 약간 화난 것 같아 보이네요, 아니면 이는 제 상상인가요?" "좌절한 것 같기도 하고 피곤한 것처럼 들리기도 하네요." 이후의 질문에서 짐은 침묵 후에 "아니오, 단지 엉망이에요"(p.244)라고 응답하였다. 로저스가 짐의 지인으로부터 상처받은 "안 좋은" 느낌을 반영할 때, 짐은 반항적으로 "어차피 나는 상관없어요"라고 응답하였다. 로저스는 반응하였다: "당신은 스스로에게 전혀 상관없다고 말하지만 내 추측으로는 당신의 어느 부분은 흐느끼고 있는 것 같아요"(짐의 눈물을 언급하면서). 로저스는 19초 후에 계속해서 다음과 같이 말하였다. "내 추측으로는 당신의 어떤 부분이 '여기 또 한 번 한 방을 맞았네, 그 사람들이 나를 좋아하지 않는다고 느낄 때, 내 일생에 이런 충분한 일격은

맞아 본 적이 없는 것처럼' 느끼는 것 같아요." "여기 내가 애착을 느끼기 시작한 사람이 있어요. 하지만 지금 그는 나를 좋아하지 않아요. 그런데도 내 뺨에는 눈물이 흘러요"(p.245). 1분 반 정도 침묵하고 나서, 로저스는 짐의 눈물에 답하였다. "그게 정말로 상처가 되지요?" 26초 후에 로저스는 계속했다." "그 감정이 올라온다면 당신은 단지 계속 흐느끼게 될 것 같네요." 약 일 분 정도의 침묵 후에 로저스는 다른 상담 약속 때문에 회기를 중지해야 했다.

　　3일 후에 두 번째 회기는 비슷한 패턴으로 진행되었다. 침묵 52분, 로저스가 행한 19번의 반영, 그리고 몇 가지 공감적 추측인 49개의 진술이 있었다. 추측은 이전 회기보다 감정의 강도에 더 많이 유도된 것 같다. 예를 들어, 로저스는 짐이 "당신 안에서 깊이 달리는 느낌 속으로 푹 빠져들기"를 스스로에게 허용하는 것 같다고 추측한다. 그러나 짐은 이 같은 언급에 대해 "나는 이류할 겁니다"라는 말로 무시하였다. 로저스는 더 많은 의미를 탐색하는 반영을 하면서 그리고 "기어가면서 죽기를 바라는 상처 입은 동물"이라는 비유를 사용하면서 응답하였다. 로저스는 계속해서 몇 가지 개인적인 진술을 하고, 이에는 짐이 손으로 얼굴을 감싸지 않는 것에 대해 좋은 감정을 느낀다는 말을 포함한다. 로저스는 회기 전반에 걸쳐 가장 의미 있는 진술로서 한 가지 개인적인 표현을 고려하였으며, 이것이 짐을 위한 "움직임의 순간"이라고 생각했다. 로저스의 말은 다음과 같다: "빌어먹게도 당신이 아무에게도 도움이 되지 않는다는 느낌이 무엇인지 아주 잘 이해할 수 있을 것 같아요. …왜냐하면 나 자신에 대해 그렇게 느꼈던 때가 있었어요. 그리고 그게 정말로 힘들다는 것을 잘 알아요." 로저스가 짐에게 계속 응답해 가는데 "결정적인 전환점"은 다음의 진술과 함께 나타났다: "음, 음… 그게 바로 당신이 떠나고 싶은 이유지요. 왜냐하면 당신은 무슨 일이 일어나는지에 대해서는 정말로 관심이 없으니까요. 그리고 나는 단지 이렇게 말하고 싶네요. 나는 당신이 염려됩니다. 그리고 무슨 일이 일어나는지 염려됩니다." 짐은 그 후 15분 동안 눈물을 쏟아 냈다. 비록 짐을 사로잡는 몇 가지 시도들이 더 있었지만, 그다음 몇 분 동안에는 거의 말을 하지 않은 채로 가만히 있었다. 짐이 로저스에게 했던 마지막 말은 "담배 없지요?"였다(Bozarth, 1996, pp.245-246).

브라운 씨는 병원을 퇴원해서 몇 년 동안 정상적인 삶을 살았다. 결정적인 전환점은 짐이 포기했을 때 로저스가 짐에 대한 자신의 걱정을 표현했을 때라고 로저스는 믿고 있다. 로저스는 이러한 면담을 다음과 같은 방식으로 정리하였다: "나는 한 사람으로서 그에 대한 따뜻하고 동시적인 염려를 느꼈다. 이는 몇 가지 방식의 표현에 나타나는데, 그가 절망하고 있을 그 순간에 가장 깊은 감정으로 나타난다. 우리들은 두 사람의 실제적이며 진실한 인간으로서 교류하고 있었다"(Rogers, 1967, p.411).

이 사례는 공감이 여러 다학문적 접근을 통해 개념화되어 오면서 인간 안에서의 공감 경험을 생산하기 위해 상호작용하는 세 가지 주요한 기능적 구성요소의 측면들을 수반한다(Decety & Jackson, 2004). 브라운 씨와 로저스가 함께 하는 감정공유의 증거들이 있다. 또한 로저스가 브라운의 지각 세계에 주기적으로 들어가면서 자신의 자기정체감을 유지했다는 점 또한 분명하다. 로저스는 짐 브라운의 관점을 몇 가지 방식으로 채택하고자 했다. 로저스는 병원에 대해 불만족스럽다는 짐의 이야기를 의도적으로 그리고 인내심을 가지고 경청했다. 로저스는 주기적으로 "공감적 추측"을 시도했다. 그리고 짐에 대한 걱정과 관련된 자신의 감정을 공유하였다. 특히 로저스가 그의 공감적 추측을 말로 표현할 때, 짐은 가끔 그 시도를 무시하고 로저스를 언어로 교정하기도 했다.

논의

로저스적 공감은 언어적 공감 이해 반응과 관련된다(Brodley, 1997). 언어적 상호교류 속에서 상담자는 내담자의 반응에 의해 공감적 이해가 소통되고 있는지 또는 공감적 시도가 거절되었는지 아니면 명료화가 필요한지에 대해 즉각적으로 확인할 수 있다. 앞서 제시한 사례들에서는 음성적 상호작용이 적기 때문에 공감을 확인하기가 더 어렵다. 그러나 공감의 존재를 확인하는 준거는 무조건적인 긍정적 존중과 공감적 이해에 대한 내담자의 인식이다. 상담자의 근본적인 활동은 내담자의 자기 삶에 대한 지각을 추구하고자 하는 것이기 때문에 상담자와 내담자 간 공감 인식의 불일치는 최소화한다. 상담자는 내담자의 참조 틀을 상담자가 제대로 이해하고 있는지에 대하여 본질적으로 항상 내담자에게 묻는다.

다른 상담과 마찬가지로 인간 중심 상담은 신경과학에 의해 개발된 척도를 사용하여 측정할 수 있다. 이번 장의 다소 심오한 내담자 사례들은 신경과학자들에게 유사한 치료적 상황에서 공감을 연구하기 위한 몇 가지 아이디어를 제공할 수 있을 것이다. 예를 들어, 나는 첨단기술을 사용하여 상담 회기 중에 상담자와 내담자의 뇌 활동을 분석해 보면 어떨까 생각해 본다. 내담자와 상담자의 뇌 활동 패턴은 상담 과정의 서로 다른 지점에서 어떻게 비교해 볼 수 있을까? 예를 들어, 파멜라와의 상담에서 내담자가 침묵하던 중에, 그녀가 가구 주변을 어슬렁거리는 중에, 또는 상담자가 그녀의 살인 환상에 대하여 함께하던 중에 내담자와 상담자의 생리적 협응 정도는 그들의 심리적, 생리적 일치의 성질이나 정도를 드러내는 데 도움이 될 수 있다. 그러한 측정은 톰이 '매우 흥분된' 느낌에서 더욱 침착해지는 방향으로 움직이고 있다는 상담자의 감각에 대한 보다 과학적인 토대를 확립하는 데 도움이 될지도 모르겠다.

침묵하는 동안 톰과 상담자의 심장박동, 호흡, 뇌 활동에 대한 광범위한 분석을 할 수 있었다면 어떤 일이 일어났을까? 다른 사람의 존재에 대하여 우리들이 알고 있다고 생각하는 것보다 아마도 우리들이 더 많이 알고 있다는 것을 신경학적으로 확인할 수 있을까?

인간의 공감에 관한 세 가지 주요 구성요소는 Decety와 Jackson(2004)에 의해 수행된 공감의 기능적 구조에 관한 분석에서 밝혀졌다. 이들 구성요소에는 타인의 정서적 경험을 공유하는 능력, 그것을 이해하는 인지적 역량, 자기 자신의 감정을 동시에 조절하는, 즉 자신과 타인의 감정 사이의 구분을 유지하는 능력이 포함된다. 이러한 발견은 로저스의 공감에 관한 관점에서도 매우 뚜렷하게 일관된다. 비록 이번 장이 인간 중심 상담의 유기체적 토대에 주로 초점을 맞추고 있어 타인의 내적 삶을 경험하는 선천적인 능력을 강조하고 있지만, 다른 한편 로저스적 공감은 언어적 공감 이해 반응과 결합된 의사소통 기술에 깊이 뿌리내리고 있다(Brodley, 1997).

　　로저스는 재차 다음과 같이 진술하였다: "내가 깊이 내담자에게 집중하고 있을 때, 오직 나의 존재는 치유된 것 같고, 이는 아마도 모든 좋은 상담자에게 해당될 것이라고 생각한다"(Baldwin, 1987, p.45). 로저스적 공감은 현대 사회 신경과학의 방법을 통해 보다 잘 이해될 수 있고, 더욱 발전할 수 있을 것이다. 이는 사회인지 신경과학 연구모형과 양립할 수 있는 장기적이며 강력한 개념이다.

참고문헌

Baldwin, M. (1987). Interview with Carl Rogers on the use of the self in therapy. In M. Baldwin & V. Satir (Eds.), *The use of self in therapy* (pp. 45-52). New York: Haworth Press.

Bohart, A., & Greenberg, L. (1997). *Empathy reconsidered: New directions in psychotherapy*. Washington, DC: American Psychological Association.

Boyer, P., & Barrett, H. C. (2004). Evolved intuitive ontology: Integrating neural, behavioral, and developmental aspects of domain specificity. In D. Buss (Ed.), *Handbook of evolutionary psychology*. Cambridge, MA: MIT Press.

Bozarth, J. D. (1984). Beyond reflection: Emergent modes of empathy. In R. Levant & J. Shlein (Eds.), *Client-centered therapy and the person-centered approach: New directions in theory, research, and practice* (pp. 59-75). New York: Praeger.

Bozarth, J. D. (1996). A silent young man: The case of Jim Brown. In B. A. Farber, D. C. Brink, & P. M. Raskin (Eds.), *The psychotherapy of Carl Rogers: Cases and commentary* (pp. 240-260). New York: Guilford Press.

Bozarth, J. D. (1997). Empathy from the framework of client-centered theory and the Rogerian hypothesis. In A. C. Bohart & L. S. Greenberg (Eds.), *Empathy reconsidered: New directions in psychotherapy* (pp. 81-102). Washington, DC: American Psychological Association.

Bozarth, J. D. (1999). *Person-centered therapy: A revolutionary paradigm* (2nd ed.). Ross-on-Wye, UK: PCCS Books.

Bozarth, J. D., Zimring, F., & Tausch, R. (2002). Client-centered therapy: Evolution of a revolution. In D. Cain and J. Seeman (Eds.), *Handbook of humanistic psychotherapy: Research and practice* (pp. 147-188). Washington, DC: American Psychological Association.

Brodley, B. T. (1997). The nondirective attitude in client-centered therapy. *Person-Centered Journal, 4* (1), 61-74.

Carkhuff, R. R. (1969). *Helping and human relations: A primer for lay and professional helpers: Vol. 1. Selection and training.* New York : Holt, Rinehart & Winston.

Decety, J., & Jackson, P. L. (2004). The functional architecture of human empathy. *Behavioral and Cognitive Neuroscience Reviews, 3,* 71-100.

Gordon, T. (1970). *T.E.T.: Teacher effectiveness training.* New York: New American Library.

Heppner, P. P., Rogers, M. E., & Lee, L. A. (1984). Carl Rogers: Reflections on his life. *Journal of Counseling and Development, 63,* 14-20.

Hoffman, M. L. (1981). Is altruism part of human nature? *Journal of Personality and Social Psychology, 40,* 121-137.

Ickes, W. (1997). *Empathic accuracy.* New York: Guilford Press.

Rogers, C. R. (1942). *Counseling and psychotherapy.* Boston: Houghton-Mifflin.

Rogers, C. R. (1951). *Client-centered therapy: Its current practice, implications, and theory.* Boston: Houghton Mifflin.

Rogers, C. R. (1955). A theory of therapy, personality, and interpersonal relationships as developed in the client-centered framework. *Counseling Center Discussion Papers, 1* (5), 1-69.

Rogers, C. R. (1957). The necessary and sufficient conditions of therapeutic personality change. *Journal of Consulting Psychology, 21* (2), 95-103.

Rogers, C. R. (1959). A theory of therapy, personality, and interpersonal relationships as developed in the client-centered framework. In S. Koch (Ed.), *Psychology: A study of science: Vol. 3. Formulation of the person and the social context* (pp. 184-256). New York: McGraw Hill.

Rogers, C. R. (1963). The actualizing tendency in relation to "motives" and to consciousness. In M. Jones (Ed.), *Nebraska Symposium on Motivation* (pp. 1–24). Lincoln: University of Nebraska Press.

Rogers, C. R. (1967). A silent young man. In C. R. Rogers, G. T. Gendlin, D. J. Keisler, & C. B. Truax (Eds.), *The therapeutic relationship and its impact: A study of psychotherapy with schizophrenics* (pp. 401–416). Madison: University of Wisconsin Press.

Rogers, C. R. (1975). Empathic: An unappreciated way of being. *Counseling Psychologist, 5*, 2–10.

Rogers, C. R. (1977). *Carl Rogers on personal power: Inner strength and its revolutionary impact.* New York: Delacorte Press.

Rogers, C. R. (1980). The foundations of a person-centered approach. In C. Rogers (Ed.), *A way of being* (pp. 113–136). Boston, MA: Houghton–Mifflin.

Chapter 09

심리치료에서의 공감: 대화 그리고 체화된 이해

Mathias Dekeyser, Robert Elliott, and Mia Leijssen

    본 장에서는 일상의 공감적 상호작용에 대하여 보다 일반적이고 종합적인 이해에 기초하여 심리치료에서의 공감을 설명하고자 한다. 우리는 두 가지 이유로 이 접근법이 치료적 맥락에서 공감의 과정을 더 잘 이해하는 데 기여할 수 있다고 제안한다. 신경학 연구와 사회심리학 연구는 신체적, 비언어적 수준에서 대인관계에 미치는 영향의 힘과 복잡성을 입증하였으나, 치료자들에 의해 때때로 무시되었다(Shaw, 2004). 이러한 영향의 예는 정서전염(예. Preston & de Waal, 2002)과 자동경계에서 나타난다(Wentura, Rothermund, & Bak, 2000). 두 번째로, 내담자-치료자 간의 상호작용에서의 문제를 이해하려면 치료자의 의도, 감정 그리고 기타 내적 상태를 포함하여 내담자가 어떻게 치료자를 이해하고 그리고 오해하는지에 대해 살펴보는 것이 필요하다(예. Rhodes et al., 1994). 이 문제들은 내담자와 치료자에 대해 유사한 개념을 사용하여 설명할 때 더 일관적으로 파악된다. 예를 들면, 내담자와 치료자 간의 의사소통의 "양 측면"을 모두 고려할 때 정신병 치료에서 심각한 의사소통 문제를 다루고 이해하기가 더 쉽다(Peters, 2005).

공감 주기와 체화된 공감

심리치료 회기에서 공감은 신체에 선명하게 기초를 두며, 동시에 근본적으로 협력적인 대화의 과정이라는 것을 다음의 예화를 통해 알 수 있다(Bohart et al., 2002; Diamond, 2001; Wynn & Wynn, 2006).

Nick은 실직으로 인한 우울증을 치료하기 위해 방문한 요리사였다. 세 번째 회기에서, 자신의 일이 그에게 어떤 것이었고, 그것에 대해 무엇을 놓쳤는지 설명했다. 치료자는 경청을 하면서 자신을 내담자의 경험 속으로 이끌어 갔다. 치료자는 자신의 위장이 간질간질하며 톡톡 쏘는 것을 느꼈고, 자신이 겪은 유사한 느낌을 기억했다(땅 위에 단단하게 뿌리내린 발의 감각과 함께 흥분감이 상승하는 감각). 그리고 치료자는 내담자가 자부심과 행복감을 느끼며 머리를 높이 치켜들고 주방을 성큼성큼 걸어 나오는 "한 편의 영화가 머릿속에서 돌아가는 것 같았다." 치료자는 그의 상상과 의자에서 꼿꼿한 Nick의 자세와 확고한 태도가 어떻게 일치하는지 그리고 치료자 자신이 어떻게 더 확고한 자세로 바꾸는지에 주목했다. Nick이 설명하는 동안, 그는 치료자가 아무것도 말하지 않았음에도 불구하고 그에게 관심을 가지고 있음을 느꼈고, 그가 더 깊이 있게 설명하도록 지지하는 것을 경험했다.

심리치료에서 공감은 내담자와 치료자 모두의 공감적 능력에 근거를 두고, 언어적 및 비언어적인 상호작용을 통하여 자동적으로 활성화되는 대화다. 그리고 서로를 이해하기 위한 각자의 의식적인 노력에 의해 향상된다. 비록 그것이 지각, 인지, 행동적 과정을 포함하지만, 기본적으로 신체적, 정서적 경험에 근거를 둔다(Vanaerschot, 1990). 이 요소들의 대부분은 현재까지 전문가의 공감적 상호작용에 관한 가장 영향력 있는 이론인 Barrett-Lennard(1981)의 공감 주기(Empathy Cycle; EC) 공식에 포함되어 있다(예. Elliott, Watson, et al., 2004). EC에서 내담자와 치료자는 함께 다음의 네 단계의 주기를 통해 내담자의 경험에 대한 정확한 표현을 탐색한다. (1)경험에 대한 내담자의 표현, (2)치료자의 공감적 공명, (3)치료자의 공감 표현, (4)내담자의 공감 수용 그리고 내담자의 더 깊이 있는 경험에 대한 표현이 뒤따른다. EC 모델은 치료적 공감을 이해하는 데 명확하고 간결하며 유용한 틀을 제공한다. **공감적 조율**(*empathic attunement*)은 내담자의 정서, 의도, 인지 그리고 신체 상태에 대한 치료자의 내적 표상으로 표현된다(2단계). 그리고 이것은 치료자가 더 정확한 표현으로 내담자를 돕는 방식으로 반응하게 한다(3단계). 내담자의 모든 새로운 반응은 치료자가 내담자를 더 잘 이해하도록 돕고, 새롭고 심화된 공감적 자세로 반응하게 한다.

그러나 치료자의 가슴속에서만 공감하는 것은 공감의 전체로부터, 치료자와 함께 하는 내담자의 공감으로부터, 그리고 공감의 체화된 본질로부터 주의를 편향시킨다. 대부분의 사람들이 타인과 공감적으로 공명한다는 것을 알아차리는 것은 중요하다. 자동적인 대인관계의 영향에 대한 효과적인 모니터링은 성공적인 사회적 상호작용에 대한 전제조건이다(Ickes, 2003; Decety & Jackson, 2004). 타인에 대한 우리의 이해는 그들의 행동과 일치하는 우리 자신의 느낌, 생각, 반응과 매우 관련된다. 타인의 움직임, 눈 맞춤, 거리, 호흡, 리듬은 관련된 정서, 목표, 의도뿐만 아니라 우리에게 유사한 운동 반응을 지속적으로 이끌어 낸다(예. Chartrand & Bargh, 1999; Hood, Willen, & Driver, 1998; Iacoboni et al., 2005; Levenson & Ruef, 1992). 언어적 표현에 대한 정확한 이해조차 그것들의 의미와 관련한 운동 표상을 포함한다(예. Hauk, Johnsrude, & Pulvermüller, 2004). 그러나 각 개인은 자동적으로 유도된 현상에 다르게 반응할 수도 있다. 겉보기에는 침착해 보이지만 불안한 사람을 만났을 때, 어떤 사람은 불안함을 느끼거나 짜증을 낼 수 있다. 또 다른 사람은 자신의 몸에서 두려움의 신호를 알아차리고 겉으로는 침착해 보이는 이 사람이 실제로 두려움을 갖고 있는지를 생각한다. 단지 후자의 사람만이 성공적으로 **공감적 공명**(*empathic resonance*)을 수행한다.

우리는 대화적이고 체화된 공감을 심리치료에서의 핵심 개념이라고 특정화하기 시작했고, 동시에 치료자, 간호사, 정신분석 치료사 집단에서 독점적인 영역이 아님을 주장해 왔다. 공감적 공명은 모든 일상 대화에서 자연스럽게 적용된다. 본 장의 나머지 부분에서는 내담자의 측면에서 시작하여 심리치료의 맥락에서 공감적 대화의 양 측면을 자세하게 설명할 것이다.

내담자의 공감적 공명

내담자가 자신의 의도와 동기를 탐색할 때, 치료자의 관점이 그들 자신의 관점과 다를 때조차도 그것으로부터 통찰을 얻기를 희망하면서 치료자의 관점을 열망한다. 그들은 치료자의 공감뿐만 아니라 다른 반응도 가치 있게 여긴다. 그리고 치료자와의 상호작용에서 그들 스스로를 공감적 파트너로 여긴다(Wynn & Wynn, 2006). Bänninger-Huber(1992)는 내담자와 치료자의 안면 미세 서열 연구에서 내담자가 얼마나 주의 깊게 치료자의 반응을 관찰하는지를 보여 주었다. 내담자가 치료자와 효과적으로 공명하는 데 문제가 생겼을 때, 공감, 수용, 진솔성, 무조건적 온기(Lambert & Ogles, 2004)와 같은 중요한 치료자의 태도는 주목되지 않을 수 있다. 치료자는 긍정적인 치료 성과의 중요한 조건인 내담자와의 효과적인 치료적 관계를 맺는 데 어려움을 가지게 될 것이다(Horvath, 2001).

내담자의 공감 문제

대인 간 점화(priming), 자기 인식, 정신적 유연성, 그리고 정서조절은 내적 공감 과정의 거시적 요소를 구성한다(Decety & Jackson, 2004). 게다가 공감적 경청으로 의사소통하기 위해서는 효과적인 정서 표현이 필요하다. 구성요소들의 과정 중 하나 또는 그 이상의 작은 역기능조차도 근본적으로 대인관계 의사소통을 변화시킬 것이다. 사실 치료자와 함께 하는 내담자의 공감적 공명은 내담자의 기대에 의해 감소하기 때문에 공감 문제는 치료의 어떤 과정이나 어떤 내담자에게도 일어날 수 있다(정신역동이론에서 전이(transference)의 현상으로 알려져 있다). 예를 들면, 내담자가 치료자로부터 거절이나 무반응을 예민하게 예상하는 것은 작업 동맹을 깨트릴 수 있다(Safran et al., 2005). 그러한 예상을 하는 내담자는 치료에서 공격적 반응을 보이거나 개입을 유발시키거나, 비난하거나, 요구하거나 또는 철수할 수 있다. 대부분의 내담자는 때때로 자기와 치료자 사이에서 명확한 구별을 하는 데 어려움을 경험할 것이며, 때로 치료자를 혼란스럽게 할 것이다(Diamond, 2001; Ross, 2000; Vanaerschot, 2004). 더 심각한 공감 실패는 신경증, 정신병, 자폐성, 경계선, 반사회적, 언어 장애 등을 가진 사람들에게 나타났으며(Adams, 2001; Blair, 2005; Decety & Jackson, 2004; Ladisich & Feil, 1988), 뿐만 아니라 치매로 고통받는 사람들에게도 나타났다고 보고되었다(Dodds, Morton, & Prouty, 2004). 더 심각한 장애에서 공감적 공명이 나타나는 경우는 매우 낮으며(Krause et al., 1998), 증상이 심각할수록 치료적 관계의 질은 떨어진다(McCabe & Priebe, 2003). 그러한 환자들과 인간적 유대를 맺는 것은 환자를 돌보는 사람들에게 더욱 힘든 일이다(예. Prouty, Van Werde, & Pörtner, 1998/2002; Vanaerschot, 2004).

변화를 위한 조건

비신체 지향적 접근은 심리치료자가 의미 있는 방식으로 언어적 의사소통이 가능한 내담자들과의 작업을 제한하게 한다. 두 사람 사이의 의미 있는 의사소통을 위한 중요한 요건은 그들이 서로 간에 효과적으로 공명할 수 있어야 한다는 것이다. 이 상호 간의 공감적 공명은 그것을 치료적 변화에 가장 기본적 조건으로 여긴 Carl Rogers(1957)에 의해 "심리적 접촉"으로 일컬어졌다. 이 견해는 효과적으로 의사소통하지 못하는 내담자를 심리치료에서 배제하는 것을 지지하는 것으로 보인다. 예를 들면, 정신병이나 환각을 가진 환자를 치료하는 인지 치료 프로토콜은 환자가 치료자와 함께 신념이나 태도를 논의할 수 있어야 한다(Hermans & Raes, 2001). 내담자의 공감 능력을 향상시키는 것을 목표로 하는 심리적 개입에서조차도 일반적으로 높은 수준의 의사소통 능력을 가진 환자에게 초점을 맞추고 있다(예. Alfred, Green, & Adams, 2004).

그러나 공감적 대화는 내담자로부터의 최소한의 참여가 있기만 하면 언제나 발생할 수 있다(Peters, 2005). 심지어 어린아이도 대화할 수 있는 능력이 서서히 나타나기 시작하면 양자 간 상호작용에 참여하려고 한다(Stern, 1985; Gergely & Watson, 2002). 유아의 참여는 정서 반응, 안면 자극 탐색, 시선 따라가기, 모방의 시도에서 명백하다(예. Hood, Willen, & Driver, 1998). Peters(2005)는 상호작용에 대한 준비는 자폐 스펙트럼 장애를 가진 유아나, 정신병을 앓는 성인 그리고 치매를 가진 노인을 포함한 모든 사람에게 전 생애를 통하여 기능을 유지하는 타고난 능력이라고 주장하였다.

이 견해는 공감적 과정이 거의 모든 내담자나 환자에게 일어날 수 있지만 치료자가 내담자의 현재의 (때로 이상하거나 놀라운) 경험과 신체적 표현 방식에 조율할 수 있을 때만 나타난다고 보았다(예. Killick & Allan, 2001). 이를 위해서 Prouty, Van Werde와 Pörtner(1998/2002)는 치료하기 어려운 환자에 대하여는 **접촉 반영**(*contact reflections*)을 사용하자고 주장하였다. 이 접촉 반영은 신체 지향적이고 매우 구체적이며 정확하고 내담자의 언어적 및 비언어적 행동을 동시에 명백히 표현하는 이중적 반영이다. 예를 들어, 치료자는 'Mary는 바닥에 앉아 있다' 또는 '너의 팔이 공중에 떠 있다'라고 말할 수 있다. 보다 구체적으로 치료자는 자신의 팔을 같은 위치에 놓을 수 있다. 치료실에서 모든 멤버나 또는 치료자에 의해 지속적으로 적용될 때(Van Werde, 2005), 이러한 반응은 그들의 접촉 노력을 돕는 "접촉의 망(web of contact)"으로 내담자에게 노출된다.

치료자의 공감적 조율

대부분의 경우 내담자와 치료자 모두 공감적 공명에 자연스럽게 참여하지만, 치료자의 공감에 대한 참여는 별도로 기술할 가치가 있다. 내담자와 효과적으로 공명하는 것은 치료자 역할의 한 부분이다. **공감적 조율**이란 공감적 공명에서 치료자의 노력에 의한 참여를 말한다(Bohart & Green, 1997; Elliott, Watson, et al., 2004; Vanaerschot, 1990). 공감적 과정에서 치료자의 측면을 살펴보면서, 우리는 공감적 조율의 현상학, 기능 그리고 효과성에 대하여 기술할 것이다.

치료자 공감의 현상학

공감적 조율을 가르칠 때, 우리는 치료자 자신의 공감 경험에 대한 현상학적 설명에서 시작한다. 이러한 설명의 시작점은 개념적 과정이라기보다 본질적으로 상상적인 신체적 경험으로서의 공감에 대한 이해이다. 이러한 경험을 설명하기 위해 주요한 측면을 담아내는 다섯 가지 신체적 은유와 함께 다양한 언어가 사용되어 왔다. 내려놓기(letting go), 공명하기(resonating), 안으로 들어가기(moving toward or into), 발견하기 또는 식별하기(discovering or discerning) 그리고 파악하기 또는 완전히 이해하기(grasping or taking hold)가 그것이다(Elliott, Watson, et al., 2004). 이러한 각각의 은유는 단지 공감적 조율 과정의 부분적 근사치를 제공하지만 우리는 이 중요한 태도를 이해하고 개발하는 잠재적인 유용한 방법을 다양하게 제공하기 위하여 이 다섯 가지 은유를 제안한다. 개인의 공감적 자세를 깊이 있게 하는 유용한 접근은 내담자를 이해하는 과정을 구현할 때 이 은유들을 성공적으로 적용하는 것이다.

공감에 대한 치료자 경험의 첫 번째 측면은 손을 **놓아주는**(*letting go*) 이미지, 즉 견해, 신념, 기대 또는 타인에 대한 선입견 등을 옆으로 치워 두는 은유로 나타난다(Vanaerschot, 1990). 이 이미지는 허용, 적응, 불신 중지, 괄호 치기(참조. 후설의 판단 중지(epoché)), 열려 있기 등과 같은 용어에서 반영된다. 치료자는 지금 이 순간 내담자가 말하고 드러내는 것에 더욱 열려 있기 위하여, 내담자에 대한 선입견 또는 관점을 알아차리고 그것들을 내려놓으려고 노력한다. 게다가 치료자는 현재 개인의 문제를 (잠정적으로) 내려놓아야 한다. 왜냐하면 이것은 내담자의 준거 틀에 완전히 열려 있는 것을 방해할 것이기 때문이다. 이 내려놓기 과정을 뒷받침하기 위하여 많은 치료자들은 회기 중에 신체 지향적 알아차림 운동을 사용함으로써 내담자의 경험을 위한 "공간을 비워 둔다"(Nagels & Leijssen, 2004).

두 번째로, 치료자는 타인 속으로 또는 타인을 향하여 움직이는 것과 관련된 언어로 표현되는 것처럼 타인의 세계에 능동적으로 **들어가기**(*enter*)를 추

구한다. 그리하여 치료자는 연결하고, 몰입하고, 함께 있고, 느끼고(즉 "공감" 단
어의 출처), 내담자의 경험 아래로 또는 안으로 들어가고자 한다(즉 "이해"의 기
원). Chartrand와 Bargh(1999) 그리고 Sonnby-Borgström(2002)은 타인의 관점
을 수용하는 습관을 가진 사람들은 때때로 이야기를 듣는 동안 그들의 제스
처, 매너, 자세를 흉내낸다는 것을 증명했다. 일부 치료자들은 내담자의 운동
반응에 대한 감수성을 증진시키기 위해 회기 전에 스트레칭 운동을 실시할 것이
다. 또한 치료자는 내담자의 언어적 및 비언어적 표현, 강도, 속도, 또는 표
현된 내적 감각을 시험해 보거나 의도적으로 매칭함으로써 내담자와 "함께 하
거나" "속도를 맞출" 것이다(Nagels & Leijssen, 2004). 그 이상으로, 일부의 치료
자들은 문자 그대로 내담자의 세계로 들어가고 내담자의 근육 수준에서 일어
나는 직접적인 신체 감각을 얻기 위하여 접촉을 사용한다(Leijssen, 2006). 다시
말해서, 내담자와 공감하는 것은 치료자가 내담자의 세계로 들어가기 위하여
적극적으로 손을 뻗치는 것을 경험하는 것이다. 이것은 내담자가 말하는 것에
대한 가벼운 관심과 개입에서부터 "깊은 공감적 몰입"의 강렬한 상태까지 그
정도가 다양하다(Mahrer, 1989; Wertz, 1983).

　　세 번째로, 치료자의 공감에 대한 경험은, 마치 치료자가 조음기인 것처럼
타인과 신체적으로 **공명하는**(*resonating*) 이미지를 포함한다(Barrett-Lennard, 1981).
이 은유는 채널을 맞추는, "같은 주파수에 있는", 함께 느끼는(즉 연민;
compassion), 같은 것을 느끼는(즉 동정; sympathy), 조화를 이루는, 또는 내담자의
경험에 함께 하거나 따라가는 것과 같은 언어로 반영된다. 치료자는 내담자에
게 세심한 주의를 기울이면서 그에게 가장 잘 맞는 기억, 사고, 느낌, 행동, 감
각들을 열어 준다(Cooper, 2001). 또한 치료자는 내담자에 의해 분명하게 표현된
것과는 다른 중요한 느낌에 대해 경험적으로 이해한다고 느낀다. 예를 들면,
내담자의 위가 수축할 때, 치료자는 내담자가 표현하는 화에 감춰진 두려움의
감각을 찾아낸다. 경험 안으로 들어가기와 그것에 공명하기는 서로 보완적으
로 보인다: 공명은 좀 더 수용적이고, 들어가기는 본질적으로 보다 능동적이
다. 공감적 공명에서 감각 지각의 중심 역할을 고려해 보면, 많은 개입에 숙련

된 치료자들이 회기 중에 신체 지향적 관심을 가지는 것은 놀라운 것이 아니다(Geller, Lehman, & Farber, 2002; Ross, 2000).

네 번째 은유는 커다란 물건 더미를 물리적으로 **분류하고**(*sorting through*), 능동적이고 인지적인 이미지로 표현된 것을 구분하고, 정확히 찾아내고, 차별화하고, 감지하고, 다른 측면을 구별해 내는 것이다. 이 이미지는 때때로 치료자가 직면하는 복잡한 경험을 포착한다. 치료자는 때로 내담자가 드러내는 많은 양과 다양한 정보에 압도되고 혼동하고 길을 잃는 느낌을 받는다. 그리고 때로 중요한 느낌이나 메시지가 건초 더미에 있는 바늘처럼 감추어져 있거나 잃어버린 것처럼 느낀다. 이러한 상황에서 많은 치료자들은 방향 감각을 찾아내기 위하여 신체적 집중을 유지한다(Gendlin, 1980; Nagels & Leijssen, 2004). 치료자의 임무는 내담자에게 가장 중요하고 긴급하고 감정적인 것을 찾아내는 것이다.

마지막 이미지 또는 구성요소 경험은 파악하기, 이해하기, 요점을 받아들이기, 동화, 인지하기 등과 같은 단어로 표현되는 것처럼, 내담자의 세계에서 중요한 것을 적극적으로 **파악하거나**(*grasping*) 또는 완전히 이해하는 것이다(Vanaerschot, 1990). 다시 말해서 내담자의 세계로 들어가는 것은, 치료자가 재빠른 통찰력으로 내담자에 대한 중요하고 결정적이고 생생하고 가슴 아픈 것을 이해하는 것이다. 이 느낌은 내담자 경험의 일부분을 치료자 자신의 내부에 가지는 것이며, 그리하여 치료자의 일부분으로 만드는 것이다. 이를 바탕으로 치료자는 그들이 생각하는 것이 내담자에게 중요하다는 것을 표현하기 위해 노력할 것이며, 그들이 이해한 것과 일치하는 방식으로 반응할 것이다. 내담자의 반응이 조율의 과정에서 지속적인 피드백으로 받아들여질 때, 공감적 정확도는 높아질 것이다(Marangoni et al., 1995).

치료에서 공감적 조율의 기능

공감적 조율의 치료적 가치에 대한 신념은 Carl Rogers(1957)와 같은 인본주의 심리학자에 의해 처음으로 제기되었으며 여전히 심리치료에 대한 인본주의적 접근의 주춧돌이다(Greenberg, Elliott, & Lietaer, 2003). Rogers는 내담자를 공감적으로 이해하기 위한 치료자의 지속적인 노력은 치료적 변화를 일으키는 데 반드시 필요하다고 제안했다. 치료자의 이러한 공감적 태도는 내담자 자신과 자기 삶의 상황에 대한 (때로 고통스럽지만) 적절한 인식과 자기수용을 촉진하는 조건인 내담자 경험에 대한 철저한 수용으로 소통해야 한다(Greenberg, Elliott, & Lietaer, 2003). 인본주의적 및 정신역동적 전통에서, 내담자는 현재 또는 과거의 경험을 탐색하기 위하여 대부분 또는 모든 회기를 통해 지지받는다. 치료자는 내담자의 "취약하거나" 압도적인 경험을 조절하는 것을 돕는 한편, 새로운 경험과 왜곡된 것을 알아내기 위해 도울 수 있다(Elliott, Watson, et al., 2004; Paivio & Laurent, 2001). 이러한 자기 지향적 과정은 보다 정확한 자기 이해와 자기 표현, 현재의 상황에 대한 보다 창의적인 적응, 타인과의 상호작용에서 더 효과적인 방식, 자기 신체에 대한 예민한 감각, 그리고 궁극적으로 성격 발달에 이르게 한다(Bozarth, 2001; Greenberg, Elliott, & Lietaer, 2003).

대부분의 치료수련에서 효과적인 치료관계를 형성하는 데 공감이 중요하다고 여겨진다(Castonguay & Beutler, 2005; Lambert & Ogles, 2004). 내담자의 자기 지향적 과정을 지지하는 것 외에, 공감적 조율은 치료자의 역전이를 조절하는 중요한 방법이다(Van Wagoner et al., 1991; Gelso & Hayes., 1998). 고전적인 정신분석적 표현에서, 역전이는 내담자와 관련된 긍정적 및 부정적인 감정과 반응의 모든 측면이다(Heimann, 1950). 돌보지 않고 내버려 둔다면, 이 반응들은 치료적 과정을 방해할 수 있다. 그러나 그것이 치료자에 의해 적절히 탐색될 때, 암묵적으로 남아 있는 개인과 대인관계에 대한 단서를 제공할 수 있다. 공감적 이해(Decety & Jackson, 2004)와 역전이 조절(Gelso & Hayes, 1998)은 모두 자기 인식, 정신적 유연성(자기와 타자의 구별), 정서조절 그리고 개념화 기술의 사려 깊은 적용을 요구한다.

치료자 공감과 성과

Bohart와 그의 동료들(2002)은 심리치료 성과에서 공감과 관련된 메타분석 연구를 수행하였다. 선행 문헌, 연구 DB, 관련 학술지 등을 이용한 철저한 문헌 검색에 근거하여, 연구자들은 총 3,026명의 내담자와, 공감-성과 연합의 190개의 실험을 포함한 47개의 연구를 선정하였다. 전형적으로 이 연구들은 정서장애와 불안장애를 대상으로 한 혼합적, 절충적, 불특정한 형태의 개인 치료 등을 포함하였다. 공감에 대한 내담자 측정과 관찰자 측정이 치료자 측정이나 공감의 정확도 측정보다 더 일반적으로 사용되었다(정확도 측정은 내담자 경험에 대한 그들의 보고와 치료자의 지각을 비교하여 공감을 평가한다). 피어슨의 상관계수 r을 효과 크기의 척도로 사용하였고, 연구 간의 평균을 구하기 전에 연구의 효과를 수합하는 것을 포함하여 비독립성 및 소표본 편향에 대한 다양한 표준 보정이 이루어졌다.

공감-성과 상관관계의 가장 좋은 추정치는 연구들을 수합하여 표본 크기를 가중하고, 소표본 편향을 보정한 데이터로부터 얻어졌으며, 평균 효과 크기는 .32로 나타났다. 상관관계의 크기는 놀라웠다. 왜냐하면 그것은 중간 수준의 효과 크기로, 일반적으로 공감이 결과변수의 약 10%를 설명한다는 것을 의미하기 때문이다. 이 효과 크기는 작업 동맹(내담자와 치료자 사이)과 성과 간의 관계에 대한 이전의 분석에서 발견된 것과 같은 수치이다(예. .26 by Horvath & Symmonds, 1991; .22 by Martin, Garske, & Davis, 2000). 전반적으로 공감은 특정한 개입을 사용하는 것보다 더 큰 성과변량을 설명한다. 이 값은 성과변량의 1~8% 정도가 치료자의 개입 유형에 기인한다고 한 Wampold(2001)의 추정과 비교할 만하다. 이 발견은 일반적 치료의 표본에서 추출한 것이지만, 그것은 인간 중심 및 체험주의적 접근과 같은 명확한 공감적 치료의 효과성을 지지하는 핵심적인 수렴적 증거를 제공한다(Elliott, Greenberg, & Lietaer, 2004).

아마도 공감은 개입에 대한 효과적인 "근거"를 제공하기 위하여 관계기반 치료보다 개입기반 치료에서 더욱 중요하다. Bohart 등(2002)은 공감은 공감을 강조하는 치료에서보다 인지행동치료의 성과에서 더욱 중요할 수 있다는 점을 발견했다. 그들은 또한 공감의 내담자 측정치가 성과를 가장 잘 예측한다고 증명하였으며, 관찰자 측정치와 치료자 측정치가 뒤를 이었다. 반면에 정확도 측정은 성과와 관련이 없었다. 결과적으로 내담자는 치료자가 효과적으로 공명하는지 아닌지를 잘 아는 것으로 보인다(Barrett-Lennard, 1981; Ickes, 2003; Rogers, 1957).

마지막으로 숙련된 치료자들은 그들 자신의 경험을 잘 탐색하고 내담자의 비언어적 행동을 더 잘 해석하는 것으로 증명되어져 왔다(Gesn & Ickes, 1999; Machado, Beutler, & Greenberg, 1999). Bohart 등(2002)은 덜 숙련된 치료자는 치료자 공감과 치료 성과 사이에 더 큰 연관성이 있는 반면, 더 숙련된 치료자는 성과와의 관련성이 작은 것을 발견했다. 경험 없는 치료자들에게 공감은 서로 다양하게 나타나며, 숙련된 치료자들에게 낮은 상관관계는 천정효과를 반영하는 것으로 볼 수 있다. 대안적으로 숙련된 치료자들은 적절한 공감을 조율하지 못하는 것을 보완하기 위해 부가적인 상담 기술(개인의 존재 또는 효과적인 문제해결 방법)을 개발할 수도 있다.

결론

우리는 신체적 상태의 자동적인 융합에 근거하여 공감에 대한 인지적 및 정서적 접근을 통합하기 위한 사례를 보여 주고자 하였다. 우리는 근본적으로 대인관계적인 공감의 관점을 제시하기 위하여, 치료자만의 의식적인 과정으로서의 공감의 관점을 넘어서려고 시도했다. 이 대화적이며 신체 지향적 관점은 두 가지 주요한 이로움을 제공한다: 첫째, 이는 치료와 다른 중요한 인간관계 및 상호작용 간의 연속성을 강조하여 우리가 관련 분야의 일을 할 수 있게 해 준다. 둘째, 그것은 공감에 대한 보다 풍부하고 더욱 완전한 이해를 제공하고, 내담자 존재에 더 많은 관심을 기울이도록 강조하며, 치료와 치료수련에 중요한 단서를 제공한다. 이 접근은 공감의 근원으로서 내담자의 신체에 주의를 기울이며, 더 깊은 공감적 반응을 배우는 신체 지향적 은유를 사용하여, 심각한 의사소통 장애를 가진 내담자와의 작업을 위한 방향을 포함한다. 치료적 공감에 대한 대화적 및 신체 지향적 관점은 생생한 경험에 더욱 근거를 두는

동시에 사회적 상호작용과 대인관계의 보다 폭넓은 인간적 맥락에 자리 잡고
있다.

참고문헌

Adams, C. (2001). Clinical diagnostic and intervention studies of children with semantic-pragmatic language disorder. *International Journal of Language and Communication Disorders, 36,* 289-305.

Alfred, C., Green, J., & Adams, C. (2004). A new social communication intervention for children with autism: Pilot randomised controlled treatment study suggesting effectiveness. *Journal of Child Psychology and Psychiatry, 45,* 1420-1430.

Bänninger-Huber, E. (1992). Prototypical affective microsequences in psychotherapeutic interaction. *Psychotherapy Research, 2,* 291-306.

Barrett-Lennard, G. T. (1981). The empathy cycle: Refinement of a nuclear concept. *Journal of Counseling Psychology, 28,* 91-100.

Blair, R. J. (2005). Responding to the emotions of others: Dissociating forms of empathy through the study of typical and psychiatric populations. *Consciousness and Cognition, 14,* 698-718.

Bohart, A. C., Elliott, R., Greenberg, L. S., & Watson, J. C. (2002). Empathy. In J. C. Norcross (Ed.), *Psychotherapy relationships that work: Therapist contributions and responsiveness to patient needs* (pp. 89-108). New York: Oxford University Press.

Bohart, A. C., & Greenberg, L. S. (1997). *Empathy Reconsidered: New directions in psychotherapy.* Washington, DC: American Psychological Association.

Bozarth, J. D. (2001). An addendum to Beyond reflection: Emergent modes of empathy. In S. Haugh & T. Merry (Eds.), *Rogers' therapeutic conditions: Evolution, theory and practice* (Vol. 2, pp. 144-154). Ross-on-Wye, UK: PCCS

Books.

Castonguay, L., & Beutler, L. (Eds.). (2005). *Principles of therapeutic change that work*. Oxford: Oxford University Press.

Chartrand, T. L., & Bargh, J. A. (1999). The chameleon effect: The perception-behavior link and social interaction. *Journal of Personality and Social Psychology, 76*, 893-910.

Cooper, M. (2001). Embodied empathy. In S. Haugh & T. Merry (Eds.), *Rogers' therapeutic conditions: Evolution, theory and practice* (Vol. 2, pp. 218-229). Ross-on-Wye, UK: PCCS Books.

Decety, J., & Jackson, P. L. (2004). The functional architecture of human empathy. *Behavioral and Cognitive Neuroscience Reviews, 3*, 71-100.

Diamond, N. (2001). Towards an interpersonal understanding of bodily experience. *Psychodynamic Counselling, 7*, 41-62.

Dodds, P., Morton, I., & Prouty, G. (2004). Using pre-therapy techniques in dementia care. *Journal of Dementia Care, 12* (2), 25-28.

Elliott, R., Greenberg, L. S., & Lietaer, G. (2004). Research on experiential psychotherapies. In M. J. Lambert (Ed.), *Bergin and Garfield's Handbook of psychotherapy and behavior change* (5th ed., pp. 493-540). New York: Wiley.

Elliott, R., Watson, J., Goldman, R., & Greenberg, L. S. (2004). *Learning emotion-focused therapy: The process-experiential approach to change*. Washington, DC: American Psychological Association.

Geller, J. D., Lehman, A. K., & Farber, B. A. (2002). Psychotherapists' representations of their patients. *Journal of Clinical Psychology, 58*, 733-745.

Gelso, C. J., & Hayes, J. A. (1998). *The psychotherapy relationship: Theory, research, and practice*. New York: Wiley.

Gendlin, E. T. (1968/1980). The experiential response. In E. Hammer (Ed.), *Interpretation in therapy: Its role, scope, depth, timing and art* (pp. 208-227). New York: Grune & Stratton.

Gergely, G., & Watson, J. (2002). The social bio-feedback model of parental affect-mirroring. In P. Fonagy, G. Gergely, E. L. Jurist, & M. Target (Eds.), *Affect regulation, mentalization and the development of the self* (pp. 145-202). New York: Other Press.

Gesn, P. R., & Ickes, W. (1999). The development of meaning contexts from empathic accuracy: Channel and sequence effects. *Journal of Personality and Social Psychology, 77*, 746-761.

Greenberg, L. S., Elliott, R., & Lietaer, G. (2003). Humanistic-experiential psychotherapy. In G. Stricker & T. Widiger (Eds.), *Handbook of psychology: Vol. 8. Clinical psychology* (pp. 301-326). Hoboken, NJ: Wiley.

Hauk, O., Johnsrude, I., & Pulvermüller, F. (2004). Somatotopic representation of action words in human motor and premotor cortex. *Neuron, 41*, 301-307.

Heimann, P. (1950). On counter-transference. *International Journal of Psycho-Analysis, 31*, 81-84.

Hermans, D., & Raes, F. (2001). De behandeling van wanen en hallucinaties: Gedragsanalytische en cognitieve benaderingen. *Gedragstherapie, 34*, 181-204.

Hood, B. M., Willen, J. D., & Driver, J. (1998). Adult's eyes trigger shifts of visual attention in human infants. *Psychological Science, 9*, 131-134.

Horvath, A. O. (2001). The alliance. *Psychotherapy: Theory, Research, Practice, Training, 38*, 365-372.

Horvath, A. O., & Symmonds, B. D. (1991). Relation between working alliance and outcome in psychotherapy: A meta-analysis. *Journal of Counseling Psychology, 36*, 223-233.

Iacoboni, M., Molnar-Szakacs, I., Gallese, V., Buccino, G., Mazziotta, J. C., & Rizzolatti, G. (2005). Grasping the intentions of others with one's own mirror neuron system. *Public Library of Science Biology, 3*, 529-535.

Ickes, W. (2003). *Everyday mind reading: Understanding what other people think and feel*. Amherst, NY: Prometheus Books.

Killick, J., & Allan, K. (2001). *Communication and the care of people with dementia.* Buckingham, UK: Open University Press.

Krause, R., Steimer-Krause, E., Merten, J., & Ulrich, B. (1998). Dyadic interaction regulation, emotion and psychopathology. In W. F. Flack, Jr., & J. D. Laird (Eds.), *Emotions in psychopathology: Theory and research* (pp. 70-80). New York: Oxford University Press.

Ladisich, W., & Feil, W. B. (1988). Empathy in psychiatric patients. *British Journal of Medical Psychology, 61,* 155-162.

Lambert, M. J., & Ogles, B. M. (2004). The efficacy and effectiveness of psychotherapy. In M. J. Lambert (Ed.), *Bergin and Garfield's handbook of psychotherapy and behavior change* (5th ed., pp. 139-193). New York: Wiley.

Leijssen, M. (2006). Validation of the body in psychotherapy. *Journal of Humanistic Psychology, 64,* 126-146.

Levenson, R. W., & Ruef, A. M. (1992). Empathy: A physiological substrate. *Journal of Personality and Social Psychology, 63,* 234-246.

Machado, P. P., Beutler, L. E., & Greenberg, L. S. (1999). Emotion recognition in psychotherapy: Impact of therapist level of experience and emotional awareness. *Journal of Clinical Psychology, 55,* 39-57.

Mahrer, A. (1989). *How to do experiential psychotherapy.* Ottawa: University of Ottawa Press.

Marangoni, C., Garcia, S., Ickes, W., & Teng, G. (1995). Empathic accuracy in a clinically relevant setting. *Journal of Personality and Social Psychology, 68,* 854-869.

Martin, D. J., Garske, J. P., & Davis, M. K. (2000). Relation of the therapeutic alliance with outcome and other variables: A meta-analytic review. *Journal of Consulting and Clinical Psychology, 68,* 438-450.

McCabe, R., & Priebe, S. (2003). Are therapeutic relationships in psychiatry explained by patients' symptoms? Factors influencing patient ratings. *European*

Psychiatry, 18, 220-225.

Nagels, A., & Leijssen, M. (2004). De benadering van het lichaam in experiëntiële psychotherapie. In N. Stinckens & M. Leijssen (Eds.), *Wijsheid in cliëntgericht-experiëntiële gesprekstherapie* (pp. 63-82). Leuven, Belgium: Leuven University Press.

Paivio, S. C., & Laurent, C. (2001). Empathy and emotion regulation: Reprocessing memories of childhood abuse. *Journal of Clinical Psychology, 57*, 213-226.

Peters, H. (2005). Pre-therapy from a developmental perspective. *Journal of Humanistic Psychology, 45*, 62-81.

Preston, S. D., & de Waal, F. B. M. (2002). Empathy: Its ultimate and proximate bases. *Behavioral and Brain Sciences, 25*, 1-72.

Prouty, G., Van Werde, D., & Pörtner, M. (1998/2002). *Pre-therapy: Reaching contact-impaired clients.* Ross-on-Wye, UK: PCCS Books.

Rhodes, R. H., Hill, C. E., Thompson, B. J., & Elliott, R. (1994). Client retrospective recall of resolved and unresolved misunderstanding events. *Journal of Counseling Psychology, 41*, 473-483.

Rogers, C. R. (1957). The necessary and sufficient conditions of therapeutic personality change. *Journal of Consulting Psychology, 21*, 95-103.

Ross, M. (2000). Body talk: Somatic countertransference. *Psychodynamic Counselling, 6*, 451-467.

Safran, J. D., Muran, J. C., Samstag, L., & Winston, A. (2005). Evaluating an alliance focused treatment for potential treatment failures. *Psychotherapy, 42*, 512-531.

Shaw, R. (2004). The embodied psychotherapist: An exploration of the therapist's somatic phenomena within the therapeutic encounter. *Psychotherapy Research, 14*, 271-288.

Sonnby-Borgström, M. (2002). Automatic mimicry reactions as related to differences in emotional empathy. *Scandinavian Journal of Psychology, 43,* 433-443.

Stern, D. N. (1985). *The interpersonal world of the infant.* New York: Basic Books.

Vanaerschot, G. (1990). The process of empathy: Holding and letting go. In G. Lietaer, J. Rombauts, & R. Van Balen (Eds.), *Client-centered and experiential psychotherapy in the nineties* (pp. 269-293). Leuven, Belgium: Leuven University Press.

Vanaerschot, G. (2004). It takes two to tango: On empathy with fragile processes. *Psychotherapy: Theory, Research, Practice, Training, 41,* 112-124.

Van Wagoner, S., Gelso, C. J., Hayes, J. A., & Diemer, R. (1991). Countertransference and the reputedly excellent therapist. *Psychotherapy, 28,* 411-421.

Van Werde, D. (2005). Facing psychotic functioning: Person-centred contact work in residential psychiatric care. In S. Joseph & R. Worseley (Eds.), *Person-centered psychopathology: A positive psychology of mental health* (pp. 158-168). Ross-on-Wye, UK: PCCS Books.

Wampold, R. E. (2001). *The great psychotherapy debate: Models, methods, and findings.* London: Erlbaum.

Wentura, D., Rothermund, K., & Bak, P. (2000). Automatic vigilance: The attention-grabbing power of approach-and avoidance-related social information. *Journal of Personality and Social Psychology, 78,* 1024-1037.

Wertz, F. J. (1983). From everyday to psychological description: Analyzing the moments of a qualitative data analysis. *Journal of Phenomenological Psychology, 14,* 197-241.

Wynn, R., & Wynn, M. (2006). Empathy as an interactionally achieved phenomenon in psychotherapy. *Journal of Pragmatics, 38,* 1385-1397.

Chapter 10

공감적 공명: 신경과학적 관점

Jeanne C. Waston and Leslie S. Greenberg

　　수십 년 동안 정신분석, 인본주의, 인지행동 이론가들은 모두 심리치료의 변화를 촉진하는 데 있어 치료적 공감의 역할을 강조해 왔다. 대부분의 이론가들은 주로 공감의 기능과 표현에 초점을 맞추어 왔다. 일부 학파에서는 공감을 촉진적 조건으로서 여기고, 다른 곳에서는 변화의 보다 근본적인 요소로 여겨 왔다. 상대적으로 초심자들과 숙련된 치료자들이 공감 기술을 향상시키기 위해 행할 수 있는 것들에 대해서는 덜 중시하였다. 그러나 인지신경과학에서의 최근 발전은 공감의 본질과 다양한 구성요소 과정에 대한 더 많은 통찰을 제공했다. 이러한 통찰은 심리치료에서 내담자의 변화를 촉진하는 치료자의 공감 능력이 개발되고 향상될 수 있도록 구인에 대한 이해를 개선하는 방법을 제시한다.

　　인본주의 치료자들은 심리치료에서 공감을 능동적 변화의 주체로 본다 (Barrett-Lennard, 1993; Bohart & Greenberg, 1997; Bozarth, 1997; Elliott et al., 2003; Greenberg & Watson, 2006; Rogers, 1965; Warner, 1997). Rogers(1965)는 공감을 정서적이면서 동시에 인지적인 과정으로 마치 한 사람이 다른 사람인 것처럼, 그러나 "마치(as if)"라는 조건을 절대로 잃어버리지 않으면서, 타인의 의미와 정서적 요소에 관한 그들의 내적 참조 틀을 정확하게 인식하는 능력으로 정의하였다. Rogers는 공감이란 내담자의 느낌을 능동적으로 경험하고 그들의 내면 깊숙이 들어가려는 시도라고 보았다. 그것은 타인의 태도와 의미를 흡수하려는 시도이다(Rogers, 1951). Rogers는 동일시를 경계 상실의 지표로 여기면서, 동일시와 공감을 주의 깊게 구별하였다. 그는 심리치료에서 공감을 제공하는 것은 내담자가 그들 스스로를 반영하고 탐색할 기회를 가능하게 하는 것이며, 결국 자기 지향적 변화를 돕는다고 하였다.

Barrett-Lennard(1993)는 치료적 공감이란 능동적이고 순환적인 과정을 특징으로 하며 공감적 공명, 공감적 의사소통 그리고 그 결과로서의 인식된 공감 등의 3단계로 설명하였다. 첫째, 치료자들은 내담자가 그들의 경험에 대해 어떻게 느끼는지 그리고 그것이 그들에게 무엇을 의미하는지를 이해하기 위하여 치료자 자신의 신체와 내적 경험을 이용하여 내담자의 경험에 공명한다. 둘째, 치료자들은 그들이 이해한 것을 내담자와 의사소통한다. 그리고 셋째, 내담자는 치료자의 (표현된) 공감을 받아들이면서 자신이 이해받았다고 알아차리게 된다.

공감과 신경과학

심리치료에서 공감이 내담자 변화에 영향을 미치는지 여부와 영향을 미치는 방식에 연구의 초점이 맞추어져 왔으나, 공감적 공명의 과정에는 상대적으로 관심을 덜 기울여 왔다. 최근 인지신경과학에서는 인본주의 그리고 정신역동 이론가들이 공감을 개념화하는 방식은 사람들이 공감을 경험할 때 활성화되는 인지적 및 정서적 과정과 유사하다고 주장했다. 신경과학자들은 공감을 "인지적, 평가적, 정서적 과정을 통하여 타인의 개인적 경험을 이해하는 복잡한 형태의 심리적 추론"이라고 정의한다(Danziger, Prkachin, & Willer, 2006). 작가, 영화 제작자, 음악가 그리고 광고 제작자들은 오랫동안 타인의 감정에 공명하는 우리의 타고난 능력을 알고 이를 상업화해 왔다. 그러나 처음으로 우리는 공감의 과정에 대한 생리적 상관관계를 보여 주며, 뉴런의 구조를 설명하고, 뇌에서의 공감 회로를 제시할 수 있게 되었다(Rankin et al., 2006; Ferrari et

al., 2003). 뇌를 영상화하여 뇌가 각기 다른 활동을 할 때 뇌의 서로 다른 영역
이 활성화되는 것을 밝히는 기술은 심리학 이론, 경험적 지식, 공감적 이해와
신체적 처리 과정 사이의 연결을 드러내기 시작하는 중요한 창을 만들어 냈
다. 뇌 영상의 주요한 발견 중의 하나는 신경과학에서 최근의 가장 흥미진진
한 사건으로 알려진 거울뉴런의 발견이다.

　　거울뉴런에 관한 연구는 고통, 소리, 접촉과 같은 특정한 감각을 경험하
거나 특정 동작을 수행하는 사람에게 활성화되는 것과 같이 관찰자에게도 뇌
의 유사한 부분이 활성화된다는 것을 보여 준다(Rankin et al., 2006). Gazzola,
Aziz-Zadeh 그리고 Keysers(2006)는 청각거울뉴런(auditory mirror neurons)은 원
숭이가 청각 과제를 수행할 때, 청각 과제가 수행되는 것을 들을 때, 청각 과
제가 수행되는 것을 볼 때 활성화된다는 것을 발견했다. 따라서 관찰하거나
상상하는 과정은 관찰자에게 또는 그 과제가 수행된다고 상상하는 사람에게
그 상태의 표상을 생산한다. 이 현상은 정서적 과정에서도 역시 관련한다. 특
정한 감정을 느끼는 것과 관련된 뇌의 영역은 그 감정 상태에 놓인 다른 사람
을 보거나 그런 감정을 유발할 만한 상황에 놓인 다른 사람을 목격함으로써
활성화된다. 이러한 재생은 일대일 시뮬레이션이 아니라는 점에 유의해야 한
다. 우리 자신의 개인적 경험을 알려 주는 뇌의 영역은 관찰자에게는 활성화
되지 않으며, 따라서 Rogers(1965)와 다른 심리치료자들이 공감에 관한 글에서
강조한 "마치 ～인 것처럼"의 상태는 유지된다.

　　공감에 관한 신경과학 문헌은 심리치료 실천가들과 특별히 관련된 수많
은 중요한 발견들을 보여 준다. 첫째, 거울뉴런은 타인의 행동을 이해하는 능
력을 제공한다. 둘째, 사람들은 타인을 모방하는 타고난 능력을 가지고 있다.
셋째, 행동이 일어나는 맥락은 타인의 행동을 이해하고 해석하는 데 중요하다.
넷째, 타인의 고통에 대한 반응은 자기 지향적이거나 또는 타인 지향적일 수
있으며, 다섯째, 공감하는 능력은 개인들마다 서로 다르다는 신경과학적 증거
가 있다.

　　일부 연구자들은 거울뉴런의 발견이 마음이론에 생리적 근거를 제공하기

시작했다고 제안해 왔다. 현재까지의 연구에 따르면 공감은 태어날 때부터 명백하게 타고난 능력으로 탑재되어 있다는 것을 보여 준다(Decety & Jackson, 2004). 영아와 유아들은 타인의 의도를 추론할 수 있다고 여겨져 왔다. 타인의 행동을 관찰함으로써 영아와 유아들은 시작된 과제를 완성할 수 있고 오류로 보이는 행동을 수정할 수 있다(Decety & Jackson, 2004). 이러한 발견은 사람들이 자신과 타인에 대한 마음이론을 개발하는 능력이 내장되어 있다는 것을 시사한다. 그리고 이 능력은 사회적 상호작용과 의사소통에 중요한 기본이다.

거울뉴런이 무차별적으로 발화되지는 않는다. 대신에 발화는 목표 지향적 행동에 제한된다(Ferrari et al., 2003). 타인의 목표 지향적 행동에 대한 반응으로 거울뉴런의 발화는 관찰자에게 타인의 의도를 알린다. 그렇게 함으로써 관찰된 행동의 정서적 및 동기적 중요성을 분명히 한다. Wilson과 Knoblich(2005)은 행동 이해는 다음의 세 가지에 근거를 두는 것에 주목했다: 첫째, 특정 행동을 인식하고 분류할 수 있고, 둘째, 타인의 행동에 대한 목표 지향적인 의도를 파악하고, 셋째, 타인의 심리 상태를 표상하는 것이다. 이러한 능력은 앞으로의 일을 예상할 수 있게 하고 미래에 무엇이 일어날지를 예측할 수 있게 한다. Gazzola, Aziz-Zadeh & Keysers(2006)의 연구는 개인의 운동거울시스템과 공감 사이의 관련성을 제시한다. 그들은 자기보고식 공감 척도에 더 높은 점수를 부여한 사람이 낮은 점수를 부여한 사람보다 청각거울뉴런에서 더욱 활성화되었음을 발견했다.

공감에 대한 신경의 근거는 우하두정소엽(right inferior parietal lobe)뿐만 아니라 전방대상피질(anterior cingulate cortex), 뇌섬엽(insula), 시상(thalamus), 그리고 체감각피질(somatosensory cortices)을 포함하며 뇌의 정서적 부분을 망라하여 넓게 분포되어 있다(Meltzoff & Decety, 2003; Ferrari et al., 2003). 우하두정피질(right inferior parietal cortex)은 인간의 주관적인 상태를 파악하여 타인과 동일시하는 능력에 중요한 역할을 하는 것으로 여겨진다. 더구나 1인칭 관점 또는 3인칭 관점을 취하느냐에 따라 뇌의 다른 영역이 활성화된다.

사람들이 고통에 처한 사람을 보는 것에 어떻게 반응하는지를 조사한 연구들에 따르면 고통 그 자체가 아니라 고통의 정서적 내용과 관련이 있는 영역에서 뇌의 활성화가 나타난다(Danziger, Prkachin, & Willer, 2006; Morrison et al., 2004; Jackson, Meltzoff, & Decety, 2005; Singer et al., 2004). 그러므로 우리가 공감할 때, 우리가 그 고통을 경험하고 있지 않으므로, 우리 내면에서 타인의 경험의 모든 측면이 아닌 어떤 측면을 모방하고 있다(Preston & de Waal, 2002; Singer et al., 2004). 특정한 정서 상태에 있는 타인을 보고 관찰하는 것은 자율신경계와 신체적 반응과 관련하여 관찰자에게 그 상태의 표상을 자동적으로 활성화시킨다(Preston & de Waal, 2002). 이 과정은 실제 관찰, 이야기 듣기, 시각화 또는 다양한 시나리오 상상을 통해 활성화될 수 있지만, 각 양식에 대한 잠재력에 차이가 있을 수 있다(Danziger, 2006; Jackson & Decety, 2004). 예를 들면, Jackson과 Decety(2004)는 상상력이 관찰보다 잠재력이 낮고, 필름에 의해 생성된 정서와 회상에 의한 정서는 내측 전두엽(medial prefrontal cortex)과 시상(thalamus)의 활성화를 균형적으로 증가시킨다고 보고했다. 영화를 볼 때 시상하부(hypothalamus), 편도체(amygdala), 전측두엽(anterior temporal cortex) 그리고 후두측두두정 연합부(occipitotemporoparietal junction)가 활성화된다. 유사하게, 감정을 느끼는 것과 관련된 영역은 동일한 정서의 얼굴 표정을 보면서도 활성화된다. 이것은 우리가 그 감정과 관련된 표정과 자세를 취함으로써 감정을 만들어 낼 수 있는 것과 비슷한 과정일 수 있다. 공감이 신체 움직임에 의존하지만 신체 움직임 자체가 반드시 필요한 것은 아니며 공감은 운동 망 활성화와는 독립적으로 발생할 수 있다(de Vignemont & Singer, 2006).

치료자의 공감 능력을 향상시키는 방법

공감의 생리적 상관관계에 관한 신경과학 연구는 회기 중에 공감하고자 노력하는 치료자의 주관적 경험을 지지하며, 치료자들이 공감 기술을 향상시킬 수 있는 방법을 제시한다. 치료자들은 내담자들에 대한 그들의 공감 능력을 극대화하기 위한 많은 인지-정서적 과정에 참여할 수 있다. 첫째, 치료자들은 시각화 기술을 사용하여 내담자의 삶에서 사건과 경험을 능동적으로 상상할 수 있다. 둘째, 치료자들은 활성화된 감각과 느낌을 알아차리기 위해 그들의 신체에 더 주의를 기울일 수 있다. 셋째, 치료자들은 내담자 인생 경험의 맥락과 세세한 부분을 주의 깊게 들을 수 있다. 넷째, 치료자들은 내담자의 관점을 받아들이기 위해 자신의 경험에서 벗어나려는 노력을 할 수 있다. 다섯째, 치료자들은 자기 인식과 자기 반영을 기를 수 있다. 여섯째, 치료자들은 내담자들의 언어적, 비언어적 행동으로부터 그들의 감정을 정확하게 인식하기를 배울 수 있다. 내담자의 경험에 공감적으로 공명하려는 숙련된 치료자들의 주관적인 경험에 관한 Greenberg와 Rushanski-Rosenberg(2002)의 연구는 그들이 공감적 능력을 향상시키기 위해 이러한 활동에 참여하고 있다는 것을 보여 준다. 그러나 이 구체적인 과정에 더 의식적으로 참여하고 완성하는 것은 치료자들이 회기 중에 더욱 공감적 이해를 표현하고 공명할 수 있게 한다. 이 각각의 과정과 그것을 지지하는 신경과학 연구는 다음에서 살펴볼 것이다.

시각화

공감 과정에서 시각화의 중요한 역할은 주변에 있는 타인의 의도, 감각, 정서를 흉내내는 관찰자의 거울뉴런에 관한 연구에 의해 밝혀졌다(Ferrari et al., 2003; Rizzolatti, 2005; Gallese, 2005). Decety와 Jackson(2004)은 의도적으로 상상하는 행동이 단지 관찰만 하는 것보다 뉴런 공감 회로에서 더 강한 반응을 불러일으킨다는 것에 주목했다. 따라서 치료자들이 타인의 상태에 대한 이해를 높일 수 있는 한 가지 방법은 그들이 듣고 있는 이야기의 세세한 부분을 적극적으로 시각화하는 것이다. 치료자들은 상이한 상황에서 심상 이미지를 개발해 볼 수 있다. 그들의 반응을 증폭시키는 것으로써 치료자들은 내담자의 이야기와 삶의 경험을 수동적으로 듣는 것보다 내담자에게 일어난 일에 대한 보다 뛰어난 감각을 얻을 수 있을 것이다.

흉내내기

행동의 기록자로서 거울뉴런은 흉내내기의 선구자로 보여진다. 거울뉴런은 우리가 타인의 행동과 의도를 받아들여 해석하게 할 뿐 아니라, 타인의 행동을 자동적으로 흉내내는 것이 우리가 그들을 보고 그들의 이야기를 따라갈 수 있음을 나타내는 정도로 타인과 의사소통을 촉진하게 할 수 있다(Wilson & Knoblich, 2005). 사람들이 행동하는 것을 볼 때, 거울뉴런의 발화는 관찰자에게 유사한 생리적 과정을 자극하여 행위자와 비슷한 경험을 제공한다. 내담자의 행동을 모방하는 암묵적인 경험에 주의를 기울이는 치료자는 그들의 내담자들이 경험했을 것 같은 풍부한 감각을 얻을 수 있다. 치료자는 그들의 경험에 공감을 나누기 위하여 내담자에게 정보를 돌려주고 그것을 언어화하도록 도울 수 있다.

치료자들이 내담자의 경험 속에서 스스로 느끼도록 돕기 위하여 타인을 흉내내는 자동적 능력을 사용할 수 있는 다른 방법은, 회기 중에 보다 명시적으로 내담자를 모방하고, 그들의 행동을 통해 무엇이 소통되는지를 물어보는 것이다. 보다 명시적인 모방을 통해 내담자들은 자신의 감정을 잘 알아차리게 되고 내담자와 치료자는 그들의 주관적인 상태를 더 정확하게 표현하고 명명할 수 있는 단어를 찾을 수 있다(Elliott et al., 2003; Kennedy-Moore & Watson, 1999). 또는 타인의 행동을 시각화하고 타인을 대신하는 자신을 상상하는 암묵적인 모방의 과정에 주의를 기울임으로써, 치료자들은 이 행동을 추측할 수 있고, 내담자에게 그들의 정서 경험에 관해 공감적 추측을 잠정적으로 제공할 수 있다.

관찰자에게서 유사한 상태가 재현되는 범위 내에서 신체는 서로 상이한 경험이 타인에게 어떻게 영향을 미치는지에 대한 중요한 정보의 원천이다. 치료자들은 그들이 내담자의 이야기를 들을 때 다른 상황에 있는 것이 어떤 것일지를 상상하며 어떤 것들을 경험하기 위해 그들 자신의 신체에 관한 지식을 사용할 수 있다. 이것은 내담자의 세계에서 치료자 스스로를 느끼게 도울 것이다.

Wilson과 Knoblich(2005)는 운동거울뉴런 활성화의 결과로, 타인의 행동을 따라가기 위해 우리 신체의 암묵적 지식을 사용할 수 있다고 제시하였다. 그는 관찰, 시각화, 청각화를 통한 운동뉴런의 활성화가 거울뉴런의 활성화에서뿐만 아니라 타인의 행동을 예측하는 능력에 영향을 미치는 지각에뮬레이터 모델1)(perceptual emulator model)을 제안했다.

맥락

연구에 따르면 뉴런 회로는 자동적으로 활성화되지 않고 맥락에 따라 선택적으로 반응한다(Wilson & Knoblich, 2005). Iacoboni와 그의 동료들은 거울뉴런은 행동이 포함된 상황에 따라 다르게 발화된다는 것을 보여 주었다(Iacoboni et al., 2005). 연구자들은 참여자들에게 찻잔을 집어 드는 손에 관한 세 가지 영상 자료를 보여 주었다. 첫 번째 영상 자료에서 찻잔은 테이블 위에 쿠키 접시와 주전자 옆에 놓여 있어, 티 파티가 진행 중임을 알 수 있다. 두 번째는 빵 부스러기가 널려 있는 지저분한 테이블 위에 놓여 있었다. 그리고 세 번째 영상 자료에서는 주변에 다른 물건이 없는 테이블 위에 놓여 있었다. 이 영상 자료를 본 참여자들의 거울뉴런은 맥락에 관련한 다른 신호가 없는 장면에 반응하는 것보다 티 파티 상황에서의 찻잔에 더 강하게 반응하였다. 이 결과는 사람들은 행동이 발생하는 상황의 측면에서 타인의 행동을 이해하고 해석한다는 것을 보여 준다.

만약 치료자들이 가장 효과적으로 공감하고자 한다면, 내담자의 행동에 대한 동기를 이해하고 그들에게 정서적으로 중요한 것에 대한 적절한 이해를 얻기 위하여 내담자 삶의 역사 그리고 현재와 과거의 맥락에 대한 감각을 가지는 것은 중요하다. 인본주의 치료자들은 회기 중에 순간의 반응을 강조하며 내담자 삶의 역사에 대한 전체적인 이해를 얻는 것을 덜 강조하는 경향이 있다. 때로는 내담자가 그들의 이야기를 하는 것이 경험주의 심리치료에서는 역

---

1) 역자 주: 어떤 하드웨어나 소프트웨어의 기능을 다른 종류의 하드웨어나 소프트웨어로 모방하여 실현시키기 위한 장치나 프로그램.

효과를 낸다고 간주되기도 하고, 때로 내담자의 정서적 과정을 방해하는 것으로 여길 수도 있다. 이러한 견해는 역사적 섬세함의 필요성을 강조하는 분석 이론가들의 견해와는 대조적이다.

우리의 두뇌가 상이한 상황에 공감적으로 반응하는 맥락의 중요성을 고려할 때, 최대한 공감적인 치료자가 되려면 내담자의 감정과 행동의 원인이 되는 특정 상황에 대해 아주 잘 이해할 필요가 있다. 치료자들은 내담자 이야기의 질에 주의를 기울여야 한다. 경험주의 치료자들은 내담자들이 그들의 이야기를 말하는 방식이 회기 중에 정서적 과정의 중요한 표시라는 것을 인식했다(Elliott et al., 2003; Watson & Bohart, 2001). 경험주의 치료자들은 내담자가 장면에 대한 묘사를 반복하는지 또는 장황하게 두서없이 말하는지에 귀를 기울인다. 그리고 이때 경험주의 치료자들은 그들이 정서적 과정에 더 접촉하도록 도우려고 한다. 그들이 행하는 한 가지 방식은 내담자가 상황에 대해 더 자세하고 구체적이며 생생하게 설명하도록 요청하는 것이다. 이러한 설명은 내담자 세계의 내적 관점을 제공하고, 치료자들은 내담자의 느낌을 더 잘 알아차릴 수 있게 된다. 그리고 나서 치료자들은 이 정서적 추론을 제공함으로써 내담자들이 자신의 정서에 더 많이 접촉할 수 있도록 돕는다.

내담자 이야기의 정확한 이해와 내적 관점을 얻는 것이 내담자에게 중요한 것처럼 회기 중에 치료자의 과정에도 매우 중요하다. 자세하고 생생하고 명확한 이야기를 들음으로써, 치료자는 내담자의 경험에 공감할 수 있고 그들의 세계관을 더 잘 이해할 수 있게 된다. 공감적 공명을 증가시키기 위하여 치료자는 내담자 삶의 맥락에 대한 깊은 이해를 얻기 위해 상황의 세부적인 사항을 내담자에게 물어볼 수 있고, 또는 회기 중에 치료자와 내담자에게 상황이 생생하게 여겨질 수 있도록 "영화의 장면을 실행"하는 것과 같이 체계적으로 기억을 떠올리게 할 수 있는 작업을 제안할 수 있다(Rice & Saperia, 1984; Watson & Rennie, 1994; Watson & Greenberg, 1996). 보다 최근에 경험주의 치료 연구자들은 내담자의 생애사를 입수하여 내담자 삶에서 정서적으로 생생하고 중요한 사건과 상황을 확인하는 것이 중요함을 인식했다. 이것은 내담자가 그들의 방식으로 느끼고 행동하는 이유와 구체적 사건의 정서적 중요성에 대한 이해를 제공함으로써 사례 개념화를 용이하게 한다(Watson, Goldman, & Greenberg, 2007).

탈중심화

고통을 겪는 타인에 대한 개인의 반응이 자기 지향적일 수도 있고 타인 지향적일 수도 있으며, 이는 타인의 상태를 보고 스스로 동요되는 것에서부터 타인의 경험을 충분히 이해하는 것에 이르기까지 연속적으로 다양하게 나타난다고 밝혀졌다. Jackson, Meltzoff 그리고 Decety(2005)에 따르면 인간의 기본 모드는 자기중심적이지만, 타인에 대한 공감을 표현하기 위해서는 탈중심화하는 능력이 필요하다. 사람들은 타인의 고통에 괴로움을 표현하고 경험하지만 타인의 경험을 완전히 이해하지 못한다는 점에서, 융합은 정서전염을 초래할 수 있다. 비록 뇌가 동요할 때조차도 타인의 고통과 개인의 고통을 구별할 수 있지만, 타인의 경험을 완전히 이해하기 위해서 구분된 상태로 남아 있는 것은 중요하다. 타인의 고통에 반응하는 개인에 대한 연구에 따르면 그 개인이 고통 경험의 주체인지 관찰자인지에 따라 뇌의 상이한 영역이 반응한다(Jackson, Meltzoff, & Decety, 2005).

Gazzola와 그의 동료들(2006)에 따르면 자기보고식 조망수용 검사에서 높은 점수를 얻은 사람들은 다른 사람이 청각 활동하는 것을 듣고, 보고, 상상할 때, 자신들의 청각거울뉴런시스템이 더 크게 활성화되었다. 흥미롭게도 공감적 관심, 상상하는 능력, 개인적 고통을 포함하는 공감 검사의 다른 하위 척도는 거울뉴런의 활성화와 상관관계가 없었다. 대신에 공감적 관심은 공감의 인지적, 정서적 측면을 구별하기 위해 중요하다고 제시되는 뇌섬엽 활성화와 상관관계가 있다. 인지적 공감과 타인이 무엇을 경험하는지 또는 어떻게 느끼는지에 대한 감각을 갖는 것은 타인의 관점을 수용하는 능력과 연관될 수 있는데, 그것은 타인의 고통에 괴로움을 느끼거나 염려하는 것과는 다를 수 있다. 더구나 고통에 대한 개인적 경험이 타인의 고통을 지각하고 공감을 느끼는 데 반드시 필요하지는 않는 것으로 나타났다(Danziger, 2006). 특정한 신경망의 활성화는 타인에게 고통스러울 수 있는 사건을 알아차리고 고통스러운 사건에 대한 타인의 반응을 인식할 수 있다는 것을 나타낸다(de Vignemont & Singer, 2006). 또한 일부 연구자들은 공감의 서로 다른 측면은 다른 신경 기질에 근거할 수도 있다고 제안한다(Gazzola et al., 2006; Jackson et al., 2006).

심리치료자들이 주목한 바와 같이 공감의 경험과 표현은 타인과 융합을 필요로 하지 않는다(Jackson et al., 2006). 오히려 탈중심화하는 능력이 타인의 경험에 충분히 공감할 수 있게 하는 데 필수적인 것 같다. Rogers가 처음으로 심리치료에서 공감에 관하여 저술하기 시작했을 때, 그는 치료자들에게 내담자의 경험을 판단하지 않고 수용할 필요가 있다고 강조했다. Rogers는 치료자가 진정으로 비판단적이 되고자 한다면, 내담자들이 하는 방식으로 그들의 세계에 완전히 들어가서 경험하고자 할 때 치료자 자신의 관점과 세계관, 가치, 선호를 내려놓아야 한다고 주장했다. 오직 판단을 중지할 때만이 타인의 관점을 자유롭게 받아들일 수 있다.

공감을 조절하는 요인

연구에 따르면 공감은 고통의 강도, 공감하는 사람과 대상 사이의 감정적 연결, 가해진 고통이 정당한 치유로 보이는지 여부에 따라 자발적으로 조절될 수 있다(de Vignemont & Singer, 2006). 이러한 요인들은 치료에서 중요한 고려 사항이다. de Vignemont와 Singer(2006)는 질투와 같은 이차 감정보다 두려움, 슬픔과 같은 일차 감정에 공감을 느끼는 것이 더 쉽다고 제안하였다. 이는 이차 감정 표현의 상태에서 일차 감정의 표현과 경험으로 내담자를 변화시키기 위해 적극적으로 노력하는 경험주의 치료자의 관점을 지지한다. 경험주의 치료자들은 내담자와 그의 파트너가 이차 감정보다 일차 감정에 공감적으로 반응하는 것이 더 쉽다고 생각한다. 마찬가지로, 치료자들에게도 내담자의 이차 감정보다 일차 감정에 공감적으로 반응하는 것이 더 쉬울 수 있다. 따라서 만약 치료자가 내담자의 이차 감정을 표현하는 것에서 일차 감정으로 바꾸는 것을 도울 수 있다면 치료자의 공감적 능력은 향상될 수 있다. 실제로, 경험주의 치료자들은 내담자에게 일차 감정과 이차 감정을 구별하는 것을 돕기 위하여 내담자의 경험에 관한 그들 자신의 공감 수준을 사용할 수 있다.

둘째로, 공감하는 사람과 공감 대상 사이의 관계는 두 사람 간의 공감 여부를 결정하는 데 매우 중요하다. De Vignemont and Singer(2006)는 공감을 조절하는 많은 요인들을 제시했다. 공감하는 사람에게 공감 대상의 유사함과 친숙함, 공감 대상이 배려, 보호, 돌봄에 대한 필요를 인식하는지 여부, 공감하는 사람 또는 다른 사람에게 정서가 표현되는지 여부가 포함된다. Rogers(1959)는 내담자에 대한 치료자들의 긍정적 존중의 중요성을 강조했다. 긍정적 존중은 공감적 치유관계를 형성하는 데 기본적 요소로 여겨졌다. 따라서 치료자들은 부정적 느낌으로 인한 공감 능력의 상실을 방지하기 위하여 내담자들에 대한 긍정적 느낌을 유지해야 한다. 정신분석가들은 치료에서 잠재적으로 유용하기도 하고 치료 성과에 장애로 보이는 역전이의 역할에 많은 주의를 기울여 왔다(Gelso & Hayes, 2001; Richards, 1990). 신경과학 연구에서는 내담자의 경험에 완전히 공감하기 위한 치료자의 능력에 부정적 느낌의 영향을 완화시키기 위해서 공감을 조절하는 요인을 알아차리는 것이 치료자들에게 얼마나 중요한지를 강조한다.

공감에 대한 또 다른 중요한 영향은 공감하는 사람의 특성과 관련된다. Rankin과 그의 동료들(2006)은 공감의 인지적 요소와 정서적 요소를 구별하였다. 공감과 관련된 인지적 능력은 조망수용, 추상적 추론, 인지적 유연성을 포함한다. **조망수용**(*perspective taking*)이란 용어는 개인이 시각적, 청각적, 상황적 신호에 근거하여 타인의 인지적, 정서적 상태를 상상함으로써 마음이론을 개발하거나 타인의 관점을 채택할 필요가 있다는 것을 제시한다. **추상적 추론**(*abstract reasoning*)은 타인의 관점, 동기, 의도에 관한 고차 추론에 참여하고 해석할 것을 요구한다. 세 번째 인지적 요소인 **인지적 유연성**(*cognitive flexibility*)은 **동시 유연성**(*spontaneous flexibility*)과 **반응 유연성**(*reactive flexibility*)으로 구분된다. 동시 유연성은 타인의 인지적, 정서적 상태에 관한 생각을 빠르고 쉽게 생성하는 개인의 언어적 유창성 또는 능력을 말한다. 반응 유연성은 타인의 정서적, 인지적 상태의 작동 모델을 빠르게 업데이트하고 다양한 가설을 통해 분류하기 위하여 타인의 상태와 그들 자신의 정서적, 인지적 상태에 관한 정보를 비교하고 대조하는 개인의 능력이다. 공감의 정서적 요소는 타인의 정서를 인식하는 능력, 정서적 민감성 그리고 자신의 정서적, 인지적 상태를 정확하게 찾아내는 능력을 포함한다.

이러한 특성의 일부는 선천적으로 나타나고, 다른 몇 가지는 자기 반영과 훈련에 의해 향상될 수 있다. 사람들은 이러한 능력에 서로 다른 수준을 갖고 있는 것으로 보인다. 어떤 사람들은 공감의 인지적 측면에 더 유능한 반면, 다른 사람들은 정서적 요소에 더 능숙할 수 있다. 이상적으로, 공감적인 치료자들은 공감의 인지적, 정서적 측면에 대한 능력을 모두 갖고 있을 것이다. 그러나 이러한 기술은 향상될 수 있다. 초심 치료자들은 더 정확하게 감정을 읽고 감정적 단서에 더 주의를 기울이도록 배워야 한다. 그들은 내담자의 느낌과 자신의 느낌을 더 잘 구별하기 위하여 자기 인식과 통찰의 수준을 높이기 위한 자기 성찰 과정에 참여하여야 한다. 치료자들은 상당한 고통을 겪고 있는 내담자와 작업할 때 정서전염 또는 지나친 고통을 겪지 않기 위하여 자신의 정서를 효과적으로 통제하도록 훈련해야 한다. 만약 초심 치료자들이 다양한 관점에서 그리고 상이한 방식으로 문제를 보고 탈중심화하도록 격려받는다면, 인지적 기술은 발전될 수 있을 것이다.

공감을 구성하는 특성들의 집합은 인지적 공감, 정서적 공감, 인지-정서적 공감 간 구분이 가능하다는 것을 시사한다. 인지적 공감은 거울운동뉴런과 조망수용이 가능한 시스템을 포함하여 상이한 신경 시스템을 포괄한다. 그것은 정서적 신경망과는 독립적인 공감적 이해의 한 형태이다. 반면에 정서적 공감은 정서적 신경회로에 근거를 둔다. 그것은 타인의 정서 표현에 의해 활성화되고, 다양한 정서 반응을 자극하는 구체적 상황에 대한 자신의 이해에 근거를 둔다. 공감의 정서적, 인지적 측면의 조합은 사건의 정서적 중요성에 대한 이해와 더불어 타인의 관점에 대한 이해와 타인에게 의미 있는 것에 대한 이해를 결합하는 가장 포괄적인 공감적 이해의 형태이다.

　　모든 형태의 공감이 심리치료에서 표현되지만, 정서 중심 치료자들이 내담자의 존재 방식에서 변화를 촉진하기 위하여 노력하는 것은 인지적, 정서적 공감의 결합이다. 무엇이 내담자들을 움직이게 하는지 그리고 그들이 왜 그런 방식으로 행동하는지에 관하여 메타 수준에서 내담자를 이해할 뿐만 아니라 내담자들이 그들의 경험을 재생할 때 그들에게 반응적으로 조율하기 위해 회기 중에 내담자의 순간순간의 경험을 따라가기 위하여 노력하는 것은 바로 공감이다. 이러한 방법으로 경험주의 치료자들은 내담자들이 그들의 정서 경험을 처리하고 자신들이 왜 그런 식으로 행동하는지를 이해할 수 있도록 도움으로써 그들은 자신의 정서를 처리하고, 스스로를 치유하고, 다른 사람들과 상호작용하는 새로운 방법들을 배울 수 있다.

결론

　　공감은 심리치료의 배경 조건 또는 단순한 부수 현상 이상으로 매우 복잡한 과정이다. 공감적 이해는 사람들 각자의 개별적인 경험의 의미를 파악하기 위해 다양한 출처의 정보를 통합한다. 공감적 의사소통은 뇌에서 일어나는 수많은 과정이 원인이다. 그것은 인간의 상호작용과 생존을 돕는 다양한 수준에서의 복잡한 정보처리를 종합한 것이다. 공감은 모든 관계에서 대인 간 의사소통의 핵심이며, 심리치료의 맥락에서 사용하고 적용할 때 매우 치유적일 수 있는 정교한 기술이다. 일단 우리가 공감적 공명에 대한 이해를 발전시킨다면, 공감의 의사소통과 수용이 어떻게 내담자의 생리학과 신경학에서 변화를 가져올지를 탐색하는 것은 중요할 것이다.

참고문헌

Barrett-Lennard, G. T. (1993). The phases and focus of empathy. *British Journal of Medical Psychology, 66,* 3-14.

Barrett-Lennard, G. T. (1997). The recovery of empathy: Toward others and self. In A. C. Bohart & L. S. Greenberg (Eds.), *Empathy reconsidered: New directions in psychotherapy* (pp. 103-121). Washington, DC: American Psychological Association.

Bohart, A. & Greenberg, L. S. (1997). *Empathy reconsidered: New directions in psychotherapy* (pp. 3-31). Washington, DC: American Psychological Association.

Bozarth, J.D. (1997). Empathy from the framework of client-centered theory and the Rogerian hypothesis. In A. Bohart & L. S. Greenberg (Eds.), *Empathy reconsidered: New directions in psychotherapy* (pp. 81-102). Washington, DC: American Psychological Association.

Bucci, W. (1984). Linking words and things: Basic processes and individual variation. *Cognition, 17,* 137-153.

Burns, D. D., & Nolen-Hoeksema, S. (1992). Therapeutic empathy and recovery from depression in cognitive-behavioral therapy: A structural equation model. *Journal of Consulting and Clinical Psychology, 60,* 441-449.

Damasio, A. (1994). *Descartes' error: Emotion, reason, and the human brain.* New York: Putnam.

Danziger, N., Prkachin, K. M., & Willer, J. C. (2006). Is pain the price of empathy? The perception of others' pain in patients with congenital insensitivity to pain. *Brain, 129,* 2494-2507.

Decety, J., & Jackson, P. L. (2004). The functional architecture of human empathy. *Behavioral and Cognitive Neuroscience Reviews, 3*, 71-100.

De Vignemont, F., & Singer, T. (2006). Empathic brain: How, when and why? *Trends in Cognitive Sciences, 10*, 35-41.

Elliott, R., Watson, J. C., Goldman, R. N., & Greenberg, L. S. (2003). Learning emotion-focused therapy: The process-experiential approach to change. Washington, DC: American Psychological Association.

Ferrari, P. F., Gallese, V., Rizzolatti, G., & Fogassi, L. (2003). Mirror neurons responding to the observation of ingestive and communicative mouth actions in the monkey premotor cortex. *European Journal of Neuroscience, 17*, 1703-1714.

Fosha, D. (2001). The dyadic regulation of affect. *Journal of Clinical Psychology, 57*, 227-242.

Gallese, V. (2005). "Being like me": Self-other identity, mirror neurons, and empathy. In S. Hurley & N. Chater (Eds.), *Perspectives on imitation: From neuroscience to social science: Vol. 1. Mechanisms of imitation and imitation in animals* (pp. 101-118). Cambridge, MA: MIT Press.

Gazzola, V., Aziz-Zadeh, L., & Keysers, C. (2006). Empathy and the somatotopic auditory mirror system in humans. *Current Biology, 16*, 1824-1829.

Gelso, C. J., & Hayes, J. A. (2001). Countertransference management. *Psychotherapy, 38* (4), 418-422.

Greenberg, L. S., Rice, L. N., & Elliott, R. (1993). *Facilitating emotional change: The moment-by-moment process.* New York: Guilford Press.

Greenberg, L. S., & Rushanski-Rosenberg, R. (2002). Therapist's experience of empathy. In J. C. Watson, R. N. Goldman, & M. S. Warner (Eds.), *Client-centered and experiential psychotherapy in the 21st century: Advances in theory, research and practice* (168-181). Ross-on Wye, UK: PCCS Books.

Greenberg, L. S., & Watson, J. C. (2006). *Emotionally focused therapy for depression.* Washington, DC: American Psychological Association.

Iacoboni, M., Molnar-Szakacs, I., Gallese, V., Buccino, G., Mazziotta, J. C., &

Rizzolatti, G. (2005). Grasping the intentions of others with one's own mirror neuron system. *PLoS Biology, 3*, 529–536.

Jackson, P. L., Brunet, E., Meltzoff, A. N., & Decety, J. (2006). Empathy examined through the neural mechanisms involved imagining how I feel versus how you feel pain. *Neuropsychologia, 44*, 752–761.

Jackson, P. L., & Decety, J. (2004). Motor cognition: A new paradigm to study self–other interactions. *Current Opinion in Neurobiology, 14*, 259–263.

Jackson, P. L., Meltzoff, A. N., & Decety, J. (2005). How do we perceive the pain of others? A window into the neural processes involved in empathy. *NeuroImage, 24*, 771–779.

Kennedy–Moore, E., & Watson, J. C. (1999). *Expressing emotion: Myths, realities and therapeutic strategies.* New York: Guilford Press.

Khan, E. (2002). Heinz Kohut's empathy. In J. C. Watson, R. N. Goldman, & M. S. Warner (Eds.), *Clientcentered and experiential psychotherapy in the 21st century: Advances in theory, research, and practice* (pp. 99–104). Ross–on–Wye, UK: PCCS Books.

Klein, M. H., Mathieu–Coughlan, P. L., & Kiesler, D. J. (1986). The Experiencing Scales. In L. S. Greenberg & W. M. Pinsof (Eds.), *The psychotherapeutic process: A research handbook* (pp. 21–71). New York: Guilford Press.

Kohut, H. (1977). *The restoration of self.* New York: International University Press.

Meltzoff, A. N., & Decety, J. (2003). What imitation tells us about social cognition: A rapprochement between developmental psychology and cognitive neuroscience. *Philosophical Transactions of the Royal Society, London, B, 358*, 491–500.

Morrison, I., Lloyd, D., di Pellegrino, G., & Roberts, N. (2004). Vicarious responses to pain in anterior cingulated cortex: Is empathy a multisensory issue? *Cognitive, Affective, & Behavioral Neuroscience, 4*, 270–278.

Preston, S. D., & de Waal, F. B. M. (2002). Empathy: Its ultimate and proximate bases. *Behavioral and Brain Sciences, 25*, 1–72.

Rankin, K. P., Gorno-Tempini, M. L., Allison, S. C., Stanley, C. M., Glenn, S., Weiner, M. W., & Miller, B. L. (2006). Structural anatomy of empathy in neurodegenerative disease. *Brain, 129*, 2945-2956.

Rice, L. N., & Saperia, E. (1984). Task analysis and the resolution of problematic reactions. In L. N. Rice & L. S. Greenberg (Eds.), *Patterns of change: Intensive analysis of psychotherapy process*. New York: Guilford Press.

Richards, J. (1990). Countertransference as a complex tool for understanding the patient in psychotherapy. *Psychoanalytic Psychotherapy, 4* (3), 233-244.

Rizzolatti, G. (2005). The mirror neuron system and imitation. In S. Hurley & N. Chater (Eds.), *Perspectives on imitation: From neuroscience to social science: Vol. 1. Mechanisms of imitation and imitation in animals* (pp. 55-76). Cambridge, MA: MIT Press.

Rogers, C. R. (1951). *Client-centered therapy*. Boston: Houghton-Mifflin.

Rogers, C. R. (1959). A theory of therapy, personality, and interpersonal relationships, as developed in the client-centered framework. In S. Koch (Ed.), *Psychology: The study of a science* (Vol. 3, pp. 184-256). New York: McGraw-Hill.

Rogers, C. R. (1965). *Client-centered therapy: Its current practice, implications and theory*. Boston: Houghton-Mifflin.

Rogers, C. R. (1975). Empathic: An unappreciated way of being. *Counseling Psychologist, 5*, 2-10.

Singer, T., Seymour, B., O'Doherty, J. P. Stephen, K. E., Dolan, R. J., & Frith, C. D. (2006). Empathic neural responses are modulated by the perceived fairness of others. *Nature, 439*, 465-469.

Singer, T., Seymour, B., O'Doherty, J., Kaube, H., Dolan, R. J., & Frith, C. D. (2004). Empathy for pain involves the affective but not sensory components of pain. *Science, 303*, 1157-1162.

Vanaerschot, G. (1990). The process of empathy: Holding and letting go. In G. Lietaer, J. Rombauts, & R. Van Balen (Eds.), *Client-centered and experiential psychotherapy in the nineties* (pp. 269-294). Leuven, Belgium: Leuven University Press.

Warner, M. S. (1997). Does empathy cure? A theoretical consideration of empathy, processing, and personal narrative. In A. C. Bohart & L. S. Greenberg (Eds.), *Empathy reconsidered: New directions in psychotherapy* (pp. 125-140). Washington, DC: American Psychological Association.

Watson, J. C., Goldman, R. N., & Greenberg, L. S. (2007). *Case studies in the emotion focused treatment of depression: A comparison of good and poor outcome.* New York: American Psychological Association.

Watson, J. C. (2001). Revisioning empathy: Theory, research and practice. In D. Cain & J. Seeman (Eds.), *Handbook of research and practice in humanistic psychotherapy* (pp. 445-472). New York: American Psychological Association.

Watson, J. C., & Bohart, A. (2001). Integrative humanistic therapy in an era of managed care. In K. Schneider, J. F. T. Bugenthal, & F. Pierson (Eds.), *The handbook of humanistic psychology* (pp. 503-520). Newbury Park: Sage Publications

Watson, J. C., Goldman, R., & Vanaerschot, G. (1998). Empathic: A postmodern way of being. In L. S. Greenberg, J. C. Watson, & G. Lietaer (Eds.), *Handbook of experiential psychotherapy* (pp. 61-81). New York: Guilford Press.

Watson, J. C., & Greenberg, L. S. (1996). Emotion and cognition in experiential therapy: A dialecticalconstructivist position. In H. Rosen & K. Kuelwein (Eds.), *Constructing realities: Meaning-making perspectives for psychotherapists* (pp. 253-276). San Francisco: Jossey-Bass.

Watson, J. C., & Rennie, D. (1994). A qualitative analysis of clients' reports of their subjective experience while exploring problematic reactions in therapy. *Journal of Counseling Psychology, 41*, 500-509.

Wilson, M., & Knoblich, G. (2005). The case for motor involvement in perceiving conspecifics. *Psychological Bulletin, 131*, 460-473.

Chapter 11

공감, 도덕 그리고 사회적 관습:
정신병 및 기타 정신장애 연구 증거

R.J.R. Blair and Karina S. Blair

공감과 도덕 발달 사이의 관련성은 오랫동안 고려되어 왔다(예. Hoffman, 1970). 그러나 공감과 도덕 추론의 구인 및 관련성의 본질은 일반적으로 막연하게 정의되어 왔다. 본 장의 목표는 문헌을 통해 특정 신경인지 체계와 그들이 중재하는 특정 형태의 공감, 그리고 사회 규칙에 적합한 행동의 특정 형태 사이의 관계를 기술하는 것이다.

우리는 우선 공감의 본질 그리고 도덕과 관습 위반 간의 차이를 다룰 것이다. 그리고 나서 도덕 및 관습적 추론을 할 때 다양한 형태의 정서적 공감 반응의 역할과 이 추론이 위반자의 마음 상태에 관한 정보에 의해 어떻게 조율되는지를 고려할 것이다(즉, 인지적 공감). 결론으로 타인의 도덕 또는 관습 위반에 따르는 죄의식, 수치심, 당혹감의 표현에 대한 반응을 고려할 것이다.

공감의 정의

공감(*empathy*)이라는 용어는 관찰자가 관찰 대상의 내적 상태에 관한 정보를 사용하는 과정에 적용되어 왔다. 공감으로 표현할 수 있는 과정에는 신

경과 인지 수준에서 부분적으로 분리 가능한 적어도 세 가지 분류가 있다(Blair
, 2005). 이는 **정서적 공감**, **인지적 공감**(마음이론으로도 알려짐), **운동 공감**(*관찰되
는 타인의 자세를 흉내내는 신체 자세*)을 말한다. 도덕 또는 사회 규범 발달에 대한
운동 공감과 관련된 현재의 데이터는 없으므로 따라서 본 장에서는 정서적,
인지적 공감에 대하여 다룰 것이다.

정서적 공감

정서적 반응은 보상과 처벌 자극, 즉 본능적이고 조건화된 욕구와 혐오
자극에 대한 뇌의 반응으로 정의되어 왔다(Rolls, 1999). 정서적 표현은 관찰자
에게 구체적 정보를 전달하며, 구체적으로 의사소통하게 하는 강화제라고 생
각할 수 있다(Blair, 2005). 이러한 관점에서 정서적 공감은 관찰자에 의한 의사
소통의 해석으로 정의된다.

많은 연구에서 정서적 표현에 대해 반응하는 신경인지 체계를 탐구하였
다(이 문헌의 리뷰는 Adolphs, 2002 참고). 이러한 작업은 세 가지 주요한 관심을
다룬다. 첫째, 정서적 표현에 반응하는 피질하 체계(subcortical systems)가 있는
지 여부, 둘째, 서로 다른 정서적 표현의 과정에 관여하는 각각의 신경인지 체
계가 존재하는지 여부, 셋째, 정서적 표현에 대한 반응이 자동적인지 또는 통
제하에 있는지가 그것이다.

피질하 체계의 문제와 관련하여, 얼굴 표정은 시각피질(visual cortex)에서부
터 측두엽(temporal cortex)을 지나 대뇌변연계 영역(limbic areas)에서뿐만 아니라
피질하부에서도 처리된다고 주장하고 있다(즉 시상(thalamus)과 변연계 영역(limbic
areas) 특히 편도체(amygdala); Adolphs, 2002). 이 문제는 논란이 많이 남아 있다.
그러나 Vuilleumier와 그의 동료들(2003)은 시상침(pulvinar)과 상구(superior
colliculus)는 고주파 얼굴 표정이 아니라 저주파에, 즉 미세한 정보가 아니라
거친 정보에 반응한다는 것을 관찰했다. 요약하면, 비록 두려운 표정에 국한될
지 모르지만 인간의 편도체로 얼굴 표정에 대한 거친 정보를 전달하는 피질하
부의 경로가 있는 것으로 보인다(Vuilleumier et al., 2003; Luo et al., 2007). 이 경

로는 자기뇌파검사(magnetoencephalography, MEG)에서 보여지는 것처럼 40밀리초 이내에 신속하게 편도체로 정보를 전송한다(Luo et al., 2007).

각각의 신경인지 체계가 서로 다른 정서적 표현을 처리하는지에 대해서는 많은 논쟁이 있다. 일부 연구에서는 모든 정서적 표현은 유사한 신경 반응을 활성화한다고 설명하였다(Winston, O'Doherty, & Dolan, 2003; Fitzgerald et al., 2006). 그러나 많은 다른 연구들은 이러한 관점을 지지하지 않는다(Blair, 2005 참고). 이러한 혼란은 방법론의 차이에서 부분적으로 기인할 수 있다. 단일의 반응을 발견한 연구들은 4가지 또는 그 이상의 표현을 동시에 조사하였고, 참여한 참가자의 수를 감안할 때 충분한 차이를 발견하지 못했을 수도 있다(20 and 12 in the Fitzgerald et al., 2006. 참가자 수는 20명; Winston et al., 2003. 연구에서는 2명).

논의한 것과 같이 만약 정서에 대한 얼굴 표정이 구체적인 전달 기능을 가진 강화제라면(Blair, 2005), 모든 표정에 대하여 단일한 시스템이 반응할 것으로 보이지는 않는다. 이것은 서로 다른 뇌의 영역이 강화의 다른 유형에 대한 반응으로 참여하기 때문이다. 예를 들면 편도체는 두려움에 근거한 조건형성에 중요하다(LeDoux, 2000). 두려운 표정이 우선적으로 편도체를 활성화시키는 것은 놀라운 일이 아니다. 두려운 표정의 한 가지 역할은 새로운 자극이 혐오스럽고 피해야 한다는 정보를 타인에게 신속하게 전달하는 것이다(Mineka & Cook, 1993).

뇌섬엽(insula) 또한 유사하게 정서적 처리 과정의 역할뿐 아니라 맛의 혐오감 학습에 중요하다. 그러므로 혐오스러운 표정이 우선적으로 뇌섬엽을 활성화시킨다는 것은 예상할 수 있는 일이다(Blair, 2005 참고). 혐오스러운 표정은 음식에 관한 미세한 정보를 가장 빈번하게 제공하는 강화제이다(이 논의에 관한 확장된 버전은 Blair, 2005 참고).

화난 얼굴 표정에 대한 반응은 공감의 이차적 형태를 나타내는 것으로 보인다. 화난 표정은 사회 규범이나 기대를 위반했을 때 타인의 행동을 규제하기 위해 사용된다(Averill, 1982). 화난 표정은 현재의 행동을 중지하라고 관찰자에게 알리기 위해 나타나며, 미래에 그러한 행동이 시작되어야 하는지에 대한 정보를 반드시 전달하지는 않는다. 다시 말해서 화난 표정은 반응 역전을 개시하는 촉발제라고 볼 수 있다(Blair, 2005 참고). 복외측전전두피질(ventrolateral prefrontal cortex)은 반응 역전에 중요하다(Budhani et al., 2007). 그리고 흥미롭게도, 안와전두피질(lateral orbital frontal cortex)의 유사한 영역은 화난 표정에 의해, 그리고 우발적 변화의 기능으로써 반응 역전에 의해 활성화된다(Blair, 2005 참고).

정서 표현에 대한 반응이 자동적인지 또는 통제하에 있는 것인지의 문제에 관하여, 어느 정도의 논쟁은 있다. 첫 번째 관점은 정서 표현의 처리 과정은 "자동적"이며, 편도체는 주의력 자원의 유용성에 관계없이 두려운 표정에 대한 반응으로 활성화된다는 것을 지지한다(Vuilleumier et al., 2001). 두 번째 관점은 정서 표현의 처리 과정은 중립 자극과 같이 주의력 자원의 가용성을 필요로 한다는 것을 제시한다(Pessoa, Padmala, & Morland, 2005). 초기의 발견은 주의를 기울이지 않은 자극에 대한 반응으로 편도체의 유의미한 활성화를 지적하면서 "자동적" 관점을 지지했다(Vuilleumier et al., 2001). 그러나 이러한 결과들은 놀라웠다. 그들은 완전한 편도체 활성화는 피질하부의 경로(주의 조절이 부족한 경우에 더 쉽게 만들어지는 장소)를 통해 이루어지거나 또는 어떤 이유로, 정서적 자극은 표상 경쟁의 원칙이 적용되지 않는 자극의 한 종류라고 제안했다. Desimone와 Duncan(1995)이 개발한 주의집중 모델에 의하면, 개인이 집중하는 것은 신경 표상에 대한 경쟁 과정의 결과이다. 만약 자동적 관점이 맞다면, 다른 자극의 표상은 정서적 표현의 자극과 경쟁하거나 방해할 수 없음을 시사한다. 그러나 이후의 연구들에서는 정서적 표현이 표상에 대해 경쟁한다는 관점과 일관되게, 주의 수준에 따라 얼굴 표정과 기타 정서적 자극에 대한 정서적 반응이 유의하게 달라졌다는 것을 보여 주었다(Pessoa, Padmala, & Morland, 2005).

인지적 공감(마음이론)

인지적 공감은 한 사람이 다른 사람의 내적 마음 상태를 표현하는 과정을 의미한다. 이것은 마음이론의 정의이기도 하다(Premack & Woodruff, 1978). 마음

이론은 정신 상태가 자신과 다른 사람에게 귀속되는 것을 허용한다. 신경 수준에서 기능적 자기공명영상(fMRI)을 이용한 연구는 내측 전두엽(특히 전대상피질), 측두두정접합, 측두엽극이 이러한 능력과 관련되어 있음을 보여 준다(Frith & Frith, 2006 참고).

도덕 대 사회적 관습

앞부분에서는 정서적 공감을 다루었고, 정서 표현이 구체적 형태의 정서 학습을 시작하게 하는 강화제라는 것을 논증하였다. 많은 정서 표현과 그에 수반하는 학습을 촉발하는 사회적 상호작용의 한 형태는 사회 규범의 위반이다. 또한 정서 반응과 그에 상응하는 관찰자의 공감 반응 형태는 위반한 규율의 유형에 따라 다르다(Nucci & Turiel, 1978). 이 절에서 우리는 규율 위반의 두 가지 형태, 도덕과 관습의 중요한 차이에 대하여 간단히 고려할 것이다.

도덕 위반(예. 살인, 강도)은 타인의 행복과 권리에 대한 침해의 결과로 정의된다. 그에 반해서 사회적 관습 위반(예. 교실에서 잡담하기, 반대 성의 옷 입기)은 사회제도 내에서 사회적 상호작용을 구성하는 행동적 통일성의 위반으로 정의된다(Turiel, Killen, & Helwig, 1987).

건강한 개인은 39개월 이후부터 문화 전반에 걸쳐(Song, Smetana, & Kim, 1987) 도덕과 관습의 위반을 구별한다(Smetana, 1981). 그들은 세 가지 주요한 방식으로 그것을 구별한다. 첫째, 아동과 성인은 대개 도덕의 위반을 관습의 위반보다 더 심각하게 판단한다. 둘째, 도덕 위반은 관습 위반과는 다른 방식으로 판단한다. 예를 들면 도덕 위반은 관습 위반보다 덜 **규칙에 수반한다**고(*rule contingent*) 여긴다. 즉, 금지법이 없을 경우에는 관습 위반보다 오히려 도덕 위반이 허용될 것 같지는 않다. 셋째, 개인은 도덕과 관습 위반의 부당함을 서로 다르게 타당화한다. 누군가를 때리거나 남의 재산에 손해를 입히는 것이 왜 잘못된 것인지를 묻는다면, 사람들은 피해자의 고통을 중요하게 언급할 것이다(Smetana, 1981; Song, Smetana, & Kim, 1987; Turiel, Killen, & Helwig, 1987). 그에 반해서 다른 성의 옷을 입거나 또는 교실에서 잡담하는 것(관습 위반)이 왜 잘못된 것인지 묻는다면, 사람들은 명시적인(학교에서 금지된 행동) 또는 암묵적인("허용되지 않는" 행동) 규범에 관하여 언급할 것이다.

관습 위반과 도덕 위반을 구분하는 것은 피해자의 존재 여부이다(Smetana, 1985). 만약 사람들이 위반으로 인해 피해자가 생길 것이라고 믿는다면 그것을 도덕 위반으로 여길 것이다. 만약 사람들이 위반으로 인해 피해자가 생기지 않는다면 관습 위반으로 여길 것이다. 예를 들면, Smetana(1985)는 알 수 없는 위반(의미 없는 말로 명시된, 즉 X는 비탄에 젖어 있다)은 행위의 특정한 결과에 따라 도덕 위반 또는 관습 위반으로 처리됨을 발견했다. 따라서 "X가 비탄에 젖어 Y를 울게 했다"는 것은 도덕으로 처리되는 반면, "X가 비탄에 젖었고, 교사는 그에게 호통을 쳤다"는 것은 관습으로 처리될 것이다.

정서적 공감 그리고 도덕 및 관습 추론

위에서 언급한 바와 같이 도덕과 관습 위반의 사회정서적 결과는 다르다. 특히 성인들은 그것에 차별적으로 반응한다. 도덕 위반은 피해자의 고통(두려움, 슬픔)과 관련될 수 있고, 보호자의 공감을 유도할 가능성이 더 높다. 관습 위반은 보호자의 분노와 같이 강력한 주장이나 행동을 유발할 수 있다(Nucci & Turiel, 1978). 여기서 제안되는 주장은 이처럼 사회정서적 결과가 다른 것은 아동이 도덕과 관습 위반을 구별하는 인과적 기원이라는 것이다. 이번 절에서는 이처럼 사회정서적 결과가 다르기 때문에 아동이 도덕과 관습의 위반을 구별할 수 있게 된다는 논쟁이 전개될 것이다.

피해자에 대한 도덕 추론과 정서적 공감 반응

우리는 두렵고 슬픈 표정이 이러한 표정과 관련된 자극을 피해야 한다는 정보를 타인에게 신속하게 전달하는 효과가 있다고 생각한다. 이러한 이유로 도덕 사회화는 피해자의 고통과 그 고통을 야기하는 행동의 연결을 포함한다.

도덕 사회화에서 특히 효과적으로 보이는 공감 유도 기술(Hoffman, 1970)은 피해자의 고통에 개인의 주의를 집중하기 때문에 효과가 있다. 위에서 보인 바와 같이, 정서적 자극에 초점을 맞추어 주의를 증가시키면 그 자극에 대한 정서적 반응을 증가할 것이다(Pessoa et al., 2002). 이러한 관점에 따르면 타인의 고통에 정서적으로 덜 반응하는 사람들은 도덕 사회화에 어려움을 보일 것을 예상할 수 있다. 우리는 사이코패스적인 사람들이 그러한 집단을 대표한다고 주장한다.

사이코패스는 냉담함—즉, 죄책감 감소-, 충동성, 미흡한 행동 통제 등이 부분적인 특징인 장애이다(Hare, 1991). 이 장애는 정서적 기능 장애(죄책감, 공감, 주요한 타인에 대한 애착 결핍)와 반사회적 행동의 두 가지 주요한 요소를 포함한다(Hare, 1991). 그것은 아동기에 나타나 생애 전반을 통해 확장되는 발달적 장애이다(Harpur & Hare, 1994).

사이코패스를 가진 사람은 타인의 두려움과 슬픔을 처리하는 데 있어서 명백한 장애를 보인다. 따라서 사이코패스 아동과 성인은 두려움과 슬픈 얼굴(Blair et al., 2001) 그리고 음성 표현(Blair et al., 2002) 등을 인식하는 데 전형적인 장애를 보인다. 더구나 타인의 고통에 대한 자율신경계 반응과 주의 편향이 감소되었다(Kimonis et al., 2006).

타인의 고통에 대한 적절한 정서 반응(즉, 공감 반응)이 도덕 사회화에 중요하다는 주장에 이어, 사이코패스 아동과 성인은 도덕-관습 구별 과제에서 도덕과 관습의 위반 간의 차이를 잘 구분하지 못하였다(Blair et al., 1995). 그들은 또한 도덕성 암묵적 연합과제[1]가 주어졌을 때, 도덕 위반과 부정적 정서를 적절히 연결하지 못하였다(Gray et al., 2003). 이러한 과제는 참여자에게 일관된 대응(즉, 비도덕적 항목과 끔찍한 동물에 대한 반응) 또는 비일관된 대응(즉, 비도덕적

---

1) 역자 주: 암묵적 연합 검사는 명시적으로 알아보기 힘든 태도를 간접적으로 측정하는 방법으로, 좋아하는 대상과 긍정적 단어와 강하게 연합되고, 싫어하는 대상과 부정적 단어와 더 강하게 연합될 것이라는 가정을 바탕으로 양립 가능한 과제의 반응속도와 양립 불가능한 과제의 반응속도 간의 차이로 태도와 강도를 측정한다.

항목과 좋은 동물에 대한 반응) 선택에 대해 동일하게 반응하기를 요구한다. 일관된 대응 반응 선택보다 오히려 비일관된 대응에 대해 동일한 반응을 할 때 간섭의 정도(slower RTs)는 개별 항목 그룹의 암묵적 연합수준과 연동되는 것으로 여겨졌다. 다른 연구에서는 사이코패스와 관련된 높은 수준의 정서장애를 보이는 사람은 사회화 기술에 덜 반응적임을 보여 준다. 그러므로 정서장애는 도덕 사회화를 직접적으로 방해하는 것으로 보인다(Wootton et al., 1997).

여기서 제기된 주장에 의하면, 도덕 사회화에 관련한 중요한 공감 과정은 자극-강화 학습이 이루어지는 피해자의 고통을 해석하는 것이다. 그런데 다른 해를 끼치는 행동을 피하라고 배운 보통의 건강한 사람에게 피해자의 고통은 혐오적인 것이다. 위에서 논의하였듯이, 편도체는 자극-강화 학습에 매우 중요하다(LeDoux, 2000). 많은 자료들이 사이코패스에서 편도체의 기능장애를 시사한다(이 문헌의 리뷰는 Blair, Mitchell, & Blair, 2005 참고). 예를 들면, 사이코패스를 가진 사람은 편도체의 중요한 기능(LeDoux, 1998)인 혐오감 유발에서 장애를 보이며(Flor et al., 2002), 혐오감 유발이나 다른 형태의 정서적 학습(Kiehl et al., 2001)이 일어나는 동안 편도체 활동은 감소되었다(Birbaumer et al., 2005). 게다가 사이코패스를 가진 개인은 도구적 학습 과제에 근거한 자극-강화에 장애를 보인다(Blair, Leonard, et al., 2006). 이러한 과제는 편도체의 기능적 통합을 필요로 한다(Blair, Marsh, et al., 2006).

편도체는 내측 전두엽(medial frontal cortex)과 상당히 많은 상호 연관성을 가지고 있다(Amaral et al., 1992). 자극-강화 학습에 이어 편도체는 내측 전두엽에 강화-기대 정보를 전달한다고 말할 수 있다(Blair, 2004). 내측 전두엽은 개인이 행동이나 대상을 피하거나 접근하게 하는 강화 정보를 표현하게 한다(Blair, Marsh, et al., 2006).

도덕성 암묵적 연합과제를 포함한 다양한 영역의 방법론을 사용한 도덕에 관한 최근 신경영상 연구는 편도체와 안와전두엽(orbital frontal cortex)의 중앙 부위를 모두 포함시켰다(Greene et al., 2001; Luo et al., 2006). 우리들은 편도체가 도덕 위반 표상(대인 간 폭력)과 피해자의 두려움 또는 슬픔을 연관 지음으로써 도덕성에 일정한 역할을 한다고 주장하는 바이다(Blair, 1995). 또한 내측안와전두엽 활성화는 강화 기대의 표상이 가능하게 하고(편도체가 제공하는 정보), 이 정보는 대상이나 행동을 피하게 하거나 접근하게 하는 개인의 경향을 안내한다고 생각한다(Blair, 2004). 요약하면, 이 정보는 개인이 도덕 의사결정에 관여하게 하며, 편도체와 내측 전두엽의 통합된 반응은 개인의 "도덕적 직관"의 신경 기저이다.

위에서 전개한 발전된 주장이 도덕 위반에 대한 정서적 반응과 이 반응이 어떻게 위반으로부터 행동을 멀리하게 하는지를 기술하지만(그리고 그것에 대한 부정적 태도를 만들어 내는지), 그것은 자연재해에 의한 고통과 사람의 행위에 의한 피해자의 고통을 구별하지는 못한다. 요약하면, 이러한 시스템은 타인에게 해를 끼치는 사람의 행위나 자연재해 모두에 혐오적인 태도를 취한다(참조. Nichols, 2002). 따라서 이러한 시스템은 "나쁨" 판단을 할 수는 있지만 비도덕성을 판단할 수는 없다. 비도덕성에 대한 판단을 이해하기 위하여 우리는 인지적 공감을 고려할 필요가 있다. 그리고 다음 절에서는 인지적 공감과 도덕 추론 사이의 관계를 검토할 것이다. 그러나 우선 잠시 사회적 관습을 살펴보기로 한다.

타인의 분노에 대한 정서적 공감 반응과 관습에 대한 추론

한때는 오직 도덕만이 정서적 반응과 관련이 있기 때문에 관습과는 구별될 수 있다고 논의되어 왔다(Kagan & Lamb, 1987). 그러나 관습 위반과 관련된 분명한 정서적 반응이 존재한다. 예를 들면, 교실에서 계속해서 떠드는 학생을 보는 교사는 화를 느낄 만하다. 요컨대, 오직 도덕만이 정서적 반응을 이끌어 낸다는 근거로는 도덕과 관습 위반을 구분할 수 없다. 그러나 도덕과 관습 위반은 서로 다른 정서적 반응과 관련이 있기 때문에 구분할 수 있다.

우리들은 공감의 뚜렷한 형태가 분노 표현에 대한 반응을 포함한다고 위에서 제시한 바 있다. Averill(1982)에 의하면, 분노 표정이 사회 규범이나 기대가 위반되었을 때 타인의 행동을 축소하고 이러한 분노 표정은 지정된 수신인에게 현재의 행동을 멈추거나 이어질 결과에 직면하라는 정보를 알려 준다. 우리는 또한 분노 표정이 복외측전전두엽(ventrolateral prefrontal cortex)의 회복을 통하여 행동 수정을 시작한다는 생각을 지지하는 연구에 주목해 왔다(Blair, 2005 참고).

관습 위반은 사회적 질서를 붕괴시킨다는 이유로 나쁜 것으로 간주된다 (Turiel et al., 1987). 관습 위반에 관한 사회적 규칙은 높은 지위의 사람들이 낮은 지위의 사람들의 행동을 규제하는 기능을 한다. 관습의 운용으로 그들은 계급을 강화시킴으로써 계급 내 갈등을 감소시킬 수 있다. 사실, 인간의 화난 표정은 높은 지위의 지배적인 얼굴을 모방하는 것으로부터 발달했다는 주장이 있다(Marsh, Adams, & Kleck, 2005). 게다가 고위직의 비언어적 신호는 화난 표정 과 행동 수정에 대한 다른 신호에 반응하는 부분, 특히 복외측전전두엽을 활성화시킨다.

혐오적인 사회적 신호(특히, 단순히 화난 표현만이 아니라) 또는 그러한 신호의 기대는 복외측전전두엽을 활성화시킨다(혐오적인 사회적 신호에 대한 기대는 타인을 화나게 만드는 행동 표상과 같이 이전에 혐오 신호와 연합된 표상에 의해 발생할 수 있다). 이 복외측전전두엽 활성화는 (1)개인이 관습을 위반하지 않도록 유도하고(특히 높은 지위의 사람들 앞에서), (2)결국 굴복하거나 화를 내는 것과 같이, 목격된 관습 위반에 대한 반응을 조정한다(특히 낮은 지위의 사람들에 의해 위반되었을 때)(Blair, 2005 참고). 요약하면 사회적 관습에 대한 추론은 복외측전전두엽을 활성화시킨다(Berthoz et al., 2002).

이 견해에 따르면, 복외측전전두엽에 장애를 가진 사람은 관습 위반에 대하여 추론할 때 장애를 보일 것이라고 예상할 수 있다. 두 종류의 환자군이 이러한 예상과 명백한 관련이 있다. 첫째는 안와 및 복외측전전두엽에 병변을 가진 신경증 환자이다. 환자들은 표정 인식에 어려움을 보인다(Blair & Ciplotti, 2000). 예측했던 대로 그러한 병변을 가진 환자들은 위반에 대한 적절한 반응을 요구하는 과업을 수행할 때, 관습 위반을 처리하는 데 어려움을 보인다 (Blair & Ciplotti, 2000 참고).

두 번째 환자는 양극성 장애를 가진 아동이다. 아동기 양극성 장애는 정서적 불안정성과 과민성이 주요 특징이다(Leibenluft et al., 2003). 신경심리학적 및 신경영상 자료는 이 아동들에게 보이는 병리학의 적어도 한 부분은 복외측전전 두엽의 기능장애와 관련이 있다고 주장한다(Gorrindo et al., 2005). 게다가 양극성 장애를 가진 아동들은 표정 인식에 대한 장애(McClure et al., 2003)와 관습적 규칙 의 처리가 중요한 사회인지 과업에서 장애를 보인다(McClure et al., 2003).

인지적 공감과 도덕 및 관습 추론

한때 정서적 공감 반응이 타인의 마음 상태를 표상하는 능력을 요구한다 고 추정하였다(Feshbach, 1978). 이 관점은 타인의 마음 상태를 표현하는 능력에 장애(마음이론이 부족한 사람)를 가진 사람들은 공감과 도덕 추론에 손상을 보일 것이라고 주장한다.

자폐증은 미국정신의학회의 정신질환 진단 및 통계 매뉴얼(DSM-Ⅳ)에서 "사회적 상호작용과 의사소통에서 현저한 발달장애와 활동 및 흥미 목록에서 현저한 제한을 보이는 심각한 발달장애"이다(American Psychiatric Association, 1994, p.66). DSM-Ⅳ에서 자폐증 진단의 주요한 기준은 사회적 상호작용에서의 질적 장애와 행동 및 관심의 제한적이고 반복적인 패턴으로 요약할 수 있다.

많은 자료에서 자폐증을 가진 사람들은 타인의 마음 상태를 표현하는 능 력이 손상되었음을 시사한다(리뷰 논문은 Hill & Frith, 2003 참고). 또한 신경영상 을 통해 타인의 마음 상태를 표상하는 데 중요한 뇌의 영역에서 자폐 스펙트 럼 장애를 가진 사람은 활성화가 감소했음을 확인할 수 있다(즉, 내측 전두엽, 측 두두정접합, 측두엽극; Castelli et al., 2002).

자폐증에서 정서적 공감의 문제와 관련하여 문헌에 약간의 혼란이 있다. 이전의 연구에서는 자폐증을 가진 사람은 타인의 정서 표정을 인식하는 데 어 려움을 갖고 있다고 지속적으로 보고하였다(예. Hobson, 1986). 그러나 이 연구 들은 정신 연령별 집단 구분을 하지 않았기 때문에 비판을 받았다. 정신 연령 별 집단 구분을 했을 때 집단 간 차이는 종종 사라졌지만(Adolphs, Sears, &

Pivens, 2001) 항상 그러하지는 않았다(Humphreys et al., 2007). 또한 자폐증 아동이 타인의 고통에 자동적 반응을 보인다는 것(Blair, 1999)과 적어도 인지 능력이 있는 아동은 타인의 고통에 적절히 정서적으로 반응한다는 증거도 있다(Corona et al., 1998). 요약하면 기본적인 정서 공감 반응-즉, 정서 표현에 뒤따른 정서적 학습 체계에의 관여-은 자폐증을 가진 개인에게도 손상되지 않았다고 믿을 만한 근거가 있다. 이 견해와 일치하여, 자폐증을 가진 사람은 기본적인 도덕 직관을 가진 것으로 보인다. 그들은 도덕-관습 구별 테스트에서 심각한 손상을 보이지 않는다(Blair, 1996).

그러나 이상의 논의는 마음이론이 도덕 추론과 무관하다는 것을 의미하는 것은 아니다. Piaget에서 시작하여, 많은 연구 문헌은 사람들이 도덕적 비난이나 칭찬을 가할 때 가해자의 의도에 관한 정보를 중시한다는 증거를 축적해 왔다(Piaget, 1932). 행동이 비도덕적이라는 것을 결정하는 것은 발생된 나쁜 일이 아니라 오히려 가해자의 의도에 관한 정보이다. 타인의 얼굴을 향해 야구 방망이를 고의적으로 휘두르는 사람은 우발적으로 타인의 얼굴을 향해 야구 방망이를 휘두르는 사람보다 더 "비도덕적"으로 행동하는 것으로 여겨진다. 마음이론이 의도에 대한 정보와 도덕적 추론을 통합하는 데 필요하다는 주장과 일치하는 것으로 자폐증을 가진 사람은 도덕 추론에서 그러한 정보의 통합이 감소되는 것으로 나타났다(Steele, Joseph, & Tager-Flusberg, 2003).

요약하면, 단순히 "나쁜 행동(bad)"보다 오히려 "잘못된 행동(wrong)"은 타인에게 해를 끼치는 의도가 있는 행동이다. 타인에게 해를 끼치는 의도된 행동은 잘못된 것이다. 고의가 아닌 행동(신의 탓으로 돌리지 않는다면 자연재해를 포함하여)은 단지 나쁜 것이다. 피해자의 고통 수준이 증가함에 따라, 행동과 관련된 의도에 따라서 그 행동은 더 "나쁘거나", 더 "잘못된" 것으로 여겨지게 된다. 가해자의 의도가 타인에게 해를 끼치는 것이 명백해짐에 따라, 행동은 점진적으로 나쁜 것보다 오히려 잘못된 것으로 여겨질 수 있다. 마찬가지로 타인의 마음 상태에 관한 정보는 사회적 관습의 명백한 위반자에 대한 반응을 조절할 수 있다. 기차에서 타인의 좌석을 고의로 가로챈 사람은 우연히 가로

챈 사람보다 더 큰 화를 불러일으킨다.

유화 표현에 대한 공감적 반응

죄의식, 수치심, 당혹감은 유화(appeasement)의 신호로서 중요한 사회적 기능을 하며, 타인에게 보상을 하고자 하는 역할을 한다고 많은 연구자들은 주장해 왔다(Keltner & Buswell, 1997). 한 사람의 뜻밖의 행동이 중요한 사회 집단 내에서 자신의 지위를 위협할 때, 죄의식, 수치심, 당혹감의 가시적인 신호는 사회적 기준의 공유에 대한 비언어적인 인정으로 기능한다. 이 특정한 감정의 표현은 부분적으로 위반에 대한 기능이다. 도덕 위반이 죄의식, 수치심, 당혹감과 관련 있는 반면, 관습 위반은 단지 수치심, 당혹감과 관련이 있다(Finger et al., 2006). 인간과 영장류에 대한 연구를 통한 상당한 경험적 증거는 이러한 사회적 정서의 "유화" 또는 교정적 기능을 뒷받침한다(Keltner & Buswell, 1997).

만약 사회적 정서가 유화의 신호를 보내 중요한 사회적 기능을 수행한다면, 개인의 인지된 의도는 그것의 표현이 있는지 여부를 결정하는 데 결정적일 가능성이 높다. 만약 누군가가 범법 행위를 의도한다면, 그 사람이 후에 죄의식이나 수치심 또는 당혹감을 나타내지 않을 것이라고 의심할 수도 있다. 범법 행위가 의도적이라면 그 위반자는 사회적 관계가 깨어지는 것에 대해 관심이 없을 것이다. 이와는 대조적으로 사회적 관습의 위반을 일부러 하지 않았다면, 위반의 성격에 따라 유화 관련 정서를 분명하게 표현했을 것이다. 그리고 개인은 위반을 인식하고 사회적 관계의 회복을 원한다. 당혹감에 대한 연구는 적어도 이것이 사실임을 시사한다(Berthoz et al., 2002).

도덕이나 관습을 위반하는 타인을 보거나 듣거나 스스로 위반을 범하는 것은 반응 조절 및 관련된 복외측전전두엽 활성화로 이어질 것이다. 타인으로부터 회유 또는 보상 행위를 유도하거나 이러한 행위에 스스로 참여하려는 욕구는 현재 요구되는 과업에 의한 운동 반응과 경쟁할 것이다. 기존 자료들은 이 주장과 일치한다(Berthoz et al., 2002; Finger et al., 2006). 이것이 현재 검증되지 않았을지라도, 위반자에 의한 유화와 보상의 표현은 이 뇌의 활성화를 감소시킨다는 것을 예상할 수 있다. 그러나 위반하는 동안 청중의 존재 여부가 복외측전전두엽 활성화에 영향을 미치며, 그 영향은 특정한 위반이라고 알려져 있다(Finger et al., 2006). 건강한 개인에게서 도덕 위반은 피해자가 상처를 받기 때문에 청중의 존재가 있든 없든 간에 유화/보상 행동을 시작하게 한다. 관습 위반은 단지 청중이 있을 때만 그러한 행동이 시작된다. 이 추론은 복외측전전두엽의 활성화는 도덕 위반에서는 청중이 그 행위를 목격하든 아니든 간에 일어나지만, 관습 위반에서는 단지 청중이 존재하면 활성화를 시작한다. 이 예측은 최근에 확인되었다(Finger et al., 2006).

결론

본 장에서 우리는 공감과 도덕 사이의 연관성이 단순한 것이 아니라고 주장했다. 오히려 상이한 형태의 공감 과정과 상이한 형태의 사회 규범이 연관되어 있다. 구체적으로, 두려움과 슬픈 표정에 대한 공감 반응은 도덕 위반 금지와 관련이 있는 반면, 분노 표현에 대한 공감 반응은 관습 위반 금지와 관련이 있다. 또한, 정서적 공감 반응은 다양한 형태의 사회 규범에 대한 금지의 발달에 중요한 반면, 인지적 공감 반응(즉, 타인의 의도의 표상)은 위반자에 대한 관찰자의 태도에 상당한 영향을 끼칠 수 있다. 도덕과 관습 규범에 대한 비의도적 위반은 의도적 위반보다 덜 심각하게 여겨진다. 마지막으로 유화(위반 형태에 따라 죄의식, 수치심, 당혹감)의 표현에 대한 개인의 공감 반응은 위반자에 대한 개인의 태도를 유의미하게 조절한다.

참고문헌

Adolphs, R. (2002). Neural systems for recognizing emotion. *Current Opinion in Neurobiology, 12* (2), 169-177.

Adolphs, R., Sears, L., & Piven, J. (2001). Abnormal processing of social information from faces in autism. *Journal of Cognitive Neuroscience, 13* (2), 232-240.

Amaral, D. G., Price, J. L., Pitkanen, A., & Carmichael, S. T. (1992). Anatomical organization of the primate amygdaloid complex. In J. P. Aggleton (Ed.), *The amygdala: Neurobiological aspects of emotion, memory, and mental dysfunction* (pp. 1-66). New York: Wiley.

American Psychiatric Association. (1994). *Diagnostic and statistical manual of mental disorders* (4th ed.). Washington, DC: American Psychiatric Association.

Averill, J. R. (1982). *Anger and aggression: An essay on emotion.* New York: Springer.

Berthoz, S., Armony, J., Blair, R. J. R., & Dolan, R. (2002). Neural correlates of violation of social norms and embarrassment. *Brain, 125* (8), 1696-1708.

Birbaumer, N., Veit, R., Lotze, M., Erb, M., Hermann, C., Grodd, W., & Flor, H. (2005). Deficient fear conditioning in psychopathy: A functional magnetic resonance imaging study. *Archives of General Psychiatry, 62* (7), 799-805.

Blair, K. S., Leonard, A., Morton, J. & Blair, R. J. R. (2006). Impaired decision making on the basis of both reward and punishment information in individuals with psychopathy. *Personality and Individual Differences, 41*, 155-165.

Blair, K. S., Marsh, A. A., Morton, J., Vythilingham, M., Jones, M., Mondillo, K., Pine, D. S., Drevets, W. C., & Blair, R. J. R. (2006). Choosing the lesser of two evils, the better of two goods: Specifying the roles of ventromedial prefrontal cortex and dorsal anterior cingulate cortex in object choice. *Journal of Neuroscience, 26* (44), 11379–11386.

Blair, R. J. R. (1995). A cognitive developmental approach to morality: Investigating the psychopath. *Cognition, 57,* 1–29.

Blair, R. J. R. (1996). Brief report: Morality in the autistic child. *Journal of Autism and Developmental Disorders, 26,* 571–579.

Blair, R. J. R. (1999). Psycho–physiological responsiveness to the distress of others in children with autism. *Personality and Individual Differences, 26,* 477–485.

Blair, R. J. R. (2004). The roles of orbital frontal cortex in the modulation of antisocial behavior. *Brain and Cognition, 55* (1), 198–208.

Blair, R. J. R. (2005). Responding to the emotions of others: Dissociating forms of empathy through the study of typical and psychiatric populations. *Consciousness and Cognition, 14* (4), 698–718.

Blair, R. J. R., & Cipolotti, L. (2000). Impaired social response reversal: A case of "acquired sociopathy." *Brain, 123,* 1122–1141.

Blair, R. J. R., Colledge, E., Murray, L., & Mitchell, D. G. (2001). A selective impairment in the processing of sad and fearful expressions in children with psychopathic tendencies. *Journal of Abnormal Child Psychology, 29* (6), 491–498.

Blair, R. J. R., Jones, L., Clark, F., & Smith, M. (1997). The psychopathic individual: A lack of responsiveness to distress cues? *Psychophysiology, 34,* 192–198.

Blair, R. J. R., Mitchell, D. G. V., & Blair, K. S. (2005). *The psychopath: Emotion and the brain.* Oxford: Blackwell.

Blair, R. J. R., Mitchell, D. G. V., Richell, R. A., Kelly, S., Leonard, A., Newman, C., & Scott, S. K. (2002). Turning a deaf ear to fear: Impaired recognition of vocal affect in psychopathic individuals. *Journal of Abnormal Psychology, 111* (4), 682–686.

Budhani, S., Marsh, A. A., Pine, D. S., & Blair, R. J. (2007). Neural correlates of response reversal: Considering acquisition. *NeuroImage, 34* (4), 1754–1765.

Castelli, F., Frith, C., Happe, F., & Frith, U. (2002). Autism, Asperger syndrome and brain mechanisms for the attribution of mental states to animated shapes. *Brain, 125,* 1839‑1849.

Corona, C., Dissanayake, C., Arbelle, A., Wellington, P., & Sigman, M. (1998). Is affect aversive to young children with autism? Behavioural and cardiac responses to experimenter distress. *Child Development, 69* (6), 1494‑1502.

Desimone, R., & Duncan, J. (1995). Neural mechanisms of selective visual attention. *Annual Review of Neuroscience, 18,* 193‑222.

Feshbach, N. D. (1978). Studies of empathic behavior in children. In B. A. Maher (Ed.), *Progress in experimental personality research* (pp. 1‑47). New York: Academic Press.

Finger, E. C., Marsh, A. A., Kamel, N., Mitchell, D. G., & Blair, J. R. (2006). Caught in the act: The impact of audience on the neural response to morally and socially inappropriate behavior. *NeuroImage, 33* (1), 414‑421.

Fitzgerald, D. A., Angstadt, M., Jelsone, L. M., Nathan, P. J., & Phan, K. L. (2006). Beyond threat: Amygdala reactivity across multiple expressions of facial affect. *NeuroImage, 30* (4), 1441‑1448.

Flor, H., Birbaumer, N., Hermann, C., Ziegler, S., & Patrick, C. J. (2002). Aversive Pavlovian conditioning in psychopaths: Peripheral and central correlates. *Psychophysiology 39,* 505‑518.

Frith, C. D., & Frith, U. (2006). The neural basis of mentalizing. *Neuron, 50* (4), 531‑534.

Gorrindo, T., Blair, R. J., Budhani, S., Dickstein, D. P., Pine, D. S., & Leibenluft, E. (2005). Deficits on a probabilistic response‑reversal task in patients with pediatric bipolar disorder. *American Journal of Psychiatry, 162* (10), 1975‑1977.

Gray, N. S., MacCulloch, M. J., Smith, J., Morris, M., & Snowden, R. J. (2003). Forensic psychology: Violence viewed by psychopathic murderers. *Nature, 423,* 497‑498.

Greene, J. D., Sommerville, R. B., Nystrom, L. E., Darley, J. M., & Cohen, J. D. (2001). An fMRI investigation of emotional engagement in moral judgment. *Science, 293,* 1971‑1972.

Hare, R. D. (1991). *The Hare Psychopathy Checklist—Revised.* Toronto: Multi-Health Systems.

Harpur, T. J., & Hare, R. D. (1994). Assessment of psychopathy as a function of age. *Journal of Abnormal Psychology, 103,* 604–609.

Hill, E. L., & Frith, U. (2003). Understanding autism: Insights from mind and brain. *Philosophical Transactions of the Royal Society, London, B, 358* (1430), 281–289.

Hobson, P. (1986). The autistic child's appraisal of expressions of emotion. *Journal of Child Psychology and Psychiatry, 27,* 321–342.

Hoffman, M. L. (1970). Conscience, personality and socialization techniques. *Human Development, 13,* 90–126.

Humphreys, K., Minshew, N., Leonard, G. L., & Behrmann, M. (2007). A fine-grained analysis of facial expression processing in high-functioning adults with autism. *Neuropsychologia, 45* (4), 685–695.

Kagan, J., & Lamb, S. (1987). *The emergence of morality in young children.* Chicago: University of Chicago Press.

Keltner, D., & Buswell, B. N. (1997). Embarrassment: Its distinct form and appeasement functions. *Psychological Bulletin, 122* (3), 250–270.

Kiehl, K. A., Smith, A. M., Hare, R. D., Mendrek, A., Forster, B. B., Brink, J., & Liddle, P. F. (2001). Limbic abnormalities in affective processing by criminal psychopaths as revealed by functional magnetic resonance imaging. *Biological Psychiatry, 50,* 677–684.

Kimonis, E. R., Frick, P. J., Fazekas, H., & Loney, B. R. (2006). Psychopathy, aggression, and the processing of emotional stimuli in non-referred girls and boys. *Behavioral Sciences and the Law, 24* (1), 21–37.

LeDoux, J. E. (1998). *The emotional brain.* New York: Weidenfeld & Nicolson.

LeDoux, J. E. (2000). The amygdala and emotion: A view through fear. In J. P. Aggleton (Ed.), *The amygdala: A functional analysis* (pp. 289–31). Oxford: Oxford University Press.

Leibenluft, E., Blair, R. J., Charney, D. S., & Pine, D. S. (2003). Irritability in pediatric mania and other childhood psychopathology. *Annals of the New York Academy of Sciences, 1008*, 201-218.

Luo, Q., Holroyd, T., Jones, M., Hendler, T., & Blair, J. (2007). Neural dynamics for facial threat processing as revealed by gamma band synchronization using MEG. *NeuroImage, 34* (2), 839-847.

Luo, Q., Nakic, M., Wheatley, T., Richell, R., Martin, A., & Blair, R. J. (2006). The neural basis of implicit moral attitude: An IAT study using event-related fMRI. *NeuroImage, 30* (4), 1449-1457.

Marsh, A. A., Adams, R. B., & Kleck, R. E. (2005). Why do fear and anger look the way they do? Form and social function in facial expressions. *Personality and Social Psychology Bulletin, 31*, 1-14.

McClure, E. B., Pope, K., Hoberman, A. J., Pine, D. S., & Leibenluft, E. (2003). *Facial expression recognition in adolescents with mood and anxiety disorders.* American Journal of Psychiatry, 160 (6), 1172-1174.

McClure, E. B., Treland, J. E., Snow, J., Schmajuk, M., Dickstein, D. P., Towbin, K. E., Charney, D. S., Pine, D. S., & Leibenluft, E. (2005). Deficits in social cognition and response flexibility in pediatric bipolar disorder. *American Journal of Psychiatry, 162* (9), 1644-1651.

Mineka, S., & Cook, M. (1993). Mechanisms involved in the observational conditioning of fear. *Journal of Experimental Psychology: General, 122*, 23-38.

Nichols, S. (2002). Norms with feeling: Towards a psychological account of moral judgment. *Cognition, 84* (2), 221-236.

Nucci, L. P., & Turiel, E. (1978). Social interactions and the development of social concepts in preschool children. *Child Development, 49*, 400-407.

Pessoa, L., McKenna, M., Gutierrez, E., & Ungerleider, L. G. (2002). Neural processing of emotional faces requires attention. *Proceedings of the National Academy of Sciences USA, 99*, 11458-11463.

Pessoa, L., Padmala, S., & Morland, T. (2005). Fate of unattended fearful faces in the amygdala is determined by both attentional resources and cognitive modulation. *NeuroImage, 28* (1), 249-255.

Piaget, J. (1932). *The moral development of the child.* London: Routledge & Kegan Paul.

Premack, D., & Woodruff, G. (1978). Does the chimpanzee have a theory of mind? *Behavioral and Brain Sciences, 1* (4), 515-526.

Rolls, E. T. (1999). *The brain and emotion.* Oxford: Oxford University Press.

Smetana, J. G. (1981). Preschool children's conceptions of moral and social rules. *Child Development, 52,* 1333-1336.

Smetana, J. G. (1985). Preschool children's conceptions of transgressions: The effects of varying moral and conventional domain-related attributes. *Developmental Psychology, 21,* 18-29.

Song, M., Smetana, J. G., & Kim, S. Y. (1987). Korean children's conceptions of moral and conventional transgressions. *Developmental Psychology, 23,* 577-582.

Steele, S., Joseph, R. M., & Tager-Flusberg, H. (2003). Brief report: Developmental change in theory of mind abilities in children with autism. *Journal of Autism and Developmental Disorders, 33,* 461-467.

Turiel, E., Killen, M., & Helwig, C. C. (1987). Morality: Its structure, functions, and vagaries. In J. Kagan & S. Lamb (Eds.), *The emergence of morality in young children* (pp. 155-245). Chicago: University of Chicago Press.

Vuilleumier, P., Armony, J. L., Driver, J., & Dolan, R. J. (2001). Effects of attention and emotion on face processing in the human brain: An event-related fMRI study. *Neuron, 30* (3), 829-841.

Vuilleumier, P., Armony, J. L., Driver, J., & Dolan, R. J. (2003). Distinct spatial frequency sensitivities for processing faces and emotional expressions. *Nature Neuroscience, 6* (6), 624-631.

Winston, J. S., O'Doherty, J., & Dolan, R. J. (2003). Common and distinct neural responses during direct and incidental processing of multiple facial emotions. *NeuroImage, 20* (1), 84-97.

Wootton, J. M., Frick, P. J., Shelton, K. K., & Silverthorn, P. (1997). Ineffective parenting and childhood conduct problems: The moderating role of callous-unemotional traits. *Journal of Consulting and Clinical Psychology, 65,* 292-300.

Chapter 12

고통받는 타인 인식:
공감의 역할에 대한 실험 및 임상 증거

Liesbet Goubert, Kenneth D. Craig, and Ann Buysse

인간 생활의 복잡성은 종종 타인의 행동에 대한 민감성을 필요로 한다. 아마도 개인이나 집단의 생존에 있어서 가장 중요한 것은 신체적 위험이나 고통에 직면했을 때 타인의 경험에 대한 관심이다. 신체적 위험이나 고통이 일어나는 맥락 속에서 타인의 느낌, 생각, 행동 반응을 이해하는 것은 관찰자가 자신을 보호하거나 타인에게 보살핌을 제공하기 위해 중요하다. 고통을 경험하는 타인을 목격했을 때, 관찰자의 반응 범위는 경각심과 두려움을 포함한 개인의 안전에 대한 염려에서부터 연민, 동정 및 돌봄에 대한 관심을 포함한 타인에 대한 염려에 걸쳐 다양하다. 비록 공감 수용 능력에 대한 전구체 (precursor)[1]는 인간이 아닌 동물 종에서 생물학적, 행동적으로 보존되어 있음이 인정되었지만(예. Preston & de Waal, 2002; Langford et al., 2006 참고), 본 장에서는 임상 및 일상 환경에서 관찰자와 고통받는 사람 모두에 대한 **인간 관찰자**의 공감적 반응의 결정요인과 그 결정요인을 다루는 연구를 검토할 것이다.

---

1) 역자 주: 임상의학에서 어떤 증상에 선행하는 증상 또는 증후(전구 증상)를 의미한다.

정의에 관한 쟁점

고통에 대한 공감의 본질을 개념화하려면 두 개념을 모두 신중하게 고려해야 한다. 공감 반응을 다차원적으로 보면서(Davis, 1996) 우리는 최근 공감의 핵심이 정서적, 행동적 반응 모두를 동반한 인지적 평가로써, 타인의 개인적 경험을 아는 것의 의미로 이해할 수 있다고 제안했다(Goubert et al., 2005).

공감: 다차원적 구인

타인의 생각, 느낌 및 동기를 아는 감각을 가지는 것은 공감의 **인지적** 구성요소로 간주될 수 있지만, 공감 반응의 **정서적** 구성요소는 경험의 중심에 있으며, 경험을 구성하는 데 도움이 된다. 인지적 구성요소는 관찰자가 타인의 생각과 느낌의 본질을 이해하는 정도와 관련되며, 아래에서 다루어질 주제와 관련이 있다. 고통에 처한 타인을 관찰할 때의 정서적 공감 반응에는 두 가지 주요한 범주, 즉 자기 지향적 반응과 타인 지향적 반응이 있다(Goubert et al., 2009). 자기 지향적 정서 반응은 타인의 부정적 경험을 목격했을 때 자신의 고통과 불안에 대한 느낌인 반면, 타인 지향적 반응은 타인에 대한 염려와 동정을 포함하여 타인의 행복에 초점을 맞춘 느낌으로 구성된다(Davis, 1996). 이 두 가지 유형의 **정서적** 반응은 함께 일어날 수 있지만 질적으로 구별된다. 그들은 서로 다른 동기부여적 **행동** 경향성, 즉 [자기 지향적 반응은] 자신의 고통을 줄이는 것이고, [타인 지향적 반응은] 타인의 요구에 맞추고 보살핌에 참여하도록 동기를 부여한다(Batson, 1991). 고통 공감을 구성하려면 관찰자의 자기 지향적 반응은 관찰된 사람이 겪는 고통스러운 느낌과 적어도 몇 가지 유사한 요소를 포함해야 한다. 또한 타인이 고통스러울 때 쾌락(예. 남의 불행에 갖는 쾌감, 가학적 반응) 또는 정서적 고통이 없는 상태에서 타인의 곤경에 대한 이해를 포함하여 타인의 관찰된 고통에 대한 부적절한 정서(예. 사이코패스적 반응)를 개념화할 수 있다.

고통의 복잡성

고통은 때때로 상투적인 용어로 쓰이는 일차원적 경험이 아니다(Williams & Craig, 2006). 그것은 개인의 독특한 삶에 대한 경험을 반영하기 때문에 대단히 개인적인 느낌과 생각뿐만 아니라 다양한 감각의 투입을 포함한다. 그 현상의 광범위한 특성은 다음과 같은 고통에 대한 표준 정의에 담겨져 있다. "실제 또는 잠재적인 조직 손상과 관련된, 또는 그러한 손상의 측면에서 설명되는 불쾌한 감각 및 정서적 경험"(Merskey & Bogduk, 1994). 따라서 고통의 복잡성은 타인의 고통에 대한 본질을 알고 싶어 하는 관찰자에게 주요한 도전이 된다.

정확한 공감의 이점과 한계

"알고 있다는 것을 느낀"다고 해서 그것이 반드시 **정확하게** 아는 것을 암시하지는 않지만, 대인관계 영역의 많은 연구들은 개인의 내적 경험과 그것에 대한 관찰자의 추론 사이의 일치에 대해 연구해 왔다(예. Ickes, 2001). 일반적으로 가정된 바로는 "알고 있다는 감각"이 일정 수준으로 정확하고 정서 반응도 어느 정도 유사해야 하는 것은 친사회적 행동과 효과적인 보살핌에 충분조건은 아니지만 필요조건이다(Charbonneau & Nicol, 2002).

고통에 대한 공감에 관련해서 고통을 겪는 사람과 관찰자의 경험이 동일하기에는 어느 정도의 한계가 있다(Goubert et al., 2005; Jackson, Rainville, & Decety, 2006). 타인의 고통에 대한 인식은 자기 자신의 고통에 대한 불완전한 표현일 가능성이 있다(Jackson, Brunet, et al., 2006). 기능적자기공명영상(fMRI) 연구에 따르면 고통을 경험하는 사람과 대조적으로 관찰자에게는 정서 반응 영역만 활성화되고 감각 반응 영역은 활성화되지 않았다(Singer et al., 2004). 다시 말해서, 관찰자는 고통의 개인적인 경험에 기초하는 신체적 입력이 결여되어 있다는 것이다. 유사하게, 고통에 처한 다른 사람을 관찰할 때의 정서적 반응(특히 고통 반응)은 다양한 수준의 정확도로써 고통받는 사람의 반응과 부합된다. 왜냐하면 개인적 손상 위협의 원천이 서로 다르기 때문이다.

고통에 처한 사람에게는 자기 관심이 최우선이고, 부상이나 질병의 영향에 관한 생각과 느낌을 동반한, 자기 자신의 고통 감각에 주의가 집중된다. 그러나 관찰자에게는 타인의 고통 표현에 관심이 집중되고 괴로움 반응은 정서적 전염의 과정을 반영하며, 그러한 점에서 관찰자는 타인의 내적 경험에 대한 지각을 반드시 갖지 않아도 타인의 고통을 반영한다. 비록 전염과 같은 과정이 대부분의 상황에서 다소 자동적으로 시작되더라도(거울뉴런구조를 포함할 수 있음; 예. Gallese, Keysers, & Rizzolatti, 2004), 그들은 역시 타인이 경험하는 고통에 관한 관찰자의 생각과 같은 고차적 인지요소에 의해 조절될 수 있다.

관찰자가 타인의 (고통과 관련된) 생각, 느낌 및 동기를 판단하는 데 얼마나 정확한지, 그리고 고통받는 사람, 관찰자 그리고 그들의 관계에서의 혜택을 잠재적으로 산출하기 위하여 어느 정도의 정확한 추론을 하는지를 밝히기 위해 서로 다른 전략들이 개발되었다. Ickes(2003)는 대인관계와 관련된 판단의 정확성이 전혀 완벽하지 못하다는 것을 보여 주었다. 대상 인물이 보고하는 생각-느낌 사건이 대상의 상호작용 파트너(관찰자)에 의해 정확하게 추론되는 정도를 측정하는 공감 정확도 방법을 사용한 많은 연구 자료에서 공감 정확도 평균 점수의 일반적 범위는 13~35%로 나타났다(W. Ickes, personnal communication, February 2, 2005). 이 수치는 관찰자가 타인이 생각하고 느끼는 바를 정확하게 추론하는 능력을 어느 정도 갖고 있으나, 상대적으로 성공하지 못하는 경우도 있음을 나타낸다. 대부분의 사회적 상호작용에서 사람들은 타인의 주관적 경험을 이해하는 데 있어 "완벽하게 정확한(perfectly accurate)" 보다는 오히려 "충분히 잘(good enough)" 인식한다는 것이다(Fiske, 1993).

고통 연구 분야에서의 많은 연구는 고통받는 사람과 관찰자 사이의 고통에 대한 추정의 차이를 보여 준다. 고통받는 사람과 관찰자 모두가 보고하는 고통에 대한 단일 차원의 자기보고식 판단을 사용한 대부분의 연구들은, 비록 일부 연구들이 과대평가를 보고하였으나(예. Redinbaugh et al., 2002), 관찰자에 의한 고통이 과소평가라고 보고하였다(Chambers et al., 1998). 통념상 고통 평가의 정확성이 효과적인 고통 치료에 필수적이라는 것이 상식이다. 실제로 고통의 과소평가는 고통받는 사람들에게 부적절한 치료와 오해받는 느낌을 갖게할 위험을 수반하며, 고통받는 사람에게 잠재적으로 치명적인 결과를 초래한다. 반면에 고통의 과대평가는 관찰자의 입장에서 불필요한 약물이나 과잉보호 행동과 같은 위험을 수반한다(Goubert et al., 2005).

타인 고통 추정의 정확성과 정서적 반응(예. 고통)의 상당한 유사성이 효과적인 도움 행동의 촉발과 관련이 있는지에 의문을 가지는 것은 중요하다. 전문적 환경에서는 객관적인 치료를 위해 환자에 대한 냉철한 관심이 지지된다. 정서적 반응이 더욱 유사할수록 고통받는 사람의 내적 경험에 대한 추론이 보다 정확한지, 그럼으로써 도움 행동에 영향을 미치는지를 연구하는 것은 가치가 있다(Levenson & Ruef, 1992 참고).

반면에, 효과적인 행동을 하기에 단지 적절한 추론을 함으로써 덜 완벽한 수준을 유지하는 것이 도움이 될 수 있다(Jussim, 1991). 타인 경험 이해의 정확도를 "극대화"하는 것은 과도한 인지적 및 정서적 요구를 초래할 수 있다(Hodges & Klein, 2001). 매우 정확한 관찰자는 지나치게 민감하고 과도하게 고통받고(Schaller & Cialdini, 1988) 효과적인 도움 행동을 제공하는 데 어려움을 가질 것이다. 높은 정확도는 고통받는 개인과 관찰자 모두에게 무력함과 더 큰 고통을 일으킬 수 있다(Goubert et al., 2005). 끊임없는 고통이 심각한 문제로 나타나는 임상적 환경에서 높은 단계의 전문가 "소진"으로 나타나는 것과 같이, 높은 수준의 고통과 아픔에 대한 노출은 전문가와 자원봉사자에게 대리적 외상을 가져올 수 있다(Palm, Polusny, & Follette, 2004). 따라서 이것은 어떤 경우에는 다른 사람이 고통받는 것을 보면 상당히 괴롭다고 반응하는 관찰자는 수용할 수 있는 범위 내에서 자신의 고통을 유지하기 위해 관찰 대상인 사람의 고통을 과소평가하거나(Goubert et al., 2005) 또는 타인의 고통과 관련된 감정 표현을 제약할 수도 있다(Herbette & Rimé, 2004).

요약하면, 평균적인 공감 정확도 점수를 가진 관찰자들은, 즉 고통받는 타인의 경험을 "알고 있다는 (일반적인 수준의) 감각"을 가지고 있으며, 이는 사회적으로 잘 적응하면서 보살핌을 제공하는 데 가장 효과적일 수 있다. 공감 정확도에 대한 비용-이익 분석을 수행하고, 고통받는 사람과 관찰에 대한 각각의 결과를 조절하는 요인을 확인하는 것은 흥미로울 것이다.

효과적인 보살핌을 제공하려면, 관찰자는 각성과 혐오적인 자기 지향적 정서(예. 고통)를 조절하는 능력이 있어야 한다. 왜냐하면 자기 지향적 정서는 관찰자가 우선적으로 자신의 욕구에 집중하도록 하기 때문이다(Eisenberg, 2002 참고). 적정한 수준에서 고통을 유지하는 것과 같이 효과적인 자기 지향적 정서조절은 타인 지향적 정서적 반응을 촉진한다. 타인에 대한 동정과 그들의 행복에 대한 관심은 관찰자가 자신의 행동 결과에 더 민감하게 하여 고통받는 사람에게 부응하는 특정 도움 행동을 선택하고 수행하는 유연성을 촉진할 수 있다(Goubert et al., 2008). 의료 전문가들은 환자의 고통 경험에 대한 세부사항에 집중하면서도, 효과적인 의료 관리를 방해하고 심지어 소진을 초래할 정도로 정서적으로 과잉 관여하지 않고도 환자의 경험에 공명할 수 있는 균형을 찾아야 하는 도전에 직면하고 있다(Larson & Yao, 2005).

고통 관련 공감에 대한 성인 능력 모델

타인의 고통에 공감하는 성인의 능력은 생물학적 성숙과 (사회적) 사건에 노출된 개인사 사이의 복잡한 상호작용 결과이다. 초기 유아기에 관찰한 타인의 고통에 대한 자동적이고 타고난 내장된 공감 반응은 (학습 메커니즘을 통해) 더 높은 인지 기능에 의해 조절되어 궁극적으로는 후기 아동기와 성인기에서 목표 지향적이고 목적 의식이 있는 행동을 반영한다. 고통받는 타인에 대한 반사적 반응은 예기치 않은 갑작스러운 상해를 경험한 타인에 대한 "본능적 수준(gut level)"의 반응에서 분명히 나타난 바와 같이 여전히 가능하다. 이러한 반응은 주로 정서 처리 과정에 관여하는 변연계에 의존한다(Jackson, Rainville, & Decety, 2006). 이러한 반응에는 위급한 치료 환경의 간호사와 같이 돌봄을 필요로 하는 타인에게 주의를 기울인 경험이 많은 사람들에게는 자동적이고 과잉 학습된 반응이 동반될 수 있다. 높은 인지 기능을 내포한 의도적인 공감은 자동적 반응을 성공시키거나 또는 보다 통제된 고통 표현에 대한 반응으로 작용할 가능성이 더 높다. 특히 주관적 경험에 대한 매우 차별화된 해석을 포함하는 고통의 언어적 의사소통은 듣는 사람에게 고통받는 사람에 대한 미묘한 인지적 및 깊은 정서적 감상을 일으킬 수 있다. 그러나 언어적 표현이 목적에 따라 통제되기 때문에, 타인의 비언어적 고통 행동을 직접 관찰한 경우보다 타인 고통의 신뢰성에 대한 판단이 더 잘 일어난다(Craig, 2007). 고통받는 사람이 표현하는 고통 반응의 유형과 관찰자가 자동적 또는 통제하는 공감적 반응의 가능성 사이의 상호작용은 표 12.1에서 보여 준다(Craig et al., in press).

표 12.1 고통 표현의 범주(자동적/반사적 대 의도적/고의적)와 관찰자의 공감적 반응(비통제/자동적 또는 의도적/성찰) 간 이론적 상호작용

		고통을 표현하는 사람	
		자동적 반응 (예. 반사적 탈출, 얼굴 찡그림, 비명)	**의도적 행동** (예. 자기보고, 목표 행동)
관찰자 반응	**자동적 반응** (예. 불수의적, 본능적으로 경험한, 운동 준비)	극심한 고통에 대한 통제되지 않은 반응은 불수의적 공감 반응을 유발하기 쉽다.	자연스러운 공감을 활성화할 가능성이 낮다.
	의도적 행동 (예. 심사숙고 또는 적극적 의사결정)	성찰적, 사색적 고려가 일시적으로 뒤따른다.	성찰, 신뢰성에 대한 의문을 일으킬 가능성이 있다.

참고: Goubert의 고통 공감 모델에서, "상향식" 촉발요인의 핵심은 고통받는 사람의 고통 표현이며, 반면에 "하향식" 결정요인은 관찰자의 (반드시 의식적일 필요는 없지만) 높은 수준의 사건 처리 과정을 포함한다.

극심한 고통 상황에서 개인의 즉각적인 고통 표현은 절규, 비명을 지르고 울고 고통을 호소하거나 도망치는 등 대부분 자동적으로 일어난다(Hadjistavropoulos & Craig, 2002). 이러한 반응은 관찰자에게 자동적 공감 반응을 유도할 가능성이 있으며, 이는 중앙 뇌 상태의 신경영상을 통하여 증명되었다(예. Lamm, Baston, & Decety, 2007; Singer et al., 2004; Simon et al., 2006). 고통이 지속되면 상황은 더 복잡해지고, 의사소통에서(예. 고통의 언어화) 더 통제된 처리 과정이 뒤따른다. 어떤 사람들은 자신이 강하게 보이기를 원하거나 또는 부정적인 사회적 결과를 두려워하기 때문에 고통에 대하여 말하고 싶어 하지 않는다(Morley, Doyle, & Beese, 2000; Herbette & Rimé, 2004 참고). 이러한 상황에서 관찰자는 이용 가능한 정보의 범위에 근거하여 신중히 판단해야 한다.

고통에 대한 공감 모델은 타인의 고통을 인식하는 관찰자의 인지적, 정서적, 행동적 반응의 결정요인을 **상향식, 하향식, 맥락적, 관계적** 요소로 분류한다(Goubert et al., 2005). 타인의 고통에 대한 관찰자의 공감적 반응은 다음의 특성들에 의해 결정되는 것으로 추측된다. (1)고통받는 사람의 특성과 고통을 나타내는 신호의 유효성(이것은 관찰된 고통 행동의 세부사항과 같은 상향식 결정요인이다.) (2)관찰자의 특성(이 하향식 결정요인은 개인의 학습 경험을 반영하는 높은 수준의 의사결정을 포함한다.) (3)맥락적 특성(예. 혈흔, 상처, 환경 위험) (4)관찰자와 관찰 대상 간 관계의 특성(예. 전문가, 가족, 이방인). 이러한 결정요인들은 관찰자의 공감 반응을 결정하는 데 상호작용할 것이다.

고통받는 사람과 관련된 요소

고통과 그 괴로움의 증거(관찰자의 상향식 특성)를 포함하여, 신체적 공격에 대한 개인의 즉각적인 반응은 타인에게 공감 반응을 일으킬 것으로 예상된다. 개인은 유해한 외상, 즉 교통사고나 악의적 폭행과 같은 사건, 그에 따른 상처와 손상, 피하거나 자기보호하려는 부상자의 행동적 노력 그리고 타인에게 고통을 표현하는 의사소통적 행동(예. 비명 그리고 다른 비언어적 소리, 아픔과 고통의 언어, 고통스런 얼굴 표정) 등을 겪고 있는 타인을 목격했을 때 접근할 수 있는 복합적인 신호를 상상할 수 있다. 관찰자가 타인의 내적 경험을 추론할 때, 그들의 추론을 끌어내기 위해 타인의 행동 및 감정적 표현을 귀납적으로 사용한다. 그러나 이 상향식 경로의 성공률은 상향식 신호를 전달하는 양식의 풍부함 또는 정보성에 따라 달라질 수 있다.

타인의 고통을 나타내는 다양한 범위의 신호는 어떻게 타인에게 공감을 일으키는가? 우리는 보다 자발적이고 자동적인 신호가 가장 극적인 영향을 미칠 것이라고 믿는다. 이와는 대조적으로, 고통에 대한 자기보고는 자기 반영에서 나오며 가끔은 회고적 설명의 형태를 가지기 때문에 그것은 일반적으로 영향이 적을 것이다. 물론 좋은 이야기나 글쓰기는 독자를 눈물로 감동시킬 수 있지만, 고통의 비언어적 표현이 특히 강력한 것 같다. 고통스러운 얼굴 표정에 대한 반응과 관련한 최근의 신경영상 연구(예. Botvinick et al., 2005; Simon et al., 2006)는 고유한 신경생리가 고통의 공감에 기초한다고 제안하기 때문에 중요하다(Jackson, Rainville, & Decety, 2006). 우리가 언급한 많은 비언어적 신호 중에서 얼굴 표정은 가장 명확한 정보를 제공하는 것으로 보인다(Craig et al., 2001). 고통을 간접적으로 경험할 때 신경생리학적 반응이 감각적 요소보다 훨씬 강력한 정서적 요소를 나타낸다는 것은 주목할 만하다(Singer et al., 2004).

고통의 표현에서의 개인차는 관찰자의 공감적 반응에 분명한 영향을 미친다. 어떤 사람들은 상당한 고통 행동을 드러내면서 격렬하게 반응하지만, 다른 사람들은 비슷한 고통의 사건에 오히려 무기력하게 반응한다. 전자의 유형은 그들의 개인적 곤경에 대해 최악의 상황을 상상할 수 있다(즉, 부정적 측면의 과장이나 과잉초점; Sullivan et al., 2006a; Vervoort et al., 2008). 반면 후자는 서서히 퍼지는 죽음과 상처를 인식하지 못하거나, 감각을 무해하다고 오해하거나, 돌봄을 받지 않을 때의 비용이나 돌봄을 받을 때의 이득을 제대로 평가하는 데 실패할 수 있다. 때때로 사람들은 일부러 정보를 주지 않음으로써 구경꾼들에게 정확한 공감을 표현할 잠재력을 제한하기도 한다. 아이들은 또래 앞에서 당황함을 피하기 위해, 부모님을 걱정시키지 않기 위해, 놀이 활동에 참여하지 못하는 것을 피하기 위해 고통을 억누른다고 솔직하게 인정한다(Larochette, Chambers, & Craig, 2006). 복잡한 표현 규칙은 고통의 표현을 제한하고 규제한다(Zeman & Garber, 1996). 발달장애를 가진 사람들은 타인의 돌봄에 효과적으로 접근하는 데 필요한 기술을 배우지 못할 수 있다(Oberlander & Symons, 2006; Craig, 2006). Morley, Doyle 그리고 Beese(2000)는 고통받는 개인의 개방과 비개방의 중요성에 주목해 왔고, 만성적인 고통 환자들은 개방하는 것을 꺼리는 경우가 많다는 것을 관찰했다. 고통에 대한 과소평가는(Chambers et al., 1998) 고통을 보고하거나 고통을 드러내는 행동을 능동적으로 억제하여 관찰자가 그 고통을 추측하기 더 어렵게 만든다. 또한 사람들은 개인적 이익을 위해 고통을 과장하거나 위조하려는 동기를 갖기도 한다(Craig & Hill, 2003). 이로 인해 관찰자들에게 솔직함과 가식적인 고통 표현 사이를 구별하는 데 상당한 어려움을 준다(Hill & Craig, 2004).

관찰자와 관련된 요소

타인의 고통에 대한 공감 모델은 하향식 특성(관찰자와 관련된 것)이 상향식 효과를 완전히 조절할 수 있으며, 상향식 특징이 없을 경우에도 타인의 고통에 대한 반응의 중요한 결정요인이 될 수 있다고 가정한다(Goubert et al., 2005 참고). 첫째, 특정한 고통 상황에 대한 과거 경험은 관찰자에게 그러한 상황을 보다 정교하게 표상하기 때문에 타인이 유사한 상황에 있다고 인지할 때 공감적 반응은 쉽게 유발될 수 있다(Preston & de Waal, 2002 참고). 이러한 영향은 선천성 무통각증 환자에게서 확인되었다. 즉 그들은 일반적으로 자극 유발성 통증 경험이 거의 없기 때문에, 정서적 신호가 부족한 경우 통제 대상과 비교하여 통증 유발성 사건의 영상 자료에서 관찰된 통증을 크게 과소평가하였다(Danziger, Prkachin, & Willer, 2006). 그러나 언어적으로 표현된 상상의 고통스러운 상황에 대해서 동일한 환자의 점수가 비교군과 다르지 않았다. 이는 고통의 일반적인 개인 경험이 타인의 고통을 공감하고 인지하는 데 반드시 필요한 것은 아니라는 것을 나타낸다.

유효한 상향식 정보를 구별하고 감지하는 관찰자의 능력은 그들의 상황 공감에 영향을 줄 것으로 예상할 수 있다. 예를 들어, 자신의 느낌에 대한 인식은 다른 사람의 느낌을 동일시하는 데 기초가 되기 때문에 자신의 정서에 대한 자기-인식은 민감성을 높일 것이다(Decety & Jackson, 2004). 최근의 연구에 따르면 감정표현불능증(alexithymia) 수치가 높은 사람들은 자신의 정서 상태를 인식하고 표현하는 데 어려워하는 특징을 가지고 있는데, 이들은 그림에 나타난 고통에 대한 평점 점수가 낮았으며 그리고 역시 공감적 능력(특히 인지적 관점 수용과 타인 지향적 감정 반응 능력)을 평가하는 설문 점수도 낮았다. 그들은 또한 타인의 고통에 대한 인지적 공감에 관여하는 뇌 영역에서 신경 활동도 감소되었고 정서조절 능력도 낮았다(Moriguchi et al., 2007).

관찰자가 사용하는 평가 과정은 타인의 고통을 관찰하는 정서 반응에도 영향을 미친다(Lamm, Baston, & Decety, 2007). 말기 암과 같은 위협적인 상황에서 환자의 가족들은 환자의 고통을 과대평가한다(Redinbaugh et al., 2002). 자신의 고통에 대한 파국화는 타인의 고통을 더 강하게 추론하는 것과 관련이 있다고 발견되었다(Sullivan et al., 2006b). 배우자(Leonard & Cano, 2006)나 자녀(Goubert et al., 2006; Goubert et al., 2008)의 고통을 파국화하는 사람들에게는 더 높은 수준의 정서적 고통이 발견되었다.

마지막으로, 성별이 공감에서 중요한 역할을 한다고 여겨지지만—많은 사람들은 타인의 생각과 감정을 "읽는" 데 있어서 남성보다 여성들이 더 주의를 잘 기울이고 더 잘한다고 생각한다(Hermann, 2007)—남성과 여성 관찰자들은 두 집단이 충분히 동기화되었을 때 공감에서 동등한 능력이 있는 것으로 밝혀졌다(Ickes, Gesn, & Graham, 2000; Hodges & Klein, 2001).

관계적 요소

고통받는 사람과 관찰자 간의 관계는 관찰되거나 추론된 고통에 대한 관찰자의 반응을 결정하는 중요한 요소로 인식되어 왔다(Craig, Lilley, & Gilbert, 1996; Vervoort et al., 2008). 친밀한 관계(예. 부모-자녀 관계 또는 기타 가족 관계)는 낯선 관계나 적대적인 관계보다 공감적 반응을 더 쉽게 이끌어 내고 더 강한 반응도 이끌어 낼 것으로 예상된다. Pillai Riddell과 Craig(2007)에 따르면 신원이 부모인 사람들은 (관찰 대상 아동의 부모가 아니더라도) 소아과 의사보다 고통 반응이 주사바늘 때문이라고 더 많이 귀인하였다. 간호사의 반응은 부모와 소아과 의사의 중간 정도였지만 유의한 차이는 없었다. 이 연구에서 의료종사자가 아닌 부모 집단과는 대조적으로 의료종사자이면서 동시에 부모인 경우에는 고통을 더 낮게 평가했는데 이는 이들이 고통에 처한 유아에게 반복적으로 노출되기 때문이라고 논의되었다.

　　관찰자가 고통받는 사람과 동일시하거나 유사하다고 느끼는 정도는 더욱 강력한 개인적인 "거울(mirroring)" 감각을 유발할 수 있다. 사회적 모델링 문헌에 따르면 유사성은 모델링 효과를 향상시킨다고 입증되었다(Bandura, 1986). 진화 생물학자들은 공통적인 유전 정도의 측면에서 "관련성 연속체(affinity continuum)"를 가정하였다(Dawkins, 1976). 이 관점에서 친척은 가장 강력한 공감적 반응이 기대되며 그것은 친밀의 정도에 따라 달라질 것이다. 가장 극단의 공감 반응은 의존적인 친족(부모-자녀 상황)에게 나타날 수 있다. 이 극단적 상황을 제외하고, 관련성 연속체는 멀리 사는 가족뿐만 아니라 이타적인 관심과 행동에 헌신함으로써 공동체의 구성원들에게까지 확대될 수 있다. 이 모든 범주들은 낯선 사람, 무관심한 상대방, 경쟁자, 적대자를 포함하는 타인의 범주와는 달리 자기의 확장으로 인식할 수 있는 사람들을 나타낸다. 대부분의 경우 가족 구성원들은 강한 유대와 상호 간의 역사를 공유하고 있으며, 서로 간에 친숙한 느낌이 강하기 때문에 직관적으로 서로를 "알고 있고" 공감의 원인이 되는 정교하고 개인화된 정신 상태의 추론이 가능하기 때문이다.

　　그러나 실제의 사례에서는 어떠한가? 가족 구성원들이 실제로는 낯선 사람보다 서로의 생각과 느낌을 더 정확하게 "읽는"가? Ickes와 그의 동료들은(예. Simpson, Oriña, & Ickes, 2003) 관찰 대상의 생각과 느낌에 대한 추론이 정확한지에 대하여 관찰자와 관찰 대상 간의 관계가 효과가 있는지를 연구하였고, 어느 정도의 효과가 발견되었다. 또한 우리는 최근에 고통이 없는 상황에서 가족 구성원들이 관찰 대상인 가족의 사고와 감정을 정확하게 추론하기 위해 대상자에 대한 관계 지식이나 "내부" 정보에 의존하지 않는다는 증거를 발견했다(De Corte et al., 2007). 따라서 가족 구성원들은 낯선 사람보다 더 정확하지는 않았다. 관찰자와 관찰 대상 간 관계의 성격이나 본질에 대한 조절효과의 가능성에 대한 지식은 파편적이고 부족하다. 이것은 더 연구가 필요한 분야이다.

결론

타인의 고통에 대한 공감은 잠재적으로 위험한 사건에 대한 정보를 제공하고 공동체 사람들에게 연민을 촉진하는 적응적인 이점을 가지고 있다. 연구 문헌에 따르면 사람들이 타인의 고통을 과소평가한다는 것이 빈번하게 보고되고 있는데, 이는 타인의 고통을 "아는" 것이 결코 완벽하지 않다는 것을 말해 준다. 타인의 고통 경험을 완전하게 이해하는 것-고통받는 사람의 모든 감각과 사고와 느낌이 이해되고 느껴진다는 점에서-은 논리적으로 그리고 실용적인 이유로 불가능한 것 같다. 고통의 많은 측면들은 관찰자가 그들의 관찰을 단순화하고, 통합하고, 요약할 것을 지시한다. 그러나 타인의 고통 관련 괴로움의 본질에 관한 신호는 때로는 모호하며, 관찰자들은 종종 유용한 정보에 주의를 기울이는 데 실패한다(Prkachin & Craig, 1995). 더욱이 타인의 고통스러운 괴로움을 완전히 반영하는 것은 관찰자를 취약하게 하는 인지적이고 정서적인 영향을 미칠 수 있기 때문에, 적정한 수준의 정확성을 보여 주는 관찰자(그러면서 동시에 고통받는 타인의 경험을 알고 있는 감각을 가진)가 가장 효과적인 돌봄을 줄 수 있을 것이다.

타인의 고통에 대한 추론의 중요한 결정요인과 그 추론이 이루어지는 과정을 밝히는 것은 주요한 건강 문제의 진단 및 관리의 시사점과 관련하여 매우 중요한 과제이다. 향후의 연구에서는 관계적 요인들을 고려함으로써 관찰자와 관찰 대상(예. 의료인 대 부모, 동료 대 이성 상대방) 간의 다양한 관계가 공감적 반응의 능력과 고통의 인식에 어떻게 영향을 미치는지를 밝혀야 할 것이다.

참고문헌

Bandura, A. (1986). *Social foundations of thought and action: A social cognitive theory.* Englewood Cliffs, NJ: Prentice Hall.

Batson, C. D. (1991). *The altruism question: Toward a social-psychological answer.* Hillsdale, NJ: Erlbaum.

Botvinick, M., Jha, A. P., Bylsma, L. M., Fabian, S. A., Solomon, P. E., & Prkachin, K. M. (2005). Viewing facial expressions of pain engages cortical areas involved in the direct experience of pain. *NeuroImage, 25,* 312-319.

Chambers, C. T., Reid, G. J., Craig, K. D., McGrath, P. J., & Finley, G. A. (1998). Agreement between child and parent reports of pain. *Clinical Journal of Pain, 14,* 336-342.

Charbonneau, D., & Nicol, A. A. M. (2002). Emotional intelligence and prosocial behaviors in adolescents. *Psychological Reports, 90,* 361-370.

Craig, K. D. (2006). The construct and defi nition of pain in developmental disability. In F. J. Symons & T. F. Oberlander (Eds.), *Pain in individuals with developmental disabilities* (pp. 7-18). Baltimore: Paul H. Brookes.

Craig, K. D. (2007). Assessment of credibility. In R. F. Schmidt & W. D. Willis (Eds.), *Encyclopedia of pain* (pp. 491-493). New York: Springer-Verlag.

Craig, K. D., & Hill, M. L. (2003). Detecting voluntary misrepresentation of pain in facial expression. In P. Halligan, C. Bass, & D. Oakley (Eds.), *Malingering and illness deception* (pp. 336-347). Oxford: Oxford University Press.

Craig, K. D, Lilley, C. M., & Gilbert, C. A. (1996). Social barriers to optimal pain management in infants and children. *Clinical Journal of Pain, 12,* 232-242.

Craig, K. D., Prkachin, K. M., & Grunau, R. V. E. (2001). The facial expression of pain. In D. C. Turk & R. Melzack (Eds.), *Handbook of pain assessment*, 2nd ed. (pp. 153–169). New York: Guiford.

Craig, K. D.,Versloot, J., Goubert, L., Vervoort, T., & Crombez, G. (in press). Perceiving pain in others: Automatic and controlled mechanisms. *Journal of Pain.*

Danziger, N., Prkachin, K. M., & Willer, J. (2006). Is pain the price of empathy? The perception of others' pain in patients with congenital sensitivity to pain. *Brain, 129,* 2494–2507.

Davis, M. H. (1996). *Empathy: A social psychological approach.* Madison, WI: Westview Press.

Dawkins, R. (1976). *The selfish gene.* Oxford: Oxford University Press.

Decety, J., & Jackson, P. L. (2004). The functional architecture of human empathy. *Behavioral and Cognitive Neuroscience Reviews, 3,* 71–100.

De Corte, K., Buysse, A., Verhofstadt, L. L., & Devoldre, I. (2007). Empathic accuracy in families: Can family members empathize better with their intimates than strangers can? Unpublished manuscript.

Eisenberg, N. (2002). Distinctions among various modes of empathy–related reactions: A matter of importance in humans. *Behavior and Brain Sciences, 25,* 33–34.

Fiske, S. T. (1993). Controlling other people: The impact of power on stereotyping. *American Psychologist, 48,* 621–628.

Gallese, V., Keysers, C., & Rizzolatti, G. (2004). A unifying view of the basis of social cognition. *Trends in Cognitive Sciences, 8,* 396–403.

Goubert, L., Craig, K. D., Vervoort, T., Morley, S., Sullivan, M. J. L., Williams, A. C. deC., Cano, A., & Crombez, G. (2005). Facing others in pain: The effects of empathy. *Pain, 118,* 285–288.

Goubert, L., Eccleston, C., Vervoort, T., Jordan, A., & Crombez, G. (2006). Parental catastrophizing about their child's pain: The parent version of the Pain

Catastrophizing Scale (PCS-P); A preliminary validation. *Pain, 123,* 254-263.

Goubert, L., Vervoort, T., Sullivan, M. J. L., Verhoeven, K., & Crombez, G. (2008). Parental emotional responses to their child's pain: the role of dispositional empathy and parental catastrophizing about their child's pain. *Journal of Pain, 9,* 272-279.

Goubert, L., Vervoort, T., & Crombez, G. (2009). Pain demands attention of others: The approach/avoidance paradox [editorial]. *Pain, 143,* 5-6.

Hadjistavropoulos, T., & Craig, K. D. (2002). A theoretical framework for understanding self-report and observational measures of pain: A communications model. *Behaviour Research and Therapy, 40,* 551-570.

Herbette, G., & Rimé, B. (2004). Verbalization of emotion in chronic pain patients and their psychological adjustment. *Journal of Health Psychology, 9,* 661-676.

Hermann, C. (2007). Modeling, social learning and pain. In R. F. Schmidt & W. D. Willis (Eds.), *The encyclopedic reference of pain* (p. 13). Heidelberg, Germany: Springer.

Hill, M. L., & Craig, K. D. (2004). Detecting deception in facial expressions of pain: Accuracy and training. *Clinical Journal of Pain, 20,* 415-422.

Hodges, S. D., & Klein, K. J. K. (2001). Regulating the costs of empathy: The price of being human. *Journal of Socio-Economics, 30,* 437-452.

Ickes, W. (2001). Measuring empathic accuracy. In J. A. Hall & F. J. Bernieri (Eds.), *Interpersonal sensitivity: Theory and measurement* (pp. 219-241). Mahwah, NJ: Erlbaum.

Ickes, W. (2003). *Everyday mind reading: Understanding what other people think and feel.* New York: Prometheus Books.

Ickes, W., Gesn, P. R., & Graham, T. (2000). Gender differences in empathic accuracy: Differential ability or differential motivation? *Personal Relationships, 7,* 95-110.

Jackson, P. L., Brunet, E., Meltzoff, A. N., & Decety, J. (2006). Empathy examined through the neural mechanisms involved in imagining how I feel versus how you feel in pain. *Neuropsychologia, 44*, 752–761.

Jackson, P. L., Rainville, P., & Decety, J. (2006). To what extent do we share the pain of others? Insight from the neural bases of pain empathy. *Pain, 125*, 5–9.

Jussim, L. (1991). Social perception and social reality: A reflector-construction model. *Psychological Review, 98*, 54–73.

Lamm, C., Batson, C. D., & Decety, J. (2007). The neural substrate of human empathy: Effects of perspective-taking and cognitive appraisal. *Journal of Cognitive Neuroscience, 19*, 42–58.

Langford, D. J., Crager, S. E., Shehzad, Z., Smith, S. B., Sotocinal, S. G., Levenstadt, J. S., Chanda, M. L., Levitin, D. J., & Mogil, J. S. (2006). Social modulation of pain as evidence for empathy in mice. *Science, 312*, 1967–1970.

Larochette, A. C., Chambers, C. T., & Craig, K. D. (2006). Genuine, suppressed and faked facial expressions of pain in children. *Pain, 126*, 64–71.

Larson, E. B., & Yao, C. (2005). Clinical empathy as emotional labor in the patient-physician relationship. *Journal of the American Medical Association, 293*, 1100–1106.

Leonard, M. T., & Cano A. (2006). Pain affects spouses too: Personal experience with pain and catastrophizing as correlates of spouse distress. *Pain, 126*, 139–146.

Levenson, R. W., & Ruef, A. M. (1992). Empathy: A physiological substrate. *Journal of Personality and Social Psychology, 63*, 234–246.

Moriguchi, Y., Decety, J., Ohnishi, T., Maeda, M., Mori, T., Nemoto, K., Matsuda, H., & Komaki, G. (2007). Empathy and judging others' pain: An fMRI study of alexithymia. *Cerebral Cortex, 17*, 2223–2234.

Morley, S., Doyle, K., & Beese, A. (2000). Talking to others about pain: Suffering in silence. In M. Devor, M. C. Rowbotham, & Z. Wiesenfeld-Hallin (Eds.),

Proceedings of the Ninth World Congress on Pain (vol. 16, pp. 1123-1129). Seattle, WA: International Association for the Study of Pain.

Merskey, H., & Bogduk, N. (1994). Part III: Pain Terms, A current list with definitions and notes on usage. In H. Merskey, & N. Bogduk (Eds.), *Classification of chronic pain, second edition, IASP Task Force on Taxonomy* (pp. 209-214). Seattle: IASP Press.

Oberlander, T. F., & Symons, F. J. (2006). *Pain in children with developmental disabilities.* Baltimore, MD: Brookes.

Palm, K. M., Polusny, M. A., Follette, V. M. (2004). Vicarious traumatization: Potential hazards and interventions for disaster and trauma workers. *Prehospital and Disaster Medicine, 19,* 73-78.

Pillai Riddell, R. R., & Craig, K. D. (2007). Judgments of infant pain: The impact of caregiver identity and infant age. *Journal of Pediatric Psychology, 32,* 501-511.

Preston, S. D., & de Waal, F. B. M. (2002). Empathy: Its ultimate and proximate bases. *Behavioral and Brain Sciences, 25,* 1-72.

Prkachin, K. M., & Craig, K. D. (1995). Expressing pain: The communication and interpretation of facial-pain signals. *Journal of Nonverbal Behavior, 19,* 191-205.

Redinbaugh, E. M., Baum, A., DeMoss, C., Fello, M., & Arnold, R. (2002). Factors associated with the accuracy of family caregiver estimates of patient pain. *Journal of Pain and Symptom Management, 23,* 31-38.

Schaller, M., & Cialdini, R. D. (1988). The economics of empathic helping: Support for a mood management motive. *Journal of Experimental Social Psychology, 24,* 163-181.

Simon, D., Craig, K. D., Miltner, W. H. R., & Rainville, P. (2006). Brain responses to dynamic facial expressions of pain. *Pain, 126,* 309-318.

Simpson, J. A., Oriña, M. M., & Ickes, W. (2003). When accuracy hurts, and when it helps: A test of the empathic accuracy model in martial interactions. *Journal of Personality and Social Psychology, 85*, 881–893.

Singer, T., Seymour, B., O'Doherty, J., Kaube, H., Dolan, R. J., & Frith, C. D. (2004). Empathy for pain involves the affective but not sensory components of pain. *Science, 303*, 1157–1162.

Sullivan, M. J. L., Martel, M. O., Tripp, D. A., Savard, A., & Crombez, G. (2006a). The relation between catastrophizing and the communication of pain experience. *Pain, 122*, 282–288.

Sullivan, M. J. L., Martel, M. O., Tripp, D. A., Savard, A., & Crombez, G. (2006b). Catastrophic thinking and heightened perception of pain in others. *Pain, 123*, 37–44.

Vervoort, T., Craig, K. D., Goubert, L., Dehoorne, J., Joos, R., Matthys, D., Buysse, A., & Crombez, G. (2008). Expressive dimensions of pain catastrophizing: A comparative analysis of school children and children with clinical pain. *Pain, 134*, 59–68.

Williams, A. C. deC., & Craig, K. D. (2006). A science of pain expression? *Pain, 125*, 202–203.

Zeman, J., & Garber, J. (1996). Display rules for anger, sadness, and pain: It depends on who is watching. *Child Development, 67*, 957–973.

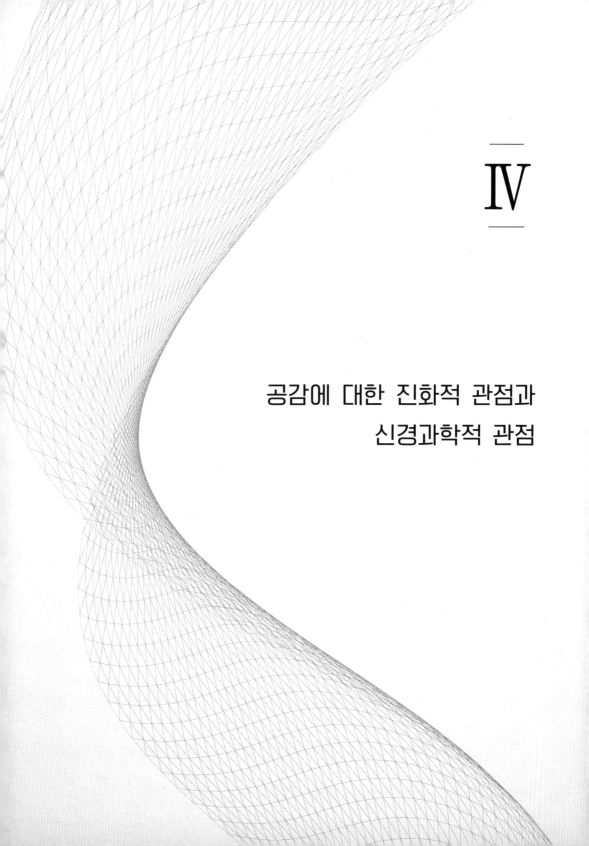

IV

공감에 대한 진화적 관점과
신경과학적 관점

Chapter 13

공감의 신경적, 진화적 관점

C. Sue Carter, James Harris, and Stephen W. Porges

이번 장에서는 인간의 공감을 반영한다고 추정되는 사회적 행동 및 정서 상태와 연관이 있는 자율신경과 신경내분비 과정에 대해 검토할 것이다. 공감이라는 단어는 그리스어 어원에서 찾아볼 수 있는데, 문자 그대로의 의미는 "함께 겪기(to suffer with)"를 의미한다. 하지만 심리학적 맥락에서의 공감은 사람이 다른 사람의 정서 상태를 적절하게 인식하고, 지각하고 반응하도록 해주는 광범위한 느낌, 표현, 행동들로 설명되고 있다. 비록 공감이 인간 의식의 독특한 특징인지에 대해서는 논란이 있지만, 정서전염(이 책의 2장)과 위로행동은 사회성이 있는, 특히 보노보 침팬지 등의 영장류 종과 포유동물 종에서 나타나는 것으로 알려져 있다(Preston & de Waal, 2002).

만약 공감을 고통, 공포 또는 굶주림(고립에 대한 호소와 굶주림의 울음소리와 같은)의 정서적 표현에 대한 유관적인 사회적 반응이라고 조작적으로 정의한다면, 공감은 모든 포유동물의 행동목록(repertoire) 내에서 매우 중요한 적응적 행동이라고 할 수 있다. 공감은 포유동물과 인간이 공유하는 특징적인 것으로, 포유동물과 인간이 파충류에서 포유동물로의 진화하는 과정에서 출현한 신경회로에 영향을 받는다. 공감의 신경회로 및 화학적 구성요소는 포유동물 종에서 진화하며 보존되고 공유되었기 때문에 파충류가 보이는 공감의 구성요소와는 상당히 다르다.

현대 인지신경과학에서 공감은 피질 부분을 포함하여 고등 두뇌 구조의 기능으로 가장 자주 표현된다(Decety & Jackson, 2004; Lamm, Batson, & Decety, 2007). 그러나 적어도 공감의 표현에 필요한 몇 가지 근본적인 생리학적 기질은 하등 두뇌 구조와 자율신경계에 의존하는 사회성 및 번식과 관련된 것, 그리고 조금 더 일반적인 정서적인 면과 관계있다. 느낌과 정서를 이해하기 위해서는 신체적 상태를 감지하고 그에 반응하는 데 필요한 신경계와 내분비계에 대한 인식이 필요하다(Porges, 1997, 2007). 그러므로 공감은 신체 상태, 정서, 반응성을 조절하는 신경 조절계의 변화를 포함하여 적응적인 신경내분비 작용과 자율신경 과정의 관점에서 바라볼 수 있다.

사회적 행동은 진화의 맥락에서 가장 잘 이해된다. 하나의 종에서 개체들 사이의 상호협력과 최적화된 생존은 진화의 산물로써 발생한다. 유전적으로 최적화되거나 세대 간 번식에 가장 성공한 개체들은 상호협력이나 사회적 지지에 가담한 개체들이다(Kropotkin, 1989). 이 입장은 초기 러시아 진화론자들이 채택하였는데, 그들은 단순히 개별적인 생존보다는 상호협력 또는 상호협동에 주안점을 두어야 한다고 주장하였다(Todes, 1989; Harris, 2003).

20세기 전반에 걸쳐 사람들은 일가친척이 아닌 타인들에 대해 사회적 행동과 편의를 제공하는 것이 진화를 가져온 주요인이라고 여기는 것에 대해 거부감이 있었다. 그러나 최근에 자연선택(selection)이 개인 수준에서뿐만 아니라 집단 수준에서도 작용할 수 있다는 개념에 대한 지지가 증가하고 있다(Wilson & Sober, 1989; MacLean, 1990). 그러므로 사회적 행동과 사회성을 통해 얻는 혜택은 진화에 있어서 매우 중요한 것으로 이해되고 있다. 사회성에서 종-전형적(species-typical) 패턴과 그 기제는 진화의 산물이다. 인간의 사회적 행동에 대한 계통발생학적 기원(phylogenetic origin)에 대한 분석은 공감을 이해하는 데 중요한 관점을 제공할 것이다.

진화하는 자율신경계와 사회신경계

신경계, 자율신경계 그리고 두뇌와 자율신경계 간 쌍방향 소통의 신경 경로로써 기능하는 두뇌에서의 신경계 진화는 정서 표현의 범위에 영향을 주었고, 그것이 인간에게서도 가능하다는 인식에도 영향을 미쳤다(이 능력의 스펙트럼은 차례로 사회적 의사소통의 질을 결정하였다. Porges, 2007). 개체의 생존을 책임지는 자율신경, 내분비 그리고 또 다른 항상성 작용은 밀접하게 연관되어 사회적 행동을 지원한다. 생존의 기본은 위협 또는 스트레스 요인에 대처하는 능력이고 근섬유 조직의 산소공급, 신체에 필요한 영양공급과 같은 생존에 필요한 생리적 항상성을 유지하는 능력이다. 이러한 이유로, 사회적 상호작용을 조절하는 신경회로는 건강을 유지하기 위해 생리적 항상성을 조절하는 신경회로와 중첩된다.

자율신경계는 감정 경험(affective experience), 정서 표현(emotional expression), 얼굴 표정, 음성적 의사소통 그리고 유관적 사회행동에 근본적 역할을 한다. 새롭게 정비된 신경 경로는 포유동물의 의사소통과 선택적 사회성(selective sociality)을 지원하는 방향으로 발달해 왔다(그림 13.1에 이 체계를 도식으로 표현하였다).

이러한 계통발생학적인 변화는 자율신경계의 신경 조절의 변화와 일치하며, 표 13.1에 기술하였다.

구체적으로 말하자면, 포유동물이 파충류로부터 출현했기 때문에 자율신경계 또한 증가된 신진대사 요구량을 지원하기 위해 변화하였다. 포유동물의 진화로 인해 심장을 조절하는 중요한 역할을 수행하기 위해 새로운 복측 미주신경의 원심성 신경(ventral vagal efferent)경로가 출현하였다. 비교적 (최신의 것인) 이 미주신경 경로는 얼굴의 가로무늬근을 조절하는 뇌간(brain stem)과 자율신경계 조절 간의 신경해부학적이고 신경생리학적인 연결을 제공하였다.

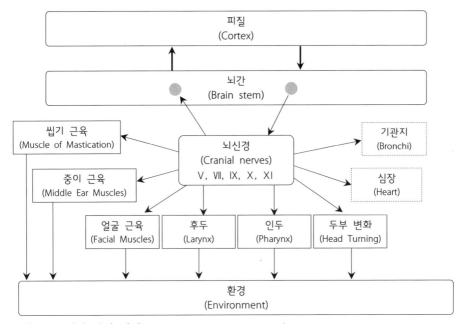

그림 13.1 사회 참여 체계(social engagement system)

사회적 의사소통은 corticobular(대뇌피질과 뇌간을 연결하는 백질경로) 경로를 통한 수질성 핵(medullary nuclei)의 피질 수준의 조절에 의해 결정된다. 사회 참여 체계는 체운동(somatomotor) 요소(예를 들면, 얼굴과 머리의 가로줄무늬근을 조절하는 내장원심성 경로)와 내장운동(visceromotor) 요소(예를 들면, 심장과 기관지를 조절하는 역할을 하는 수초화된 미주신경)로 구성되어 있다. 실선 사각형은 체운동 요소를 나타낸다. 점선 사각형은 내장운동 요소를 나타낸다.

표 13.1 기능적으로 다른 두 가지 미주신경이 서로 연결되었다는 이론(polyvagal theory)의 계통발생학적 상태

단계	자율신경계(ANS) 요소	행동적 기능
III	수초화된 미주신경(myelinated vagus) (복측 미주신경 집합)	사회적 의사소통, 자기-진정, 교감신경-부신 영향의 억제
II	교감신경-부신 체계 (교감신경계)	동적 반응(mobilization) (싸우기/도망치기, 적극적 회피)
I	무수초의 미주신경 (배측 미주신경 집합)	고정화 반응(immobilization) (죽은 척하기, 수동적 회피, 행동 멈추기)

인간의 머리구조와 얼굴의 진화

포유동물과 유사한 파충류의 원시 시냅스 활동으로부터 현재 생명 활동을 하고 있는 포유동물로 변천해 오는 동안, 사회적 의사소통에 필요한 신경구조와 해부학적 구조가 두개골 구조(cranial anatomy)의 진화로 가능해졌다. 이 체계의 핵심은 뇌간의 기원인 뇌신경(cranial nerve)이다. 얼굴 표정 짓기와 청각적 의사소통에 필요한 신경과 근육을 포함하는 인간 얼굴의 물리적 요소뿐만 아니라 자율신경계 또한 원시 단계의 아가미 부분으로부터 진화했다. 포유동물의 복잡한 사회적 행동은 자율신경계의 출현으로 가능하게 되었는데, 이 자율신경계는 혈액의 산화를 지원하여 커다란 포유동물의 두뇌피질 발달을 가능하게 하였다.

포유동물은 사회적 의사소통을 위한 방식으로 진화해 왔다. 포유동물의 청각 체계의 특징은 특화된 중이(middle ear)인데, 이것은 원시 척추동물의 아가미로부터 진화하였다. 두뇌피질이 확장되면서 더 크고 유연한 두개골이 필요했는데, 3개의 작은 중이 뼈는 아래턱뼈로부터 떨어져 나왔다. 포유동물의 중이 형태로 변형된 이 작은 뼈들은 함께 작용하여 낮은-진폭 소리 파장을 증폭시키기도 하고 낮은-진폭 소리파의 작용을 직접 관리하기도 했다. 중이는 고주파의 공기 전달음을 감지하였고(예. 인간 목소리의 주파수 소리), 심지어 저주파 음이 지배적인 음향 환경에서도 기능하였다. 또한 포유동물의 중이 발달은 사회성의 진화적 역사 측면에서도 중요한데 그 이유는 바로 양육 환경에서 어미가 아이를 먹이고 보살피면서 동시에 아이의 목소리를 듣는 것이 가능하도록 하였기 때문이다.

이런 진화적 변천과 동시에 얼굴의 말초신경과 근육 그리고 머리구조는 말하면서 듣는 것을 통제하는 것이 가능하도록 기능하게 된다(그림 13.1). 얼굴 근육과 머리구조 그리고 새롭게 수초화된 미주신경(수초화되지 않은 미주신경에 대응되는 부분보다 더 빠르게 변화함) 간의 연결은 진화했다. 이러한 보다 최신의 미주신경 요소는 효과적으로 안정적인 행동 상태를 촉진하였고 교감신경계와 시상하부-뇌하수체-부신 연결축의 반응성을 약화시켰다(Porges, 2007).

머리와 심장 연결하기

포유동물의 신경계는 고통과 괴로움, 즐거움 등의 상태를 반영하는 음성을 감지하고, 그런 음성 신호를 보내는 능력과 함께 진화했다. 후두[1]와 인두[2]의 신경 조절은 중이의 기능과 일치하며 본능적 상태를 조절할 수 있는 "미주신경 제동(vagal brake)"을 가능하게 한다. 그러므로 '얼굴-심장' 연결에 명확하게 할당되어 기능하는 조정 시스템이 존재한다(Porges, 2003). 포유동물에서 이 체계는 외부 자극에 대해 몸 전체가 신체적으로 반응하도록 하였고, 특히 그 외부 자극들은 청각적 방식을 통해 전달되었다. 이러한 적응의 결과로써 포유동물은 고통과 즐거움 같은 청각적 특징에 반응하는 특별한 능력을 갖게 되었다. 비록 포유동물의 행동에서 중요한 청각적 의사소통의 역할이 잘 자리 잡았다 하더라도 여전히 정서적 부분에서 청각 단서의 역할은 덜 알려져 있는데, 이는 대부분의 정서 관련 실험실 연구가 공감적 행동에 있어서 시각 자극의 혐오적 특징을 평가하는 데 초점을 맞춰 왔기 때문이라고 부분적으로 설명할 수 있다.

포유동물에서 공감과 사회적 인식의 진화

공감은 보통 자기가 속한 종에서 타자에 대한 반응으로 정의된다. 이론적 개념에서 공감은 무생물과 동종을 구별할 수 있는 능력을 가정한다. 물체에 반응하는 것과 동종에 반응하는 것의 구별은 포유동물의 사회신경계(social nervous system) 맥락에서 공감에 대해 논의할 수 있는 신경적 기초를 제공한다.

---

1) 역자 주: 목소리를 내는 성대를 포함한 숨길의 일부로, 목 앞쪽에 위치하며 말을 하고 숨을 쉬는 데 중요한 기능을 한다.
2) 역자 주: 입안과 식도 사이에 있으며, 공기와 음식이 섞이지 않고 각각 폐와 식도로 잘 넘어갈 수 있도록 구분하는 역할을 한다.

'얼굴-심장' 연결을 특징으로 하는 포유동물의 사회신경계의 계통발생적 출현은 사회적 의사소통을 위한 신경생리학적 기반을 세웠는데, 이러한 사회적 의사소통은 예측할 수 없는 행동에의 반응(contingent behavior)뿐만 아니라 정신적이고 생리적 반응(visceral role-playing)도 요구한다. 공감의 개념은 개인들이 모여 있는 집단이 위험을 감지하기 위해 책임을 공유하고, 안전한 환경에서 사회적 의사소통과 사회적 상호작용을 가능하게 하는 협동적 행동을 촉진하는 그러한 체제의 계통발생적 이점을 설명하는 역할을 한다. 환경이 주는 위험에 관한 지식을 공유하는 이러한 능력은 사회 집단, 사회 그리고 사회에서 유발되는 산물의 연속적 발달을 위한 기초를 제공한다. 따라서 신경생물학적으로 공감의 개념을 명료하게 하자면, 우리에게는 어떤 누군가 살아 있으면서도 안전한 생명체라는 것을 감지하고 그에 반응하도록 만들어 주는 직접적인 신경회로가 있다는 것이다.

공감은 타인의 고통을 감지하는 느낌과 관련되어 있으므로 공감의 개념은 느낌을 표현하는 것과 타인의 느낌을 감지하는 것 양쪽을 중재하는 신경 기제를 조사함으로써 더 잘 이해할 수 있다. 독특하게도 포유동물의 신경회로는 얼굴 표정과 음성 억양의 표현을 가능하게 한다. 게다가 타인의 느낌에 반응하도록 특화된 신경회로를 통해 다른 사람들의 느낌을 감지하고 이에 신속하게 반응하도록 한다(Adolphs, 2006).

공감의 개념을 이해하는 데 중요한 것은 사회 환경의 특징을 감지하고 평가하는 신경계의 능력을 인식하는 것이다. 포유동물이 생존하기 위한 핵심은 안전에 대한 개념과 더불어 환경이 안전한지, 다른 사람들이 친구인지 적인지 구별하는 능력이라고 할 수 있다.

생존과 항상성 조절기능도 함께 수행하는 그 동일한 신경계는 어떤 포유동물이 물리적으로 접근 가능하고 그 생물과 의사소통하거나 새로운 관계를 형성할 수 있는지 판단하는 범위에 한정되어 기능하는 특유의 신경행동적 상태(neurobehavioral state)와 관련 있다. 다른 사람들을 정확하게 평가하기 위해서 타인의 특징을 평가하는 과정은 반드시 필요하다. 만약 그 평가 결과가 긍정적이라면, 포유동물의 신경계는 그들의 사회적 참여 전략을 존중하여 반드시 방어적 반응을 억제해야 한다. 하지만 신경계가 언제 환경이 안전한지, 위험한지, 생존에 위협적인지 어떻게 알 수 있으며 또 어떤 신경 기제가 환경이 주는 위협을 판단할 것인가?

위협에 대한 신경계의 평가는 빠르고 의식적인 인식 없이도 일어날 수 있다. 그러한 까닭에 안전-위협(safety-threat) 감지 체계로써 기능하는 신경회로가 어떻게 환경의 안전성, 위험성, 생존 위협 등과 같은 상황을 구분하는 능력이 있는지 설명하기 위해 '뉴로셉션(neuroception)'이란 용어가 도입되었다(표 13.1)(Porges, 2003).

싸우고(fight) 도망가고(flight) 꼼짝 못하는 행동(freezing)을 조절하는 원시 변연계는 안전성을 인지한 조건에서 기능이 억제되고, 피질하 구조의 변연계에 의존하는 신경 기제를 사용한다. 포유동물에서 새로운 신경계가 진화하였는데, 이 새로운 신경계는 피질하 구조의 피질 수준에서의 조절을 포함하며 많은 경우에 번식 행동과 선택적 사회적 상호작용 기능을 지원하는, 원시적 구조에 대해 방어적 기능을 채택했다(Porges, 1998). 다음 단락에서 논의한 것처럼 호르몬도 이전에 방어적 기능을 담당했던 신경계가 친사회적 행동을 선택하도록 작용하는 것으로 보인다.

환경이 안전하다고 지각될 때, 기능적으로 두 가지 중요한 특징이 나타난다. 첫 번째, 신체 상태가 성장, 회복 그리고 생리적 항상성을 증진시키기 위한 효율적 방법으로 조절된다. 이것은 심장박동 조절에 있어서 진화적으로 조금 더 현대화되고 빠르게 수초화된 미주신경 운동 경로(vagal motor pathway)의 영향력이 증가되어 나타난다. 이 기제가 활성화되어 심장박동을 느리게 만들 때 교감신경계의 싸움/도망 기제가 억제되고, 시상하부-뇌하수체-부신 연결축(HPA-axis; 예. 코르티솔)을 약화시킨다; 이 시스템은 심지어 면역 반응(예. 시토카인)을 조절함으로써 염증을 감소시킨다. 둘째, 진화 과정을 통해 수초화된 미주신경을 조절하는 뇌간 핵은 얼굴 근육과 머리 근육을 조절하는 핵과 통합된다. 이 연결은 자연스러운 사회 참여 행동과 신체적 상태 간의 양방향 결합을 야기한다. 특히 성장과 회복을 촉진하는 생리적 상태는 눈동자 응시, 얼굴 표정, 듣기, 음성적 운율 요소를 조절하는 근육과 신경해부학적으로, 신경생리학적으로 연결된다(그림 13.1)(Porges, 2001; 2007).

기능적 신경영상 연구는 위협을 감지하는 역할을 하는 특별한 신경 구조를 확인해 주었다. 이 연구는 측두엽(temporal cortex)의 두 영역, 방추형이랑(fusiform gyrus)과 상측두구(superior temporal sulcus)가 생리적 움직임과 의도-행동, 목소리, 얼굴 등의 특징을 잡아내는 것을 포함—를 평가하는 데 관여하고, 이런 평가는 개인이 안전하거나 믿을 만한 사람으로 지각하는 데 기여한다고 보고하였다(Adolphs, 2006). 위에 기술한 자극들이 미약하게 변화를 보여도 위협적이거나 안전에 대한 신호가 될 수 있다. 측두엽과 편도체(amygdala) 영역 간의 연결은 얼굴 표정 특징을 처리하는 데 있어서 상-하향식 조절을 제안하는데, 이런 조절은 방어적 전략 표현에 관여하는 뇌구조의 활동을 적극적으로 억제할 수 있다.

다른 포유동물의 신경계와 동일하게 인간의 신경계 또한 안전한 환경에서 살아남기 위해 단독으로 진화하지 않았을 뿐만 아니라, 위험에 대처하고 삶의 위협적 상황에서 생존을 촉진하려고 하였다. 이 적응적인 유연성을 성취하기 위해 인간의 신경계는 방어적 전략(예. 싸우기/도망치기/꼼짝 못 하는 행동)을 조절하는 두 가지 원시적 신경회로를 유지하였다. 사회적 행동, 사회적 의사소통, 생리적 항상성은 방어적 전략을 구사하는 두 가지 신경회로가 활성화시키는 신경생리학적 상태 및 행동과 양립할 수 없다.

세 가지 신경회로는 계통발생적으로 조직된 계층 구조에서 진화했다. 공감의 특징을 포함하는 그 최신 회로는 제일 먼저 사용된다. 그 회로가 우리에게 안전을 제공하는 것에 실패했을 때, 우리는 그 이전에 사용되었던 싸우기/도망치기/꼼짝 못 하기 행동을 포함하는 낡은 방어회로를 연속적으로 구동한다. 포유동물이 진화하면서 그들은 사회적 단서 및 타인(보통은 그들이 종 내에서의 타인)으로부터 받는 사회적 지지에 의존적으로 변해 갔다. 사회적 행동은 포유동물이 보다 안전하게 먹고, 소화시키고, 자고, 짝짓기하고, 자식을 보살피도록 함으로써 생존과 번식을 촉진시킨다. 포유동물의 사회적 의사소통 진화를 이끄는 이 요인들은 영장류의 자율신경계 진화와 연관되고, 아마도 공감적 느낌과 같은 정서를 경험하는 능력과 공감적 반응을 표현하는 능력에 중요한 역할을 할 것이다.

사회성에 있어서 신경내분비의 관련성

어린 포유동물은 영양공급을 어미에게 의존한다. 어미와 자식 간의 상호 작용은 포유동물 사회에서 생리적이고 신경내분비적으로 전형적인 결과일 것이다. 이 반응회로는 그 종 내에서 '예를 들면, 자식에게 어미'와 같은 특별한 타인에 대한 선택적 반응에 대한 잠재성을 포함하며, 이것은 현대 포유동물의 조상인 파충류에게서는 보이지 않는다.

옥시토신과 바소프레신 등이 포함된 포유동물의 뉴로펩티드(neuropeptide) 호르몬은 두뇌와 신체를 통해 사회행동, 정서적 느낌과 반응, 자율신경계를 포함하여 다양한 처리 과정을 통합하는 활동을 한다. 옥시토신은 포유동물에게 특별히 중요한데, 그것이 포유동물의 출산, 수유, 모성적 행동과 사회적 유대의 발달을 촉진하기 때문이다. 우리는 이미 일반적으로 사회성과 사회적 의사소통에 관여하며 신경계의 여러 곳에서 활동하는 이러한 신경내분비 과정이 공감에 필요한 행동 상태 및 반응에도 기저를 이룰 것이라고 가정하였다.

이 맥락에서 볼 때, 사회적 상호작용과 고립(isolation)이 강력한 생리적 결과를 보여 줄 것이라는 것은 놀랍지 않다. 사회적 상호작용의 필요성은 혼자 살거나 외로움을 경험하는 사람들보다 사회적 지지의 느낌을 지각하는 개인이 조금 더 질병을 피하거나 또는 질병으로부터 살아남아 더 오랜 삶을 영위할 가능성이 있음을 여러 증거로 입증해 왔다(Cacioppo et al., 2006). 그것은 고립을 경험하는 동안 겪는 변화가 공감에 관여하는 과정과 관련 있을 것으로 보인다.

인간에게는 확인되었지만, 특히 설치류 같은 영장류가 아닌 종에서는 존재하거나 또는 존재하지 않을지도 모르는 이 공감은 신경생물학적 연구를 위한 가장 일반적인 모델이다. 그러나 사회성(sociality) 또는 사교성(sociability, 방어적 행동에 대조적으로)의 근간을 이루는 기본물질(substrates)은 포유동물 종에서 공유된다. 비록 공감에 특정적인 신경내분비 과정에 대해 더 기술할 필요가 있다 하더라도, 포유동물의 다양한 사회성 형태는 공통적인 기본물질을 공유하는 것으로 보인다. 예를 들어, 성인의 사회적 유대는 모성적 행동, 선택적 모성 유대 그리고 스트레스 경험 관리에 필요한 동일한 과정 중 적어도 일부에 기반한다(Carter & Keverne, 2002).

양육 행동, 성인들 간에 나타나는 사회성 그리고 공감과 같은 이런 사회적 행동의 근간은 다른 사람에게 접근할 것인가 또는 회피할 것인가를 조절하는 과정이다. 가장 기초적인 수준에서 감각계, 자율신경계, 정서 및 운동계는 개체가 접근하거나 도망칠 수 있도록 준비시킨다. 감각 처리와 정서 처리 과정은 사회적 단서의 특징을 감지하고 해석하며, 자율신경 반응과 적절한 운동 패턴에 대응하는 데 맞춰져 있다. 그리고 사회적 관계 유지에 필요한 선택적인 사회적, 정서적 반응은 일반적으로 공감의 표현과 필수적으로 연결된다.

사회적으로 고등한 포유동물과 친사회적 행동 분석

긍정적인 사회적 행동에 대한 신경생물학적 기제를 이해하는 한 가지 접근 방법은 포유동물들에게서 보이는 사회성의 종 간 차이를 검사해 보는 것이다. 사회적으로 일자일웅(monogamous) 방식을 채택하는 종은 생리학적 특징과 행동적 특징을 인간과 공유한다. 공유되는 특징은 우선 사회적 유대를 형성하는 능력이며, 이와 더불어 보통 수컷, 암컷 그리고 그들의 새끼로 구성되어 가족사회로 확장되어 발달하는 것이다(Carter, DeVries, & Getz, 1995). 사회적으로 일자일웅의 방식을 채택하는 프레리 들쥐(prairie voles)와 같은 설치류는 특히나 그들의 사회적 환경에 민감한데, 이들이 취하는 방식은 긍정적 사회 경험의 메커니즘을 이해하는 아주 강력한 모델을 제시할 것이다.

뉴로펩티드와 선택적 사회성

포유동물의 사회성에 중요한 역할을 하는 두 가지 뉴로펩티드 호르몬(옥시토신과 바소프레신)이 행동적, 신경내분비적, 자율신경계에 미치는 효과를 이해하는 데 프레리 들쥐의 사회적 유대 형성에 대한 연구는 도움이 된다. 옥시토신은 영장류의 진화에 중추적 역할을 했을 것이다. 영장류의 중추신경계와 두개골이 확장되면서, 이러한 메커니즘은 출산을 촉진시키고 출생 후의 새끼들을 먹여 살리는 방향으로 진화했다(Carter & Altemus, 1997). 옥시토신은 강력한 근수축을 통해 출산 과정을 촉진한다. 심지어 그것은 태아가 출생하는 과정에서 태아의 신경계를 보호하기도 한다(Tyzio et al., 2006). 옥시토신은 또한 젖의 배출 및 분비를 촉진하기도 한다. 수유(lactation)는 미숙한 영아의 출생이 가능하게 하고, 엄마가 아이에게 음식과 보살핌을 제공하여 출생 후의 두뇌 피질 발달과 지적 발달을 가능하게 한다.

옥시토신은 신경내분비 네트워크의 중심에 위치하여 사회적 행동을 조정하고 동시에 다양한 스트레스 요인에 반응하도록 하여 일반적으로 스트레스에 대한 반응성을 감소시키는 활동을 한다(Carter, 1998). 옥시토신은 공포와 불안을 감소시키고, 스트레스 자극에 대한 인내심을 증가시키는 경향이 있다. 옥시토신은 하등 뇌간 우세성(예를 들면, 고등 신경 처리 과정이 폐쇄되어 나타나는 꼼짝도 하지 못하는 행동(freezing)을 하는 '파충류와 같은')으로 인해 취약한 포유류 신경계가 원시 상태로 회귀하는 것을 막아 신경계를 보호할지 모른다; 포유동물은-비교적 크기가 큰 두뇌피질이 있고, 그에 상응하는 많은 양의 산소가 필요함-저산소 상태가 오래 지속되는 경우 견뎌 낼 수 없다(Porges, 2007). 동시에 옥시토신은 다양한 형태의 사회성을 진작시키기 위해 분비된다(Carter, 2007).

옥시토신은 바소프레신과 함께 방출되고 기능한다. 바소프레신은 구조적으로 옥시토신과 유사하지만, 9개 아미노산 중 두 가지만 다르다. 이 펩티드의 합성을 조절하는 유전자는 동일한 조상 유전자의 변형이다. 옥시토신과 바소프레신 분자들의 유사성은 각기 다른 분자들의 수용기에 영향을 미치게 한다는 것이다. 옥시토신과 바소프레신의 활동은, 항상 그런 것은 아니지만, 서로 반대 방향으로 작용한다. 옥시토신이 스트레스 경험에 대한 행동 반응과 자율 신경계 반응을 감소시키는 반면에, 바소프레신은 각성 및 경계심과 관련이 있다. 바소프레신은 또한 사회적 행동에서 중요한 역할을 하며 행동적·생리적 스트레스 인자에 직면하더라도 적응적인 기능을 수행한다(Carter, 2007).

옥시토신과 바소프레신 같은 펩티드에 의존적인 신경계를 포함한 다양한 뇌간 신경계는 접근-회피 반응을 포함하는 정서 상태 조절과 포유동물이 위협 적인 상황에 처했을 때 나타나는 행동의 고정화(immobilization) 반응 조절을 돕 는다(Porges, 1998). 옥시토신과 바소프레신은 시상하부에서 합성되고 특별히 시상하부에서 풍부하지만, 두 호르몬은 피질 영역이나 하등 뇌간 영역(예를 들 면, 자율신경 기능을 책임지고 있는 배측운동핵) 등, 거리가 먼 수용기까지 도달해야 하고 이를 통해 행동적·정서적 반응의 통합을 돕는 역할을 수행한다.

옥시토신과 바소프레신은 시냅스를 통하거나 순환계를 통해 이동하기보 다 발산됨으로써 두뇌 전체 영역으로 이동하는 능력을 가지고 있다; 이러한 이유로 이 펩티드들은 중추신경계에 널리 퍼지는 효과가 있다. 특히 옥시토신 은 유일하게 하나의 수용기를 가지고 있다는 것과, 동일한 그 하나의 수용기 를 다양한 기능을 수행하는 데 사용한다는 것이 독특하다. 그리하여 행동과 생리작용에서 조정된 효과를 가능하게 한다. 바소프레신은 세 가지 특수한 수 용기를 가지고 있다. 하나는, V1 수용기로 다양한 종류의 사회 행동과 방어적 행동에 개입한다; 또한 혈압 조절을 돕기도 한다. 옥시토신과 바소프레신의 역 동적 상호작용은 사회성의 접근과 회피에 특히 중요하다. 비강내(intranasal) 옥 시토신은 한 연구에서 컴퓨터 게임을 하는 동안 측정했을 때 '신뢰' 행동을 촉 진시키고(Kosfeld et al., 2005), 눈동자를 보여 주는 사진에서 미묘한 신호를 감 지하는 능력을 촉진한다(Domes et al., 2007). 이 연구는 옥시토신이 공감에 필요 한 행동 반응에 역할을 맡고 있다는 가설을 지지하는 것이다.

사회적 상호작용의 중요성은 동물들을 사회적으로 고립시킨 후의 결과를 검토함으로써 부분적으로 이해할 수 있다. 예를 들면 지속된 고립은 옥시토신의 증가와 관련 있다(Grippo, Gerena, et al., 2007). 이 맥락에서 옥시토신의 증가는 고립의 부정적 결과에 대항해 동물들을 보호한다. 옥시토신과 바소프레신과 상호작용하는 오피오이드(opioids)와 도파민(dopamine) 또한 사회적 행동에, 특히 사회적 유대에 영향을 미친다는 연구 결과도 있다(Carter and Keverne, 2002; Aragona et al., 2006). 그러므로 사회적 상호작용은 보상체계에 있어서 강력한 효과가 있으며, 공감적 반응과 연관되는 정서적 효과에도 기여할 가능성이 있다.

프레리 들쥐 또한 인간과 유사한 자율신경계를 가지고 있는데, 이 자율신경계는 심장을 조절하는 수초화된 미주신경(myelinated vagal) 경로를 통해 높은 수준의 미주신경 원심성 활동(vagal efferent activity)을 특징으로 한다(Grippo, Lamb, et al., 2007). 집에서 사는 생쥐나 쥐들과 달리-이 종은 비교적 적은 심장의 미주신경 다발(cardiac vagal tone)을 갖는다-프레리 들쥐는 '얼굴-심장' 연결에 관여하는 다양한 미주신경 가지가 있으며, 이것은 자율신경 상태를 강하게 조절하는 역할을 한다. 그러므로 프레리 들쥐처럼 고도로 사회화된 동물들은 사회적 행동에 있어 자율신경계와 생리적 반응의 역할을 이해하는 데 좋은 모델이 될 것이다. 이러한 예측과 일관적으로, 프레리 들쥐가 고립을 경험하면 심장을 조절하는 미주신경이 엄청나게 감소하고, 교감신경의 흥분을 증가시키며, 특히 사회적 스트레스와 같은 스트레스 인자에 직면하였을 때 회복 능력을 저하시킨다(Grippo, Gerena, et al., 2007). 옥시토신 주입은 고립이 심장에 미치는 효과를 반전시킬 수 있다(Grippo, Carter, & Porges, 미출판자료).

옥시토신과 바소프레신 수용기는 편도체 주변 영역을 포함하여 변연계의 많은 부분에서 발견된다. 편도체 및 편도체 주변 영역은 접근과 회피 기능을 포함한 다양한 종류의 감각 자극에 대한 반응을 통합하는 역할을 한다(Davis, 2006). 남성의 비강에 옥시토신을 투여하면 편도체의 활동이 억제되고, 자율신경계 조절에 관여하는 뇌간 구조가 활동하도록 바뀐다(Kirsch et al., 2005). BNST[3](층핵분계선조), 편도체, 측면격막(lateral septum) 영역에서 주로 활동하는 바소프레신은 경계심과 방어를 상승시키고, 어떤 경우에는 옥시토신 효과에 대한 길항제4)로써 작용할 수 있다. 편도체의 중심 부분이 중재하는 행동들은 자극-특정적 공포를 조정하고, 반면에 BNST는 불안과 관련된 경험에 연관된 것으로 보인다. 스트레스 상황에서 방출되는 부신피질자극호르몬방출인자 (corticotropin-releasing factor; CRF)를 포함, 다른 종류의 펩티드들은 편도체 주변 영역, BNST 영역에서 활동하며 불안을 유발하고 위험하거나 위협적인 신호에 대해 반응하도록 한다(Davis, 2006). 적어도 공포-연관적 반응 또는 방어적 행동과 관련 있는 몇 가지 CRF나 바소프레신은 옥시토신에 의해 조절될 수 있다. 그러므로 옥시토신은 공포를 줄이고 스트레스 자극에 대한 교감신경 반응을 진정시킬 수 있는 능력이 있는 것으로 보인다.

사회성이나 공감에 있어서 성차의 메커니즘

여성은 남성보다 더 공감적이라고 알려져 있다(Chakrabarti와 Baron-Cohen, 2006 연구를 참고할 것). 성차에 대한 설명은 전형적으로 스테로이드 호르몬에 초점이 맞춰져 있다. 하지만, 뉴로펩티드 또한 관련이 있을 것이다. 예를 들면, 시상하부에서 바소프레신의 합성은 안드로겐(androgen) 의존적이며, 이 분자는 특별히 남성에게서 중요한 영향력을 갖는다. 옥시토신은 에스트로겐(estrogen) 의존적이긴 하지만, 남성과 여성 모두에게서 작용한다. 이 호르몬들이 함께 작용하는 것은 아마도 사회적 유대 형성이나, 공감 표현에 관여하는 감정과, 동시에 방어적이거나 공격적인 행동 표현과 같은 정서적으로 모순된 상태에 대해 성(性)적으로 이원적(dimorphic) 반응이 가능하게 하기 위함일 것이다. 게다가 옥시토신 수용기는 방어적 운동 행동과 자율신경을 조직하는 중뇌(midbrain regions)에서 발견되며, 환경적으로 안전한 조건에서 이 회로를 하향-조절(down-regulate)하는 것으로 보인다. 이 연구뿐만 아니라 다른 연구 결과도 공감의 기

---

3) 역자 주: 정식 명칭은 'bed nucleus of the stria terminalis'로 분계선조(stria terminalis)의 가장자리에 위치하는 두뇌 구조 중 하나로 편도핵에 연결된 축색돌기(axsons) 다발이다.

4) 역자 주: 두 가지 이상의 약물을 함께 사용함으로써 한쪽 약물이 다른 약물의 효과를 감소시키거나 양쪽 약물의 효과가 상호감소하는 것이다.

질적 특성에서 성차를 보고한다.

프레리 들쥐가 고립되는 동안에 옥시토신의 증가는 성적으로 이원적인데, 암컷에게서 수컷보다 더 많이 옥시토신의 증가가 관찰된다(Grippo, Gerena, et al., 2007). 인간에서는 여성의 옥시토신 증가가 '사회적 관계의 간격(gaps in social relationship)'과 연관된다(Taylor et al., 2006). 고립과 관련된 옥시토신 증가의 중요성은 경험적으로 더 연구되어야 할 일이지만, 옥시토신은 포유동물의 격리 또는 스트레스 경험을 다루는 항상성 과정의 요소인 것 같다. 이러한 반응은 고립에 대처하는 능력이 남성에 비해 부족한 여성들이 특히 적응적으로 기능하도록 사회적 참여에 대한 마음가짐이나 공감의 느낌을 강화하도록 촉진하는 것으로 보인다. 개인의 안전 차원에서 옥시토의 분비는 타인의 감정이나 경험을 감지하고, 그것에 반응하는 등의 사회적 상호작용을 장려할 수 있다.

바소프레신(남성에게서 더 많이 분비됨)은 성별에 따라 편도체 주변 영역과 측면 격막(lateral septum)에서 이원적 분비를 보이기 때문에 공감에 있어 성차를 설명하는 또 하나의 후보이다. 예를 들면, 남성과 여성은 성적으로 이원적 신경 경로를 사용하여 공감-유발 자극에 경험하거나 반응할 것이다.

요약 및 예견

정서적이고 생리적인 상태는 우리가 타인에게 반응하는 방식에 영향을 미침으로써 우리의 공감 능력에도 영향력을 행사한다. 정서적 반응과 느낌을 조절하는 인자에 대한 인식은 공감을 진화된 신경생물학적인 관점에서 깊이 이해할 수 있도록 한다. 예를 들면, 생리적 감각(visceral sensation)은 공감의 중요한 요소이다. 생리적 감각은 차례로 자율신경계를 통해 내장기관(예, 심장, 소화관)과 뇌간 사이에 의사소통을 한다. 자율신경계는 양방향 의사소통 체계로 감각요소와 운동요소를 포함한다. 자율신경의 상태 조절에 관여하는 뇌간 구조는 생리적 상태와 느낌을 감시하며, 정서적 신호를 포함한 방어적 신호를 주변으로 전달한다. 뇌간은 또한 사회적 단서를 포함하여 말초 감각과 관련된 감각 정보가 대뇌피질 등을 포함하는 고등 뇌 구조의 일반적인 활성화에 기여하는 통로(portal) 역할을 한다. 따라서 생리적 조절은 심장과 소화 기관 등을 통제하는 뇌간계(brain stem system)에 의해 조절될 수 있으며, 감각 정보를 뇌간으로 전달할 수 있다. 뇌간 영역은 차례로 정보를 뇌섬(insula)과 같은 두뇌 영역들로 전송하는데, 이 두뇌 영역들은 모두 자율적 상태를 조절하고 정보를 받아 활성화된 신호를 고등 두뇌 구조로 이동시킨다(Critchley et al., 2006).

선택적 사회행동들은 생존과 번식을 촉진시킬 수 있으며, 안전과 정서적 안정감을 높일 수 있다. 사회성은 인간이 존재하는 데 필수적이며, 공감을 가능하게 하는 신경 하부 조직 및 호르몬 상태는 타인에게 접근하거나 '신뢰(Kosfeld et al., 2005)'할 의사, 타인에 대한 정서적 민감성(Domes et al., 2007)을 포함하여 다른 형태의 사회성을 가능하게 하는 신경하부조직 및 호르몬과 공유될 수 있다. 사회적 단서에 대한 신뢰감과 민감성이 공감의 요소일 것이다. 옥시토신 및 바소프레신과 같은 뇌간의 뉴로펩티드에 의존하는 자율적 기능을 포함하는 신경계가 공감과 관련 있다는 것은 타당하다. 옥시토신은 특히, 행동 반응이 두려움 없이 행동의 고정화(immobilization)를 수반하는 경우 공감의 매개체로 추정된다(Porges, 1998). 반대로 바소프레신은 효과적인 반응을 보이기 위해 보다 적극적인 전략이 필요한 상황에 관여하는 것으로 보인다. 바소프레신이 남성과 여성에게서 서로 다른 영향을 갖는다는 연구(Thompson et al., 2006)와 바소프레신이 여성보다는 남성에게서 좀 더 중요할 것(Carter, 2007)이라는 연구 결과가 있었다.

뇌간의 뉴로펩티드에 의존하는 신경계를 검사함으로써 공감을 조사하는 전략은 유전적 분석 수준으로까지 확장될 수 있다. 예를 들면, 옥시토신과 바소프레신 수용기 생성을 책임지는 유전적 물질은 자폐 같은 장애와 관련이 있다(Jacob et al., 2007). 유전적 시스템에 있어서 개인차와 성차는 공감 능력 또는 공감 경험의 개인차와 연관될 수 있을 것이다. 그러한 연결성 검증을 위해 추가로 경험적 연구의 필요성이 대두된다.

참고문헌

Adolphs, R. (2006). How do we know the minds of others? Domain-specificity, simulation, and enactive social cognition. *Brain Research, 1079*, 25-35.

Aragona, B. J., Liu, Y., Yu, Y. J., Curtis, J. T., Detwiler, J. M., Insel, T. R., & Wang, Z. (2006). Nucleus accumbens dopamine differentially mediates the formation and maintenance of monogamous pair bonds. *Nature Neuroscience, 9*, 133-139.

Cacioppo, J. T., Hughes, M. E., Waite, L. J., Hawkely, L. C., & Thisted, R. A. (2006). Loneliness as a specific risk factor for depressive symptoms: Cross-sectional and longitudinal analysis. *Psychology of Aging, 21*, 140-151.

Carter, C. S. (1998). Neuroendocrine perspectives on social attachment and love. *Psychoneuroendocrinology, 23*, 779-818.

Carter, C. S. (2003). Developmental consequences of oxytocin. *Physiology and Behavior, 79*, 383-397.

Carter, C. S. (2007). Sex differences in oxytocin and vasopressin: Implications for autism spectrum disorders? *Behavioural Brain Research, 176*, 170-186.

Carter, C. S., & Altemus, M. (1997). Integrative functions of lactational hormones in social behavior and stress management. *Annals of the New York Academy of Sciences, 807*, 164-174.

Carter, C. S., DeVries, A. C., & Getz, L. L. (1995). Physiological substrates of mammalian monogamy: The prairie vole model. *Neuroscience and Biobehavioral Reviews, 19*, 303-314.

Carter, C. S., & Keverne, E. B. (2002). The neurobiology of social affi liation and pair bonding. In D. Pfaff, A. Etgan, et al. (Eds.), *Hormones, Brain, and*

Behavior (Vol. 1, pp. 299–335). San Diego, CA: Academic Press.

Chakrabarti, B., & Baron–Cohen, S. (2006). Empathizing: Neurocognitive developmental mechanisms and individual differences. *Progress in Brain Research, 156,* 403–417.

Critchley, H. D., Wiens, S., Rotshtein, P., Öhman, A., & Dolan, R. J. (2004). Neural systems supporting interoceptive awareness. *Nature Neuroscience, 7,* 189–195.

Davis, M. (2006). Neural systems involved in fear and anxiety measured with fear–potentiated startle. *American Psychologist, 61,* 741–756.

Decety, J., & Jackson, P. L. (2004). The functional architecture of human empathy. *Behavioral and Cognitive Neuroscience Reviews, 3,* 71–100.

Domes, G., Heinrichs, M., Michel, A., Berger, C., & Herpertz, S. C. (2007). Oxytocin improves "mindreading" in humans. *Biological Psychiatry, 61,* 731–733.

Grippo, A. J., Gerena, D., Huang, J., Kumar, N., Shah, M., Ughreja, R., & Carter, C. S. (2007b) Social isolation induces behavioral and neuroendocrine disturbances relevant to depression in female and male prairie voles. *Psychoneuroendocrinology, 32,* 966–980.

Grippo, A. J., Lamb, D. G., Carter, C. S., & Porges, S. W. (2007a). Cardiac regulation in the socially monogamous prairie vole. *Physiology and Behavior, 90,* 386–393.

Harris, J. C. (2003). Social neuroscience, empathy, brain integration, and neurodevelopmental disorders. *Physiology and Behavior, 79,* 525–531.

Harris, J. C. (2007). The evolutionary neurobiology, emergence and facilitation of empathy. In T. F. D. Farrow & P. W. R. Woodruff, *Empathy in mental illness.* New York: Cambridge University Press.

Jacob, S., Brune, C. W., Carter, C. S., Leventhal, B. L., Lord, C., & Cook, E. H., Jr. (2007). Association of the oxytocin receptor gene (OXTR) in Caucasian children and adolescents with autism. *Neuroscience Letters, 417*, 6-9.

Kirsch, P., Esslinger, C., Chen, Q., Mier, D., Lis, S., Siddhanti, S., Gruppe, H., Mattay, V. S., Gallhofer, B., & Meyer-Lindenberg, A. (2005). Oxytocin modulates neural circuitry for social cognition and fear in humans. *Journal of Neuroscience, 25*, 11489-11493.

Kosfeld, M., Heinrichs, M., Zak, P. J., Fischbacher, U., & Fehr, E. (2005). Oxytocin increases trust in humans. *Nature, 435*, 673-676.

Kropotkin, P. I. (1989). *Mutual aid: A factor in evolution.* Montreal: Black Rose.

Lamm, C., Batson, C. D., & Decety, J. (2007). The neural substrate of human empathy: Effects of perspective-taking and cognitive appraisal. *Journal of Cognitive Neuroscience, 19*, 42-58.

MacLean, P. D. (1990). *The triune brain in evolution: Role in paleocerebral functions.* New York: Plenum Press.

Nowak, M. A. (2006). Five rules for the evolution of cooperation. *Science, 314*, 1560-1563.

Porges, S. W. (1997). Emotion: An evolutionary by-product of the neural regulation of the autonomic nervous system. *Annals of the New York Academy of Sciences, 807*, 62-77.

Porges, S. W. (1998). Love: An emergent property of the mammalian autonomic nervous system. *Psychoneuroendocrinology, 23*, 837-861.

Porges, S. W. (2001). The polyvagal theory: phylogenetic substrates of a social nervous system. *International Journal of Psychophysiology, 42*, 123-146.

Porges, S. W. (2003). Social engagement and attachment: A phylogenetic perspective. *Annals of the New York Academy of Sciences, 1008*, 31-47.

Porges, S. W. (2007). The polyvagal perspective. *Biological Psychology, 74*, 116-143.

Preston, S. D., & de Waal, F. B. (2002). Empathy: Its ultimate and proximate bases. *Behavioral and Brain Sciences, 25*, 1-20.

Taylor, S. E., Gonzaga, G. C., Klein, L.C., Hu, P., Greendale, G. A., & Seeman, T. E. (2006). Relation of oxytocin to psychological stress responses and hypothalamic-pituitary-adrenocortical axis activity in older women. *Psychosomatic Medicine, 68*, 238-245.

Thompson, R. R., George, K., Walton, J. C., Orr S. P., & Benson, J. (2006). Sex-specific influences of vasopressin on human social communication. *Proceedings of the National Academy of Sciences USA, 103*, 7889-7894.

Todes, D. P. (1989). *Darwin without Malthus: The struggle for existence in Russian evolutionary thought.* New York: Oxford University Press.

Tyzio, R., Cossart, R., Khalilov, I., Minlebaev, M., Hubner, C. A., Represa, A., Ben-Ari, Y., & Khazipov, R. (2006). Maternal oxytocin triggers a transient inhibitory switch in GABA signaling in the fetal brain during delivery. *Science, 314*, 1788-1792.

Wilson, D. S., & Sober, E. (1989). Reviving the superorganism. *Journal of Theoretical Biology, 136*, 337-345.

Chapter 14

"거울아, 거울아, 내 마음속의 거울아": 공감, 대인관계 능력과 거울뉴런체계

Jennifer H. Pfeifer and Mirella Dapretto

학생들이 초등학교를 다니는 동안에 보통 부모에게 그들의 자녀가 얼마나 친구들과 잘 어울리는지, 친사회적 행동을 얼마나 잘하는지, 대인관계에 있어-공감을 포함해-얼마나 적절한 정서적 반응을 잘 보이는가에 대한 정보를 제공하고자 학생들의 성적표에 "사회적 기술(social skills)"이라는 부분을 마련한다. 비록 현재의 사회적 풍토는 일반적인 사회적 기술의 발달을 무시하고 단지 학업적 성공만을 강조하지만, 공감과 대인관계 능력이 기저가 되는 영역으로 발달 분야, 사회적 분야, 임상심리학 분야를 비롯하여 최근에 신경과학 분야에서도 계속하여 사회적 기술 연구에 초점을 맞추고 있다. 이러한 서로 다른 학문 분야들 간의 협업을 통해 새로운 경향이 구축되고 있다. 본 장에서는 각 학문 분야에서 사용되는 다양한 공감의 정의에 대해 간략히 논의하고 이러한 공감의 각각 다른 특징들이 신경과학 분야 연구에 어떻게 영향을 미치는지에 대해 설명하려고 한다. 다음으로 공감의 발달적 정의에 초점을 맞추고 이러한 구조가 거울뉴런체계(mirror neuron system, MNS)와 같은 특정한 신경학적 기제에 의해 어떻게 지지되는지를 검증하고자 한다. 또한 자폐를 포함하여 사회적 발달장애에 있어 거울뉴런체계의 잠재적 역할에 대해서도 논의할 것이다. 마지막으로 공감에 대한 발달의 사회신경과학적 접근에 대한 향후 방향에 대한 간략히 설명하고자 한다.

공감의 정의

학문적으로뿐만 아니라 역사적으로 공감의 정의는 매우 다양하게 제시되었다(Preston & de Waal, 2002). Lipps(1903)가 초기에 제시한 정의는 타인의 정서적 상태에 대한 "감정이입(feeling into)"이었다. 그렇다면 "감정이입"의 근간을 이루는 처리 과정은 무엇이며, 이러한 처리 과정을 인간의 전형적인 발달 과정에서, 그리고 성인의 뇌에서 어떻게 설명할 수 있는 것일까? 많은 사람들은 공감이 타인의 관점을 수용하거나, 특별한 상황을 어떻게 느끼는지에 대한 인지적인 과정이라고 제안한다(예. Deutsch & Maddle, 1975; Lamm, Batson, & Decety, 2007). 공감에 대한 또 다른 관점은 공감이라는 것이 다른 사람의 정서 상태와 동일한 정서 상태를 경험하는 것이라고 특징지을 때, 공감은 한 개인이 자기 자신의 고통을 감지하는 것을 막고 타인 지향적 염려를 유발시키기 위해 다른 사람이 감정 유발의 원천이라는 사실을 의식적으로 자각하는 것을 요구한다(예. de Vignemont & Singer, 2006; Gallup, 1982). 이러한 공감의 일반적 정의들은 모두 상대적으로 분명하거나 의도적인 요소들을 포함하는데, 즉 그것들은 "누군가의 신발에 나의 발을 넣기(putting oneself somebody else's shoes)"라는 관용구처럼 의지가 포함된 행동이라는 것이다. 그러나 그것들 또한 자기와 타자 간에 공유된 감정에 기초한다. 이러한 공감의 기본적인 측면은 발달심리학 문헌에서 사용하는 정의에 자주 반영된다. 발달 분야에서, 공감은 다른 사람의 정서적 상태나 컨디션 등을 이해하는 데서 비롯되며, 다른 사람이 느끼거나 느낄 것으로 예측되는 무엇인가와 동일하거나 또는 매우 유사한 정서적 반응으로 간주되고(Eisenberg & Fabes, 1998, p.702) 또는 "내 상황보다는 다른 사람의 상황에 대한 적절한 감정적 반응"이라고 설명된다(Hoffman, 2000, p.4).

공감의 경험적 핵심-즉 자기와 타자 간의 서로 영향을 미치는 공유된 감정-은 종종 정서전염의 구조와 연관되고, 거기에서 개인 자신의 정서 상태는 타인의 정서에 대한 지각으로부터 발생하며(Hatfield, Cacioppo, & Rapson, 1994) 타인의 얼굴, 음성, 몸짓 표현에 대한 비의식적인 행동 모방으로부터 나타난다("카멜레온 효과"라고 불리기도 함; Chartrand & Bargh, 1999). 정서전염과 비의식적 모방은 상대방과의 상호작용에 있어 행동과 정서를 조절하도록 도와주고, 이는 의사소통 기능을 제공하기도 한다(Bavelas et al., 1996). 중요한 점은, 높은 수준의 사회적 모방과 감정적 공명을 보이는 사람들은 자기보고식 공감 행동 평가에서 점수가 높다. 이러한 암묵적 처리 과정은 정서에 대한 이해뿐만 아니라 (Niedenthal et al., 2001) 호감과 친사회적 경향성을 높이는 것으로 보인다 (Chartrand & Bargh, 1999; van Baaren et al., 2004).

흥미롭게도 흉내내기(mimicry)는 초기의 발달적 증거이다. 태어난 지 겨우 몇 시간 되지 않은 유아도 실험자가 만들어 낸 표정과 행동을 모방하며 (Meltzoff & Moore, 1977), 태어난 지 6주 된 유아도 저장된 기억의 표상에 기초하여 좀 더 복잡한 모방 과제를 수행한다(Meltzoff & Moore, 1994). 유아는 또한 다른 유아들의 고통에 반응하기도 한다(Sagi & Hoffman, 1976). 이것은 유아가 가장 기본적인 공감적-호감 반응을 처리하는 것을 의미하는가(아니면, Dan Batson이 1장에서 제안했듯이 다른 아기가 울 때 함께 우는 아기들이 단순히 주변의 관심을 받기 위해 경쟁적으로 반응하는 것인가)? Meltzoff와 동료들은 유아의 모방적 능력은 타고난 선천적 체계(innate system)에 의해 나타나는 것이며, 그에 따라 보이는 행동(타인이 수행하는)들은 느껴 행하는 행동(내 자신이 수행하는)들과 짝을 맞추게 되며, 이것은 유아가 다른 사람의 행동을 그들 자신의 심적 표상에 지도를 그리도록 하여 그로 인해 타인의 내적 상태를 자기에 "유추"하여 추론하도록 한다고 제안하였다: "다른 사람이 본질적으로 '나처럼(like me)'으로 인식되기 때문에, 유아는 타인의 행동을 '감정 의미(felt meaning)'로 가득 채운다"(Meltzoff & Decety, 2003, p.497). 비록 이 접근으로 밝혀진 연구 결과가 주로 간단한 행동 연구를 통해 검증된 것이지만, 타인의 의도와 정서를 이해하는 발달적 측면을 설명하는 데 있어 개념적으로 확장하여 이해할 수 있을 것으로 본다.

또 다른 설명으로, 다른 발달심리학자들은 공감과 대인관계 능력 사이의 일반적 관계에 대해 관심을 가졌다. 그래서 이 발달의 하위 분야에서 공감은 친사회적 반응(예를 들면, 도움주기나 염려의 표현과 같은; Eisenberg & Fabes, 1998; Eisenberg & Miller, 1987; Hoffman, 2000)이거나, 또는 사회적 기능의 부재로 나타나는 사회적 기능장애(자폐 스펙트럼 장애, 사이코패스, 소시오패스, 외현화 행동 또는 반사회적 행동; Miller & Eisenberg, 1988; Preston & de Waal, 2002)의 범위에서 정의될 수 있다. 이 관점에서 바라보면 공감을 유아가 보이는 비의식적인 흉내내기나 유아에게서 관찰되는 감정공유로 연결하기는 어렵다(Meltzoff & Moore, 1977; Sagi & Hoffman, 1976). 그 이유는 도움주기 또는 염려적 표현과 같은 공감적 행동은 태어난 후 2년 내에 처음으로 보이고, 그런 행동은 '자기-타인 구별하기'와 '자기-인식'의 증가와 연관되기 때문이다(Zahn-Waxler et al., 1992; Lewis와 동료들(1989)의 연구를 보라). 그럼에도 불구하고 공감의 정서적, 감정적 측면뿐만 아니라 공감과 행동, 공감과 성공적 상호작용의 관계에 초점을 맞춘 연구는 발달심리학적 문헌에서 우세하다.

공감을 발달적 접근에서 바라볼 때 인지적 측면보다 정서적(emotion), 감정적(affect) 공유를 강조하는 것은 아마도 두 가지 요인이 반영되었다고 할 수 있다. 첫째, 공감에 있어 정서적 부분을 강조하는 것은 공감이 주로 타인의 마음 상태에 대한 인지적 추론보다는 타인의 정서에 대응하는 감정적 반응으로 고려되기 때문에, 일반적인 마음이론(ToM) 능력과 구분하는 것을 돕기 때문이다(Premack & Woodruff, 1978; Wellman, 1991). 둘째로, 출생 후 5세경에 타인의 생각을 읽는 능력이 획득된다는 많은 주장에도 불구하고, 후천적 발달 과정은 적어도 출생 후 10년의 범위 내에서 이루어지는 것으로 알려져 있다(Wellman & Liu, 2004의 연구를 보라). 예를 들면, 타인의 마음을 파악할 수 있는 마음에 대한 개념은 독립적인 개체의 경우 일반적으로 10세 이전에는 부재한다(Wellman & Hickling, 1994). 따라서 한 가지를 가정할 수 있는데 공감을 설명하는 신경학적 기제는 아이들이 발달함에 따라 변화할 수 있다는 것이다. 마치 어린이들이 그들의 '심상화(mentalizing)' 능력을 개선함으로써 조망수용(perspective-taking)을 포함하여 의식적인 인지 능력을 점차로 증가시키는 발달을 통해서 말이다. 즉 다시 말해서, 다른 사람들이 느끼는 것을 내가 느낄 수 있다는 것은 아마도 타인이 무엇을 느끼는지 좀 더 명확한 추론을 하는 계통발생학적(phylogenetic)이고 개체발생학적(ontogenetic)으로 발달된 사람이 되는 것이다. 위에서 논한 것처럼 연구 결과는 정서전염 및 감정공유와 같이 거의 자동적으로 발생하는 공감의 감정적 측면이 초등학교 학령기에 발달하는 조망수용 능력과 같은 공감의 인지적 부분보다는 명백하게 영아나 유아에게서 유의하게 더 일찍 나타난다는 것을 보여 준다(Hoffman, 2000; Litvack-Miller, McDougall, & Romney, 1997).

공감과 신경학적 상관

공감이 다양한 방식으로 정의될 수 있다는 것을 고려했을 때, 아마도 받아들이기에 가장 논란이 많은 부분은 공감이 정서적인 면과 인지적인 면 두 가지를 모두 포함한다는 것이다. 정서적 요소는 의식적이거나 의식적이지 않을지도 모르는 공유된 느낌 또는 정서적 공명을 포함할 것이다. 중요하게도 이러한 감정적 반응은 다른 개인들의 정서적 상태에 대한 명확한 추론 및 자기 자신과 타자 간의 거리를 유지하는 활동이 포함되는 공감의 인지적 요소와 함께 발생하거나 또는 감정적 반응이 인지적 요소를 야기하거나 혹은 또 인지적 요소가 원인이 되어 나타날지도 모를 일이다. 지난 몇 년 동안 이러한 요소-감정을 공유하는 것뿐만 아니라 인지적 조망수용, 타인으로부터 자기 자신을 분리하기 등-에 대한 신경과학적 연구물은 학문 분야에서 상당한 흥미를 이끌어 냈다.

연구진은 정서가 유발되는 상황이나 고통스러운 상황(험담 잡히는 상황 또는 고통스러운 자극을 받는 상황)을 두 가지 조건, 즉 자신에게 직접 일어나는 조건과 타인에게 일어나는 조건을 연구 참여자가 상상하거나 관찰하게 하는 방식으로 공감의 인지적 요소를 비교하여 조사하였다. 이러한 유형의 연구에서 일관적으로 활성화되는 한 영역은 바로 하두정엽(inferior parietal lobule, IPL)인데, 이 영역은 여러 감각들의 통합(multisensory integration)과 관련 있는 영역이다. 자기-지각은 좌반구에서 강하게 나타나고, 타인-지각은 우반구에서 더 강하게 나타나는 이러한 활성화의 편재성은 아마도 자기와 타인의 구별 또는 누구로부터 자극이 유발되었는지를 구별하는 처리 과정을 의미할 것이다(Decety & Grèzes, 2006; Farrer et al., 2003; Lamm, Batson, & Decety, 2007; Ruby & Decety, 2003, 2004). 기능적 뇌영상 연구에서 다소 구분하기 어려운 부분은 측두두정연합부(temporoparietal junction, TPJ)이다. 특히 우반구에 위치한 측두두정연합부(TPJ) 활성화는 타인의 마음 상태를 헤아리는 것과 상관있다(e.g., Saxe & Kanwisher, 2003; Saxe & Wexler, 2005). 측두극(temporal poles)과 내측 전전두엽(medial prefrontal cortex, MPFC)은 조망수용의 인지적 과제나 심상화 과제에서 자주 나타난다(Amodio & Frith, 2006). 특히 조망수용 과정과 연관되어 나타나는 TPJ 영역과 더불어, 두뇌는 두 가지 방법으로 외부 경험들에서 내적이고 개인적인 경험을 구분한다. (a)첫 번째 방법은 반응시간(latency)을 통해 구분하는 방법인데, 시간 경과 자료(time-course data)를 통해서 그 경험들이 타인보다는 자기 자신과 직접적으로 관련된 경우, 두 가지 관점[1] 모두에서 관련 두뇌 영역들이 유사한 반응을 훨씬 빨리 반응하는 것을 확인할 수 있다. (b)두 번째 방법은 반응의 강도(magnitude)를 통해서 구분하는 방법인데, 관련 두뇌 영역은 '타인-관점'보다는 '자기-관점'에 좀 더 강하게 반응한다(Decety & Grèzes, 2006).

따라서 조망수용과 자기-타자 구분에 관한 신경학적 관계성 조사는 사회인지 또는 비사회적인지 종류와 구별되는, 상대적으로 보다 명확한 방법을 활용한 공감 연구 방법을 강조한다. 신경학적 접근은 심상화-타인의 마음 상태에 대한 추론 과정-가 선천적인 영역 특수적 모듈로부터 발현되거나(Baron-Cohen, 1995; Leslie, 1987) 어린 시절 성장 과정에서 발달된다는(Gopnik & Metzoff, 1997; Wellman, 1991) 초기 심리학 이론의 행동학적 접근과 유사한 접근이지만,

---

1) 역자 주: 두 가지 관점은 「자기-관점」과 「타인-관점」을 의미한다.

이 접근에서 가장 중요한 것은 심상화라는 것이 다른 사람들(동물, 사물 등과 같은 것에 대한 반대되는 개념으로써)에 대해 생각하는 독특한 방식이라는 것이다. 이 연구 방법의 또 다른 중요점은 이전에 다른 사람들에 대해 생각하곤 했던 그런 특정한 방식이나 처리 과정으로 심상화하기보다는, 암묵적으로 자기 자신을 모델로써 활용하거나(Gallese, 2006; Gallese & Goldman, 1998) 또는 명백하게 자기 자신을 모델로 활용하여(Decety & Grèzes, 2006) 자기의 생각과 느낌에 대한 지식을 시뮬레이션을 통해 타인을 이해하는 데 사용하는 것이다.

그렇기 때문에 신경영상 연구자들은 특히나 공감의 감정적 측면에 초점을 맞춰 자기 자신이 경험하거나 또는 타인에 의해 목격되는 다양한 정서적 또는 감정적 상황에서 공통적으로 나타나는 활성화 패턴을 연구한다. 예를 들면, 전대상회(ACC)와 전뇌섬엽(anterior insula)의 공유된 네트워크는 고통을 느끼거나 다른 누군가가 고통을 경험하는 것을 관찰하는 두 가지 상황 모두에 관여하는 것으로 보인다(Botvinick et al., 2005; Jackson et al., 2006; Jackson, Meltzoff, & Decety, 2005; Lamm, Batson, & Decety, 2007; Morrison et al., 2004; Saarela et al., 2006; Singer et al., 2004). 이와 유사하게 본인이 역겨운(disgusting) 상황에 처하거나, 타인이 역겨운 상황에 처한 것을 관찰하는 것 모두 전뇌섬엽과 하전두엽(IFG) 인접 영역이 연관되어 나타난다(Kysers & Gazzola, 2007; Wicker et al., 2003). 지금까지 중심적으로 다룬 것은 표상의 원천인 거울뉴런체계(mirror neuron system; MNS)와는 상관없는, 일반적 상황에서(특별한 정서적 또는 감정적 경험보다는) 행동에 대한 공유된 심적 표상을 망라하는 특정 네트워크였다. 이제 거울뉴런체계로 들어가 자세히 살펴보자.

거울뉴런체계와 정서 이해

거울뉴런체계(MNS)는 마카크 원숭이의 뇌를 통해 처음 설명되었는데, 이 원숭이의 복측 전운동피질(ventral premotor cortex, area F5)과 하두정엽(area PF) 영역에서 원숭이가 목표-관련 손짓을 실행하거나, 다른 원숭이 또는 사람이 그렇게 하는 것을 단지 관찰할 경우에도 발화가 관찰되었다(Gallese et al., 1996; Rizzolatti et al., 1996). 비록 단일-세포 기록(single-cell recording) 자료를 인간에게서 손쉽게 얻을 수는 없지만, 기능적 자기공명영상(fMRI) 방법, 경두개자기자극(TMS; Fadiga, Craighero, & Olivier, 2005), 뇌파전위기록술(EEG; Obrman, Pineda, & Ramachandran, 2007) 등의 차별적 영상화 방법을 이용하여 하전두엽의 배측(dorsal) 부분(예를 들면, 브로드만 영역 [BA] 44로 추정되는 판개부(pars opercularis), F5 영역의 인간에게서 상동 지역)과 하두정엽의 머리(rostral)부분(예를 들면, 브로드만 영역 [BA] 40으로 추정되는 연상회(supramarginal gyrus), PF영역의 인간에게서 상동 지역) 등 인간에서 보이는 거울-뉴런-관련 반응을 증명하였다(fMRI; 예를 들면 Iacoboni et al., 1999, 2005). 이 연구 결과들은 타인의 행동뿐 아니라 그들의 의도와 마음 상태도 이해하는 데 있어 거울뉴런체계를 강조한다(Rizzolatti & Craighero, 2004 와 Iacoboni & Dapretto, 2006의 연구를 보라). 공감에 대한 직접적인 신경학적 관련성은 타인의 정서를 이해할 수 있도록 타인을 마음으로부터 공감하는 능력을 갖기 위한 선결조건인 신경학적 기제(neural mechanism)를 MNS가 제공할 것이라는 생각이다. 위의 모델에 따라 추가적인 세부사항은 아래에 제시하였고, 전측 뇌섬은 변연계와 거울뉴런 영역을 연결함으로써 정서 표상을 완수하는 데 중요한 역할을 한다(Augustine, 1996; Carr et al., 2003).

　이 거울뉴런체계의 작동은 우리가 타인의 정서를 어떻게 이해하는가에 대한 높은 이해적 관점을 제공한다. 이 관점에서, 특정 감정 표현(깊은 주름을 형성하는 눈썹, 찡그려 올린 코, 오므린 입술)을 담당하는 얼굴 근육의 형태는 본인이 화가 나거나 타인이 화가 난 얼굴을 관찰할 때 관여하는 판개부 내의 거울뉴런을 활성화시키는데, 이는 운동(움직임) 계획과 연관되어 활성화되는 것과는 다른 유형이다. 편도체와 전측 뇌섬의 연결을 통해 이러한 행동 표상은 정서적 표상(화가 난 기분)으로 전환된다. 즉 다시 말해서, 내가 당신의 화난 얼굴 표정을 본다면 내가 화났을 때 관여하는 동일한 신경회로가 활성화되어 나로 하여금 당신의 분노에 대해 심적 표상과 함께 행동을 유발하도록 하는데, 이 상태가 의미하는 것은 내게서 분노를 유발하거나 또는 완화하는 등의 활동을

의미하는 것이다. 정서적 표현을 관찰하고 모방하는 것을 증명하는 연구들로부
터 비롯된 이 모델을 지지하는 자료는 뇌섬과 편도체뿐만 아니라 판개부와 복
측 전운동피질 주변 영역에서의 활성화 증가와 관련 있다(Carr et al., 2003;
Dapretto et al., 2006; Leslie, Johnson-Frey, & Grafton, 2004). 본질적으로 타인이 수행
하는 행동을 관찰하는 동안 거울뉴런의 발화(firing)는 나 자신과 타인 간의 관
계를 동격(equivalence)으로 해석하는 것이다. 일단 이러한 지도화2)가 일어나고
나면, 나 자신의 정서와 의도를 이해하는 것이 타인의 행동을 이해하는 정보로
사용될 수 있다. 그러므로 거울뉴런체계는 타인을 마음으로부터 공감하는 능력
뿐 아니라(Carr et al., 2003; Leslie, Johnson-Frey, & Grefton, 2004), 일반적인 사회적
인지와 대인관계 능력에서도 중요한 역할을 할 것이다(Gallese, Keysers, &
RIzzolatti, 2004).

거울뉴런체계(MNS)와 공감

우리 연구에서, 거울뉴런체계가 사실 공감을 지지하는 감정적 과정과 연관
된다는 것을 강하게 뒷받침하는 증거를 발견하였다(Pferifer, Iacoboni, Mazziotta, &
Dapretto, 2008). 우리는 16명의 어린이(10세; 7명이 여학생)들이 fMRI 스캐닝하는
동안에 다양한 정서적 표현을 표방하고 관찰하도록 하여 거울뉴런체계 활동을
이끌어 냈고, 자기보고식으로 구성된 IRI(Interpersonal Reactivity Index; Davis, 1983;
Litvack-Miller, McDougall, & Romney, 1997)의 수정된 버전을 사용하여 아이들이 타
인을 마음으로부터 공감하는 경향성을 평가하였다. 어린이들의 자기보고식으
로 작성된 공감 능력은 거울뉴런 영역(하전두엽의 판개부)과 정서적 표상 영역(편
도체)이 정서 표현을 모방하고 관찰하는 동안 정적 상관을 보이는 것을 발견했
다(t > 4.10 for all maxima, p < .05 corrected for multiple comparisons at cluster level
with a small-volume correction in the amygdala, rs(14) = .81 and .54 for the IFG and

---

2) 역자 주: 상대방과 나의 관계 동일시성.

amygdala, respectively). 공감과 MNS 활동 간의 유의한 상관관계는 타인의 감정적 반응에 대해 내적으로 반영하는 것이 타인이 느끼는 것을 문자 그대로 사람들이 느끼는 메커니즘을 의미한다.

이 연구는 공감의 다른 측면들과의 신경학적 상관에 있어 또 다른 정보를 주었다. IRI는 공감의 서로 다른 측면을 평가하는 4가지 하위 요소로 구성되어 있는데, 첫째가 공감적 염려(empathic concern: 타인을 향한 긍정적 감정과 동정 경험 경향성)를 포함하는 대인관계 반응성이고, 두 번째로 개인적 고통(personal distress: 불안 경험에 대한 경향성과 공감 발생 상황에서의 부정적인 자기 지향적 감정들)이며, 세 번째로 상상하기(fantasy: 한 개인이 허구의 캐릭터가 가진 감정 또는 행동에 대한 공감적 반응 정도)를 포함하고, 마지막으로 조망수용(perspective taking: 타인의 관점을 수용하는 경향성)으로 구성된다. 흥미롭게도, 우리는 거울뉴런과 변연계 영역에서 IRI(공감에서 조금 더 정서적인 요소와 가까운 부분)의 하위 요소 중 첫 번째부터 세 번째까지의 하위 구성요소와 유의한 상관관계를 관찰한 반면, 조망수용 요소에서는 발견하지 못했다. 다른 최근 연구에서, 우반구 편재화된 MNS 활동은 공감의 감정적 측면(IRI에서 측정되는 상상하기와 공감적 염려)과 상관이 나타난다(Kaplan & Iacoboni, 2006). 그러나 조망수용 능력(IRI에서 평가되는)은 성인을 대상으로 한 연구에서 좌반구 편재화된 MNS 활동과 연관되어 나타난다(Gazzola, Aziz-Zadeh, & Keysers, 2006). 비록 우리 연구에서 조망수용 능력과 MNS 활동 간의 상관이 부족했던 것이 어린이들에게서 심상화 기술이 덜 발달된 것을 반영하는 것이라 감안해도, 성인 연구와의 불일치는 거울뉴런의 활동을 이끌어 내기 위해 사용했던 자극의 본질이 관찰된 MNS와 공감의 다른 측면 간의 관계에 영향을 미쳤을 것으로 생각된다.

타인의 고통에 공감할 때 MNS의 역할은 무엇인가? 타인의 고통스런 얼굴에 대한 지각을 검사하는 연구에서, 다양한 공유된 감정(IRI에서 측정하는 개인적 고통과 공감적 염려/BEES; Balanced emotional empathic scale에서 측정하는 대인관계 적극성(interpersonal positivity); Mehrabian & Epstein, 1972)의 지표와 하전두엽(배측 판개부-dorsal pars opercularis-보다는 중간 판개부-pars triangulars-; Saarela et al., 2006)뿐 아니라 전측 뇌섬을 포함하는 영역의 활성화와 정적 상관이 발견되었다. BEES 와 IRI를 통해 측정된 공감의 기질적 특성은 전측 뇌섬과 전대상회(ACC)와 큰 연관성을 보이는 반면, 사랑하는 사람의 고통을 지각하는 동안(Singer et al., 2004)에 판개부의 활성화는 보이지 않는다. 그러나 몇몇 기질적 공감(IRI, Davis, 1983; Empathy Quotient, Baron-Cohen & Wheelwright, 2004; Emotional ZContagion Scale, Doherty, 1997; Emotion Regulation Scale, Gross & John, 2003) 지표와 관련하여 타인의 고통을 관찰할 때 나타나는 신경 활동을 다루는 최근의 연구에서(Lamm, Batson, & Decety, 2007), 정서전염 척도(Emotional Contagion Scale) 점수와 MNS의 전두엽 과 두정엽 부분의 활동(이 영역들에서의 활성화는 반영(mirroring) 기제보다는 운동 통제 역할 때문인 것으로 나타났다)과 유의한 상관관계가 밝혀졌다.

　　몇 가지 정서의 다른 측면에 초점을 맞춘 연구들(Carr et al., 2003; Dapretto et al., 2006; Leslie, Johnson-Frey, & Grafton, 2004)과 비교해서 고통의 정서를 다루고 있는 위 연구들에서 MNS의 역할이 제한적인 것은 방법론적인 차이 때문일 수 있다. 원숭이를 대상으로 하는 단일세포기록(single cell recording) 방법 (Gallese et al., 1996)과 신경영상데이터(Iacoboni et al., 1999)는 행동을 관찰할 때 가 행동을 실행할 때보다 "거울" 반응(신경 발화와 혈중산소농도-blood oxygen level-dependent-두 가지 모두)이 더 약한 신호를 보임을 명확하게 증명하였다. 더 나아가 단지 상대적으로 적은 비율의 뉴런들만(20~25%) 행동을 실행할 때나 행동을 관찰할 때 모두 발화하였다(Rizzolatti & Craighero, 2004). 이를 참고하면, 동일한 정서 표현을 반복적으로 제시하는 그런 신경영상 연구에서 거울뉴런 관련 활동을 잡아내기가 매우 어려울 것이다(즉, 엄격한 통계적 역치를 통과하여 살 아남기가 어렵다). 그 이유는 반복은 습관화를 야기하고 혈중산소농도(BOLD)를 감소시키기 때문이다(그러나 사실 반복되어 제시되는 자극에 반응하는 BOLD 활성화의 억제현상은 주어진 과제에 관여하는 두뇌 영역을 확인하곤 했던 기술임을 기억해라; Hamilton & Grafton, 2006).

거울뉴런체계(MNS)와 대인관계 능력

모든 것을 종합하면, 위에 제시된 연구 결과들은 아직 발달 중인 어린이와 성인 집단 각각에서 MNS가 공감의 어떤 측면을 뒷받침하고 있다는 것을 제안한다. 하지만 MNS가 조금 더 일반적인 사회적 능력의 기저를 이룬다고 가정하거나(Gaalese, Keysers, & Rizzolatti, 2004), 공감과 대인관계 능력의 관계에서 발달적 심리를 강조하는 것은 어떠한가(Eisenberg, 2000)? 공감에 대한 MNS 활동을 다루는 연구에서 우리 연구자들은 어린이들의 사회적 기술과 사회적 행동의 관계를 명확하게 검증하기 위해 조금 더 일반적인 대인관계 능력척도(Interpersonal Competence Scale; ICS; Cairns et al., 1995)를 사용하여 평가하였다. 비록 어린이들을 대상으로 한 본 연구 샘플에서 IRI와 ICS 점수가 유의한 상관을 보이지 않았지만(r(14) = .32, 유의하지 않음), 우리는 부모들이 자신의 아이들에 대해 ICS에서 보고하였던 어린이들의 높은 수준의 대인관계 기술지수, 편도체, 전측 뇌섬을 비롯해 전두엽의 MNS 부분(판개부)에서 높은 수준의 활성화를 발견하였다(Whole-brain analysis, t > 3.84 for all maxima, p < .05 corrected for multiple comparisons at cluster level). 이 결과의 패턴은 MNS-전측 뇌섬과 연결되는 변연계 인터페이스-에 의해 지원받는 자동 시뮬레이션 기제가 일상적인 사회적 기능에 중요한 역할을 한다는 생각과 완전히 일치한다(Galleses, Keysers, & Rizzolatti, 2004).

이 가설을 추가적으로 뒷받침하는 증거가 자폐증에서의 MNS 기능 이상을 살펴본 연구에서 나타나는데, 자폐증은 사회 영역에서 눈에 띄게 손상을 보이는 발달장애로 특징된다. 사실, 자폐증에서 MNS 기능장애 증거는 여러 연구실에서 다양한 기술을 이용하여 측정한 모든 연구에서 일관적으로 나타난다(검토하려면, Oberman & Ramachandran, 2007 연구를 보라). 위에 기술된 성장기 어린이들을 대상으로 하는 연구(Pfeifer et al., 2008)에서와 마찬가지로 동일한 fMRI 패러다임을 사용하여, 고기능 자폐장애 어린이들을 대상으로 MNS 기능을 검사하였다. 성장기 어린이와 정상군에서 관찰된 것과 달리(나이, 성별, IQ를 맞춤; Pfeifer et al., 2008), 일반아동과 마찬가지로 과제를 수행하고 참여하였음에도 불구하고, 고기능 자폐장애 아동군에서 정서 표현을 모방하고 관찰하는 것은 MNS 활동과 상관을 보이지 않았다(Dapretto et al., 2006). 사회인지와 사회행동에서의 MNS 역할과 관련하여 우리는 개인적 수준에서, 자폐장애를 가진 아이들에게서 보이는 MNS 활동이 '자폐진단면담(Autism Diagnostic Interview; Lord, Rutter, & Le Couteur, 1994)'과 '자폐진단관찰스케줄(Autism Diagnostic Observational Schedule; Lord et al., 2000-the gold standard methods of autism assessment)'을 활용해 독립적으로 평가한 그들의 사회적 손상 정도와 강하게 부적으로 상관됨을 발견하였다. 다시 설명하면, 자폐 어린이가 사회적 결함이 덜 심각한 정도이면 MNS의 전두엽 부분(하전두엽의 판개부)의 활동이 좀 더 활성화되고, 이와 반대로 사회적 손상이 심각하다면 MNS 영역의 활성화가 덜 관찰된다. 우리가 살펴본 바에 한해서 단지 한 연구만 정상군의 MNS와 대인관계 능력 간의 관계를 살펴보았는데(Lawrence et al., 2006), 이 연구에서 참여자들의 자기보고식으로 작성된 사회적 기술(Empathy Quotient로 측정된; Baron-Cohen & Wheelwright, 2004) 점수가 그들이 사회인지 과제를 수행하는 동안 판개부에 인접한 중간 판개부(pars triangularis) 영역의 작은 뭉치(small cluster) 활성화와 정적 상관을 보였다. 사회인지 영역에서 MNS의 역할에 대해 현존하는 논쟁에 비추어 볼 때(예. Saxe, 2005), 이 분야의 추가 연구가 반드시 더 수행되어야 한다.

결론과 미래 전망

종합하면, 우리가 위에서 논의했던 기능적 신경영상 연구들은 인간의 MNS가 조금 더 일반적인 사회적 능력뿐 아니라 공유된 정서 상태와 같은 공감의 감정적 요소에서의 개인적 차이와 상관이 있다는 증거를 제공한다. 그 개념의 연장선에서 이러한 관련성은 특히 어린이에게서 현저하게 나타나는데, 공유된 감정은 대인관계 이해를 위한 신경적·행동적 기초를 제공할 것이다. MNS의 어떤 역할이 조망수용과 같은 공감의 인지적 요소와 조금 더 관련 있는지 아직은 확실하지 않다. 공감에 대해 좀 더 명확한 측면은 MNS(예를 들면, 너를 보고 있으니 네가 슬픈 감정이라는 걸 알겠다) 또는 또 다른 기제(예를 들면, 네가 너의 개를 죽여야만 했다는 소식을 들었기 때문에, 네가 슬픈 감정이라는 것을 알겠다)를 통해 수집된 정보의 처리에 따라, MNS 기능과 관련이 있거나 관련이 없을 수 도 있다는 것이다. 만약 우리가 복잡한 공감의 구조에 대한 신경학적 기저를 완전히 이해하고 싶다면 MNS에 의해 영향받는 공감의 자동적 반응 형태와, 명확하고 의식적인 조망수용에 의해 영향받는 조금 더 의지적인 공감 형태 간의 상호작용에 대해 추가 탐색이 이루어져야 할 것이다. 기능적 연결성 분석 (functional connectivity analysis) 또는 역학적 인과 모델링 기술(dynamic causal modeling techniques)은 사회적 두뇌 네트워크의 수많은 "연결 마디(nodes)" 역할을 설명하는 데 유용할 수 있다.

또 다른 중요한 의문점은 어떤 집단이나 어떤 개인적인 차이가 공감과 관련한 MNS 기능에 영향을 미치는가에 대한 질문이다. 예를 들면 성차를 들 수 있는데, 여성의 경우 평균적으로 강한 MNS 반응을 보이는데 이는 어린아이들을 보살피던 것에 대한 진화적 반응으로써 해석할 수 있다. 이것은 "극단적인 남성형 두뇌"인 자폐성 이론과도 일관성을 보이는데(Baron-Cohen, 2002), 평균적으로 남성은 공감적이기보다는 좀 더 분석적인 반면에 여성은 반대의 패턴을 보인다. 게다가 원숭이 종뿐 아니라 어린아이나 성인 집단에서도 종이나, 성격, 나이 또는 성(gender)적인 요소에 기초해 자기 자신과 목표 대상 간의 큰 유사성에 행동적 공감(behavioral empathy)이 증가하는 것으로 알려져 있다(검토하려면, Preston & de Waal, 2002를 보라). 그러므로 MNS를 통해 대인관계를 이해하고자 한다면 자기 자신에 기반하여 이해해야 할 것이고, 상호작용하는 대상자의 특징을 이해하려면 반영적 처리(mirroring processes)가 상당히 도움이 될 것이다. 사실, 거울뉴런이 같은 종에 더 민감하게 반응한다는 몇 가지 연구들이 있다. 한 fMRI 연구는 원숭이나 개가 행하는 행동보다는 동종(예를 들면, 다른 사람)이 행하는 행동을 관찰하는 경우에 더 큰 MNS 활성화를 보여 주었다(Buccino et al., 2004). 성별은 MNS 기능에 영향을 미치는 첫 번째 의미 있는 사회적 집단이라 볼 수 있는데, 그 이유는 (a)파트너와의 놀이를 할 경우 동성에 대한 강력한 선호가 어린 나이부터 발달하고 사춘기가 될 때까지 지속적인 성별 분화가 일어나며(예. Ruble & Martin, 1998), (b)또한 성별은 활동이나/놀이 스타일(예. Maccoby & Jacklin, 1987), 신체 유형(Ruff, 2002), 얼굴 구조(Ferrario et al., 1993)의 차이와도 연관되기 때문이다.

마지막으로, 발전하고 있는 사회신경과학 관점에서 공감과 사회인지발달의 다른 측면 간의 관계를 조금 더 밀접하게 살펴보는 것이 중요하다. 예를 들면, 어떻게 정서조절이 공감의 감정적 측면과 관계되며, 어떻게 거울뉴런 및 변연계 영역의 활동과 연관되는가? 어떻게 자기 자신을 인식하는 능력이 발생하며, 어떻게 사람들이 MNS의 기능에 영향을 미치는 다양한 바람과 신념을 가질 수 있는가? 그리고 그룹 내 편견의 발생은 그룹 외 사람들에 대한 MNS 반응에 영향을 미치는가? 궁극적으로 공감의 인지적 요소와 감정적 요소를 모두 지원하는 신경계를 잘 이해하는 것은 자폐증과 같은 사회 발달장애를 가진 어린이를 효과적으로 중재하는 방법을 설계하는 데 도움을 줄 뿐만 아니라, 공감이나 친사회적 행동이 부족해서 학교 성적표의 사회적 기능 영역 부분에서 최고 점수를 받지 못하는, 한참 성장하는 아이들을 훈련시키는 데도 도움이 될 것이다.

참고문헌

Amodio, D. M., & Frith, C. D. (2006). Meeting of minds: The medial frontal cortex and social cognition. *Nature Reviews Neuroscience, 7* (4), 268-277.

Augustine, J. R. (1996). Circuitry and functional aspects of the insular lobe in primates including humans. *Brain Research Reviews, 22,* 229-244.

Baron-Cohen, S. (1995). *Mindblindness: An essay on autism and theory of mind.* Cambridge, MA: MIT Press.

Baron-Cohen, S. (2002). The extreme male brain theory of autism. *Trends in Cognitive Sciences, 6* (6), 248-254.

Baron-Cohen, S., & Wheelwright, S. (2004). The empathy quotient: An investigation of adults with Asperger syndrome or high functioning autism, and normal sex differences. *Journal of Autism and Developmental Disorders, 34* (2), 163-175.

Bavelas, J. B., Black, A., Lemery, C. R., & Mullett, J. (1996). "I show you how you feel": Motor mimicry as a communicative act. *Journal of Personality and Social Psychology, 50,* 322-329.

Botvinick, M., Jha, A. P., Bylsma, L. M., Fabian, S. A., Solomon, P. E., & Prkachin, K. M. (2005). Viewing facial expressions of pain engages cortical areas involved in the direct experience of pain. *NeuroImage, 25,* 312-319.

Buccino, G., Vogt, S., Ritzl, A., Fink, G. R., Zilles, K., Freund, H. J., & Rizzolatti, G. (2004). Neural circuits underlying imitation learning of hand actions: An event-related fMRI study. *Neuron, 42* (2), 323-334.

Cairns, R. B., Leung, M.-C., Gest, S. D., & Cairns, B. D. (1995). A brief method for assessing social development: Structure, reliability, stability, and developmental validity of the interpersonal competence scale. *Behaviour Research and Therapy, 33*, 725–736.

Carr, L., Iacoboni, M., Dubeau, M. C., Mazziotta, J. C., & Lenzi, G. L. (2003). Neural mechanisms of empathy in humans: A relay from neural systems for imitation to limbic areas. *Proceedings of the National Academy of Sciences USA, 100* (9), 5497–5502.

Chartrand, T. L., & Bargh, J. A. (1999). The chameleon effect: The perception–behavior link and social interaction. *Journal of Personality and Social Psychology, 76* (6), 893–910.

Dapretto, M., Davies, M. S., Pfeifer, J. H., Scott, A. A., Sigman, M., Bookheimer, S. Y., et al. (2006). Understanding emotions in others: Mirror neuron dysfunction in children with autism spectrum disorders. *Nature Neuroscience, 9* (1), 28–30.

Davis, M. H. (1983). The effects of dispositional empathy on emotional reactions and helping: A multidimensional approach. *Journal of Personality, 51* (2), 167–184.

Decety, J., & Grèzes, J. (2006). The power of simulation: Imagining one's own and other's behavior. *Brain Research, 1079*, 4–14.

Deutsch, F., & Maddle, R. A. (1975). Empathy: Historic and current conceptualizations, measurement, and a cognitive theoretical perspective. *Human Development, 18*, 267–287.

De Vignemont, F., & Singer, T. (2006). The empathic brain: How, when and why? *Trends in Cognitive Sciences, 10* (10), 435–441.

Doherty, R.W. (1997). The emotional contagion scale: A measure of individual differences. *Journal of Nonverbal Behavior, 21*, 131–154.

Eisenberg, N. (2000). Emotion, regulation, and moral development. *Annual Review of Psychology, 51*, 665–697.

Eisenberg, N., & Fabes, R. A. (1998). Prosocial development. In W. Damon & N. Eisenberg (Eds.), *Handbook of child psychology* (pp. 701–778). New York:

Wiley.

Eisenberg, N., & Miller, P. A. (1987). The relation of empathy to prosocial and related behaviors. *Psychological Bulletin, 101* (1), 91‒119.

Fadiga, L., Craighero, L., & Olivier, E. (2005). Human motor cortex excitability during the perception of others' actions. *Current Opinion in Neurobiology, 15,* 213‒218.

Farrer, C., Franck, N., Georgieff, N., Frith, C. D., Decety, J., & Jeannerod, M. (2003). Modulating the experience of agency: A positron emission tomography study. *NeuroImage, 18* (2), 324‒333.

Ferrario, V. F., Sforza, C., Pizzini, G., Vogel, G., & Miani, A. (1993). Sexual dimorphism in the human face assessed by euclidean distance matrix analysis. *Journal of Anatomy, 183* (3), 593‒600.

Gallese, V. (2006). Intentional attunement: A neurophysiological perspective on social cognition and its disruption in autism. *Brain Research, 1079* (1), 15‒24.

Gallese, V., Fadiga, L., Fogassi, L., & Rizzolatti, G. (1996). Action recognition in the premotor cortex. *Brain, 119,* 593‒609.

Gallese, V., & Goldman, A. I. (1998). Mirror neurons and the simulation theory of mind‒reading. *Trends in Cognitive Sciences, 2* (12), 493‒501.

Gallese, V., Keysers, C., & Rizzolatti, G. (2004). A unifying view of the basis of social cognition. *Trends in Cognitive Sciences, 8* (9), 396‒403.

Gallup, G. G., Jr. (1982). Self‒awareness and the emergence of mind in primates. *American Journal of Primatology, 2* (3), 237‒248.

Gazzola, V., Aziz‒Zadeh, L., & Keysers, C. (2006). Empathy and the somatotopic auditory mirror system in humans. *Current Biology, 16* (18), 1824‒1829.

Gopnik, A., & Meltzoff, A. N. (1997). *Words, thoughts, and theories.* Cambridge, MA: MIT Press.

Gross, J. J., & John, O. P. (2003). Individual differences in two emotion regulation processes: Implications for affect, relationships, and well‒being.

Journal of Personality and Social Psychology, 85, 348-362.

Hamilton, A. F., & Grafton, S. T. (2006). Goal representation in human anterior intraparietal sulcus. *Journal of Neuroscience, 26* (4), 1133-1137.

Hatfi eld, E., Cacioppo, J. T., & Rapson, R. L. (1994). *Emotional contagion.* Paris: Cambridge University Press.

Hoffman, M. L. (2000). *Empathy and moral development: Implications for caring and justice.* New York: Cambridge University Press.

Iacoboni, M., & Dapretto, M. (2006). The mirror neuron system and the consequences of its dysfunction. *Nature Reviews Neuroscience, 7*, 942-951.

Iacoboni, M., Molnar-Szakacs, I., Gallese, V., Buccino, G., Mazziotta, J. C., & Rizzolatti, G. (2005). Grasping the intentions of others with one's mirror neuron system. *PLoS Biology, 3*, 529-535.

Iacoboni, M., Woods, R. P., Brass, M., Bekkering, H., Mazziotta, J. C., & Rizzolatti, G. (1999). Cortical mechanisms of human imitation. *Science, 286* (5449), 2526-2528.

Jackson, P. L., Brunet, E., Meltzoff, A. N., & Decety, J. (2006). Empathy examined through the neural mechanisms involved in imagining how I feel versus how you feel pain. *Neuropsychologia, 44* (5), 752-761.

Jackson, P. L., Meltzoff, A. N., & Decety, J. (2005). How do we perceive the pain of others? A window into the neural processes involved in empathy. *NeuroImage, 24* (3), 771-779.

Kaplan, J. T., & Iacoboni, M. (2006). Getting a grip on other minds: Mirror neurons, intention understanding and cognitive empathy. *Social Neuroscience, 1*, 175-183.

Keysers, C., & Gazzola, V. (2007). Integrating simulation and theory of mind: From self to social cognition. *Trends in Cognitive Sciences, 11*, 194-196.

Lamm, C., Batson, C. D., & Decety, J. (2007). The neural substrate of human empathy: Effects of perspective-taking and cognitive appraisal. *Journal of*

Cognitive Neuroscience, 19 (1), 42-58.

Lawrence, E. J., Shaw, P., Giampietro, V. P., Surguladze, S., Brammer, M. J., & David, A. S. (2006). The role of "shared representations" in social perception and empathy: An fMRI study. *NeuroImage, 29* (4), 1173-1184.

Leslie, A. (1987). Pretense and representation: The origins of a "theory of mind." *Psychological Review, 94,* 412-426.

Leslie, K. R., Johnson-Frey, S. H., & Grafton, S. T. (2004). Functional imaging of face and hand imitation: Towards a motor theory of empathy. *NeuroImage, 21* (2), 601-607.

Lewis, M., Sullivan, M. W., Stanger, C., & Weiss, M. (1989). Self development and self-conscious emotions. *Child Development, 60* (1), 146-156.

Lipps, T. (1903). Einfühlung, innere Nachahmung, und Organempfindungen. *Archiv für die gesamte Psychologie, 1,* 465-519.

Litvack-Miller, W., McDougall, D., & Romney, D. M. (1997). The structure of empathy during middle childhood and its relationship to prosocial behavior. *Genetic, Social, and General Psychology Monographs, 123* (3), 303-324.

Lord, C., Risi, S., Lambrecht, L., Cook, E. H., Jr., Leventhal, B. L., DiLavore, P. C., et al. (2000). The Autism Diagnostic Observation Schedule—Generic: A standard measure of social and communication deficits associated with the spectrum of autism. *Journal of Autism and Developmental Disorders, 30* (3), 205-223.

Lord, C., Rutter, M., & Le Couteur, A. (1994). Autism Diagnostic Interview—Revised: A revised version of a diagnostic interview for caregivers of individuals with possible pervasive developmental disorders. *Journal of Autism and Developmental Disorders, 24* (5), 659-685.

Maccoby, E. E., & Jacklin, C. N. (1987). Gender segregation in childhood. *Advances in Child Development and Behavior, 20,* 239-287.

Mehrabian, A., & Epstein, N. (1972). A measure of emotional empathy. *Journal of Personality, 40* (4), 525-543.

Meltzoff, A. N., & Decety, J. (2003). What imitation tells us about social cognition: A rapprochement between developmental psychology and cognitive neuroscience. *Philosophical Transactions of the Royal Society, London, B, 358,* 491-500.

Meltzoff, A. N., & Moore, M. K. (1977). Imitation of facial and manual gestures by human neonates. *Science, 198,* 74-78.

Meltzoff, A. N., & Moore, M. K. (1994). Imitation, memory, and the representation of persons. *Infant Behavior and Development, 17* (1), 83-99.

Miller, P. A., & Eisenberg, N. (1988). The relation of empathy to aggressive and externalizing/antisocial behavior. *Psychological Bulletin, 103* (3), 324-344.

Morrison, I., Lloyd, D., di Pellegrino, G., & Roberts, N. (2004). Vicarious responses to pain in anterior cingulate cortex: Is empathy a multisensory issue? *Cognitive, Affective, and Behavioral Neuroscience, 4* (2), 270-278.

Niedenthal, P. M., Brauer, M., Halberstadt, J. B., & Innes-Ker, A. H. (2001). When did her smile drop? Facial mimicry and the influences of emotional state on the detection of change in emotional expression. *Cognition and Emotion, 15* (6), 853-864.

Oberman, L. M., Pineda, J. A., & Ramachandran, V. S. (2007). The human mirror neuron system: a link between action observation and social skills. *Social, Cognitive, and Affective Neuroscience, 2,* 62-66.

Oberman, L. M., & Ramachandran, V. S. (2007). The simulating social mind: The role of the mirror neuron system and simulation in the social and communicative deficits of autism spectrum disorders. *Psychological Bulletin, 133* (2), 310-327.

Pfeifer, J. H., Iacoboni, M., Mazziotta, J. C., & Dapretto, M. (2008). Mirroring others' emotions relates to empathy and interpersonal competence in children. *NeuroImage, 39,* 2076-2085

Premack, D., & Woodruff, G. (1978). Chimpanzee problem-solving: A test for comprehension. *Science, 202* (4367), 532-535.

Preston, S. D., & de Waal, F. B. (2002). Empathy: Its ultimate and proximate bases. *Behavioral and Brain Sciences, 25* (1), 1-20; discussion 20-71.

Rizzolatti, G., & Craighero, L. (2004). The mirror-neuron system. *Annual Review of Neuroscience, 27*, 169-192.

Rizzolatti, G., Fadiga, L., Gallese, V., & Fogassi, L. (1996). Premotor cortex and the recognition of motor actions. *Cognitive Brain Research, 3* (2), 131-141.

Ruble, D. N., & Martin, C. L. (1998). Gender development. In W. Damon & N. Eisenberg (Eds.), *Handbook of child psychology* (pp. 933-1016). New York: Wiley.

Ruby, P., & Decety, J. (2003). What you believe versus what you think they believe: A neuroimaging study of conceptual perspective-taking. *European Journal of Neuroscience, 17* (11), 2475-2480.

Ruby, P., & Decety, J. (2004). How would you feel versus how do you think she would feel? A neuroimaging study of perspective-taking with social emotions. *Journal of Cognitive Neuroscience, 16* (6), 988-999.

Ruff, C. (2002). Variation in human body size and shape. *Annual Review of Anthropology, 31*, 211-232.

Saarela, M. V., Hlushchuk, Y., Williams, A. C., Schurmann, M., Kalso, E., & Hari, R. (2006). The compassionate brain: Humans detect intensity of pain from another's face. *Cerebral Cortex, 17*, 230-237.

Sagi, A., & Hoffman, M. L. (1976). Empathic distress in the newborn. *Developmental Psychology, 12*, 175-176.

Saxe, R. (2005). Against simulation: The argument from error. *Trends in Cognitive Sciences, 9*, 174-179.

Saxe, R., & Kanwisher, N. (2003). People thinking about thinking people. The role of the temporoparietal junction in "theory of mind." *NeuroImage, 19* (4),

1835-1842.

Saxe, R., & Wexler, A. (2005). Making sense of another mind: The role of the right temporo-parietal junction. *Neuropsychologia, 43* (10), 1391-1399.

Singer, T., Seymour, B., O'Doherty, J., Kaube, H., Dolan, R. J., & Frith, C. D. (2004). Empathy for pain involves the affective but not sensory components of pain. *Science, 303,* 1157-1162.

Van Baaren, R. B., Holland, R. W., Kawakami, K., & van Knippenberg, A. (2004). Mimicry and prosocial behavior. *Psychological Science, 15* (1), 71-74.

Wellman, H. M. (1991). From desires to beliefs: Acquisition of a theory of mind. In A. Whiten (Ed.), *Natural theories of mind: Evolution, development and simulation of everyday mindreading* (pp. 19-38). Cambridge, MA: Blackwell.

Wellman, H. M., & Hickling, A. K. (1994). The mind's "I": Children's conceptions of the mind as an active agent. *Child Development, 65,* 1564-1580.

Wellman, H. M., & Liu, D. (2004). Scaling of theory-of-mind tasks. *Child Development, 75* (2), 523-541.

Wicker, B., Keysers, C., Plailly, J., Royet, J. P., Gallese, V., & Rizzolatti, G. (2003). Both of us disgusted in my insula: The common neural basis of seeing and feeling disgust. *Neuron, 40* (3), 655-664.

Zahn-Waxler, C., Radke-Yarrow, M., Wagner, E., & Chapman, M. (1992). Development of empathic concern for others. *Developmental Psychology, 28,* 126-136.

Chapter 15

공감 대 개인적 고통: 사회신경과학의 최근 연구 결과

Jean Decety and Claus Lamm

철학자, 사회심리학자, 발달심리학자들은 공감의 본질(예. Batson et al., 1991; Eisenberg & Miller, 1987; Thompson, 2001)과 다른 사람들의 정서를 공유하고 이해하는 능력이 비단 인간 종에게만 국한된 것인지(예. de Waal, 2005)에 대해 오랫동안 논쟁해 왔다. 이 장에서 우리는 타자의 경험을 자기 자신의 경험으로 혼동하지 않은 상태로, 개체가 타인이 경험한 감정과 느낌의 유사성을 갖는 구조로써 공감을 간주하고자 한다(Decety & Jackson, 2004; Decety & Lamm, 2006). 공감 경험은 동정(타인의 정서적 상태나 상황에 대한 걱정과 이해를 바탕으로 하는 염려) 또는 심지어 개인적 고통(즉, 타자의 정서적 상태나 상황에 대한 걱정 또는 이해에 대한 혐오적이고, 자기-초점화된 정서적 반응)을 자기와 타자 간에 혼동할 때 야기될 수 있다. 공감적 행동에 대한 지식은 인간 사회와 도덕적 발달을 이해하는 데 필수적이다(Eisenberg et al., 1994). 더 나아가 다양한 정신 병리는 공감 결손으로 인한 흔적이고, 광범위한 정신 치료 접근방식은 치료의 기본 구성요소로 임상 공감의 중요성을 강조한다(Decety & Moriguchi, 2007; Farrow & Woodruff, 2007).

최근 몇 년 새 공감에 관한 신경영상 연구가 급증하였다. 대부분의 연구들은 사회신경과학적 접근을 취하고 있는데, 이는 기존의 사회심리학에 신경 생리학적 특징을 합친 맥락에서 연구 설계와 행동 측정을 통합하여 사용한다

(Decety & Keenan, 2006). 이런 접근은 일반적인 사회심리학 분야뿐 아니라 특히 공감 관련 연구 영역에서 논쟁이 되고 있는 이론을 명확히 하는 데 중요한 역할을 한다(Decety & Hodges, 2006). 예를 들면 사회심리학자들 사이에서 논쟁되고 있는 한 가지 중요한 의문점은 조망수용 관점으로 보라는 지시가 공감적 염려나 개인적 고통을 야기하는지에 대한 것, 그리고 친사회적 동기로 인해 자기-타인 간의 중첩(overlap)이 어느 정도 범위로 나타나는가에 대한 것이다.

이번 장은 사람들이 어떻게 행동적으로 신경적으로 타인의 고통에 반응하는지를 탐색하는 최근의 사회신경과학 연구에 초점을 맞추고자 한다. 고통스런 상황에 처한 타인에 대한 지각은 공감적 경험에 기저한 메커니즘을 조사하는 데 있어 생태학적으로 타당한 방법이다. 이러한 연구 결과들은 고통에 처한 타인에 대한 단순한 지각이 관찰자에게 있어 직접 경험한 고통을 처리하는 신경회로의 활성화를 유발한다는 것을 증명한다. 타인의 고통을 인지하는 역할을 담당하는 신경회로와 고통에 대한 자기 자신의 경험을 담당하는 신경회로 간의 긴밀한 중첩은 사회인지 영역의 공유된-표상 이론(shared-representation theory)을 지지한다. 이 이론은 누군가의 정서를 지각하고 정서적으로 반응하는 것 또는 주관적인 느낌 상태를 지각하고 반응하는 것 모두 동일한 계산적 처리를 이용하며, 체감각과 운동 표상을 필요로 한다고 주장한다. 그러나 완전한 자기-타인 중첩은 개인적 고통을 야기할 수 있고 공감적 염려에 해로울 가능성이 있다. 개인적 고통은 심지어 스트레스 요인을 회피하려는 목적으로 고통을 경감시키고자 조금 더 자기중심적 동기를 낳을 수 있고 그 결과로 예를 들면 친사회적 행동의 감소가 나타난다(Tice, Bratslavsky, & Baumeister, 2001).

우리는 첫째로 타인의 고통을 관찰하는 동안 보이는 신경회로와, 자기 자신이 직접 고통스러운 경험을 하는 동안 나타나는 공유된 신경회로가 관여하는 최근의 기능적 신경영상 연구를 제시하려고 한다. 그 다음으로 조망수용 능력, 타인과 나를 분리하는 능력이 어떻게 이러한 공유 메커니즘에 영향을 미치는지 논의할 것이다. 마지막 부분에서는 대인관계 변수들이 어떻게 공감적 염려와 개인적 고통을 조절하는지를 조사해 보고자 한다.

자기와 타인 지각에 있어서 공유된 신경회로

공감은 다른 사람의 무의식적인 감정의 움직임에 대해 공명하는 것이라고 오랫동안 이야기되어 왔다. 예를 들면 Basch(1983)는 동일 종들의 자율신경계는 각각 유전적으로 유사한 형태에 반응하도록 프로그램화되어 있기 때문에 특정 종에서 한 개체가 나타내는 감정적 표현은 동종의 다른 개체에게 유사한 반응을 촉발시킬 수 있다고 주장한다. 목표 대상에 대한 무의식적이고 자동적인 흉내내기가 관찰자에게서 신체적 상태 및 얼굴 표정과 연관된 자동적 반응을 생성해 낸다는 관점은 다양한 행동적, 생리학적 연구에서 경험적 연구가 증명한다. 이러한 연구들은 Preston과 de Waal(2002)이 제안한 지각-행동 연결 기제(perception-action coupling mechanism)를 조사했다. 공감의 지각-행동 모델의 핵심 가정은 목표 대상의 상태를 지각하는 것이 관찰자에게서 그 상태에 상응하는 표상을 자동으로 활성화시키며, 이 과정은 차례로 체감각세포와 자율신경계 반응을 작동시킨다는 것이다. 전운동피질(premotor)과 후미쪽 두정엽(posterior parietal cortex) 내에 존재하는 감각운동신경세포(거울뉴런이라고 불리는)는 행동이 유발될 때 그리고 타인이 수행하는 동일한 행동을 지각할 때도 활동하는데, 이 감각운동신경세포의 발견은 지각과 행동이 직접적으로 연결된다는 생리학적 메커니즘을 제공하였다(Rizzolatti & Craighero, 2004).

행동 연구들은 얼굴 표정을 보는 것이 심지어 자극을 의식적으로 지각하지 못하는 상황에서조차 관찰자 자신의 얼굴에 유사한 표정을 이끌어 낸다는 것을 증명하였다. 한 기능적 자기공명영상(fMRI) 연구에서 연구진은 피험자가 다양한 정서에 대한 얼굴 표정을 모방하거나 관찰하도록 요구하였는데, 그러한 정서들의 얼굴 표정의 처리를 담당하는 상측두구(superior temporal sulcus), 전측 뇌섬(anterior insula), 편도체(amygdala), 전운동피질(premotor cortex)의 두뇌 영역에서 신경역동적(neruodynamic) 활성화가 발견된 것을 보여 줌으로써 위의 행동 연구 결과를 재확인하였다(Carr et al., 2003).

많은 연구가 자기 자신이 직접 감각적이고 감정적 느낌을 경험할 때와 타인에게서 그와 같은 감정들을 인식하는 두 가지 상황에서 모두 "반영하기 (mirroring)" 또는 공명(resonance) 메커니즘이 역할을 한다고 제안한다. 심지어 체감각피질에서, 누군가 다른 사람의 목과 얼굴 등을 만지는 것을 보는 것만 으로도 관찰자의 두뇌에서 조직적인 체감각 활성화를 이끌어 낸다(Blakemore et al., 2005). 감정 상태를 지각할 때 관여하는 공유된 신경회로는 최근 신경영 상 연구와 경두개자기자극술(TMS) 연구를 통해 강력한 증거를 확인할 수 있다. 예를 들면, 자기 자신이 역겨운 것을 직접 경험하는 것과 다른 사람의 역겨운 얼굴을 보는 것은 둘 다 전측 뇌섬을 활성화시킨다(Wicker et al., 2003). 이와 유 사하게, 정서가 포함된 얼굴 모양이나 손의 모습을 관찰하는 것은 정서 또 는 그런 의사소통과 관련한 지각과 경험에 관여하는 두뇌 영역을 관여시킨다 (Grosbras & Paus, 2006).

최근에 많은 신경영상 연구가 타인에게 발생한 고통을 관찰하는 것이 자 기 자신이 직접적인 고통을 겪을 때 유발되는 감정적 자극 처리에 관여하는 두뇌 영역을 활성화시킨다는 것을 증명하고 있다(그림 15.1에 설명되어 있음).

한 연구에서 영상장치(scanner) 내에 있던 참가자들은 몇 개의 시행에서는 직접적이고 고통스러운 자극을 받았고, 몇 개의 다른 시행에서는 같은 방에 있던 다른 참가자가 고통스러운 자극을 받는 것을 단순히 관찰하였다(Singer et al., 2004). 두 종류의 시행 동안에 내측 부분과 전측대상회(MCC and ACC) 그리 고 전측 뇌섬이 활성화되었다(Morrison et al., 2004의 연구를 참고하라). 이 영역들 은 고통스러운 경험을 피하거나 끝내고 싶은 바람, 욕구 또는 충동과 관계있는 고통을 처리하는데, 특히 불쾌한 자극의 감정적이고 동기화된 처리에 관여한 다. 이와 유사한 결과가 Jackson, Meltzoff 그리고 Decety(2005)의 연구에서 보 고되었는데, 이 연구에서 참가자는 고통스러운 상황에 놓여 있는, 또는 일상생 활에 놓여 있는 사람들의 손이나 발을 보았다. 고통스러운 자극의 처리에 있 어서 감정적인 부분에 관여하는 두뇌 영역(내측대상회, 전측대상회, 전측 뇌섬)의 상당한 활성화가 Singer와 동료들의 연구(2005)에서와 마찬가지로 발견되었지 만, 체감각피질에서의 활성화는 발견되지 않았다. 그러나 최근 TMS 연구에서는 사람 모델의 손과 발을 바늘로 찌르는 것을 관찰하는 사람들의 손 근육의 피질척수(corticospinal) 운동 표상의 변화가 있었다고 보고하고 있는데(Avenanti et al., 2005), 이것은 고통을 관찰하는 것이 감각운동 표상에 관여할 수 있다는 것을 나타낸다.

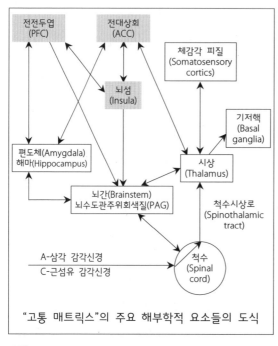

"고통 매트릭스"의 주요 해부학적 요소들의 도식

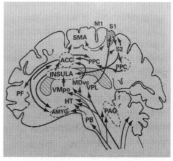

→ 제1차(S1), 제2차(S2) 감각피질들은 고통의 감각-구분적 측면, 예를 들면 신체 위치와 자극의 강도 등에 반응한다.

→ 전측 대상회(ACC)와 뇌섬(Insula)은 감정적-동기적 요소, 즉 고통스럽거나 혐오적 자극에 대한 반응을 준비한다든지 주관적인 불편감의 평가와 관련하여 반응한다.

그림 15.1
고통 처리 과정과 감정적−동기적 처리과정의 감각−차별화 측면 간의 구별에 대한 신경생리학적 연구 초점. 이 두 가지 측면은 신경 네트워크가 상호작용하면서도 분리된다.

요약하자면, 현재 신경과학적 연구들은 타인이 고통스러운 상황에 처해 있는 것을 단순하게 관찰하는 것으로도 개인의 고통에 있어서 동기-감정적 차원의 입력과 연결된 신경 네트워크의 반응을 산출할 수 있다는 것을 보여 준다. 반면에 신경영상 연구를 메타분석한 한 연구는 관찰하는 것과 직접 경험하는 것이 완전히 중첩되지는 않는다는 것을 보여 준다(Jackson, Rainville, &

Decety, 2006). 뇌섬과 대상회에서 보면, 타인의 고통을 인지하는 것은 직접 고통을 경험하는 것보다 조금 더 입쪽(rostral) 부분에서 활성화된다. 또한 고통의 매트릭스에서 대리 경험으로 야기된 두뇌 활성화는 반드시 고통의 정서적 경험에만 특정 지어지는 것이 아니다; 아마도 체감각적인 모니터링이나, 부적인 자극에 대한 판단 또는 혐오에 대한 적절한 근골격적인 움직임의 관여와 같은 다른 종류의 처리와도 겹치는 부분이 있을 것이다. 그러므로 고통 매트릭스의 감정적-동기적 처리 부분에서의 공유된 신경 표상은 고통 감각의 질적 측면에 특정적이지 않을 것이고 대신에 혐오감이나 위축행동과 같은 좀 더 일반적인 생존 기제와 관련되어 나타나는 것으로 보인다.

타인의 고통을 관찰하는 것이 부정적 정서 경험에 관여하는 두뇌 영역을 활성화시키는 것에 대한 발견은 타인의 역경을 관찰하는 것이 공감적 염려나 개인적 고통을 야기하는가에 대한 질문에 중요한 함의점을 갖는다. 평가이론(appraisal theory)에서는 정서를 외적이거나 내적인 자극에 의해 유발된 생리적 반응에 대한 평가로써 바라본다(Scherer, Schorr, & Johnstone, 2001). 타인의 정서를 지각하는 것은 생리적 반응의 강력한 배후로 작용하면서 중추신경계와 자율신경계 모두에 뚜렷한 변화를 가져오며, 심박률, 피부전기적 활동과 같은 심리생리적 지표로 나타난 관찰자와 대상자 간의 높은 연결성은 대상자의 정서적 상태에 대한 보다 깊은 이해를 가능하게 한다(Levenson & Ruef, 1992). 다른 사람의 고통을 관찰하는 동안에 활성화되는 뇌섬과 MCC의 일부가 생리적이고 몸의 반응(somatic response)과 같은 신체적 변화를 감지하는 데 기여한다는 것을 주지해라. 그러므로 이러한 반응들이 자기에 의해 나타나는 것인지, 타인에 의해 나타나는 것인지에 따라서 '타인 지향적' 대 '자기 지향적' 정서가 조금 더 나타나거나 조금 덜 나타날 수 있다는 것은 타당한 이치라고 할 수 있다.

조망수용, 자기-타인 인식, 공감

　　타인의 심리적 관점을 수용하고 간직할 수 있는 능력이 상당히 중요하다는 것은 이론가들 사이에서 일반적으로 합의된 사항이다. 잘 발달된 조망수용 능력은 우리들의 자기중심성을 극복하도록 해 주고 타인의 기대에 대한 우리의 행동을 조정하도록 해 준다(Davis et al., 1996). 더 나아가, 이러한 능력은 도덕적인 합리성 및 이타주의와 연결되어 우리들의 성공적인 역할수행과 연결된다(Batson et al., 1991). 다른 사람의 관점을 취하기 위해 심상화 방법을 사용하는 것은 자기 자신을 그 사람의 정서적 상태나 상황에 놓아 보는 아주 좋은 방법이다. 심상화는 그들의 눈을 통해서 동종이 바라보는 시선으로 바라볼 수 있도록 할 뿐만 아니라, 다른 사람이 갖고 있는 유사한 느낌을 갖도록 해 주기도 한다(Decety & Grèzes, 2006).

　　사회심리학자들은 오랫동안 타인을 형상화(imaging)하는 것과 자기 자신을 형상화하는 것의 차이에 관심을 가져왔고, 특히 그중에서도 이 두 가지 관점의 정서적이고 동기적인 결과에 관심을 가졌다. 이와 관련된 몇 가지 연구는 타인의 느낌에 초점을 맞추는 것(타인을 형상화하기)이 강력한 공감적 염려를 일으킬 수 있는 반면, 명확하게 자기 자신을 그 대상자의 입장에 넣어 보는 것(자기 자신을 형상화하기)은 공감적 염려에 더해 개인적 고통도 함께 야기한다는 것을 보여 주었다. Batson, Early 그리고 Salvarini(1997)의 연구에서는 부모님이 돌아가신 후에 자기 자신의 삶에 고군분투하는 한 젊은 대학생인 Katie Banks의 이야기를 참가자들이 들을 때 서로 다른 조망수용에 대한 지시가 야기한 정서적 결과에 대해 조사하였다. 이 연구는 서로 다른 지시가 참가자에게 얼마나 대상자의 상황을 다르게 지각하게 하는지에 대해 보여 주고 있다. 주목할 만하게도, 그들 자신을 Katie의 입장에 놓고 상상해 본 참가자들은 그 대상자의 반응과 느낌(타인을 형상화하기)에 초점을 맞추도록 지시받거나, 객관적으로 생각해 보도록 지시받은 사람들, 관점을 떨어뜨려서 보라고 지시받은 사람들에 비해 아주 강력한 심리적 불편함과 개인적 고통을 나타냈다. 게다가 '자기-형상화'와

'타인-형상화' 두 가지 조건 모두 더 강력한 공감적 염려를 촉진함으로써 분리된 관점(detached-perspective)과는 차이가 있었다. 이 결과는 타인이 도움을 필요로 하는 상황을 관찰하는 것이 왜 항상 친사회적 행동을 유발하지 않는지를 설명하는 데 도움을 준다(만약 다른 사람이 정서적으로 신체적으로 고통스러운 상황에 있는 것을 지각한다면 개인적 고통을 야기하게 되고, 관찰자는 아마도 완전히 타인의 경험에 이입되지 않을 것이며, 결과적으로 동정 행동을 보여 주지 않을 것이다).

인지신경과학 연구는 개인이 타인의 관점을 수용할 때, 직접 겪은 경험에 관여하는 공통된 신경회로가 활성화된다는 것을 증명하였다. 그러나 타인의 관점을 수용하는 것은 실행기능, 특히 억제적 통제(inhibitory control)에 관여하는 전두엽의 특별한 부분을 추가적으로 활성화시킬 수 있다(예. Ruby & Decety, 2003, 2004). 이러한 결과의 연장선에서 살펴보면, 전두엽은 기능적으로 개인이 분리된 관점을 취할 수 있도록 작용하는데, 한 개인이 다른 사람의 주관적인 관점을 수용할 때 자기 자신의 관점에서 유발하는 방해를 차단하는 기능을 제공하는 것으로 보인다(Decety & Jackson, 2004). 이 능력은 타인의 고통을 관찰할 때 매우 중요한데, 그 이유는 대상자와 완전히 일치되는 것은 누가 부정적인 정서를 경험하는 것인지 혼란을 유발하여 도움이 필요한 대상자에 대해 다른 동기를 유발할 수 있기 때문이다.

두 가지 성공적인 fMRI 연구에서, 우리는 최근에 타인에게 발생한 고통을 지각할 때 조망수용 효과를 지지하는 신경학적 기제를 연구하였다. 첫 번째 연구에서, 참가자는 고통스러운 상황에 놓여 있는 손과 발의 그림을 보게 되고, 그 후에 자기 자신이 그 상황에 처한 것을 상상하거나, 다른 사람이 그 상황에 처해진 것을 상상하도록 요청하였다. 그리고 그 상황이 야기한 고통의 수준을 평가하도록 하였다(Jackson, Brunet, et al., 2006). 자기-관점(self-perspective)과 타인-관점(other-perspective) 두 가지 조건 모두에서 고통스런 자극을 처리하는 데 관여하는 신경 네트워크의 활성화를 보여 주었다. 이 결과는 위에서 논의했던 공유된 신경 표상 기능으로써 사회인지를 설명하는 것과 일치한다. 그러나 자기-관점은 강도 높은 고통 수준과 빠른 반응시간을 산출해 내고, 고통 매트릭스 내에서의 관여 정도는 이차-체감각피질, MCC의 하위 영역 그리고 뇌섬에서 보다 광범위하게 관여한다.

두 번째 신경영상 연구에서는 공감적 염려와 개인적 고통의 차이를 규명하였는데, 몇 가지 추가적인 행동 측정을 통해서 생태학적이고 광범위하게 타당화된 역동적 자극을 사용하여 보다 세부적으로 조사하였다(Lamm, Batson, & Decety, 2007). 참가자는 환자가 고통스러운 의학적 처치를 받고 있는 일련의 비디오 클립을 시청하였다. 참가자들에게 자기 자신을 분명하게 환자의 입장(자기 형상화)에 놓아 보도록 지시하였고, 또는 환자의 느낌과 감정적 표현에 초점을 맞추도록(타인 형상화) 지시하였다. 행동 데이터 결과는 명확하게 자기 자신을 혐오스러운 상황에 투사하는 것이 아주 높은 개인적 고통을 야기하며, 반면에 다른 사람의 정서나 행동적 반응에 초점을 맞추는 것은 높은 수준의 공감적 염려와 낮은 수준의 개인적 고통을 끌어낸다는 것을 확인하였다(그림 15.2를 보라). 신경영상 연구 또한 이 결과와 일치하며, 연구는 이렇게 차별적으로 나타나는 행동 반응에 대한 신경학적 상관에 대해 몇 가지 통찰을 제공한다. '자기-관점'은 고통의 동기적-감정적 차원의 입력을 담당하는, 양측 뇌섬엽과 전측 MCC와 같은 두뇌 영역에서 아주 강한 혈류역학 반응(hemodynamic responses)을 발생시킨다. 편도체는 실제적이거나 잠재성을 가진 위협의 평가와 같은 공포-관련 행동에 있어서 중요한 역할을 수행한다. 그러므로 자기 자신을 고통스럽고 잠재적으로 위험한 상황에 처한 것처럼 상상하는 것은 누군가가 그 비슷한 상황에 있다고 상상하는 것보다 아주 강한 공포나 혐오적인 반응을 발생시킨다.

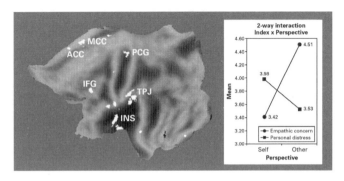

그림 15.2

두 가지 다른 조망수용 지시에 대한 신경학적, 행동적 반응 결과
(Lamm, Batson, & Decety, 2007에서 각색함). 평평하게 지도화된 좌반
구는 자기-관점을 취하는 동안 변연계/변연계 가장자리(내측, 전측 대
상회[MCC와 ACC], 뇌섬[INS]) 및 두뇌피질 구조(측두두정연합부[TPJ],
하전두엽[IFG], 중심뒤이랑[postcentral gyrus])에서 높은 수준의 활성
화를 보여 주고 있다. 평면화된 피질 표면에서의 활성화 중첩 현상은
Caret(http://brainmap.wustl.edu/caret)을 이용해 나타냈고, Van Essen
et al., 2001을 참고하였다.

Jackson, Brunet과 동료들(2006)의 연구에 따르면, 뇌섬의 활성화는 조금
더 뒤쪽이면서, 그 영역의 중간등쪽(middorsal)에 위치하고 있다. 뇌섬의 중간
등쪽 부분은 고통스러운 자극의 시뮬레이션에 있어 감각운동적 측면을 입력하
는 기능을 하며, 뇌섬은 기저핵(basal ganglia)와 강한 연결을 맺고 있는데, 이
기저핵 또한 '자기-관점'을 가지고 있는 동안에도 큰 활동성을 보인다. 모든
것을 종합해 볼 때, 이러한 사항들은 자기-관점을 취하는 동안에 생성되는 뇌
섬의 활동이 고통스러운 경험의 감각적 측면의 시뮬레이션을 반영하는 결과라
고 할 수 있다. 그러한 시뮬레이션은 방어적이거나 철회적인 행동을 준비하는
데 있어 운동 영역을 동원하도록 하고 또한 시뮬레이션 처리가 발생시키는 생
리적 변화와 연관되는 내수용성 모니터링(interoceptive monitoring)에 착수하도록
한다(Critchley et al., 2005). 이러한 해석은 또한 체감각피질에서 나타나는 활성화
의 차이를 설명할 수 있다. 마지막으로, 전운동피질 구조(premotor sturctures)에
서 보이는 높은 수준의 활성화는 1인칭 시점(first-person perspective)에서 경험하

는 보다 심한 스트레스와 심리적 불편함으로 인한 운동 표상의 강력한 동원과 관계있을 것이다. 이러한 해석을 뒷받침하는 양전자방출단층촬영술(PET)을 이용한 한 연구는 상황적 공감(situational empathy) 정확성과 두뇌 활동 간의 관계를 연구하였다. 이 연구에서도 마찬가지로 참가자가 타인의 고통을 목격할 때 부분적으로 MCC 내에서 확장된 내측 전운동피질 구조에서 높은 활성화를 보여 주었다(Shamay-Tsoory et al., 2005). 이 연구도 고통에 대해 이해할 때 전전두엽의 중요성을 주목하고 있다.

모든 것을 종합해 보았을 때, 활용 가능한 경험적 연구 결과들은 1인칭 관점으로 바라보는 것과 3인칭 관점을 수용하는 것과 관련된 신경계에 있어서의 중요한 차이를 드러내고, 자기와 타자가 공감의 경험에 있어서 완전한 중첩은 모순된다는 것을 말해 주고 있다. 고통 매트릭스(높은 수준의 통증과 고통에 따라 제작된)의 감정적이고 감각운동적(sensorimotor)인 두 가지 측면 모두에서 나타나는 특정적 활성화 차이는 보다 직접적이고 개인적인 관여가 더 높은 자기-관점적 면을 반영하는 것으로 보인다. 자기 대 타인의 차이를 촉진하는 역할을 하는 것으로 보이는 한 가지 핵심 영역은 우측 측두정연합부(TPJ)이다. TPJ는 공감을 연구하는 대부분의 신경영상 연구에서 활성화를 보이며(Decety & Lamm, 2007), 개체의 감각(sense of agency)과 자기-인식에 있어서 결정적인 역할을 하는 것으로 보인다. 개체(즉, 행동이나 바람, 생각, 느낌 등의 주체자로서 자기 자신을 인식하는 것)는 자기와 타자 간에 공유된 표상을 성공적으로 수행하는 데 있어 필수적이다(Decety, 2005; Decety & Lamm, 2007).

그러므로 자기-인식과 개체의 감각은 둘 다 공감에 있어 매우 중요한 역할을 하며 사회적 상호작용에도 기여한다. 이러한 능력은 공감적 반응의 하나인 정서전염(정서전염은 다른 사람의 감정과 동일한 감정을 경험했던 자기 자신의 감정을 지각하는 데 있어 자동적 연결에 크게 관련 있음)을 구별하는 데도 관여하는 것으로 보이는데, 이것은 조금 더 분리된 관계를 필요로 한다. 자기와 타자의 관점 간에 신경회로가 완전히 중첩되지 않았던 것은 다른 사람과 관련하여 적절한 미래의 행동을 계획하는 데 활용할 수 있을 것이다. 우리 자신의 느낌을 인식하는 것, 의식적으로 우리 자신의 정서를 조절하는 능력은 타인에 대한 공감적 반응을 우리 자신의 개인적인 괴로움으로부터 분리하도록 하여 친사회적 행동을 이끌어 내는 데 도움을 줄 것이다.

공감 반응의 조절

다른 사람들의 행동에 대한 단순한 지각이 자기 자신에게서 반응회로를 활성화시키고, 타인의 고통스러운 상황에 대한 지각은 자신이 직접 겪은 고통에 반응하는 신경회로를 활성화시킨다. 그러나 이런 무의식적인 공감 반응이 다양한 상황적, 기질적 변인들에 의해 조절될 수 있음을 증명하는 자료가 있다. 사회심리학 연구는 이러한 몇몇의 요인들, 예를 들면 공감 대상자, 공감하는 사람, 공감하는 사람의 성격 그리고 사회적 상호작용이 일어나는 맥락적 환경 간의 관계의 요인 영향력을 확인하였다. 연구에 따르면 자기와 친한 친구의 괴로움을 관찰하는 것은 공감적 염려와 도움 행동을 야기하지만, 또는 이 모든 요인들의 복잡한 상호작용에 따른 상황으로부터 도피 행동을 유발하기도 한다.

정서조절은 사회적 상호작용에 있어서 특히 중요하며, 인간이나 생물 종에게서 분명히 적응적 기능을 가지고 있다(Ochsner & Gross, 2005). 아주 흥미롭게도 자신의 정서를 잘 조절하는 사람들은 보다 공감을 잘 경험하고 도덕적으로 바람직한 방법으로 타인과 상호작용하는 것이 증명되었다(Eisenberg et al., 1994). 그러나 이와 반대로 자신의 정서를 강하게 경험하는 사람들, 특히 부정적 정서를 크게 느끼는 사람들은 타인의 정서적 상태나 상황을 인지하는 데 기초가 되는 개인적 고통, 혐오적 정서 반응(예를 들면, 불안이나 심리적 불편함) 등을 더 잘 느끼는 것으로 나타났다.

타인의 고통을 지각할 때 자신의 정서 수준을 낮추어 조절(down-regulate)하는 능력은 특히나 공감하는 대상자의 고통스러움이 압도적일 때 유용하다. 예를 들면, 아기가 밤에 우는 소리를 듣는 엄마는 아이의 괴로움을 적절하게 보살펴 줌으로써 그녀의 심리적 불편함을 해결한다. 자신의 정서를 조절하는 한 가지 전략은 인지적 재평가(cognitive reappraisal)다. 인지적 재평가는 우리가 자극에 반응하는 방식을 바꾸기 위해 자극의 원래 값(valence)을 재해석하는 것을 포함한다. 그러한 재평가는 의도적으로 성취할 수 있으며, 또는 정서-유발 자극에 대한 추가 정보를 처리함으로써 만들어 낼 수 있다.

　　위에 언급했던, 연구 참가자가 고통스러운 의학적 처치를 받는 환자들의 모습이 담겨 있는 비디오 클립을 시청했던 그 fMRI 연구에서 Lamm, Batson 그리고 Decety(2007)는 관찰했던 고통의 결과에 대한 다른 정보를 제공함으로써 공감 경험에서 인지적 재평가 효과를 연구하였다. 관찰 대상이었던 그 환자들은 서로 다른 그룹에 속해 있었다. 한 그룹은 환자들이 고통스러운 의학적 처치를 마치고 나면 건강해지고 삶의 질이 향상되는 집단이었고, 반면에 또 다른 그룹의 환자들은 그 처치로부터 아무런 이득을 받지 못하는 집단이었다. 그러므로 두 그룹의 연구 참가자 모두 동일한 수준의 각성을 유발하면서 부정적인 값이 내재된 정서요소를 포함한 비디오 내용을 시청하였지만, 유일한 차이는 환자가 처해 있는 고통의 맥락이 다른 비디오를 시청한 것이었다. 그 결과는 연구자의 가설이 사실임을 확인하였고, 한 사람이 혐오적인 자극에 대해 재평가하는 것으로 그 자극에 대한 반응을 상당히 바꿀 수 있음을 증명하였다. 연구 참가자들은 추후에 효과가 나타나지 않는 의학적 처치를 받은 환자들에 대해서는 그들의 고통 수준이 높다고 판단하였고, 관찰자들이 그 환자 집단을 시청할 때 느꼈던 개인적 고통도 보다 확연하게 나타났다. 두뇌 활성화는 안와전두엽(OFC)과 MCC의 입쪽(rostral) 부분의 두 하위 영역에서 조절되었다. OFC는 긍정적 강화와 부정적 강화를 평가하는 데 중요한 역할을 하는 것으로 알려져 있으며 더불어 정서적 재평가에도 관여한다. 그러므로 OFC의 활성화는 제시된 자극의 값의 평가를 반영하는 것으로 볼 수 있다. 흥미롭게도, 효과적인 처치 집단 대 비효과적인 처치 집단을 시청하는 것만으로는 시감각 영역 또는 뇌섬 영역의 혈류역학 활동을 조절하지 않았다. 이 사실은 두 환자 집단 모두 정서적 반응이 유발되었고, 상-하향 기제(top-down mechanism)가

초기 지각 단계에서 자극 처리를 바꾸지 않았다는 것을 의미한다.

공감적 반응에 영향을 미치는 또 다른 개인내적 요인은 바로 관찰자의 정서적 상태이다(Niedenthal et al., 2000). 예를 들면, 우울한 기분은 우리가 타인의 정서적 표현을 지각하는 방식에 영향을 미칠 수 있다. 최근의 발달신경과학 연구를 참고하면 소아조울장애(pediatric bipolar disorder)를 가진 참가자가 정서가 포함된 얼굴 표정을 처리할 때 편도체와 측좌핵(nucleus accumbens) 같은 변연계 구조가 과활성화되는 것을 보여 주었다(Pavuluri et al., 2008). 이와 유사하게 일반적 사회공포증(social phobia)을 가진 환자도 화가 난 얼굴이나 경멸어린 얼굴에 노출되었을 때 편도체의 활성화가 증가하는 것을 보여 주었다(Stein et al., 2002).

기질적인 공감, 개인적 고통 등에서 보이는 개인차가 자기중심적(self-centered) 대 타인중심적(other-centered) 반응의 발생과 강도를 조절하는가에 대한 논쟁은 현재도 진행 중이다. 최근 몇몇의 신경영상 연구는 두뇌 활동과 설문방식으로 측정한 공감 간의 명확한 상관을 보여 주고 있다. 예를 들면, Singer와 동료들(2004)의 연구 그리고 Lamm과 동료들(2007)의 연구는 자기보고식으로 측정된 설문에서 높은 수준의 공감을 보인 참가자의 뇌섬과 대상회 피질 부분의 활성화가 상당히 증가하였음을 발견하였다. 이 결과는 타인의 고통에 대해 감정적 반응의 입력을 수행하는 두뇌 영역의 신경 활동 조절을 보여 주는 것이다. 그러나 유사한 연구였지만(Jackson, Meltzoff, & Decety, 2005) 그러한 상관이 발견되지 않은 연구도 있다는 것을 주지할 필요가 있다. Lamm, Batson과 Decety(2007), Jackson, Brunet과 동료들(2006)의 연구에서도 자기보고식으로 측정된 개인적 고통 점수와 두뇌 활동은 상관이 없었다. 그러나 Lawrence와 동료들(2006)은 대상자의 정신적, 감정적 상태를 추적한 관찰자들의 대상회와 전전두엽 영역에서 상관이 있다는 것을 보고하였다. 신경과학 연구와 기질 측정(dispositional measure)간의 이러한 부분적 불일치는 실제적 공감 행동을 예측하고자 하는 자기보고식 측정 방법의 낮은 타당성과 관련 있을 것이다(Davis & Kraus, 1997; Kckes, 2003). 그러므로 두뇌-행동 간의 상관관계는 반드시 주의 깊게 다루어야 하고, 기질 측정과 신경학적 상관관계에 대한 가설을 형성하는 것과 실제로 어떠한 질문을 통해 공감이 측정되었는가에 따라 구체적인 가설을 형성하는 것은 반드시 주의가 필요하다. 예를 들면, 대인관계 반응지수(IRI)의 하위 척도인 개인적 고통의 점수는 실험 연구에서 나타난 고통 측정과의 상관이 '0'에 가깝고 두뇌 활동과의 상관관계도 유의하지 않다. 이 결과는 측정 도구의 하위 척도가 타인의 고통을 관찰할 때 상황적으로 발생하는 심리적 불편함을 적절하게 측정하지 못하는 것이 원인일 수 있다.

대인관계 요인(공감하는 자와 그 대상자 간의 유사성 또는 친밀함)의 효과는 행동 연구, 심리생리학적(psychophysiological) 연구, 신경학적 연구 수준에서 계속 연구되어 왔다. 예를 들면, Cialdini와 동료들(1997)은 일체감을 지각하는 것(자기와 타인 간의 중첩을 지각)은 도움 행동을 예측하는 중요한 예측변수이고, 공감적 염려와 강하게 연관된다고 하였다. Lanzetta와 Englis(1989)는 사회적 상호작용에 있어서 태도 효과와 관련된 재미있는 관찰을 실시했다. 그들의 연구는 경쟁적인 관계에서 타인의 기쁨을 관찰하는 것은 괴로움을 유발하고 반면에 경쟁자가 겪는 고통은 긍정적 정서를 끌어낸다는 것을 보여 주었다. 이 결과는 공감의 중요하면서도 종종 등한시된 측면을 반영하는데, 즉 공감 능력은 악의적인 방식으로도 사용될 수 있다는 것이다. 그렇기 때문에 경쟁자의 정서적 상태나 인지적 상태에 대해 알고 있을 때 공감 능력은 오히려 경쟁자들에게 해가 될 수 있다. Singer와 동료들(2006)은 최근 연구를 통해 상반된-공감 반응(counterempathic response)에 관여하는 신경의 상관관계를 밝혀냈다.

이 연구에서 참가자는 연속적인 죄수의 딜레마 게임[1]을 공범 대상자와

---

1) 역자 주: 두 명의 사건 용의자가 체포되어 서로 다른 취조실에서 격리되어 심문을 받게 되는데 서로 협력할 경우 서로에게 가장 이익이 되는 상황이 되지만, 개인적인 욕심으로 서로에게 불리한 선택을 하게 되는 상황으로 자백 여부에 따라 다음과 같은 선택이 가능하다.
   선택1) 죄수A침묵, 죄수B침묵: 죄수A, B 각각 6개월씩 복역
   선택2) 죄수A침묵, 죄수B자백: 죄수A 10년 복역, 죄수B 석방
   선택3) 죄수A자백, 죄수B침묵: 죄수A 석방, 죄수B 10년 복역
   선택4) 죄수A자백, 죄수B자백: 죄수A, B 각자 5년씩 복역

함께 하는데, 이 공범 대상자는 게임을 공정하게 또는 부정하게 하는 사람이다. 이 행동 조작 다음에, 관찰자는 공정하게 게임을 한 대상자 및 불공정하게 게임을 한 대상자가 고통스러운 자극을 받는 것을 관찰하는 동안 fMRI를 이용해 참가자의 두뇌를 촬영하였다. 공정한 게임자를 관찰한 것과 대조적으로 불공정한 게임자가 고통에 처한 것을 관찰한 참가자의 뇌에서 고통의 정서적 요소를 처리하는 영역의 상당한 활성 감소가 관찰되었다. 이 효과는 남성 관찰자에게서만 나타났는데, 그들의 두뇌에서는 오히려 보상 관련 영역의 활성화가 동시에 증가되는 것이 관찰되었다.

요약하면, 공감과 개인적 고통이 유발되는 경험이 몇 가지 사회적 요소와 인지적 요소에 의해 조절되는 것을 증명하는 강력한 행동 연구들이 있다. 게다가 최근의 몇몇 신경영상 연구들은 그러한 조절이 사회적 정보를 처리하는 신경계의 활성화 변화를 가져온다는 것을 나타낸다. 앞으로의 연구들은 공감적 반응의 조절에 관여하거나 또는 그것이 원인이 되어 나타나는 다양한 요인들, 처리 과정 그리고 (신경적, 행동적) 효과들에 대해 우리의 지식을 확장시킬 수 있도록 진행되어야 할 것이다. 이러한 지식은 어떻게 공감이 친사회적이고 이타주의적인 행동으로 진행하는 경로로 기능할 것인지에 대해 알려 줄 것이다.

결론

기능적 신경영상 연구들의 결과를 종합하면 개인이 고통스러운 상황이나 괴로운 상황에 처한 타인을 지각할 때 마치 자신들이 고통스러운 상황에 처했을 때와 같은 신경 기제를 사용한다는 것을 증명하고 있다. 이러한 공유된 신경 기제는 상호주관성(intersubjectivity)에 대한 흥미로운 기초를 제공하는데, 그 이유는 상호주관성이 1인칭 정보와 3인칭 정보 간의 기능적인 연결을 제공하며, 자기-타자가 동등하다는 데 근거를 두고 있고(Decety & Sommerville, 2003; Sommerville & Decety, 2006), 이러한 기제는 유추적 추론을 가능하게 하여 타인을 이해할 수 있는 루트를 제공하기 때문이다. 그렇지만 자기와 타인 간의 최소한의 구분은 일반적으로 사회적 상호작용과 특히 공감에 필수적이다. 그리고 사회신경과학의 새로운 업적은 자기와 타인이 행동적 수준 및 신경학적 수준에서 구분된다는 것을 밝힌 것이다. 마지막으로 최근의 인지신경과학 연구는 고통에 처한 타인에 대한 신경적 반응이 다양한 상황적이고 성향적인 요인들에 의해 조절될 수 있다는 것을 보여 주고 있다.

이 모든 것을 종합해 보았을 때, 연구 결과들은 공감이 전혀 독립적으로 기능하는 것이 아니라 의식적 반응이기도하면서 동시에 자동적인 처리를 통한 작용이라는 관점을 지지하고 있다. 이러한 공감에 대한 설명은 체화된 인지이론과 조화를 이루며, 인지적 표상 및 인지적 작동이 근본적으로 신체 상태와 두뇌의 '양상-특정적(modality-specific)' 체계에 근거하고 있음을 강조한다 (Niedenthal et al., 2005).

참고문헌

Avenanti, A., Bueti, D., Galati, G., & Aglioti, S. M. (2005). Transcranial magnetic stimulation highlights the sensorimotor side of empathy for pain. *Nature Neuroscience 8*, 955-960.

Basch, M. F. (1983). Empathic understanding: A review of the concept and some theoretical considerations. *Journal of the American Psychoanalytic Association, 31*, 101-126.

Batson, C. D., Batson, J. G., Singlsby, J. K., Harrell, K. L., Peekna, H. M., & Todd, R. M. (1991). Empathic joy and the empathy-altruism hypothesis. *Journal of Personality and Social Psychology, 61*, 413-426.

Batson, C. D., Early, S., & Salvarini, G. (1997). Perspective taking: Imagining how another feels versus imagining how you would feel. *Personality and Social Personality Bulletin, 23*, 751-758.

Blakemore, S. J., Bristow, D., Bird, G., Frith, C., & Ward, J. (2005). Somatosensory activations during the observation of touch and a case of vision -touch synaesthesia. *Brain 128*, 1571-1583.

Carr, L., Iacoboni, M., Dubeau, M. C., Mazziotta, J. C., & Lenzi, G. L. (2003). Neural mechanisms of empathy in humans: A relay from neural systems for imitation to limbic areas. *Proceedings of the National Academy of Sciences USA, 100*, 5497-5502.

Cialdini, R. B., Brown, S. L., Lewis, B. P., Luce, C., & Neuberg, S. L. (1997). Reinterpreting the empathyaltruism relationship: When one into one equals oneness. *Journal of Personality and Social Psychology, 73*, 481-494.

Critchley, H. D., Wiens, S., Rotshtein, P., Öhman, A., & Dolan, R. D. (2005). Neural systems supporting interoceptive awareness. *Nature Neuroscience, 7,*

189-195.

Davis, M. H., Conklin, L., Smith, A., & Luce, C. (1996). Effect of perspective taking on the cognitive representation of persons: A merging of self and other. *Journal of Personality and Social Psychology, 70,* 713-726.

Davis, M. H. (1996). *Empathy: A social psychological approach.* Madison, WI: Westview Press.

Davis, M. H., & Kraus, L. A. (1997). Personality and empathic accuracy. In W. Ickes (Ed.), *Empathic accuracy* (pp. 144-168). New York: Guilford Press.

Decety, J. (2005). Perspective taking as the royal avenue to empathy. In B. F. Malle and S. D. Hodges (Eds.), *Other minds: How humans bridge the divide between self and other* (pp. 135-149). New York: Guilford Press.

Decety, J., & Grèzes, J. (2006). The power of simulation: Imagining one's own and other's behavior. *Brain Research, 1079,* 4-14.

Decety, J., & Hodges, S. D. (2006). A social cognitive neuroscience model of human empathy. In P. A. M. van Lange (Ed.), *Bridging social psychology: Benefits of transdisciplinary approaches* (pp. 103-109). Mahwah, NJ: Erlbaum.

Decety, J., & Jackson, P. L. (2004). The functional architecture of human empathy. *Behavioral and Cognitive Neuroscience Reviews, 3,* 71-100.

Decety, J., & Keenan, J. P. (2006). Social neuroscience: A new journal. *Social Neuroscience, 1,* 1-4.

Decety, J., & Lamm, C. (2006). Human empathy through the lens of social neuroscience. *Scientific World Journal, 6,* 1146-1163.

Decety, J., & Lamm, C. (2007). The role of the right temporoparietal junction in social interaction: How low-level computational processes contribute to meta-cognition. *Neuroscientist, 13,* 580-593.

Decety, J., & Moriguchi, Y. (2007). The empathic brain and its dysfunction in psychiatric populations: Implications for intervention across different clinical conditions. *BioPsychoSocial Medicine, 1,* 22-65.

Decety, J., & Sommerville, J. A. (2003). Shared representations between self and others: A social cognitive neuroscience view. *Trends in Cognitive Sciences, 7,*

527-533.

De Waal, F. (2005). Primates, monks and the mind. *Journal of Consciousness Studies, 12*, 1-17.

Eisenberg, N., Fabes, R. A., Murphy, B., Karbon, M., Maszk, P., Smith, M., O'Boyle, C., & Suh, K. (1994). The relations of emotionality and regulation to dispositional and situational empathy-related responding. *Journal of Personality and Social Psychology, 66*, 776-797.

Eisenberg, N., & Miller, P. A. (1987). The relation of empathy to prosocial and related behaviors. *Psychological Bulletin, 101*, 91-119.

Farrow, T., & Woodruff, P. W. (2007). *Empathy in mental illness and health.* Cambridge: Cambridge University Press.

Grosbras, M. H., & Paus, T. (2006). Brain networks involved in viewing angry hands or faces. *Cerebral Cortex, 16*, 1087-1096.

Ickes, W. (2003). *Everyday mind reading: Understanding what other people think and feel.* Amherst, NY: Prometheus Books.

Jackson, P. L., Brunet, E., Meltzoff, A. N., & Decety, J. (2006). Empathy examined through the neural mechanisms involved in imagining how I feel versus how you feel pain. *Neuropsychologia, 44*, 752-761.

Jackson, P. L., Meltzoff, A. N., & Decety, J. (2005). How do we perceive the pain of others? A window into the neural processes involved in empathy. *NeuroImage, 24*, 771-779.

Jackson, P. L., Rainville, P., & Decety, J. (2006). From nociception to empathy: The neural mechanism for the representation of pain in self and in others. *Pain, 125*, 5-9.

Lamm, C., Batson, C. D., & Decety, J. (2007). The neural basis of human empathy: Effects of perspectivetaking and cognitive appraisal. *Journal of Cognitive Neuroscience, 19*, 42-58.

Lanzetta, J. T., & Englis, B. G. (1989). Expectations of cooperation and competition and their effects on observers' vicarious emotional responses. *Journal of Personality and Social Psychology, 56*, 543-554.

Lawrence, E. J., Shaw, P., Giampietro, V. P., Surguladze, S., Brammer, M. J., & David, A. S. (2006). The role of "shared representations" in social perception and empathy: An fMRI study. *NeuroImage, 29,* 1173-1184.

Levenson, R. W., & Ruef, A. M. (1992). Empathy: A physiological substrate. *Journal of Personality and Social Psychology, 63,* 234-246.

Morrison, I., Lloyd, D., di Pellegrino, G., & Roberts, N. (2004). Vicarious responses to pain in anterior cingulate cortex: Is empathy a multisensory issue? *Cognitive and Affective Behavioral Neuroscience, 4,* 270-278.

Niedenthal, P. M., Barsalou, L. W., Ric, F., & Krauth-Gruber, S. (2005). Embodiment in the acquisition and use of emotion knowledge. In L. Feldman Barrett, P. M. Niedenthal, & P. Winkielman (Eds.), *Emotions and consciousness* (pp. 21-50). New York: Guilford Press.

Niedenthal, P. M., Halberstadt, J. B., Margolin, J., & Innes-Ker, A. H. (2000). Emotional state and the detection of change in the facial expression of emotion. *European Journal of Social Psychology, 30,* 211-222.

Ochsner, K. N., & Gross, J. J. (2005). The cognitive control of emotion. *Trends in Cognitive Sciences, 9,* 242-249.

Pavuluri, M. N., O'Connor, M. M., Harral, E., & Sweeney, J. A. (2008). Affective neural circuitry during facial emotion processing in pediatric bipolar disorder. *Biological Psychiatry, 162,* 244-255.

Preston, S. D., & de Waal, F. B. M. (2002). Empathy: Its ultimate and proximate bases. *Behavioral Brain Science, 25,* 1-72.

Rizzolatti, G., & Craighero, L. (2004). The mirror-neuron system. *Annual Review in Neuroscience, 27,* 169-192.

Ruby, P., & Decety, J. (2003). What you believe versus what you think they believe? A neuroimaging study of conceptual perspective taking. *European Journal of Neuroscience, 17,* 2475-2480.

Ruby, P., & Decety, J. (2004). How would you feel versus how do you think she would feel? A neuroimaging study of perspective taking with social emotions. *Journal of Cognitive Neuroscience, 16,* 988-999.

Scherer, K. R., Schorr, A., & Johnstone, T. (2001). *Appraisal processes in emotion.* New York: Oxford University Press.

Shamay-Tsoory, S. G., Lester, H., Chisin, R., Israel, O., Bar-Shalom, R., Peretz, A., Tomer, R., Tsitrinbaum, Z., & Aharon-Peretz, J. (2005). The neural correlates of understanding the other's distress: A positron emission tomography investigation of accurate empathy. *NeuroImage, 15,* 468-472.

Singer, T., Seymour, B., O'Doherty, J., Kaube, H., Dolan, R. J., & Frith, C. D. (2004). Empathy for pain involves the affective but not the sensory components of pain. *Science, 303,* 1157-1161.

Singer, T., Seymour, B., O'Doherty, J. P., Stephan, K. E., Dolan, R. J., & Frith, C. D. (2006). Empathic neural responses are modulated by the perceived fairness of others. *Nature, 439,* 466-469.

Sommerville, J. A., & Decety, J. (2006). Weaving the fabric of social interaction: Articulating developmental psychology and cognitive neuroscience in the domain of motor cognition. *Psychonomic Bulletin and Review, 13* (2), 179-200.

Stein, M. B., Goldin, P. R., Sareen, J., Zorrilla, L. T., & Brown, G. G. (2002). Increased amygdala activation to angry and contemptuous faces in generalized social phobia. *Archives of General Psychiatry, 59,* 1027-1034.

Thompson, E. (2001). Empathy and consciousness. *Journal of Consciousness Studies, 8,* 1-32.

Tice, D. M., Bratslavsky, E., & Baumeister, R. F. (2001). Emotional distress regulation takes precedence over impulse control: If you feel bad, do it! *Journal of Personality and Social Psychology, 80,* 53-67.

Van Essen, D. C., Dickson, J., Harwell, J., Hanlon, D., Anderson, C. H., & Drury, H. A. (2001). An integrated software system for surface-based analyses of cerebral cortex. *Journal of the American Medical Informatics Association, 41,* 1359-1378.

Wicker, B., Keysers, C., Plailly, J., Royet, J. P., Gallese, V., & Rizzolatti, G. (2003). Both of us disgusted in my insula: The common neural basis of seeing and feeling disgust. *Neuron, 40,* 655-664.

Chapter 16

공감적 처리: 공감의 인지적·정서적 영역과 신경해부학적 기초

Simone G. Shamay-Tsoory

공감은 심리학 분야에서 사용되는 주요 개념으로 오늘날 신경과학 분야에서 활발히 연구되고 있다. 인지심리학자와 정신분석심리학자의 관점에서 공감은 두뇌 메커니즘보다는 심리적 처리 과정으로 초점을 맞춰 왔다. 그러나 최근 경험적 연구가 신경학적, 정신의학적인 문제가 있는 환자군에서 보이는 행동장애가 공감의 손상에 의해 설명되면서, 공감이 아마도 특정한 신경 네트워크에 의해 조정(mediated)되는 것으로 고려되고 있다(Brothers, 1990).

인지 공감과 정서 공감

넓은 의미에서 공감은 어떤 한 개인이 타인의 경험을 관찰하는 과정에서 나타나는 반응으로 설명된다(Davis, 1994). 몇몇의 연구자들은 공감을 인지적인 현상으로 간주하며, 타인의 심리적인 관점을 수용하는 인지적 과정에 관여하는 능력이라고 강조한다. 그들의 연구는 공감을 타인에 대해 정확하게 지각하는 것과 같은 지적인 과정에 초점을 맞춘다(DeKosky et al., 1998). '인지 공감(*cognitive empathy*)'이라는 용어로 사용되는 이 과정은 조망수용(Eslinger, 1998)과 마음 읽기(theory of mind; Shamay-Tsoory et al., 2004)의 인지 과정을 포함하고,

인지 공감은 몇 가지 인지 능력에 따라 다르게 작용한다고 보고된다(Davis, 1994; Eslinger, 1998; Graattan et al., 1994). 또 다른 연구자들은 공감을 정의할 때 감정적인 면을 강조한다. 그들은 일반적으로 도움 행동(helping behavior)과 같은 측면을 연구하고, 또한 '**정서 공감**(*affective empathy*)'으로써 타인의 관찰된 경험에 대한 정서적 반응 능력을 언급한다(Davis, 1994).

인지 공감과 정서 공감의 중요한 차이를 말하자면, 인지 공감은 타인의 관점에 대해 인지적으로 이해하는 것을 포함하고, 반면에 정서 공감은 저어도 중대한 영향을 받는 수준에서 그들의 느낌을 공유하는 것을 말한다(즐거움 vs. 불쾌함; Mehrabian & Epstein, 1972). 공감의 두 가지 다른 측면이 성장 발달을 통해 서로 상관되고 상호작용한다고 제안된 이래로(Hoffman, 1978), 최근 공감 이론들은 공감과 공감-관련 행동들의 몇 가지 측면이 합쳐진 공감의 다차원적이며(Davis, 1994) 통합된 모델(Decety & Jackson, 2004; Preston & de Waal, 2002)을 소개하고 있다.

공감의 정의가 다양하여 이로 인해 유발되는 혼란에 대응하기 위해, 우리가 타인의 행동을 어떻게 이해하는가에 대한 대립되는 이론(competing theories)적 관점을 살펴볼 수 있다. 이러한 두 가지 다른 접근은 우리가 다른 사람들의 행동을 표상하고 예측하는 능력을 돕는 인지적 메커니즘을 설명하려는 시도이다. **마음이론** 이론가(ToM 이론가)들은 사람들이 자신의 마음을 보여 주지 않고 숨기려 하는 데서 기인한 마음 상태(mental state)가 타인들로 하여금 그들의 마음을 예측하고 설명하려는 행동을 유발하도록 하는데, 이는 마치 과학적 이론의 어떤 것과 가깝다고 주장한다(Gopnik & Meltzoff, 1998). Wellman과 Woolley (1990), 또 다른 ToM 이론 지지자들은 이러한 종류의 처리 과정은 사실 마음의 "이론(theory)"이라고 주장하는데 왜냐하면 사람들의 신념과 바람(desires)은 우리가 타인의 행동, 사고, 느낌들을 예측하고 설명하는 데 있어 이 모든 것에 대한 통합적 기능을 수행하는 기본적인 이론 구조(basic theoretical construct)를 형성하기 때문이다.

반면에, **시뮬레이션** 관점(Gallese & Goldman, 1999)은 1인칭 관점(first-person perspective)을 강조하고 관찰자로서의 개인을 중요시하는데 이 관찰자는 자기 자신의 깊은 마음의 울림을 통해 타인의 마음 상태를 따라가고 맞춰 봄으로써 그들의 마음 상태를 자신의 마음속에 표상한다. 그러므로 그 관찰자는 은밀하고도 무의식적으로 그 상대방의 심적 활동을 따라하려고 노력한다. 이러한 시뮬레이션 관점은 원숭이가 특정 행동을 수행할 때, 그리고 또 다른 원숭이가 그 원숭이의 행동과 같은 움직임을 보일 때 반응하는 복측 운동피질 내 "거울" 뉴런의 활동 결과로 확인할 수 있다(Gallese & Goldman, 1999).

공감에 관한 마음이론(ToM) 접근과 시뮬레이션 접근의 핵심적 차이를 설명하자면, ToM 접근은 공감을 타인의 마음 상태를 헤아려 보는 동안에 피질 영역에서 나타나는 두뇌 활성화를 철저하게 '분리하여' 이론적 분석으로 설명하는 반면에, 시뮬레이션 접근은 공감을 정서 처리를 다루는 신경 네트워크를 통해 개인이 타인의 감정적 마음 상태를 복제하는 시도로 간주한다. 인지적·정서적 공감의 정의에 관해서, 인지 공감은 ToM 과정이 좀 더 관련되고, 이에 반해 정서 공감은 시뮬레이션 과정이 좀 더 관여하는 것으로 생각해 볼 수 있다.

공감의 신경해부학적 기초: 전두엽의 역할

동시대의 많은 신경심리학 연구 분야와 마찬가지로, 공감 연구는 처음에 뇌 손상으로 고통받는 환자의 단일 사례로부터 보고되었다. 뇌 손상에 따르는 사회인지 손상의 특징은 Halrow(1868) 의사의 보고에서 확인할 수 있다. 할로우(Halrow)의 사례 보고로 알려진 피니어스 게이지(Phineas Gage)는 철도회사 직원으로 전두엽에 철심이 통과하는 심각한 상해를 입은 환자였다. 비록 그는 신체적인 회복을 거쳐 생존했고, 많은 인지 능력을 보존할 수 있었지만 그의 사회적 행동은 너무나 손상되어 그를 아는 지인들은 그가 더 이상 "예전의 게이지(Gage)"가 아니라고 이야기했다. 할로우는 게이지의 공감 능력을 직접적으로 언급하지는 않았지만 게이지를 "변덕스럽고, 불손하고, 때때로 심한 욕설을 하는 불경스러운 행동을 보이는 사람으로 묘사하고, 그의 동료들에 대한 존중이 전혀 없다고 설명하였다(Harlow, 1868).

　　몇 년 후에, 정서조절과 사회인지에 있어 전두엽의 역할에 관한 집약적 증거를 담은 유사한 의학 보고서가 제출되었다. 이 연구들은 전전두피질(prefrontal cortex)의 후천적 손상은 대인관계 행동에 있어 심각한 손상을 야기할 수 있다고 일관되게 보고한다(Stuss and Benson, 1986; Damasio, Tranel, & Damasio, 1991; Stuss, Gallup, & Alexander, 2001). 특히 복측 전전두피질(ventral prefrontal cortex)의 손상은 사회적 상황과 사회적으로 부적절한 행동을 잘못 해석하게 만든다(Rolls, 1996). Eslinger와 Damasio(1985)는 특히 피니어스 게이지와 같이 양측 안와전두엽(orbital)과 전두엽의 낮은 중앙부(lower mesial frontal cortices)를 절제당한 한 환자(EVR)가 심각한 행동의 변화를 겪었다고 설명했다. EVR은 이전에 직업적으로 성공하였으며 더불어 행복한 결혼생활을 하던, 아들이 둘 있는 아버지였다. 그러나 복내측(ventromedial) 전전두엽의 절제 후, 그는 개인적인 관계를 맺던 사람들과의 만남뿐 아니라 직업적으로 전문성이 필요한 회의에서도 많은 어려움을 겪었다. 그는 그 후 여러 회사에서 해고당했으며 그의 아내는 17년의 결혼생활을 그만두고 집을 나갔다. 이러한 행동적 문제에도 불구하고 그는 우수한 지적 능력을 가지고 있었다. 비록 그가 사회적 규준을 기억하고, 내재된 도덕적 판단들에 대해 알고 있었지만 그의 행동은 극심하게 부적절했다.

　　위의 사례와 일치하는 또 다른 사례로 Price와 동료들(1990)은 생애 초기에 양측 전전두엽의 손상을 겪은 두 명의 환자를 보고하였다. 이 환자들은 몇 가지 이상 행동을 보이는 '정신의학적 주의(psychiatric attention)' 손상 환자였다. 신경심리학적 검사를 통해 이 환자는 도덕적 판단 결함, 통찰력과 예측력 부족, 사회적 판단의 손상, 공감 손상 그리고 복잡한 추론 능력에 어려움이 있다는 것을 밝혀냈다.

　　Anderson과 동료들(1999) 또한 이른 시기에 두뇌의 복내측 영역이 손상된 경우 사회인지에 손상을 보이는 유사한 증거를 보고하였는데, 어린 시절에 전전두피질이 손상된 경우에 나타나는 장기적인 결과를 태어난 지 16개월이 되기 이전에 전전두엽에 손상을 입었던 2명의 성인의 사례를 통해 규명하였다. 이 환자들은 정상적인 인지 능력을 가지고 있음에도 불구하고 사회적 행동의 손상을 보였다. 환자들은 자신의 결정으로 유발될, 추후의 인과적 결과에 대해 둔감하였고, 처벌 유관성에 자율적으로 반응하는 데 결함을 보이며, 행동적 개입에 반응하는 것도 실패하였다. 성인기에 손상을 입은 EVR 환자의 사례와 대조적으로 초기에 손상을 경험한 환자들은 도덕적 추론에 엄청난 결함을 가지고 있고 복내측 영역의 초기 손상은 사회적 인지와 도덕적 판단뿐 아니라 사회적 행동에도 손상을 미치는 것으로 나타났다.

앞서 언급한 사례 연구들은 명확하게 복내측 피질이 사회적 상호작용에 관계하는 행동을 중재하는 것을 보여 주고 있다. 비록 위의 환자들의 공감적 능력이 직접적으로 검증된 것은 아닐지라도 위의 사례들은 그들의 공감적 행동이 손상될 수 있음을 함축하고 있다.

전전두엽 병변으로 인한 공감 능력의 손상

공감의 다양한 정의와 관련하여 Grattan과 Eslinger(1989)는 몇 가지 병변 연구(lesion studies)로 뇌 손상을 입은 환자들의 공감 능력을 연구했다. Grattan과 Eslinger(1989)는 인지적 공감 능력이 전전두피질이 개입하는 실행 기능 측면의 인지적 유연성(cognitive flexibility)과 연관이 있음을 밝혔다. 이러한 결과는 위의 연구자들이 공감적 행동의 손상이 전두엽 손상과 연관된다는 이론을 고려하도록 하였다(Grattan et al., 1994). 하지만 흥미롭게도 그들은 전전두엽에 한정되는 병변을 가진 환자와 다른 피질 부분의 병변을 가진 환자들 간의 자기보고식으로 측정한 공감적 능력의 유의한 차이를 도출하지는 못했다(Grattan et al., 1994). 그러나 Grattan과 동료들이 전전두엽 영역을 작은 영역들(안와전두 (orbitofrontal), 중앙 내측(medial), 배외측(dorsolateral) 부분의 전두엽 손상)로 구분하였을 때는 공감과 인지적 유연성의 손상에 있어 분리할 수 있는 패턴이 나타났다. 명백하게, 공감의 손상은 안와전두엽(OFC)과 중앙 내측(medial) 부분의 전두엽이 손상된 환자군의 인지적 유연성보다는, 전두엽의 배외측 영역이 손상된 환자군의 인지적 유연성과 상당히 높은 관련성을 보인다. 전전두엽의 중앙 내측이 손상된 환자 그룹은 인지적 유연성이 손상된 반면에 공감 능력은 보존되었고, 안와전두엽이 손상된 그룹은 인지적 유연성이 보존된 반면에 공감 능력은 손상되었다. 연구자들은 위 그룹에서 보이는 공감의 손상은 인지적 유연성과 독립적이며, 공감이 손상되는 것은 공감적 처리를 위해 요구되는 적절한 감각적 또는 자율적 상태를 활성화할 수 없음을 반영하는 것이라고 결론 내렸다.

이러한 초기 노력들을 확장시켜 나와 내 동료 연구자들은 전전두엽에 국부 병변(localized lesion)을 가진 환자들을 후두엽(posterior cortex) 부분의 병변을 가진 환자의 공감 반응 그리고 정상인의 공감 반응과 비교하였다(Shamay-Tsoory et al., 2003). 공감 능력의 기저를 이루는 인지 과정을 설명하기 위해 대인관계 반응지수(Interpersonal Reactivity Index, 공감 능력의 자기보고식 측정)를 사용하여 나타난 공감 점수와 인지적 유연성, 정서 인식의 처리 과정을 평가하는 수행평가 간의 관계를 검사하였고, ToM 또한 검토하였다.

우리 연구진은 전전두엽의 한정된 부분에 병변을 가진 환자들과 우반구 손상을 가진 환자들이 인지 공감 척도[대인관계 반응지수(IRI)의 조망수용(perspective-taking)과 상상하기(fantasy) 하위 척도]를 통해 평가한 공감 능력에 상당한 손상을 보였다고 보고하였다. 게다가 복내측 영역의 병변은 자기보고식으로 측정된 공감 능력의 큰 결손과 연관되는 것으로 나타났다. 정상인 그룹과 비교할 때, 전전두엽 손상 환자들은 인지적 유연성을 검사하는 다양한 측정에서 제 기능을 하지 못했다. 그러나 더 흥미로운 점은 인지 공감 점수와 인식에 영향을 미치는 인지적 유연성의 수행능력 그리고 ToM(faux pas 과제에서 평가된) 사이의 관계가 전전두엽 병변 위치가 각각 다른 그룹에서 다른 패턴을 보여 주었다는 결과이다. 배외측(DLC) 손상 그룹에서는 인지 공감 능력이 ToM이 아니라 인지적 유연성과 상관이 있었고, 반면에 복내측 손상 그룹에서는 인지 공감이 인지적 유연성보다는 ToM과 상관을 나타냈다. 사실, 복내측 손상 그룹은 자기보고식으로 측정된 공감 점수에서 가장 낮은 점수를 받았고 ToM 과제에서 가장 높은 빈도의 오류(error)를 보여 주었다. 이러한 결과는 다른 사람들의 마음 상태를 추론하는 능력에 손상을 보이는 것은 복내측 영역이 손상된 환자 집단에서 관찰된 인지 공감 점수가 낮게 나타나는 것을 설명해 줄 수 있을 것으로 보인다.

후속 연구에서 우리는 전전두엽 병변을 가진 환자가 정상군 및 후두엽 손상군(parietal cortex lesions)과 비교해 자기보고식으로 측정된 인지 공감과 정서 공감 모두에서 심각한 손상을 보이는 것을 밝혀냈다(Shamay-Tsoory, Tomer, et al., 2004). 전전두엽과 후두엽 내의 특정 부분이 정서적·인지적 공감의 개입과 연관되는지 검사하기 위해, 우리는 전전두엽(PFC)과 후두엽(PC)을 병변의 정확한 국부화(안와전두엽[OFC], 내측 전전두엽[medial PFC], 배외측엽[DLC])에 따라 작은 소 영역으로 나누었다. 놀랍게도 인지 공감에서 중요한 그룹 간 차이가 발견되었는데, 이는 안와전두엽과 내측 전전두엽 손상군이 후두엽 손상군보다 인지 공감 점수가 상당히 낮았다. 추가로 인지적 수행과 공감 사이의 관계 패턴이 다르게 나타났는데, 인지 공감은 인지적 유연성과 연관되는 데 반해, 정서 공감은 감정이 표현된 얼굴 표정의 인식과 관련 있었다.

마음이론(ToM)과 인지 공감 간의 관계

위에서 언급했듯이, ToM과 인지 공감 능력은 서로 긴밀하게 관련이 있으며 손상되지 않은 복내측전전두엽에 영향을 받는다. 반면에 정서 공감의 신경학적 기저는 좀 덜 명확하다. ToM은 사람들의 지식, 욕구, 의도, 감정과 같은 타인의 마음 상태를 추론하는 능력이다(Premack & Woodruff, 1978). 사실, 정서 공감과 반대로 인지 공감은 타인의 마음과 정서 상태에 대한 인지적 마음 읽기를 만들어 내는 과정을 포함하는 것 같다. 게다가 유사한 두뇌 영역이 인지 공감과 ToM에 관여하는 것으로 제안되어 왔다. 신경영상 연구는 주로 ToM에 있어 내측 전전두엽의 역할에 초점을 맞춰 왔다. 또 다른 연구에서 Fletcher와 Goel 그리고 동료 연구자들은 양전자방출단층촬영술(PET)을 이용한 연구에서

ToM 과제를 수행하는 동안 왼쪽 내측 전두 영역의 활성화를 발견하였다(PET; Fletcher et al., 1995; Goel et al., 1995). 기능적 자기공명영상(fMRI)을 이용한 연구에서도 참가자들이 이야기와 만화 과제(story and cartoon task)를 수행하는 동안에 왼쪽 내측 전두 영역의 유사한 활성화 패턴이 증명되었다(Gallagher et al., 2000).

　　Gallagher와 Frith(2003)는 영상 연구들에 기초하여 ToM에 관여하는 네트워크가 내측 전전두엽, 양 반구 상측두구(superior temporal sulci, STS)와 측두극(temporal pole)을 포함한다고 가정한다. 그러나 연구자들은 내측 전전두엽이 심상화에 반응하는 중요한 핵심 영역이지만, 상측두구(STS)와 측두극은 ToM과 특별하게 관련 있는 영역은 아니라고 언급한다.

　　병변 연구들도 ToM에 있어서 전전두엽의 역할을 유사하게 설명한다. Rowe와 동료들(2001)은 좌측이나 우측 전전두엽에 병소를 가지고 있는 환자들은 일차-이차 틀린믿음과제[1](first-and second-order false belief tests)를 이용해 평가한 ToM 능력에 손상을 보인다고 설명한다. Stone, Baron-Cohen 그리고 Knight(1998)은 안와전두엽이 손상된 환자를 배외측 전두엽이 손상된 환자와 서로 다른 ToM 과제를 수행시켜 비교하였다. 배외측 전두엽이 손상된 환자와 달리(이 환자군은 모든 과제를 완벽하게 수행하였다), 안와전두엽이 손상된 환자는 아스퍼거 증후군을 가진 사람들과 닮아 있었고 일차-이차 틀린믿음과제에서 좋은 수행을 보였지만 실언 과제(faux pas task)[2]에서는 결함을 보였다(Stone et al., 1998).

　　Stuss와 동료들(2001)은 전전두엽 영역 중에서도 특히 우측 전두엽과 내측 전전두엽이 ToM이 요구되는 조망수용(perspective taking) 과제와 속임수 과제에

---

1) 역자 주: 내재된 마음 상태(embedded mental states)에 관해 생각하는 과제로, 다른 누군가의 마음 상태에 대한 누군가의 생각을 포함한다. 일차 틀린믿음과제는 사실에 기반하여 A라는 사람의 마음 상태를 추측해 보는 과제이고, 이차 틀린믿음과제는 A라는 사람의 마음 상태에 대해 B라는 사람이 A에 대한 마음 상태를 어떻게 추측하는가를 알아보는 과제로 구성된다.

2) 역자 주: 두 사람이 대화를 나누는 과정에서 화자가 상대방의 상황을 정확하게 알지 못하는 상황에서 의도치 않게 불쾌한 말을 했을 때, 실언한 사람과 화가 난 청자의 마음을 모두 표상하는 과제이다.

서 중요한 역할을 한다고 강조하였다.

반면에 Bird와 동료들(2004)은 최근 ToM 사례 연구에서 내측 전전두엽의 역할에 질문을 제기했다. 연구자들은 앞대뇌동맥(anterior cerebral artery)에 타격을 입어 광범위하게 양반구의 내측 전전두엽의 손상을 야기한 G.T.라는 환자에 대해 기술하였다. 이 환자는 집행기능장애 증후군(dysexecutive syndrome)을 보여 주었지만, 사진의 연속성을 체크하는 과제나 "이상한 이야기(strange story)"3) 과제, 애니메이션 같은 다양한 ToM 과제에서 온전한 수행을 보여 주었다. 비록 G.T. 환자는 규범 위반 과제, 실언 과제(faux pas task)에서 약간의 결함을 보였지만, 연구자들은 이 사례가 내측 전전두엽이 ToM에 필수적인 영역이 아니라는 것을 증명하는 것이라고 결론지었다. Samson과 동료들(2005)은 Bird의 연구 결과와 동일하게, 최근 좌측 측두두정연합부(temporoparietal junction: TPJ)가 타인의 신념에 대한 추론에 필수적임을 보여 주는 증거를 뇌손상 환자들을 통해 보고하였다. 연구자들은 전전두엽 손상 환자의 신념-추론 오류가 집행기능장애 증후군(dysexecutive syndrome)으로부터 발생하는 반면에, 측두두정연합부(TPJ)에 손상을 입은 환자의 신념-추론 오류는 다른 종류의 인지적 손상과는 독립되어 나타나는 것으로 제안하였다(Samson et al., 2005).

이러한 일련의 증거들을 고려할 때, ToM에 있어 전전두엽의 정확한 역할 및 공감과 전두엽의 관계는 아직 덜 밝혀진 것으로 보인다. 우리는 최근에 이러한 상반된 결과들이 각각의 연구들에서 사용한 과제가 다르고, 그 과제들이 요구하는 인지적 과정과 심상화 과정(mentalizing process)의 차이가 반영되어 나타난 결과일지 모른다고 제안하였다(Shamay-Tsoory, Tomer, et al., 2005). 예를 들면, 이차-틀린믿음과제가 화자와 청자의 지식(신념에 대한 지식)의 차이를 인지

---

3) 역자 주: Happè, F. G. E. (1994). An advanced test of theory of mind: Understanding of story characters/ thoughts and feelings by able autistic, mentally handicapped, and moral children and adults. *Journal of Autism and Developmental Disorders*, 24, 129-154. 이야기와 그림이 포함된 mentalic story와 physical control story가 포함된 ToM 과제로, 일련의 이야기를 읽고 이야기 이해와 관련된 질문(Was it true what X said?), 추론 관련 질문(Why did X say that?)으로 구성되어 있다.

적으로 이해하는 것을 요구하는 반면에 사회적 실언 과제(social faux pas task)
의 정체성은 청자의 정서적 상태(정서에 대한 지식)에 대한 공감적 이해를 요구
하는 것으로 해석해 볼 수 있다.

　　Stone, Baron-Cohen 그리고 Knight(1998)이 수정하여 사용한 ToM 과제
와 역설 간파하기(detection of irony) 과제를 사용하여 본 연구자는 우측 복내측
(VM) 영역에 병소가 있는 환자들이 **정서적인** ToM을 평가하는 과제(사회적 '실
언 과제'와 역설이 포함된 동일한 과제)에서 손상을 보였고, **인지적** ToM을 평가하
는 과제(이차-틀린믿음과제)에서는 손상을 보이지 않은 것을 이전에 보고한 바
있다(Shamay-Tsoory, Tomer, et al., 2005). 게다가 ToM, 인지적·정서적 공감 간의
관계를 검증하는 과정에서 정서적 ToM 과제의 형편없는 수행과 **인지적** 공감
의 손상 간에 중요한 상관관계가 드러났으며, 이로 인해 **정서적** "마음 읽기"가
사실 **인지적** 공감 반응일지도 모른다는 제안을 하게 되었다. 이러한 정서적
ToM과 인지 공감 간의 중요한 상관관계는(ToM과 정서 공감은 유의하지 않은 상관
이 나타남) 비록 다른 사람들의 느낌과 정서적 경험을 추론하는 것이 정서적 과
정을 포함한다 하더라도, 그러한 정서적 추론 과정은 그럼에도 불구하고 여전
히 인지적이라는 것을 의미한다. 이러한 결과에 기초하여 마음이론의 **정서적**
인 부분은 **인지** 공감의 처리 과정과 관계가 있음을 가정해 볼 수 있고, 이러한
과정은 타인의 정서 추론을 포함한다.

　　어떤 사람이 타인의 마음 상태에 대해 추론하는 것은 그들의 정서적 상태
와 느낌에 대한 공감적 이해뿐 아니라 본인의 생각 및 신념과 관련된 지식에
기초한다. 복내측전전두엽이 손상된 환자의 행동적 결함은 전반적인 ToM의
손상보다는 구체적으로 ToM과 인지적 공감의 정서적인 부분(affective facet)의
손상과 관련이 있다. 이 주장은 Hynes, Baird, Grafton(2006)의 최근 연구에 의
해 지지되는데, 이 연구자들은 기능적 자기공명영상(fMRI)을 이용하여 내측 안
와전두엽(medial orbitofrontal lobe)이 인지적 조망수용 과정보다 정서적 조망수
용 과정에 우선적으로 관여하는 것을 입증하였다. 정서적 ToM과 인지적 ToM
간의 뚜렷한 차이는 Brothers와 Ring(1992)의 연구에서도 나타났는데, 이들은

ToM의 "차가움(cold) 대 뜨거움(hot)"의 측면을 고려하였다. Brothers와 Ring은 ToM의 "뜨거움" 측면은 내측이면서 안와전두엽(medial and orbital PFC)에 의해 중재되는 것이라고 추가로 제안하였다. 그러므로 이러한 인지적·정서적인 심상 표상의 차별적 능력은 분리 가능한 심리적, 신경학적 메커니즘을 포함하고 있으며 아마도 별개의 전전두 회로(prefrontal circuitry)로 운영되는 것으로 추측해 볼 수 있다.

직접적으로 이 가설을 검증하기 위해, 우리는 최근에 두 가지 새로운 ToM 과제를 개발하였다. 첫 번째 과제는 그림 16.1에 설명되어 있는 것으로 이 과제는 초기 Baron-Cohen(1995)이 참가자가 타인의 마음 상태를 단어와 눈동자 응시 방향 신호로 판단하도록 만든 과제에 기초하여 제작되었다.

컴퓨터를 이용하여 수행하는 우리 과제는 일차-, 이차- 정서·인지적 마음 상태를 귀인하는 능력을 평가하도록 설계되었고, 단순한 단어와 눈동자 응시 신호에 기초해 판단하도록 되어 있으며 언어와 고차적인 사고의 요구는 최소화하였다. 이 과제는 64개 시행(trials)으로 구성되었으며, 각각의 시행은 '요니(Yoni)'라고 이름 붙여진 만화 윤곽 얼굴과, 하나의 범주(예를 들면, 과일, 의자)에 속하는 색이 입혀진 4가지 사물들이 컴퓨터 스크린의 각 모서리에 위치해 있는 그림을 보여 준다. 실험에 참여하는 참가자의 과제는 요니의 눈동자 응시 방향, 요니의 얼굴 표정 또는 요니가 주목하는 얼굴의 눈동자 응시와 얼굴 표정과 같은 가능한 단서를 통해서 화면 상단에 나타난 문장에 기초하여 옳은 답(요니가 주목하는 이미지)을 선택하는 것이다(그림 16.1 참조).

그룹 간의 정확도(accuracy)는 실험 조건인 인지적 ToM 과제와 통제 조건인 물리적 판단 과제에서 유의한 차이가 없었다. 이와 대조적으로 복내측(VM) 영역 손상 환자는 정서적 ToM 조건에서 가장 큰 수행 손상을 보였다. 심지어 모든 참가자들은 높은 정확률과 짧은 반응시간 등 정서적 ToM 조건에서 좋은 수행률을 보였지만, 복내측 손상 환자들은 같은 조건에서 좋지 않은 수행을 보여 주었다(Shamay-Tsoory & Aharon-Peretz, 2007).

후속 연구에서 우리는 복내측 두뇌 영역이 정서적 ToM에 있어 중요하다는 가설을 경두개자기자극술(Transcranial magnetic stimulation; TMS)를 사용하여 검증하였다. 이 연구에서(Lev-Ran과 동료들이 제출한) 13명의 건강한 참가자들은 위의 '요니'의 그림 과제와 동일한 정서적 ToM 과제를 수행하였는데, 이들은 복내측 영역에(VM) 낮은 주파수의 반복적인 TMS(rTMS) 또는 가짜의 rTMS를 무선적으로 자극받았다. VM에 가해진 rTMS(가짜의 rTMS에서는 나타나지 않은)는 유의하게 정서적 ToM 자극의 처리 과정에 영향을 미치는 것을 발견하였다. 통제 과제에서의 수행은(통제 과제는 정서적 기능을 포함하지 않음) VM 피질에 rTMS또는 가짜의 rTMS의 자극을 적용한 후에 유의하게 달라지지 않았다.

이전에 언급했던 신경영상학적 데이터(Gallagher & Frith, 2003)와 이러한 병변 연구들에 기초하여, 우리는 인지적·정서적 심상화 능력은 상측두구(STS), 측두극, 전전두피질로 구성된 신경 네트워크에 의해 통제된다고 제안한다. 기본적인 인지적 ToM 능력은 아마도 전체적인 네트워크의 온전한 기능에 따라 다를 것으로 보이지만, 정서적인 ToM은 인지적·정서적 처리를 담당하는 안와 전두 내측영역(orbitofrontal medial region)에 특별히 더 의존하는 것으로 보인다. 이는 VM이 손상된 사람들은 특히 정서적 마음 상태의 귀인과 같은 정서적이고 인지적인 과정이 통합되는 과제에서 장애를 보인다는 것을 통해 알 수 있다(Shamay-Tsoory, Tibi-Elhanany, & Aharon-Peretz, 2006). 이러한 장애는 환자들의 공감 능력과 관련해 나타나고, 따라서 이것은 그들의 행동 결손의 기저가 될 것이다.

1단계	2단계- 사진을 직접적으로 향하기	2단계- 똑바로 지시하기
인지적 ToM(24 trials)		
인지1 12개 수행(trials)	인지2 6개 수행(trials)	인지2 6개 수행(trials)
요니는 ____를 생각하고 있다.	요니는 ____가 원하는 과일을 생각하고 있다.	요니는 ____가 원하는 인형에 대해 생각하고 있다.
정서적 ToM(24 trials)		
정서1 12개 수행(trials)	정서2 6개 수행(trials)	정서2 6개 수행(trials)
요니는 ____를 사랑한다.	요니는 ____가 사랑하는 인형을 사랑한다.	요니는 ____가 사랑하지 않는 인형을 사랑한다.
물리적 판단(16 trials)		
물리적 판단1 8개 수행(trials) (4개: 직접적, 4개: 지시적)	물리적 판단2 4개 수행(trials)	물리적 판단2 4개 수행(trials)
요니는 ____와 가깝다.	요니는 ____가 소유한 의자를 가지고 있다.	요니는 ____가 소유한 과일을 가지고 있다.

그림 16.1

과제 예시: 인지적·정서적 심상 추론과 눈동자 방향의 심리적 중요성(mentalistic significance). 인지적·정서적 조건은 심상 추론을 포함하는 조건이고, 물리적 판단 조건은 캐릭터들의 물리적 위치를 기초하여 정답을 선택하는 것이다. 인지적, 정서적, 물리적 판단 조건은 1단계(32개의 수행) 또는 2단계(32개의 수행)을 하도록 되어 있다. 인지 조건에서, 요니의 얼굴 표정과 문장 단서는 정서적으로 중립인 반면(인지 1조건), 정서 조건에서 두 가지 단서는 정서적 정도를 담고 있다(정서 1조건). 2단계 조건에서(인지2, 정서2, 물리적 판단2), 4가지 자극은 얼굴 이미지들로 구성되고 정답은 각각의 사물과 요니의 마음 심적 상태 간의 상호작용에 대한 이해를 바탕으로 선택하도록 되어 있다.

사실, VM과 전측 뇌섬(anterior insula), 측두극, 하두정영역(inferior parietal region), 편도체(amygdala)의 긴밀한 연결관계는 유입되는 변연계 정보를 평가하고 조절하도록 하며, 이것은 결과적으로 행동을 억제하고, 정서를 조절하는 데 사용될 수 있으며 타인의 경험에 마음으로부터 공감하도록 할 수 있다.

이 논리에 맞춰 Mitchell, Banaji, Macrae(2005)는 최근 정서적 심상화 유형의 과제에서 VM 활성화를 보고하였다. 그들의 연구에서 연구 참여자는 모니터를 통해 등장인물이 자신의 사진을 촬영한 것처럼 보이는 사진을 들고 있는 사진을 보면서 사진 속 인물이 얼마나 기쁠지 추론하는 과제를 수행하였다. 연구자들은 비록 "시뮬레이션" 과정을 통해 VM이 타인의 마음 상태를 이해하는 것에 관여할지라도, 심상화 과정에 있어 배내측 전전두엽(dorsal medial PFC)이 사회-인지적 과정을 보다 포괄적으로 설명할 것이라고 제안하였다. 대부분의 신경영상 연구는 배내측 전전두엽이 바로 그 인지적 심상화 과제에 관여하고 있음을 확인하였다(Baron-Cohen et al., 1994; Fletcher et al., 1995; Goel et al., 1995; Gallagher et al., 2000; Vollm et al., 2006). 이 모든 결과들을 고려해 볼 때, VM이 배내측 전전두엽에 비해 좀 더 심상화의 정서적인 부분을 중재하고 있다고 추측해 볼 수 있다.

공감에 있어 전전두엽의 역할에 대한 추가적 증거: 신경변성질환 및 정신질환 환자들의 연구를 중심으로

위에서 검토된 병변 연구와 연장선에서, 전두엽 퇴행(degeneration)을 겪는 환자들을 다루는 최근 연구 결과들은 공감과 ToM에 있어서의 전전두엽의 역할을 지지해 준다. 심각한 공감 손상은 전두측두엽퇴행(frontotemporal lobar degeneration; FTLD)의 특징을 보인다. Lough, Gregory, Hodges(2001)는 JM의 사례를 보여 주었는데, JM은 47세의 전두측두치매(frontotmeporal dementia)의 전두 변형(frontal variant)을 진단받은 사람이었다. JM은 심각한 반사회적 행동을 보이는 사람으로 묘사되었다. 그의 신경심리학적 평가는 상대적으로 온전한 일반적 신경심리학적 상태와 집행기능(executive function)을 나타냈지만, 마음이론 과제에 있어서는 극단적으로 수행이 저조했다.

전두측두치매군과 알츠하이머환자군, 피질기저퇴행(corticobasal degeneration)군, 진행성핵상마비(progressive supranuclear palsy)군을 중심으로 하는 대량 표본을 통해 자기보고식 인지 공감 측정 도구를 사용하여(대인관계 지수 IRI를 사용함) 공감의 신경해부학적 기초를 추가로 조사하였다. 조사 결과 우측 전두측두 네트워크를 지지하던 이전 연구와 일관된 결과가 나타났으며, 전두측두치매 환자군의 공감 점수는 우측 측두엽 볼륨 구조와 관련 있었다(Rankin et al., 2006).

조현병 환자 또한 사회적 상황에 대한 오해, 공감의 결핍, ToM 결핍 등의 정서적·사회적 행동에 장애를 보였다. 사회인지가 손상된 조현병 환자의 신경해부학적 기저는 전두측두엽의 기능장애를 수반하는 것으로 보고된다(Lee et al., 2004). 이러한 생각에 따라 우리는 최근에 조현병 환자의 정서 공감(Shamay-Tsoory, Aharon-Peretz, & Levkovitz, 2007)과 인지 공감의 손상이 안와전두 부분과 복내측 영역(배외측 영역보다는)의 기능과 상관이 있음을 보여 주었다. 그뿐만 아니라, 조현병 환자군과 전두엽 손상 환자군의 정서적·인지적 ToM 장애의 다른 패턴을 비교함으로써, 조현병을 앓고 있는 환자(특히 음성 증후군에서)와 복내측 병변을 가진 환자군이 정서적 ToM 과제(눈동자 응시 과제)에서 장애를 나타냈음을 보여 주었다(인지적 ToM 조건에서는 보이지 않음). 조현병 환자군에서 심상화 손상의 패턴은 특히 복내측 손상으로 전전두엽의 병소를 가진 환자군과 유사하게 닮아 있었고, 이는 조현병의 전두변연계 회로(frontolimbic circuits)장애에 대한 생각을 지지하는 것으로 결론 내릴 수 있다(Shamay-Tsoory, Aharon-Peretz, & Levkovitz, 2007).

인지적 ToM과 정서적 ToM 간의 분리를 추가적으로 검증하기 위해서 우리는 높은 사회적 불안(high social anxiety, HSA)을 가진 13명의 참가자와 경계선 인격장애(borderline personality disorder)가 있는 20명, 아스퍼거 증후군을 가진 17명, 고기능 자폐를 가진 성인들과 양극성 장애자 20명을 데리고 눈동자 응시 과제로 실험하였다. 이 환자들의 수행은 대부분 음성 또는 양성을 보이는 조현병 환자와 국부 병소를 가진 환자들과 비교되었다. 그림 16.2에서 보는 것처럼 인지적 ToM과 정서적 ToM 간의 모든 그룹 간 상관은 높았지만(r = .539), 유의하지 않았다. 그러나 인지적, 정서적 ToM 간의 구분은 높은 사회적 불안(HSA) 집단과 배외측 전전두엽 병변 집단에서 명백하게 나타났다. 가장 높은 정서적 ToM을 보인 집단은 높은 사회적 불안 집단(HSA)이었다. 사실 이 집단은 높은 인지 공감 수준을 보여 주기도 했다(Tibi-Elhanany & Shamay-Tsoory, 출간되지 않은 자료에서). 흥미롭게도 이러한 결과는 높은 사회적 불안 집단의 개개인들에게서 전두변연계 회로(frontolimbic circuits)의 과활성을 드러내고(Tillfors et al., 2002), 이 회로의 과활성은 높은 정서적 ToM과 연관이 있다는 것을 의미하는 것이다.

그러므로 앞에서 언급한 사례 보고서, 병변 연구, 신경변성적·신경정신 질환 장애 연구들은 정서적 ToM과 인지적 공감의 결손이 다른 뇌 영역의 손상보다는 복내측(VM) 영역의 병소와 연관된다는 것을 명백하게 나타내고 있다. 그러나 이러한 관련성은 인지 공감이 복내측 피질에 국한되는 것으로만 해석되어서는 안 된다. 그보다는 복내측 영역이 공감을 중재하고 관여하는 네트워크에 중추 역할을 하고 있는 것으로 해석할 것을 권한다. 이와 유사하게, Brothers(1990)는 안와전두피질(OFC), 편도체, 전측대상회(ACC), 측두극을 포함하는 신경회로를 설명하면서, 신경회로는 통합된 사회적 "편집자(editor)"로서 역할하며, 회로의 기능은 사회적 상호작용 과정에 있어서 타인에 대한 처리 과정에 특재화되어 있다는 것을 제안하고 있다.

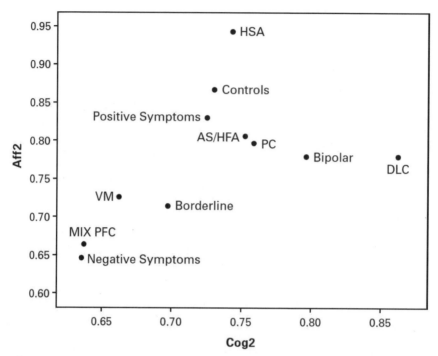

그림 16.2

높은 사회적 불안(HSA)집단, 통제 집단(Controls), 음성적 반응(Negative Symptoms) 또는 양성적
반응(Positive Symptoms)이 우세한 조현병 환자 집단, 양극성 장애 집단(Bipolar), 경계선 인격장애
집단(Borderline), 아스퍼거 증후군 환자 집단 또는 고기능 자폐 집단(AS/HFA), 후측 피질 병변
(PC) 집단, 복내측전전두엽 병소(VM PFC) 집단, 배외측 전전두엽 병소(DLPFC) 집단, 복내측 부분
과 배외측 부분에 모두 병소를 가진 환자 집단(MIX PFC)에서의 2단계 정서적·인지적 ToM 눈동자
응시 과제의 수행.

인지적 · 정서적 공감 반응에 대한 신경 네트워크

공감의 다차원적인 본질에 대해서 고려해 볼 때, 공감은 심상화 과정뿐
아니라 시뮬레이션에 관여하는 복잡한 신경학적 네트워크에 의해 중재되는 것
으로 예상할 수 있다. 비록 ToM(또는 심상화) 과정이 신경영상학 연구와 병변
연구에서 광범위하게 검증되었지만 시뮬레이션 과정은 오직 소수의 연구에서

만 검토되었다. 시뮬레이션 이론에 따라 Wicker와 동료들(2003)은 불쾌한 냄새를 맡을 때뿐 아니라 혐오적인 자극을 지각하거나 생산할 때 관여하는 것으로 이전 연구에서 확인된 영역(특히 뇌섬)이 동일하게 활성화되었다고 보고하였다. 이 결과는 역겨움과 같은 정서 경험과 연관된 영역이 동일한 정서('정서전염'으로 설명되는 정서적 공감 현상)를 표현하는 얼굴 표정을 보는 것만으로 활성화될 수 있음을 설명할 수 있다. 이와 일치하여, Singer와 동료들(2004)은 건강한 연구 참여자들이 고통을 직접 경험할 때와 그들의 파트너가 고통스러운 자극을 받는 것을 보여 주는 화면을 관찰할 때의 뇌 활성화를 비교하였다. 그 결과 전측 뇌섬과 전대상피질이 두 가지 조건에서 모두 활성화되었으며 자기보고식 공감 점수와도 상관을 보였다. 반면에 체감각피질(somatorsensory cortex) 활성화는 단지 참가자들 자신이 고통스런 자극을 받을 때만 나타났다. 연구자들은 이 결과를 통해 관찰자들은 타인의 고통을 지각할 때 자동적으로 정서적 공감 과정에 참여된다고 설명한다. 이 생각과 연장선상으로 Jackson, Rainville, Decety(2006)는 자기 자신과 타인의 고통을 야기하는 자극에 대한 관점이 육체적 고통을 처리하는 데 관여하는 두정덮개(parietal operculum)와 전대상피질, 뇌섬으로 연결되는 신경적 네트워크의 활성화와 연관된다는 것을 보여 주었다. 자기 관점(self-perspective)은 높은 수준의 고통을 야기하고, 좀 더 광범위하게 이차-체감각피질(secondary somatosensory cortex), 전대상피질, 뇌섬의 행렬적 구조를 수반한다. 반면에 타인의 관점을 채택하는 것은 후대상피질(posterior cingulate cortex)과 쐐기앞소엽(precuneus), 우측 측두두정연합부(TPJ)의 활성화 증가와 관련 있다. Jackson, Rainville, Decety(2006)는 추가로 전대상회와 뇌섬에서 고통-관련 활성화는 고통스러운 자극이 타인보다는 자기에게 적용될 때 좀 더 후측 부분이 관계한다고 제안하였다. 그러나 Wicker와 동료들(2003)의 연구, Jackson, Rainville, Decety(2006)의 연구, Singer와 동료들(2004)의 연구 결과는 정서적 공감 과정에서 관찰자가 어느 정도 자동적으로 그들의 파트너가 겪는 경험을 복제하고, 그렇게 함으로써 고통에 관여하는 공유된 네트워크(ACC, insula)가 활성화된다는 것을 설명해 준다.

요약하면, 시뮬레이션 관점은 정서적 공감 과정을 설명하고, ToM 과정은 인지적 공감의 기저를 이루는 것으로 나타났다. 그러므로 공감적 반응의 감소는 서로 다른 신경학적 네트워크에 의해 중재되는 심상화(인지적 ToM, 정서적 ToM)의 결손이나, 시뮬레이션(정서적 공감) 과정의 결손 때문인 것으로 추측해 볼 수 있다(그림 16.3 참고). 인지적 ToM은 사고(thought)의 심상화에 관여하는 반면에, 정서적 ToM은 타인의 정서 상태에 대한 심상화를 요구한다. 그러므로 인지적 ToM이 직접적으로 공감적 처리 과정에 관여하지는 않지만, 정서적 ToM과 인지적 공감을 위한 선행요소이다.

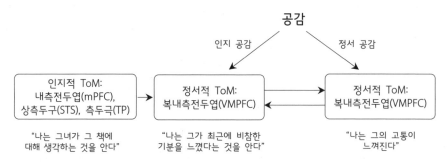

그림 16.3

공감의 잠정적 신경 모델. 일반적으로 공감 경험은 두 개의 인지적이고 정서적인 네트워크가 활성화되었을 때 발생한다. 마음이론이 인지적 공감의 기저를 이루는 반면에 시뮬레이션 과정은 정서적 공감의 기저를 이룬다. ToM 네트워크는 내측 전두엽(mPFC), 상측두구(STS), 측두극(TP), 복내측전전두엽(VM)을 포함한다. 시뮬레이션 네트워크는 전대상회(ACC), 편도체(amygdala), 뇌섬엽(insula)를 포함한다. 이러한 네트워크는 아마도 거울뉴런체계(하전두엽)를 포함할 것이다.

위에서 기술된 다양한 결과들은 일반적인 ToM 네트워크가 내측 전전두엽(mPFC), 상측두구(STS), 측두극(TP)으로 구성되는 반면에, 정서적 ToM 네트워크는 복내측전전두엽(VM)을 포함한다는 것을 제안하고 있다. 후자의 네트워크는 타인의 관점(인지적 공감)을 수용하는 능력을 중재하는 것을 보여 준다. 시뮬레이션 관점(또는 정서전염)은 거울뉴런체계와 관련됨을 나타낸다. 시뮬레이션 관점(Gallese & Goldman, 1999)은 타인의 마음 상태를 따라가고 맞춰 보는 과정에서 자기 자신의 공명 상태를 수반하고, 은밀하게 그 상대방의 마음 활동을 모방하려는 노력을 통해 타인의 마음 상태를 표상하는 것을 말한다. 인지 공감이 VM의 손상에 따라 기능이 저하되는 반면에, 정서 공감 반응은 직접적인 정서 경험과 관련되는 뇌섬, 전대상회 등과 같은 두뇌 구조의 병소에 따라 심각하게 손상되는 것 같다.

두뇌의 다른 영역들 또한 정서 공감 네트워크에 관련되는 것으로 보인다. 특히, 편도체는 정서적 경험에 가장 중요한 역할을 하는 것으로 보인다. 재미있게도 신경해부학적 데이터는 중뇌피변연 도파민 입력(mesocorticolimbic dopamine input)의 강한 영향력 아래 놓여 있는 전두엽의 복내측(VM) 영역이 보상과 유인 동기(incentive motivation)에 내포된 광범위한 회로(복측선조체[ventral striatum], 편도체[amaydala])에서 하나의 지점으로써 기능하고 있음을 시사한다(Koob & Bloom, 1988). 게다가 안와전두피질은 편도체로부터 강한 입력을 받는 것으로 알려져 있고, 받은 신호를 측두엽 부분으로 재투사한다(Price, Carmichael, & Drevets, 1996). 그러므로 인지적·정서적 공감의 결함은 아마도 편도체가 손상된 후에 관찰될 것으로 추측해 볼 수 있다. 이에 더해서 최근 연구 결과들은 하전두엽(inferior frontla gyrus) 또한 정서 공감에 관여한다고 알려졌으며, 이러한 결과는 거울뉴런체계의 활성화가 운동 인지(motor cognition)에만 국한되지 않고 정서 공감에도 관여한다는 것을 시사한다(Schulte-Rüther et al., 2007).

결론

요약하면, 마음이론과 시뮬레이션은 별개의 신경계적 네트워크뿐 아니라 공통된 부분도 있음을 가정해 볼 수 있었다. 이러한 가설에 따라 우리는 최근에 F18-플루오로데옥시글루코스(FDG) 양전자방출단층촬영술(positron emission to mography, PET)을 두 번 이용하여 타인의 고통에 대해 반응하는 공감의 신경적 연관성을 조사하였다. 첫째는 중립적 인터뷰를 하는 동안 촬영하였고,

두 번째는 공감적 반응을 끌어내도록 고안된 인터뷰를 하는 동안에 촬영하였다. 분위기 유도 패러다임과 유사한 이 패러다임에서 공감 상태는 인터뷰를 통해 이어지는 연속된 이야기로 유도되고 유지되도록 하였다(Shamay-Tsoory, Peretz, et al., 2005). 영상 결과는 공감이 인지적이고 정서적인 요소 두 가지로 구성된다는 것을 보여 주었고(그림 16.4 참고), 그러므로 이 과정은 마음이론(mPFC)뿐만 아니라 정서적 처리 과정(편도체, 전두두정엽)의 시뮬레이션을 중재하는 피질 영역을 포함할 것이다.

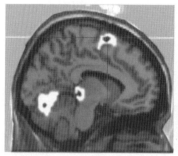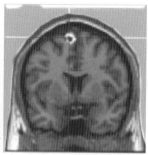

그림 16.4

위의 이미지가 보여 주듯이, 중립적 인터뷰 조건과 비교하여 공감적 반응을 하는 조건에서 보조운동영역(SMA)과 소뇌(cerebellum)에서 대사(metabolism)가 증가된 것을 볼 수 있으며, 이는 공감이 시뮬레이션과 심상화 과정을 둘 다 포함하는 것을 나타낸다. 추가적으로, 안와전두피질(OFC)과 편도체(amygdala)에서 상당히 높은 대사가 분명히 보였다는 것도 중요한 사실이다(Shamay-Tsoory, Peretz, et al., 2005).

따라서 이것은 인지적·정서적 공감 반응이 상호배타적 과정이 아니라는 것을 의미한다. 시뮬레이션과 정서 공감 과정이, 정서적 부담 수준이 강할 때 또는 양쪽 사람 모두 동일한 수준의 정서적 상태나 경험을 공유할 때, 관찰하는 사람이 관찰되는 사람과 유사한 상황에 공통으로 관여한다는 것은 흥미로운 일이다. 대조적으로 인지 공감은 아마도 관찰자가 주인공과 다를 때, 두 명이 같은 정서적 마음 상태가 아니거나, 정서적 관계가 없을 때 적용될 것이다.

두뇌 손상에 따르는 공감 반응의 결손과 관련하여 본 16장에서의 주요 가설은 '**시뮬레이션**' 과정이 정서적 공감의 기저를 이루고, 반면에 ToM 처리 과정은 인지적 공감 반응의 기저를 이룬다는 것이다. 이 과정은 비록 상호작용이 작용한다 할지라도, 분리된 두뇌 네트워크를 사용한다. 인지적 공감 반응이 발생할 때 전형적으로 "ToM 네트워크"(예를 들면, 내측 전전두엽, 상측두구, 측두극)가 발견되고, 정서적 ToM 네트워크(복내측 피질을 주로 포함하는)도 관여한다. 이와 대조적으로 정서적 공감 반응은 주로 시뮬레이션에 의해 처리되며 정서적 경험을 중재하는 영역들(예를 들면, 편도체, 뇌섬, 하전두엽)이 관여한다. 이러한 두 가지 네트워크가 균형적으로 활성화되는 것이 적절한 사회적 행동에 필요한 조건임을 생각해 볼 수 있다.

참고문헌

Anderson, S. W., Bechara, A., Damasio, H., Tranel, D., & Damasio, A. R. (1999). Impairment of social and moral behavior related to early damage in human prefrontal cortex. *Nature Neuroscience, 2*, 1032-1037.

Baron-Cohen, S. (1995). *Mindblindness: An essay on autism and theory of mind.* Cambridge, MA: MIT Press.

Baron-Cohen, S., Ring, H., Moriarty, J., Schmitz, B., Costa, D., & Ell, P. (1994). Recognition of mental state terms: Clinical findings in children with autism and functional neuroimaging study of mental adults. *British Journal of Psychiatry, 165*, 640-649.

Bird, C. M., Castelli, F., Malik, O., Frith, U., & Husain, M. (2004). The impact of extensive medial frontal lobe damage on "Theory of Mind" and cognition. *Brain, 127*, 914-28.

Brothers, L. (1990). The neural basis of primate social communication. *Motivation & Emotion, 14*, 81-91.

Brothers, L., & Ring, B. A. (1992). Neuroethological framework for the representation of minds. *Journal of Cognitive Neuroscience, 4*, 107-118.

Damasio, A. R., Tranel, D., & Damasio, H. C. (1991). Somatic markers and guidance of behavior: Theory and preliminary testing. In Levin, H. S., Eisenberg, H. M., & Benton, A. L. (Eds). *Frontal lobe function and dysfunction* (pp. 217-229). New York: Oxford University Press.

Davis, M. H. (1994). *Empathy.* Madison, WI: Brown & Benchmark.

Decety, J., & Jackson, P. L. (2004). The functional architecture of human empathy. *Behavioral and Cognitive Neuroscience Reviews, 3*, 71-100.

DeKosky, S. T., Kochanek, P. M., Clark, R. S., Ciallella, J. R., & Dixon, C. E. (1998). Secondary injury after head trauma: Subacute and long-term mechanisms. *Seminars in Clinical Neuropsychiatry, 3,* 176-185.

Eslinger, P. J. (1998). Neurological and neuropsychological bases of empathy. *European Neurology, 39,* 193-199.

Eslinger, P. J., & Damasio, A. R. (1985). Sever disturbance of higher cognition after bilateral frontal lobe ablations: Patient EVR. Neurology, 35, 1731-1741.

Fletcher, P. C., Happe, F., Frith, U., Baker, S. C., Dolan, R. J., Frackowiak, R. S., & Frith, C. D. (1995). Other minds in the brain: A functional imaging study of "theory of mind" in story comprehension. Cognition, 57, 109-128.

Gallagher, H. L., & Frith, C. D. (2003). Functional imaging of "theory of mind." *Trends in Cognitive Sciences, 7,* 77-83.

Gallagher, H. L., Happe, F., Brunswick, N., Fletcher, P. C., Frith, U., & Frith, C. D. (2000). Reading the mind in cartoons and stories: An fMRI study of "theory of mind" in verbal and nonverbal tasks. *Neuropsychologia, 38,* 11-21.

Gallese, V., & Goldman, A. (1999). Mirror neurons and the simulation theory of mind-reading. *Trends in Cognitive Sciences, 12,* 493-501.

Goel, V., Grafman, J., Sadato, N., & Hallett, M. (1995). Modeling other minds. *Neuroreport, 6,* 1741-1746.

Gopnik, A., & Meltzoff, A. N. (1998). *Words, thoughts, and theories.* Cambridge, MA: MIT Press.

Grattan, L. M., Bloomer, R. H., Archambault, F. X., & Eslinger, P. J. (1994). Cognitive flexibility and empathy after frontal lobe lesion. *Neuropsychiatry, Neuropsychology, and Behavioral Neurology, 7,* 251-257.

Grattan L. M., & Eslinger, P. J. (1989). Higher cognition and social behavior: Changes in cognitive flexibility and empathy after cerebral lesions. *Neuropsychology, 3,* 175-185.

Harlow, J. M. (1868). Recovery from the passage of an iron bar through the head. *Publications of the Massachusetts Medical Society, 2,* 327-347.

Hoffman, M. L. (1978). Toward a theory of empathic arousal and development. In M. Lewis & L. Rosenblum (Eds.), *The development of affect.* New York, Plenum.

Hynes, C. A., Baird, A. A., & Grafton, S. T. (2006). Differential role of the orbital frontal lobe in emotional versus cognitive perspective-taking. *Neuropsychologia, 44,* 374-483.

Jackson, P. L., Brunet, E., Meltzoff, A. N., & Decety, J. (2006). Empathy examined through the neural mechanisms involved in imagining how I feel versus how you feel pain. *Neuropsychologia, 44,* 752-761.

Jackson, P. L., Rainville, P., & Decety, J. (2006). To what extent do we share the pain of others? Insight from the neural bases of pain empathy. *Pain, 125,* 5-9.

Koob, G. F., Bloom, F. E. (1988). Cellular and molecular mechanisms of drug dependence. *Science* Nov 4 *242,* 715-723.

Lee, K. H., Farrow, T. F., Spence, S. A., & Woodruff, P. W. (2004). Social cognition, brain networks and schizophrenia. *Psychological medicine, 34,* 391-400.

Lev-Ran, S., Shamay-Tsoory, S. G., Zangen, A., & Levkovitz, M. Transcranial magnetic stimulation of the ventromedial prefrontal cortex impairs affective theory of mind processing (submitted, 2008).

Lough, S., Gregory, C., Hodges, J. R. (2001). Dissociation of social cognition and executive function in frontal variant frontotemporal dementia. *Neurocase, 7,* 123-130.

Mehrabian, A., & Epstein, N. (1972). A measure of emotional empathy. *Journal of Personality, 40,* 523-543.

Mitchell, J. P., Banaji, M.R., & Macrae, C.N. (2005). The link between social cognition and self-referential thought in the medial prefrontal cortex. *Journal of cognitive neuroscience, 17,* 1306-1315.

Premack, D., & Woodruff, G. (1978). Chimpanzee problem-solving: A test for comprehension. *Science, 202*, 532-535.

Preston, S. D., & de Waal, F. B. (2002). Empathy: Its ultimate and proximate bases. *Behavioral and Brain Sciences, 25*, 1-20.

Price, J. L., Carmichael, S. T., & Drevets, W. C. (1996). Networks related to the orbital and medial prefrontal cortex: A substrate for emotional behavior? *Progress in Brain Research, 107*, 523-536.

Price, B. H., Daffner, K. R., Stowe, R. M., Mesulam, M. M. (1990). The comportmental learning disabilities of early frontal lobe damage. *Brain, 113*, 1383-1393.

Rankin, K. P., Gorno-Tempini, M. L., Allison, S. C., Stanley, C. M., Glenn, S., Weiner, M. W., & Miller, B. L. (2006). Structural anatomy of empathy in neurodegenerative disease. *Brain, 129*, 2945-2956.

Rolls, E. T. (1996). The orbitofrontal cortex. *Philosophical Transactions of the Royal Society, London, B, 351*, 1433-1443.

Rowe, A. D., Bullock, P. R., Polkey, C. E., & Morris, R. G. (2001). "Theory of mind" impairments and their relationship to executive functioning following frontal lobe excisions. *Brain, 124*, 600-616.

Samson, D., Apperly, I. A., Kathirgamanathan, U., & Humphreys, G. W. (2005). Seeing it my way: A case of a selective defi cit in inhibiting self-perspective. *Brain, 128*, 1102-1111.

Shamay-Tsoory, S. G., & Aharon-Peretz, J. (2007). Dissociable prefrontal networks for cognitive and affective theory of mind: A lesion study. *Neuropsychologia, 5*, 21-32.

Shamay-Tsoory, S. G., Aharon-Peretz, J., & Levkovitz, Y. (2007). The neuroanatomical basis of affective mentalizing in schizophrenia: Comparison of patients with schizophrenia and patients with localized prefrontal lesions. *Schizophrenia Research, 90*, 274-283.

Shamay-Tsoory, S. G., Peretz, A., Lester, H. Chisin, R., Israel, O., Bar-Shalom, R., Tomer, R., Tsitrinbaum, Z., & Aharon-Peretz, J. (2005). The neural correlates of understanding the other: A positron emission tomography investigation of empathic accuracy. *NeuroImage, 27,* 468-472.

Shamay-Tsoory, S. G., Tibi-Elhanany, Y., & Aharon-Peretz, J. (2006). The ventromedial prefrontal cortex is involved in understanding affective but not cognitive theory of mind stories. *Journal of Social Neuroscience, 1* (3-4), 149-166.

Shamay-Tsoory, S. G., Tomer, R., Berger, B. D., & Aharon-Peretz, J. (2003). Characterization of empathy deficits following prefrontal brain damage: The role of the right ventromedial prefrontal cortex. *Journal of Cognitive Neuroscience, 15,* 324-337.

Shamay-Tsoory, S. G., Tomer, R., Berger, B. D., & Aharon-Peretz, J. (2005). Impaired affective "theory of mind" is associated with right ventromedial prefrontal damage. *Cognitive and Behavioral Neurology, 18,* 55-67.

Shamay-Tsoory, S. G., Tomer, R., Goldsher, D., Berger, B. D., & Aharon-Peretz, J. (2004). Impairment in cognitive and affective empathy in patients with brain lesions: Anatomical and cognitive correlates. *Journal of Clinical and Experimental Neuropsychology, 26,* 1113-1127.

Schulte-Rüther, M., Markowitsch, H. J., Fink, G. R., & Piefke, M. (2007). Mirror neuron and theory of mind mechanisms involved in face-to-face interactions: A functional magnetic resonance imaging approach to empathy. *Journal of Cognitive Neuroscience, 19,* 54-72.

Singer, T., Seymour, B., O'Doherty, J., Kaube, H., Dolan, R. J., & Frith, C. D. (2004). Empathy for pain involves the affective but not sensory components of pain. *Science, 303,* 1157-1162.

Stone, V. E., Baron-Cohen, S., & Knight, R. T. (1998). Frontal lobe contributions to theory of mind. *Journal of Cognitive Neuroscience, 10,* 640-656.

Stuss, D. T., & Benson, D. F. (1986). *The frontal lobes.* New York: Raven Press.

Stuss, D. T., Gallup, G. G., & Alexander, M. P. (2001). The frontal lobes are necessary for "theory of mind." *Brain, 124,* 279-286.

Tibi-Elhanani, Y., & Shamay-Tsoory, S. G. Enhanced social cognition in social phobia. (Submitted, 2008).

Tillfors, M., Furmark, T., Marteinsdottir, I., & Fredrikson, M. (2002). Cerebral blood flow during anticipation of public speaking in social phobia: A PET study. *Biological Psychiatry, 52,* 1113-1119.

Vollm, B. A., Taylor, A. N., Richardson, P., Corcoran, R., Stirling, J., McKie, S., Deakin, J. F., & Elliott, R. (2006). Neuronal correlates of theory of mind and empathy: A functional magnetic resonance imaging study in a nonverbal task. *NeuroImage 29,* 90-98.

Wellman, H. M., & Woolley, J. D. (1990). From simple desires to ordinary beliefs: The early development of everyday psychology. *Cognition, 35,* 245-275.

Wicker, B., Keysers, C., Plailly, J., Royet, J. P., Gallese, V., & Rizzolatti, G. (2003). Both of us disgusted in my insula: The common neural basis of seeing and feeling disgust. *Neuron, 40,* 655-664.

저자목록

C. Daniel Batson
University of Kansas

R. J. R. Blair
National Institute of Mental Health

Karina S. Blair
National Institute of Mental Health

Jerold D. Bozarth
The University of Georgia

Susan F. Butler
Tufts University

Ann Buysse
Ghent University, Belgium

Michael Carlin
Rider University

C. Sue Carter
The University of Illinois at Chicago

Kenneth D. Craig
University of British Columbia

Mirella Dapretto
University of California, Los Angeles

Jean Decety
The University of Chicago

Mathias Dekeyser
Catholic University of Leuven

Yen−Chi Le
University of Hawaii

Mia Leijssen
Catholic University of Leuven

Raymond S. Nickerson
Tufts University

Jennifer H. Pfeifer
University of Oregon, Eugene

Stephen W. Porges
The University of Illinois at Chicago

Richard L. Rapson
University of Hawaii

Ap Dijksterhuis
Radboud University Nijmegen

Robert Elliott
University of Strathclyde

Natalie D. Eggum
Arizona State University

Nancy Eisenberg
Arizona State University

Norma Deitch Feshbach
University of California, Los Angeles

Seymour Feshbach
University of California, Los Angeles

Liesbet Goubert
Ghent University, Belgium

Leslie S. Greenberg
York University, Canada

Elaine Hatfield
University of Hawaii

James Harris
Johns Hopkins University

William Ickes
University of Texas at Arlington

Claus Lamm
The University of Chicago

Simone G. Shamay−Tsoory
University of Haifa, Israel

Rick B. van Baaren
Radboud University Nijmegen

Matthijs L. van Leeuwen
Radboud University Nijmegen

Andries van der Leij
Radboud University Nijmegen

Jeanne C. Watson
University of Toronto, Canada

인명색인

C

사항색인

편저자 소개

Jean Decety

프랑스 클로드 버나드 대학교 신경생물학 박사

스웨덴 룬드 대학병원, 카롤린스카 병원의 임상 신경생리학, 신경방사선학 펠로우

현 시카고 대학교 심리학과 교수, 사회인지신경과학연구소장

William Ickes

텍사스 대학교(오스틴) 사회심리학박사(실험심리학전공)

위스콘신－메디슨 대학과 미주리－세인트루이스 대학에서 연구와 강의

현 텍사스 대학교(아링톤) 심리학과 교수, 사회적상호작용연구소장

역자 소개

윤미선
고려대학교 교육학박사(교육심리전공)

서울대학교 의학연구원 핵의학교실 박사후연구원

현 단국대학교 사범대학 교직교육과 교수

윤금희
단국대학교 교육학박사(상담심리전공)

현 단국대학교 자유교양대학 강사

유현실
서울대학교 교육학박사(교육상담전공)

University of Virginia 교육학박사(영재교육전공)

현 단국대학교 사회과학대학 상담학과 부교수

황수영
서울대학교 병원 핵의학교실 인턴

단국대학교 교육학박사(교육심리전공)

현 단국대학교 미래교육혁신원 교육성과평가센터
　　연구교수

표지디자인

이창욱(2018). 「counter－balancing」.

현 단국대학교 디자인학부 커뮤니케이션전공 교수

사회신경과학으로 보는 공감

초판발행	2020년 4월 13일
중판발행	2021년 12월 20일
엮은이	Jean Decety, William Ickes
옮긴이	윤미선 · 유현실 · 윤금희 · 황수영
펴낸이	노 현
편 집	황정원
기획/마케팅	이선경
표지디자인	이창욱
제 작	고철민 · 조영환
펴낸곳	㈜ 피와이메이트
	서울특별시 금천구 가산디지털2로 53, 한라시그마밸리 210호(가산동)
	등록 2014. 2. 12. 제2018-000080호
전 화	02)733-6771
f a x	02)736-4818
e-mail	pys@pybook.co.kr
homepage	www.pybook.co.kr
I S B N	979-11-89005-46-7 93370

* 파본은 구입하신 곳에서 교환해 드립니다. 본서의 무단복제행위를 금합니다.
* 역자와 협의하여 인지첩부를 생략합니다.

정 가   20,000원

박영스토리는 박영사와 함께하는 브랜드입니다.